V&R unipress

Veröffentlichungen des Instituts für Islamische Theologie der Universität Osnabrück

Band 9

Herausgegeben von
Bülent Uçar, Martina Blasberg-Kuhnke, Rauf Ceylan
und Andreas Pott

Die ersten vier Bände dieser Reihe sind unter dem Reihentitel »Veröffentlichungen des Zentrums für Interkulturelle Islamstudien der Universität Osnabrück« erschienen.

Margit Eckholt / Habib El Mallouki (Hg.)

Offenbarung und Sprache

Hermeneutische und theologische Zugänge aus christlicher und islamischer Perspektive

Mit 6 Abbildungen

V&R unipress

Universitätsverlag Osnabrück

UNIVERSITÄT OSNABRÜCK

GEFÖRDERT VOM

Bundesministerium
für Bildung
und Forschung

MIX
Papier aus verantwortungsvollen Quellen
FSC www.fsc.org FSC® C083411

Bibliografische Information der Deutschen Nationalbibliothek
Die Deutsche Nationalbibliothek verzeichnet diese Publikation in der Deutschen Nationalbibliografie; detaillierte bibliografische Daten sind im Internet über https://dnb.de abrufbar.

Veröffentlichungen des Universitätsverlags Osnabrück erscheinen bei V&R unipress.

Gedruckt mit freundlicher Unterstützung des Bundesministeriums für Bildung und Forschung.

Lektorat: Sina Nikolajew
Druck und Bindung: CPI books GmbH, Birkstraße 10, D-25917 Leck
Printed in the EU.

Vandenhoeck & Ruprecht Verlage | www.vandenhoeck-ruprecht-verlage.com

ISSN 2198-5324
ISBN 978-3-8471-1243-3

Inhalt

Einführung

»wenn ER aber
das wort ist
dann hält er wort
behält das letzte wort«[1]

»Der Allerbarmer
lehrt den Koran zum Vortrage
den Menschen schuf Er an dem Schöpfungstage,
und lehrte ihn die klare Sprache.«[2]

Die monotheistischen Religionen Judentum, Christentum und Islam sind dadurch geprägt und auch aufeinander bezogen, dass das Bilderverbot im Blick auf das Göttliche in sie tief eingeschrieben ist. Gottes Transzendenz ist zu wahren, die Verehrung und Anbetung des je größeren Gottes ist erste und zentrale Aufgabe des Menschen, der sich Gott nähert und in der je größeren Nähe eine je größere Ferne spürt. Aber genau dieser Gott offenbart sich dem Menschen, das sagt die zentrale, wieder neu interpretierte Bibelstelle im Buch Exodus (Ex 3,14) aus. Gott offenbart sich, er nennt seinen Namen, es gibt ein grundlegendes Zur-Sprache-Kommen Gottes, das das Geheimnis und die Transzendenz Gottes nicht auflöst, das dabei selbst die Grundlage für das Sagen dieses Geheimnisses von Seiten des Menschen ist. Offenbarwerden Gottes und Sprache sind zutiefst aufeinander bezogen. Nach der islamischen Überlieferung waren in den allerersten herabgesandten Versen des Koran Worte enthalten, die sehr stark auf Sprache rekurrieren, es heißt z. B. in den Versen 96:1–5: »Trag vor im Namen deines Herrn, der schuf, den Menschen aus einer Keimzelle schuf! Trage vor! Denn dein Herr ist's, der hochgeehrte, der mit dem Schreibrohr lehrte, den Menschen, was er nicht wusste, lehrte.«

Mit der Frage nach dem Verhältnis von Offenbarung und Sprache, dem sprachlichen Offenbarwerden eines Geheimnis bleibenden Gottes, ist das Leitmotiv des vorliegenden Bandes genannt, in dem aus christlicher und islamischer Perspektive aus unterschiedlichen theologischen, religionswissenschaftlichen und hermeneutischen Perspektiven dieser Frage nach dem Verhältnis von Sprache und Offenbarung nachgegangen wird. Im Horizont des Dialogs zwischen Christentum und Islam führt die Auseinandersetzung mit dieser Frage in das Zentrum einer Begegnung, die der Sprache des Anderen einen wertschätzenden und anerkennenden Raum gibt, um so neue Räume für das interreligiöse Ge-

1 Vgl. in diesem Buch Andreas Knapp, *Der erdichtete Gott: Gedanken zur poetischen Gottesrede*, S. 175–184.

2 Koranverse 55:1–4.

spräch zu öffnen, in denen Differenzen neu beleuchtet werden und sich Konvergenzen auftun können.

Das ist ein notwendiger neuer Weg, gerade angesichts von Ausgrenzungen, die die Geschichte prägten. In der Tradition christlicher Theologie wird ›Offenbarung‹ – ›Offenbarwerden Gottes‹ – mit dem Wort gleichgesetzt, das Jesus Christus ist. Offenbarungstheologie war immer verbunden mit christologischen Grundoptionen, mit einer durch dieses Wort – den Logos Gottes – verbundenen ›Instruktion‹, einer Belehrung, die extrinsezistisch und exklusiv verstanden worden ist. Der Weg zur Wahrheit ist allein über dieses Wort eröffnet worden. Das Verhältnis von Offenbarung und Sprache markiert hier Differenzen. Aus Perspektive der islamischen Theologie ist dies nicht anders zum Ausdruck gekommen. Der Koran ist in seiner Unnachahmlichkeit die Offenbarungsgestalt Gottes, in ihm sind die unverbrüchlichen und ursprünglichen Worte Gottes geborgen, die dem Menschen den Weg zu allem zeigen, was höchst aufrecht ist und seinem Leben Sinn gibt.[3]

Erst mit der Rezeption hermeneutisch-theologischer Ansätze und dem Rückbezug auf sprachphilosophische Überlegungen kommt es in den christlichen Theologien zu einer Erneuerung der Offenbarungstheologie. Das Gotteswort erschließt sich immer im Menschenwort, wie historisch-kritisches Arbeiten in Exegese und biblischer Theologie im 20. Jahrhundert gezeigt hat. Über einen neuen geschichtlich orientierten Zugang zum *intellectus fidei* und den Grundfragen christlichen Glaubens öffnet sich die Möglichkeit, Offenbarung als Raum der Kommunikation Gottes mit Welt und Mensch zu verstehen. Ein extrinsezistisches und exlusivistisches Verständnis von Offenbarung wird aufgebrochen, neue Räume des Dialogs mit anderen Religionen tun sich auf; aus katholisch-theologischer Perspektive ist dies lehramtlich grundgelegt in der Offenbarungskonstitution *Dei Verbum* des Zweiten Vatikanischen Konzils und der Erklärung *Nostra Aetate* über das Verhältnis der katholischen Kirche zu anderen Religionen.

Aus der islamisch-theologischen Perspektive stellt sich der Koran als Fortführung der Geschichte der heiligen Schrift dar. Daher ruft Er mit dem Konzept des *al-kalima as-sawāʾ* (›das gemeinsame Wort‹) die Anhänger früher Schriftoffenbarungen auf, sich auf den gemeinsamen religiösen Grundsatz zurückzubesinnen, um eine neue Erzählung über das Verhältnis der Offenbarungsreligionen nun als ›Gemeinschaft der heiligen Schrift‹ zu schreiben und Alterität als kreatives Element der Einheit und als menschliche Natur darzustellen. Hierbei sind sprachliche Zugänge wichtig. Linguistische und sprachphilosophische Ansätze können nicht nur neue Perspektiven gemeinsamer ›Genetik‹ an den Tag

3 Koranvers 17:8.

legen, sondern auch zur Entwicklung gemeinsamer hermeneutischer Methodik beitragen und somit mehr Begegnung und mehr Verständigung fördern.

Die gemeinsame ›Logozentrik‹, wie es der Theologe Gerhard Gäde formuliert, die gemeinsame Annahme, dass Gott zu den Menschen gesprochen und sich so in ein Verhältnis zur menschlichen Sprache in Wort und Schrift gesetzt hat, bildet eine neue Grundlage, die offenbarungstheologischen Grundannahmen in Christentum und Islam in ihrer Differenz auch zum Ausgangspunkt der Frage nach möglichen Konvergenzen zu machen. Das sind theologische Herausforderungen, die im Kontext des christlich-muslimischen Gesprächs im deutschen universitären Kontext in den nächsten Jahren weiter zu bearbeiten sind, und dies umso mehr, als exklusivistische und ausgrenzende Tendenzen zwischen den Religionen auch in der Gegenwart noch nicht überwunden sind und sich gerade am Stellenwert offenbarungstheologischer Fragen festmachen.

Im vorliegenden Band zum Verhältnis von Offenbarung und Sprache in Christentum und Islam setzen die christlichen und muslimischen Autoren und Autorinnen bei der Grundoption an, dass eine Auseinandersetzung mit der Frage nach der Sprachwerdung der Offenbarung ein fruchtbares Feld des Dialogs ist und neue Räume interreligiösen Verstehens öffnen kann. Die ersten Überlegungen zu diesem Band gehen auf eine gemeinsame Ringvorlesung von islamischer und katholischer Theologie an der Universität Osnabrück im Sommersemester 2018 zurück, in der aus Perspektive unterschiedlicher Disziplinen der katholischen Theologie – der biblischen und systematischen Theologie, der Liturgiewissenschaft und Religionsphilosophie – und der islamischen Theologie – *tafsīr* (Koranexegese), *ḥadīṯ* (prophetische Tradition), *uṣūl al-fiqh* (islamische Methodologie), *ʿilm al-kalām* (Scholastik), *taṣawwuf* (Mystik), *ʿilm al-balāġa* (arabische Rhetorik) usw. – ein Raum des gemeinsamen Gesprächs zu Fragen von Sprache und Offenbarung eröffnet worden ist. Dabei ermöglichte es gerade der persönliche Austausch im Anschluss an die Vorlesungen, Differenzen und Gemeinsamkeiten auszutarieren. Im gemeinsamen Gespräch der Herausgeber ist der Band gewachsen, weitere Beiträge wurden aufgenommen, darunter Texte, die der poetischen Qualität des Wortes Gottes auch anhand von Beispielen aus Lyrik und Literatur nachgehen. Ebenso wurden Experten und Expertinnen auf dem Feld des christlich-islamischen Dialogs zur Mitarbeit eingeladen. Sicher ist eine Vielzahl sehr unterschiedlicher Zugänge zur Offenbarung als Sprachwerdung des Wortes Gottes in diesem Band versammelt. Die Herausgeber hoffen aber, dass die Lektüre der Beiträge aus christlicher und muslimischer Perspektive Pisten bietet, in ein neues Gespräch zu treten, und Anregungen für das Öffnen neuer Räume des Dialogs gibt. Was christliches und muslimisches Offenbarungsdenken verbindet, so hoffen wir, hat der Dichter, Theologe und Ordensmann Andreas Knapp in den an den Beginn der Einleitung gestellten poetischen Worten zum

Ausdruck gebracht. ER – Gott selbst, der letztlich Geheimnis Bleibende – ist das Wort, er hält das Wort und wird das letzte Wort behalten.

Die Herausgeber sind Mitglied im Leitungsteam des Osnabrücker Graduiertenkollegs *Religiöse Differenzen gestalten. Pluralismusbildung in Christentum und Islam.* Der vorliegende Band ist nicht unmittelbar aus der Arbeit des Kollegs erwachsen, es sind aber viele Impulse aus der gemeinsamen Arbeit im Kolleg in diesen Band eingeflossen, und wir danken für den Raum des Gesprächs, den die Universität Osnabrück durch die finanzielle Unterstützung dieses Kollegs eröffnet hat. Wir danken allen Autoren und Autorinnen für ihren Beitrag zu diesem Band, auch für ihre Geduld, das Buchprojekt auf seinem langen Weg der Entstehung zu begleiten. Ein Dank geht an die studentische Hilfskraft Svenja Polinski für die Unterstützung bei der Erfassung der einzelnen Beiträge. Dem Institut für islamische Theologie gilt unser Dank für die finanzielle Förderung der Publikation und für die Aufnahme in die Reihe *Veröffentlichungen des Instituts für Islamische Theologie der Universität Osnabrück*, die vom Verlag Vandenhoeck & Ruprecht betreut wird.

Wir hoffen, dass die vorliegenden Überlegungen mit dazu beitragen, dem gemeinsamen Arbeiten von islamischer und christlicher Theologie einen größeren Raum im deutschen akademischen Kontext zu geben.

Osnabrück, den 16. Mai 2020

Prof. Dr. Margit Eckholt
Prof. Dr. Habib El Mallouki

Mohammed Nekroumi

Koranhermeneutik im Horizont theologischer Sprach- und Erkenntnistheorie. In Richtung einer modernen quellenkritischen Lesart[1]

Bereits in den Anfängen der Koranexegese warf der Begriff ›Gotteswort‹ eine für die Glaubenslehre damals umstrittene und in der Theologie heftig sowie kontrovers diskutierte Frage auf, welche die Koranhermeneutik nachhaltig über die Jahrhunderte prägte.

Im Fokus der frühislamischen theologischen Diskussion um den Koran stand die Frage der Erschaffenheit der göttlichen Rede und deren Bezug zur Existenz des Menschen als Empfänger der göttlichen Botschaft. Als Verfechter der glaubenden Erkenntnis unterschieden die Ašʿariten hinsichtlich der Beschaffenheit des Koran schon ab dem 8. Jahrhundert zwischen *ḫiṭāb* als erschaffenem kommunikativem Merkmal der göttlichen Rede und *kalām* als ewigem Wesensattribut Gottes, um die Erhabenheit der Offenbarung zu wahren.[2]

Diese Unterscheidung ist aus der Sorge entsprungen, einerseits theologisch das Menschliche vom Göttlichen im Koran zu unterscheiden; und andererseits die ewiggültigen ethischen Weisungen des Koran von den kontextabhängigen Moralnormen auseinanderzuhalten.

Dennoch rief diese Theorie ab dem 9. Jahrhundert eine Auseinandersetzung zwischen den Theologen hervor, die auf eine binäre Vorstellung des Gotteswortes hinauslief, welche die Koranforschung bis heute maßgeblich beeinflusste und deren hermeneutisches Potential kaum in der modernen Exegese Beachtung fand.

1 Der vorliegende Aufsatz basiert u. a. auf dem folgenden bereits 2017 publizierten Artikel: Mohammed Nekroumi, »*Der Koran: Eine theologische Einführung*«, in: *Informationes Theologiae Europae* 61 (2017), S. 85–106.

2 Abū al-Baqāʾ al-Kaffāwī, *al-Kulliyyāt: Muʿǧam fī l-muṣṭalaḥāt wa-l-furūq al-luġawiyya* 2, Beirut 1998, S. 286. In der Enzyklopädie von Abū al-Baqāʾ al-Kaffāwī findet man eine offensichtlich ašʿaritische Definition des *ḫiṭāb*, in der das Konzept der Seelenrede eine zentrale Rolle spielt, jedoch wird dabei dem *qaṣd* eine Nebenrolle beigemessen.

1 Gotteswort im Spannungsfeld zwischen Vernunft und glaubender Erkenntnis

Die Frage, ob *kalām* (›die Sprache‹) ein göttliches Attribut darstellt und was unter den göttlichen Attributen zu verstehen ist, war und ist Gegenstand lebhafter theologischer Debatten unter den Theologen verschiedenster Strömungen und Ausprägungen. Das theologische Begründungs- und Argumentationsmuster wies allerdings zwischen dem 8. und 10. Jahrhundert eine recht heterogene methodische und theoretische Vielfalt aus.

1.1 Gotteswort aus der Sicht orthodoxer Überlieferungstradition

Als unumstritten unter den Rationaltheologen des 8. Jahrhunderts galt immerhin die Lehre der absoluten Vollkommenheit Gottes (*al-kamāl*) und seiner Erhabenheit über jeden Mangel (*at-tanzīh ʿan kullī naqṣ*). Die schon damals als Gabriten-*kalām*-Wissenschaftler bezeichneten Rationaltheologen bekämpften mittels spekulativ und zweckrational orientierter Zugänge zum Korantext vehement Deutungen, welche Gott defizitär erscheinen lassen könnten. Die Zuschreibung jeglicher Eigenschaften, welche Gott in die Nähe der von ihm geschaffenen Dinge und Wesen rücken könnte, wird heftig und kontrovers diskutiert.[3] Daher wird bei Attributen, die Gott im Koran zugeschrieben werden und deren wörtliche Deutung ihn unvollkommen erscheinen lassen könnte, eine Umdeutung (*taʾwīl*) zugunsten der göttlichen Exklusivität bevorzugt.

Die zugespitzten Worte etwa von aṭ-Ṭaḥāwī (gest. 933 n. Chr./321 n. H.), wonach die Beschreibung Gottes mit anthropomorphistischen Sinnzuschreibungen einer ›Leugnung der göttlichen Botschaft‹ gleichkäme, stehen sinnbildlich stellvertretend für die Sorge jener *kalām*-Theologen, die jeglichem Vergleich zwischen dem Wort Gottes und der menschlichen Sprache kategorisch ablehnend gegenüber standen.[4]

Als Vertreter der sogenannten Traditionarier oder Skripturalisten (*ahl as-sunna*)[5] und einer der profiliertesten *kalām*-(i. e. Rationaltheologie)Kritiker resümiert Ibn Taimiyya (gest. 1328/728) die Geisteshaltung der Orthodoxie in bemerkenswerter Weise wie folgt:

3 Z. B. zeitliche und lokale Verortung, Zuschreibung einer Richtung, der Veränderbarkeit, eines Körpers usw.

4 Vgl. Abū Ǧaʿfar aṭ-Ṭaḥāwī, *Matn al-ʿaqīda aṭ-ṭaḥāwiyyah*, Beirut 1995, S. 13.

5 Im weiteren Verlauf des vorliegenden Textes wurde auf das Symbol für das Sterbedatum sowie auf die Kürzel n. Chr. sowie n. H. (›nach der Hiǧra‹) verzichtet.

Die Aussage der überwiegenden Mehrheit der Gelehrten (*al-ǧumhūr*) und der Hadith-Verfechter und ihrer Imame lautet: Allah ist solange[6] Sprechender (*mutakallim*), wie er will, er spricht im Übrigen sogar mit einer Stimme (*ṣawṭ*), wie es in Überlieferungen, im qurʾān und in anderen Offenbarungsschriften dokumentiert ist. [Es] ist göttliche Rede (*kalām*), die Gott kraft seines Willens (*mašiʾa*) und seines vollkommenen Könnens (*qudra*) (aus)sprach und die nicht erschaffen und damit nicht von [seinem Wesen] zu trennen sind. Weder behaupten [die *ahl-as-sunna*], dass er erst nachträglich[7] zum Sprecher wurde [...], noch dass die *kalām* erschaffen sind [...]. Vielmehr ist er auch jetzt noch Sprechender, und zwar kraft seines Willens (*al-mašīʾa*). Dass er seinerzeit Mūsā kraft seines Willens und seines vollkommenen Könnens direkt ansprach, zeigt vielmehr, dass seine Worte unerschöpflich sind, wie Allah der Erhabene selbst sagt: »Wenn das Meer Tinte für die Worte meines Herrn wäre, würde das Meer wahrlich zu Ende gehen, bevor die Worte meines Herrn zu Ende gingen [...].«[8]

Die sogenannten Traditionarier oder Skripturalisten werden häufig aufgrund des hohen Stellenwerts, den sie den prophetischen Ḥadīṯen zumessen, auch als *ahl al-ḥadīṯ* (d. h. ›Hadith-Verfechter‹) bezeichnet.[9]

1.2 Offenbarung und apriorisch-idealistische Attributenlehre

Als Gegenpol zu den Traditionariern gestehen die Muʿtaziliten Gott zwar vier wesenhafte Attribute zu, sie betonen jedoch aus der Sorge heraus, Gott zu verkörperlichen und ihn mit der erschaffenen Materie zu vergleichen, die strikte Einheit seines Wesens (*ḏāt*) und seiner Attribute (*ṣifāt*).

Al-Qāḍī ʿAbd al-Ǧabbār (gest. 1025/415), der große muʿtazilitische Apologet, verdeutlicht diese Position in folgenden Worten:

6 Eine wörtlichere Übersetzung würde lauten: ›Allah ist immer noch Sprechender (*mutakallim*), wenn er will.‹ Nach der Einschätzung des Verfassers ist aber eher die obige Variante gemeint.

7 D. h. zum Zeitpunkt der Erschaffung der Adressaten.

8 Taqī ad-Dīn Ibn Taymiyya, *Maǧmūʿ fatāwā Ibn Taymiyya*, Saudi-Arabien 1995, S. 172; vgl. Koran 18:109.

9 Der Begriff ›Traditionarier‹ spielt darauf an, dass sich die *ahl as-sunna* vornehmlich auf die mündliche und schriftliche Überlieferung der frühislamischen Gemeinde stützen. Mit dieser Vorrangstellung der autoritativen religiösen Schriften (der Koran und die Hadithliteratur) geht der Anspruch einher, diese möglichst wortgetreu zu deuten. Dieses auch in westlichen Diskursen häufig wiedergegebene Selbstverständnis der Skripturalisten darf jedoch nicht den falschen Eindruck erwecken, die *ahl as-sunna* wären primär an der wortgetreuen Deutung der religiösen Texte interessiert. Vielmehr deuten sie den Wortlaut bevorzugt im Lichte frühislamischer Diskurse (insbesondere der Salaf, den ersten drei Generationen der Frühgemeinde) und stehen der mehr an Ratio und Logik orientierten Deutung der *kalām* skeptisch gegenüber.

Bei unserem Scheich Abū ʿAlī[10] heißt es, dass Gott die vier Attribute gebühren, die ihm attestieren, dass er seinem Wesen nach all-könnend (*qādir*), allwissend (*ʿālim*), lebendig[11] (*ḥayy*) und existent (*mawǧūd*) ist, und auch nach unserem Scheich Abū Hāšim gebühren ihm diese Attribute, da sie eng an [sein Wesen] gebunden sind.[12]

Aus diesem Grund finden wir die Behandlung der Thematik ›Rede Gottes (*kalām Allāh*)‹, welche als erschaffen gilt, unter dem Oberbegriff ›Gerechtigkeit‹. Insofern ist sie nicht Ausdruck seines Wesens, sondern Ausfluss seiner Handlungen (*afʿāl*). Die *kalām* können Gott nicht als Wesensmerkmal zugeschrieben werden, da sie ständig neu entstehen und die Existenz eines erschaffenen Adressaten voraussetzen, an den die *kalām* gerichtet sind. Al-Qāḍī argumentiert wie folgt:

> Der qurʾān ist eine göttliche Handlung, die sowohl negativ als auch positiv bewertet werden kann. Ausdruck der Worte in seinen Handlungen ist die Kategorie der Gerechtigkeit, (*al-ʿadl*) [als Maßstab] für Handlungen, die Gott zugeschrieben werden können und solche, die ihm unmöglich zugeschrieben werden können.[13]

Im Anschluss daran sagt er:

> Unsere Denkrichtung (*maḏhab*) besagt, dass der Koran die Worte Gottes des Erhabenen und seine Offenbarung (*waḥī*) umfasst und dass er erschaffen [...][14] ist. Gott hat ihn zu seinem Propheten herabgesandt, als [Quelle des] Wissens und als Zeichen seines Prophetentums [...].[15]

Aber auch um originelle Erklärungen ist der muʿtazilitische Vordenker nicht verlegen:

> Wären die göttlichen *kalām* präexistent, dann stünden sie notwendigerweise mit Gott dem Erhabenen auf einer Stufe (*at-tamāṯul*), denn Präexistenz ist eine Eigenschaft des göttlichen Selbst. Die Gemeinsamkeit [der Kalām] mit einer Eigenschaft des göttlichen Selbst würde implizieren, dass sie mit Gott auf einer Stufe stehen, tatsächlich kann aber nichts mit Gott verglichen werden.[16]

10 Abū ʿAlī al-Ǧubbāʾī (303/916).

11 Gemeint ist damit nicht nur nach muʿtazilitischer Lesart: »Ewig existierend«.

12 Qāḍī ʿAbdulǧabbār Abū al-Ḥassan, *Šarḥ al-ʾuṣūl al-ḫamsa*, Kairo 1996, S. 182.

13 Al-Ḥassan, *Šarḥ al-ʾuṣūl al-ḫamsa*, S. 527.

14 Im arabischen Original wird zwischen dem Aspekt des Erschaffens im physischen Sinne (*al-ḫalq*) und des Gelangens in die Existenz im zeitlichen Sinne (*al-ḥudūṯ*) unterschieden.

15 Al-Ḥassan, *Šarḥ al-ʾuṣūl al-ḫamsa*, S. 528.

16 Al-Ḥassan, *Šarḥ al-ʾuṣūl al-ḫamsa*, S. 549.

1.3 Diskursive Vernunft und glaubende Erkenntnis

Die Aš'arīten, die ihr Denkgebäude als ›goldenen Mittelweg‹ zwischen der Spekulationsfeindlichkeit der Traditionarier auf der einen und der Spekulationswut der Mu'taziliten auf der anderen Seite betrachten, schreiben Gott die *kalām* als eines der sieben Attribute, die sein Wesen beschreiben (*ṣifāt al-ma'ānī*),[17] zu. Gott selbst spricht jedoch in immaterieller Rede (*kalām nafsī*), die weder an Buchstaben noch an eine Stimme geknüpft ist. Die Existenz der immateriellen Rede versuchen sie anhand von Texten aus dem Koran zu belegen. Wie auch bei den Mu'taziliten – wenn auch mit unterschiedlichen Prämissen und Ergebnissen – zielt dieses *kalām*-Konzept darauf ab, Gott von jeder Vergleichbarkeit und Körperlichkeit freizusprechen.

Abū Ḥāmid al-Ġazālī (gest. 1111/505) äußert sich dazu in seinem Werk *al-Iqtiṣād* folgendermaßen:

> Das Attribut »kalām« ist ein ewiges (*azalī*), immer schon dagewesenes »präexistentes« (*qadīm*) Attribut, das mit Gottes Wesen untrennbar verbunden ist. Das Gegenteil[18] ist in Bezug auf Gott unmöglich [...]. Jedoch existiert dieses Attribut des erhabenen Gottes weder in Form von Buchstaben noch in Form von Stimmen.[19]

Darüber hinaus betont der Universalgelehrte:

> Gott gebührt die Zuschreibung mit der präexistenten Rede (*kalām qadīm*), die damit an Gottes Wesen (*ḏāt*) gebunden ist, und darüber hinaus sein Wissen um ihre Gestalt (*alfāẓ*)[20] und Bedeutungen (*ma'ānī*) umfassen [...]. Die Buchstaben und die Gestalt (*alfāẓ*) der Worte sind dagegen erschaffen. In Bezug auf die göttliche Rede (*kalām*) haben sie verweisenden Charakter. [Das Element, das] auf die Bedeutung verweist (*dalīl*) entspricht weder der Bedeutung, auf die es verweist (*madlūl*), noch kann es mit ihrer Eigenschaft beschrieben werden. Folglich spricht nichts dagegen, dass die Bedeutung erschaffen ist, der Konstrukteur (*ṣāni'*) [dahinter] jedoch nicht – das ist das in keiner Weise unmöglich oder ausgeschlossen – und folglich verweisen die erschaffenen Buchstaben auf das präexistente Attribut [der kalām].[21]

Schlussfolgernd können wir sagen, dass alle Denkrichtungen Gott das Attribut *kalām* zuschreiben, jedoch hinsichtlich der Offenbarung der *kalām* in Form des Koran unterschiedliche Positionen vertreten: Während die *ahl as-Sunna* und die Ḥadīṯ-Verfechter den Koran als unerschaffen und damit präexistent betrachten,

17 Diese Eigenschaften umfassen sein Leben (*ḥayāt*; d. h. seine Eigenschaft als ›ewig existierend‹), sein Wissen (*'ilm*), sein Können (*qudra*), seinen Willen (*irāda*), sein Sehen (*baṣar*), seine Worte (*kalām*) und sein Hören (*sam'*) in jeweils unvergleichbarer Vollkommenheit.

18 D.h. die Existenz der *kalām* als nicht präexistent, erschaffen und von Gottes Wesen getrennt.

19 Abū Ḥamid al-Ġazālī, *al-Iqtiṣād fī l-i'tiqād*, Dimašq 2003, S. 92.

20 Oder: ›Begriffe‹; die Übersetzung ›Gestalt‹ wurde hier gewählt, weil an dieser Stelle die physische Dimension der Wörter intendiert zu sein scheint.

21 Al-Ġazālī, *al-Iqtiṣād fī al-i'tiqād*, S. 95.

halten die Muʿtaziliten ihn für erschaffen. Dazwischen nehmen die Ašʿarīten eine mittlere Position ein, indem sie zwischen der unerschaffenen göttlichen immateriellen Rede (*kalām nafsī*) und der erschaffenen materiellen (gesprochenen und geschriebenen) Rede (*kalām lafẓī*) differenzieren.

Dieser auf den ersten Blick rein theoretische Theologenstreit hat durchaus Auswirkungen auf weitere handfeste theologische Fragestellungen. Im Folgenden seien zwei Beispiele aufgeführt: Im Rahmen der *kalām*-Diskussion wird die Frage aufgeworfen, ob die Sprache göttlicher Natur ist (*tauqīfī*), wie es die *ahl as-sunna* und die Ašʿarīten vertreten oder ob sie entsprechend muʿtazilitischer Anschauung durch Konvention entsteht und damit von Menschen konstruiert wird (*iṣṭilāḥī*). In Bezug auf die Zulässigkeit metaphorischer Sprache (*maǧāz*) hat dies beispielsweise die Konsequenz, dass erstere es prinzipiell eher ablehnen, dass Gott eine Sprache benutzt, die etwas anderes meint als sie aussagt, während die Muʿtaziliten das für durchaus zulässig halten.

Ferner beeinflusst die *kalām*-Theologie die Interpretation der Unnachahmlichkeit (*iʿǧāz*) des Koran. Hier sehen die Muʿtaziliten den Schwerpunkt in der Globalstruktur des Koran, während die Ašʿarīten sich mehr auf Partialstrukturen (Satzbau, Bedeutungen der Wörter, Stilmittel) konzentrierten.

Was die sogenannten Traditionarier angeht, so teilen sie zwar mit den Ašʿariten die Auffassung, dass Gott das Attribut *kalām* als präexistentes Wort zuzuschreiben ist, weisen jedoch die Umdeutung des Wortlauts bzw. die Kategorisierung der *kalām* in eine materielle (*lafẓī*) und eine immaterielle (*nafsī*) Dimension scharf zurück. Ihrer Ansicht nach sind die *kalām* allein dem göttlichen Schöpferwillen (*al-mašīʾa*) unterworfen, was sie mit vorgeblich unzweideutigen Texten aus dem Koran und den Hadithen zu untermauern versuchen.

2 Philologisch-theologische Einordnung: Zwei Redewelten, eine Botschaft

Im zeitgenössischen theologischen Sprachgebrauch versteht man heute unter dem Begriff *kalāmu Allāh* (Gotteswort) einerseits den Wortlaut des Koran, in dem das Göttliche (nämlich die wunderstiftende Textur) und das Menschliche (die segmentale akustische Struktur) zusammenfallen.

Andererseits verbindet man mit *kalāmu Allāh* den Denkinhalt und den Gemeinsinn des Wortes, die vom göttlichen Urheber intendiert sind. Die letztere Ebene kann mit der sogenannten geistigen Rede bzw. Seelenrede (*kalām nafsī*) gleichgesetzt werden.

Die Doppeldeutigkeit des Begriffes ›Gotteswort‹ (*kalāmu Allāh*) offenbart die Verstrickung des Göttlichen und des Menschlichen, des ewig Gültigen und des

Historischen bzw. Kontextgebundenen, des Moralischen und des Ethischen im Offenbarungsgeschehen.

In diesem Zusammenhang wird in Anlehnung an den frühislamischen berühmten Theologen des 2./8. Jahrhunderts, al-Ḥasan al-Baṣrī, eine Aussage überliefert, der zufolge der Koran zugleich eine explizite und eine implizite Bedeutung hat. Nach ihm ist das Explizite die deutliche Rezitation, während das Implizite das ist, was Gotteswort unmittelbar intendiert.

2.1 Gotteswort als Zeichen Seiner Wirkungsmacht in der Zeitgeschichte

Dem exegetischen Verständnis zufolge bezeichnet *kalāmu Allāh* in erster Linie den offenbarten Wortlaut, den der Prophet als Eingebung von Gott erhalten hat und der in menschlicher Sprache vom Propheten an die Gläubigen übermittelt wurde. Das Göttliche im Koranischen Wortlaut (*kalām lafẓī*) geht sowohl aus der Besonderheit der stilistischen und metrischen Struktur als auch aus der theologisch-ethischen Botschaft hervor.

Aus der Eigenart des Koran, in dem Form und Inhalt verwoben sind, rühren die Unnachahmlichkeit und das Wunder des göttlichen Wortes her, welche in zahlreichen Koranversen ausdrücklich betont werden:

> Sag: Wenn sich die Menschen und die »Geister« zusammentäten, um etwas hervorzubringen, was diesem Qur'an gleich wäre, sie brächten nicht seinesgleichen bei, auch wenn sie einander Beistand leisten würden. (Q 17:88)

Dennoch geht der Wundercharakter des Koran nicht aus einer unergründlichen geistigen Rede Gottes hervor, die einer vermeintlich impliziten oder opaken Bedeutung des Wortlautes gleichkäme. Vielmehr besteht die Eigenart des Gotteswortes in deren am menschlichen Diskurs orientierten besonderen rhetorischen und stilistischen Komposition, wie dies in der exegetischen Tradition festgehalten wurde:

> Auf die Frage, ob alle Suren des Koran auf der theoretischen Ebene eine zusammenhängende Redestruktur bilden, und zwar im Sinne des menschlichen Diskurses, und nicht hinsichtlich der Sprache Gottes, so lautet die Antwort, dass die Rede Gottes in sich selbst eine einzige geschlossene Rede bildet und nicht disparat ist, auf welcher Ebene und aus welcher Perspektive auch immer, gemäß dem, was in der systematischen Theologie bereits erläutert wurde. Der Annäherung an die Rede Gottes dient hier aber der menschliche Diskurs als Hintergrund, in deren Gestalt die Offenbarung auf eine Weise, die ihnen [den Menschen] vertraut ist, herab gesandt wurde. Dies bedarf aber der tiefgründigen Überlegung und ausführlichen Erklärung.[22]

22 Abū Isḥāq Ibrāhīm Ibn Mūsā aš-Šāṭibī, *al-Muwāfaqāt* III, ed. von ʿAbd Allāh Darrāz, Muḥammad Darrāz und A. ʿAbd aš-Šāfī Muḥammad, Beirut o. J., S. 214.

Im Koran als Wortlaut offenbart sich außerdem der Kommunikationswille zwischen Gott und Mensch. Gott kommt dem Menschen in seiner Lebenswelt näher. Dieses verbale Verhältnis zwischen Gott und Mensch vollzieht sich in verschiedenen Kommunikationsstufen, die sowohl theologisch als auch kommunikationstheoretisch wahrgenommen werden können.

Die im Koran verwendeten Beschreibungen der verschiedenen Kategorien des Gotteswortes offenbaren die Vielschichtigkeit göttlicher Botschaft und rufen eine hermeneutische Reflexion über deren Diskursgattungen auf den Plan.

a) *Waḥy* als Rede von Gott

Im Vorgang der Eingebung offenbart sich das ontologische Verhältnis zwischen Gott und seinem Propheten. Die Eingebung ist in der islamischen Theologie mit einer Berufung des Propheten gleichzusetzen. Durch Eingebung (*waḥy*), welche auf die exklusive prophetische Ebene zu verorten ist, wird die Botschaft des Koran auch in die Genealogie der monotheistischen Offenbarungen verortet:

> Gewiß, Wir haben dir (Offenbarung) eingegeben, wie Wir Nuh und den Propheten nach ihm (Offenbarung) eingegeben haben. Und Wir haben Ibrahim, *Isma'il*, *Isḥaq*, *Ya'qub*, den Stämmen, Jesus, Ayyub, Yunus, Harun und Sulaiman (Offenbarung) eingegeben, und Dawud haben Wir ein Buch der Weisheit gegeben. (Q 4:163)

Mit dem Begriff der Eingebung (*waḥy*) wird auch das Wesen der Kommunikation zwischen Gott und dem Propheten hervorgehoben. Gott tritt dabei als Urheber der koranischen Botschaft hervor und der Prophet als deren Empfänger. Im Prozess der Eingebung wird die Kernaussage der koranischen Botschaft dem Propheten stufenweise und in Form einer göttlichen Inspiration vermittelt:

> Und diejenigen, die ungläubig sind, sagen: »O würde ihm doch der Qur'an als Ganzes offenbart!« […] Und Wir haben ihn wohlgeordnet vorgetragen. (Q 25:32)

Nach prophetischer Tradition wird die Eingebung (*waḥy*) im Sinne des Offenbarungsgeistes sukzessiv weitergetragen und endet nicht mit dem abschließenden Berufungsakt des Propheten Mohammed. Vielmehr wird dieser Geist durch Wissen und glaubende Erkenntnis weitergeführt. In diesem Sinne verkündete der Prophet Mohammed:

> Die Gelehrten/Wissenschaftler sind die Erben der Propheten.

b) *Qurʾān* als Rede vor Gott[23]

In der Rezitation vollzieht sich die religiöse Verinnerlichung des Koran durch die Gläubigen im Laufe der Geschichte, welche nach Arkoun als sukzessive Offenbarungen bzw. als *transcendentalisation* bezeichnet werden könnte.[24] In der Lesart des Wortlautes wird die spirituelle individuelle Gotteserfahrung ausgelebt und erhebt sich somit an der Stufe einer Emanation der himmlischen Offenbarung in Raum und Zeit:

> Und trage den Qurʾan wohlgeordnet vor. (Q 73:4)
>
> Die (wahren) Gläubigen sind ja diejenigen, deren Herzen sich vor Ehrfurcht regen, wenn Gott gedacht wird, und die, wenn ihnen Seine Zeichen [Sein Wort] verlesen werden, es ihren Glauben mehrt, und die sich auf ihren Herrn verlassen. (Q 8:2)

c) *Balāġ* als Rede über Gott

Mit *balāġ* wird die Mittler-Rolle des Propheten hervorgehoben. Dies bekräftigt noch einmal, dass die Aufgabe des Propheten lediglich darin besteht, die Botschaft Gottes zu übermitteln. Über die Herzen kann nur Gott urteilen:

> Und sag zu jenen, denen die Schrift gegeben wurde, und den Schriftunkundigen: »Seid ihr (Gott) ergeben?« Wenn sie (Ihm) ergeben sind, dann sind sie rechtgeleitet. Kehren sie sich aber ab, so obliegt dir nur die *Übermittelung* (der Botschaft). Allah sieht die Menschen wohl. (Q 3:20)
>
> Und wenn dein Herr wollte, würden fürwahr alle auf der Erde zusammen gläubig werden. Willst du etwa die Menschen dazu zwingen, gläubig zu werden? (Q 10:99)

Hier tritt der Prophet gleichermaßen als Empfänger der göttlichen Botschaft und als Sprecher und Verkünder einer Mitteilung hervor, deren Urheber Gott ist. Durch den Begriff der ›Übermittlung‹ wird ein bestimmtes Verhältnis zwischen dem Propheten und der Gemeinschaft zum Ausdruck gebracht. Es handelt sich um ein Kommunikationsgeschehen, welches sich in der Zeitgeschichte ereignet. Der Prophet als Sprecher vermittelt die Botschaft Gottes stellvertretend an die Gemeinschaft als Hörer. Es handelt sich hier um eine Kommunikation zweiten Grades, die sich in einem Kultur- und Handlungsumfeld vollzieht. Dies geht aus dem Koranvers (Q 14:4) hervor, in dem Gott mitteilt:

---

23 Die aus der christlichen Theologie stammenden Begriffe »Rede von Gott«, »Rede zu Gott«, »Rede über Gott« und »Rede vor Gott« werden hier in den koranischen Kontext gesetzt und als Sprechhandlungen des einen und selben Diskurs, nämlich des Koran verwendet; vgl. Edmund Arens, *»Kommunikative Vernunft, Religion und Gottesrede«*, in: Habermas und die Religion, hrsg. von Klaus Viertbauer und Franz Gruber, Darmstadt 2019, S. 252–276.

24 Vgl. Mohammed Arkoun, *Ouvertures sur l'islam*, Paris 1989.

> Und Wir haben keinen Gesandten gesandt, außer in der Sprache seines Volkes, damit er ihnen (die Botschaft) klar macht. Allah läßt dann in die Irre gehen, wen Er will, und leitet recht, wen Er will. Und Er ist der Allmächtige und Allweise.

d) *Ḏikr* als Rede zu Gott

Die Bezeichnung des Koran als *ḏikr* deutet auf die Art des Verhältnisses zwischen Mensch und Gott auch nach der Vollendung der prophetischen Botschaft. Die Beziehung des Menschen zu Gott verläuft nun unmittelbar und zwar durch *ḏikr*, d. h. durch den Ruf. Es heißt wer Gott gedenkt, dem wird Gott gedenken.

Diese Relation geht aber von dem Menschen aus. Gott gedenken bedeutet die Stimme des Glaubens in sich hervorrufen:

> Gedenkt Meiner, so gedenke Ich eurer. Seid Mir dankbar und seid nicht undankbar gegen Mich. (Q 2:152)

Gedenken ist die Aufgabe des Menschen und steht dem Vergessen gegenüber:

> Sie haben Allah vergessen, und so hat Er sie vergessen. (Q 9:67)

Der oft im Koran verwendete Imperativ ›gedenke!‹ dient aber keineswegs einer bloßen Aufforderung zur Erinnerung, insofern dass ein Erinnerungsgebot kaum dem in Folge eines Gedächtnisverlusts entstandenen Vergessen Einhalt zu gebieten vermag. *uḏkur* (›gedenke!‹) käme eher einer Aufforderung zum Erzählen näher.

Mit dem Koran als in menschlicher Sprache artikuliertes Wort ist andererseits die historische Konkretisierung des Glaubensgebots gemeint. Gegenstand des Koran in seiner segmentalen Form bzw. Wortlaut ist das Umschreiben des eschatologischen Bundes zwischen Gott und Mensch in ein in menschlichen Denk- und Sprachmustern verschlüsseltes Kommunikationsverhältnis. Die Seelenrede bzw. der geistige Diskurs ist hingegen der Ort der Urintention des Bundschlusses zwischen Gott und Mensch.

2.2 Geistige Rede und Intendierter Sinn

Den Koran mit einer geistigen Rede in Verbindung zu setzen bedeutet, sich einen ahistorischen hypothetischen Kommunikationsrahmen vorzustellen, in dem das ethische Urteil von jeglicher sittlicher oder moralischer Situierung abhebt.

Denn die sogenannte ›geistige Rede‹ (*kalām nafsī*) zeichnet sich dadurch aus, dass sie ewig, erhaben und absolut ist, jedoch nur dem göttlichen Wissen vorbehalten. Koran als geistige Rede wird in der systematischen Theologie, wie etwa bei aš-Šāṭibī, als Korrelat göttlicher Ur-Intention angesehen. Im Koran wird diese

Ebene des Gotteswortes gleichermaßen als *lawḥ maḥfūẓ* (›wohlbewahrte Tafel‹) und als *umm al-kitāb* (›Urschrift/Gemeinsinn der Offenbarung‹) beschrieben:

> Nein! Vielmehr ist es ein ruhmvoller Qur'an, auf einer *wohlbehüteten Tafel* (*lawḥ maḥfūẓ*). (Q 85:21–22)

> Er ist es, Der das Buch (als Offenbarung) auf dich herabgesandt hat. Dazu gehören eindeutige Verse – sie sind der Kern des Buches (*'umm al-kitāb* = Archetyp des Buches) – und andere, mehrdeutige. (Q 3:7)

Legt man diese Lesart zugrunde, so kann eine unumstrittene Eindeutigkeit des göttlichen Wortes lediglich aus der Seelenrede bzw. geistigen Rede als Sinnbild der Textintention abgeleitet werden. Kommunikationstheoretisch wird aber die Frage aufgeworfen, welche die Glaubenslehre lange Zeit beschäftigte, nämlich inwiefern eine geistige Rede noch eine Rede ist, da sie ewig ist und *de facto* der Existenz des Angesprochenen (Menschen) vorausgeht.

Nach Abū Bakr Muḥammad Bāqillānī (gest. 1013/403) könnte die Seelenrede nur als Wort verstanden werden, wenn sie als Verkündung dessen definiert wird, was zuerst sein wird und an der Stelle dessen, was zuerst hervorgebracht werden soll. Wenn man die Sprache im Allgemeinen als etwas auffasst, was grundsätzlich auf Deutung und Bezeichnung abzielt, so wäre die Seelenrede noch eine Rede.

Geht man allerdings von der kommunikativen Funktion der Sprache aus, der zufolge die Rede Gottes dem Verständnis eines Empfängers dient, der fähig ist, sie zu verstehen, so wäre die Seelenrede nach aš'aritischer Auffassung kein artikuliertes Wort mehr, sondern lediglich ein semantischer Gehalt im Sinne einer universalen ethischen Intention Gottes.[25]

Durch das Ausblenden des Verhältnisses zwischen den beiden Ebenen göttlichen Wortes wurde im orthodoxen Denken aufgrund einer selektiven, überlieferungslastigen Koranexegese der Koran durch alle Zeiten hindurch immer wieder, bewusst oder aus Unkenntnis, missbräuchlich für politische oder dogmatische Zwecke gedeutet.

Die theologisch-hermeneutische Unterteilung des Koran in Wortlaut und Seelenrede impliziert eine binäre Auffassung von Gottesgebot, der zufolge einer Pflicht (*ḥukm*) entweder ein fundamentaler allgemeingültiger oder ein historischer kontextgebundener Aufforderungswert zugewiesen werden kann.[26]

Die normative Deutung dieser binären Auffassung von ›Gotteswort‹ läuft auf eine doppelte Vorstellung des Urhebers der Offenbarung hinaus. Während man im Falle der geistigen Rede vom göttlichen Urheber spricht, bezeichnet man den Übermittler des Wortlautes – nämlich den Propheten – als Sprecher.

25 Abū Bakr Muḥammad Bāqillānī, *I'ǧāz al-Qur'ān*, Kairo 1977, S. 47–50.
26 Vgl. al-Kaffāwī, *al-Kulliyyāt*, S. 220.

Die fundamentale und allgemeingültige Moral- bzw. Rechtsnorm (*ḥukm šarʿī*) ist diejenige, die sich ausgehend vom Wortlaut deduktiv aus der Intention des Diskursurhebers erschließen lässt.

In diesem Falle dient die geistige Rede (*ḫiṭāb nafsī*) dem mündlichen Diskurs (*ḫiṭāb lafẓī*) als Inhalt. Die Auseinandersetzung mit der Frage nach dem Teil des koranischen Wortlautes, welcher als Ausdruck der Ur-Intention Gottes anzuerkennen ist, steht im Mittelpunkt des theologischen Streits um die Festlegung des Spezifischen und des Allgemeinen im Koran.

Dabei weisen die ašʿaritischen Gelehrten darauf hin, dass lediglich die 85 mekkanischen Suren einen universalen Charakter hätten und infolgedessen mit der ethischen Intention in Verbindung zu bringen seien.

Denn die Urschrift, in der die Offenbarungsintention verewigt ist, bildet ebenfalls den ethischen Referenzrahmen für die drei Buchreligionen bei ihrer Suche nach den gottgewollten Gemeinwohlidealen und ethischen Prinzipien eines rechtschaffenen Lebens.

Worin liegt also das spirituelle Hauptmerkmal mekkanischer Offenbarung und inwiefern fungiert sie als Quelle spiritueller Lebensführung?

2.3 Ästhetik als Manifestation des Universalen

Das Hauptmerkmal mekkanischer Offenbarung liegt in dessen Entfaltung einer Glaubenssemantik, welche aus dem neuen metaphorischen Sprachgebrauch von Wörtern und Aussagen im Glaubensdiskurs hervorgeht. Die Umwandlung des empirischen Selbst vollzieht sich zunächst in einem transzendentalen Sprachgebrauch. Die neue Glaubenswelt bedient sich einer verfremdenden Symbolik, in der die Erwartungshorizonte neu aufgestellt werden.

Der Prozess der abweichenden und theologisch gefärbten Verwendung von Wörtern und rhetorischen Bildern erreichte seinen Höhepunkt in der Mitte der mekkanischen Phase der Offenbarung. So wird zunächst auf die Verfremdung bekannter kaufmännischer Denkinhalte zurückgegriffen.

In der zweiten Sure des Koran wird folgende Frage von Gott gestellt:

> Wer ist es denn, der Allah ein schönes Darlehen gibt? So vermehrt Er es ihm um ein Vielfaches. Allah hält zurück und gewährt, und zu Ihm werdet ihr zurückgebracht. (Q 2:245)

Im Kontext der Vermittlung theologisch-ethischer Verhaltensvorschriften griff der Koran in dieser ersten Phase der Offenbarung oft auf die den handelsbegeisterten Mekkanern vertrauten Wirtschaftsbegriffe zurück, wie etwa Schuldenerlass, Gewinn, Tausch oder Vermehrung.

Die Quraischiten, die Bewohner von Mekka, standen diesen verfremdenden Gebrauchsabweichungen zunächst skeptisch gegenüber, so dass Koranverse wie

> Das sind diejenigen, die das Irregehen um die Rechtleitung erkauft haben, doch hat ihr Handel keinen Gewinn gebracht, und sie sind nicht rechtgeleitet. (Q 2:16)

als falsche Versprechungen oder Drohungen abgetan wurden. Dabei verwies der Koran auf die Anhänger der früheren Buchreligionen, um die verwendeten Symbolbilder historisch zu untermauern:

> Gott hatte ja mit den Kinder Isra'ils ein Abkommen getroffen. [...] Gott sagte: ›Ich bin mit euch. Wenn ihr das Gebet verrichtet, die Abgabe entrichtet, an Meine Gesandten glaubt und ihnen beisteht und Allah ein gutes Darlehen gebt, werde Ich euch ganz gewiss eure bösen Taten tilgen und euch ganz gewiss in Gärten eingehen lassen, durcheilt von Bächen.‹ (Q 5:12).

Diese Semantik des wahren Gewinns findet man bereits im Alten Testament und der Koran möchte das in Erinnerung rufen, was bereits Moses und Jesus verkündeten, nämlich, dass der wahre Gewinn sich eher in eine Sphäre verorten lässt, welche nach logischem Denken der Verlustsphäre zugeschrieben werden kann.

Diese besondere Bedeutung des Gewinns geht u. a. auf die Bibelstelle Kohelet 3,9–13 zurück. Dort wird verkündet:

> Welcher Gewinn bleibt bei denen, die etwas tun, von ihrer Mühe? [...] Ich habe erkannt, dass es nichts Gutes bei ihnen gibt, außer dass sie sich freuen und Gutes tun in ihrem Leben. (Koh 3,9–13: Kirchentagsübersetzung)[27]

Die im Koran nachgezeichnete Gewinnsphäre reicht vom Erlass über Loslassen bis hin zur Selbstaufgabe für den Anderen.

Die *vier* Stufen dieser Semantik des Verzichts und der Selbstüberwindung sind: a) *Gegenseitigkeit* (Q 8:61): »Und wenn sie sich dem Frieden zuneigen, dann neige auch du dich ihm zu und verlasse dich auf Allah! Gewiß, Er ist ja der Allhörende und Allwissende.« b) *Loslassen* (Q 64:14): »Wenn ihr aber verzeiht, nachsichtig seid und vergebt – gewiß, so ist Allah Allvergebend und Barmherzig«. c) *Verzicht* (Q 3:140): »Wenn ihr Wunden erlitten habt, so haben die (feindlichen) Leute ähnliche Wunden erlitten. Solche Tage teilen Wir den Menschen abwechselnd zu«. d) *Selbstüberwindung* (Q 59:9): »[Die wahren Gläubigen] lieben (all die,) die zu ihnen ausgewandert sind [...] *sie ziehen diese (die Bedürftigen) sich selbst vor, auch wenn sie selbst Mangel erleiden.* Und diejenigen, die vor ihrer eigenen Habsucht bewahrt bleiben, das sind diejenigen, *denen es wohl ergeht.*«

27 Vgl. Mohammed Nekroumi/Arnulf von Scheliha, »*Klug sein angesichts der Unergründlichkeit des Lebens*«, in: *Deutscher Evangelischer Kirchentag*, hrsg. von Silke Lechner, Heide Stauff und Mario Zeißig, München 2016, S. 101–110.

Durch die anfängliche exegetische Auseinandersetzung wurden die neu eingeführten Denkinhalte des Glaubens, welche den Menschen damals kaum zugänglich waren, stufenweise im Bewusstsein der Gemeinschaft verankert.

Dieser semantische Abweichungsprozess verlief in den Anfängen der glaubensstiftenden Offenbarungsphase nach einem abgestuften diachronischen Muster, bei dem neue, religiös belegte Verwendungsweisen altbekannter Wörter konventionelle Gebrauchsweisen nach und nach ersetzten. Die mit dem neuen Glauben einhergehende Umwandlung des empirischen Selbst erlangte ihren Höhepunkt in dem Aufruf zum Umdenken, welcher beispielhaft in der theologischen Bedeutungsverschiebung des Wortes *zakāt* (u. a. ›Armenabgabe‹) ihren Ausdruck findet.[28]

Das Wort *zakāt*, das nach der damaligen Sprachkonvention dem Denkinhalt des ›Vermehrens‹ entsprach, sollte nun laut koranischer Aussage ›großzügige Abgabe an die Bedürftigen‹ intendieren. (Vgl. Q 9:103 und Q 2:110)

Die an der neuen Glaubenssemantik orientierte Verfremdung bereits normativ festgelegter Lexeme diente der Anregung zum Umdenken, welche das Wesen und den ethischen Sinn der neuen Offenbarung offenkundig zu machen verhalf.

Der theologische Gedanke der Spende bzw. Ausgabe haftet an dem Verhältnis zwischen dem ursprünglichen Sinn des Begriffs *zakāt* (u. a. Q 9:103), d. h. *vermehren*, und seiner neuen theologischen Bedeutung, d.h. *ausgeben*, und entfaltet sich nun in dem dadurch entstehenden Paradoxon, demzufolge das Vermehren als Ergebnis des Ausgebens betrachtet wird.

Der diesem Paradoxon zugrundeliegende Glaubensinhalt geht aus einem koranischen Gebot im o. g. Vers (Q 59:9) hervor, in dem die Liebe mit der Überwindung des Selbst einhergeht:

> Sie ziehen (Bedürftigen) sich selbst vor, auch wenn sie selbst Mangel erleiden. Und diejenigen, die vor ihrer eigenen Habsucht bewahrt bleiben, das sind diejenigen, denen es wohl ergeht. (Q 59:9)

Der Abweichungsprozess verfolgte primär das Ziel einer Umschreibung einer profanen Sprache der kaufmännischen Gesellschaft der Mekkaner in eine Sprache der Fürsorge und Nächstenliebe. Die Liebe Gottes setzt die Liebe der Mitmenschen voraus:

> Sag: Wenn ihr Allah liebt, dann folgt mir. So liebt euch Allah und vergibt euch eure Sünden. Allah ist Allvergebend und Barmherzig. (Q 3:31)

Das in den mekkanischen Suren eingeleitete Gemeinwohl kann nur in der ontologischen Sphäre des Glaubens nachvollziehbar sein, in der das Selbst *per se* als transitive Entität wahrgenommen wird. Dies bedeutet, dass die vom Koran vo-

28 Muqātil ibn Sulaimān, *Tafsīr Muqātil ibn Sulaimān* 4, ed. ʿAbd Allāh Maḥmūd Shaḥḥāta, Kairo 1988, S. 50.

rausgesetzte Fürsorge nicht von außen zum Selbst hinzukommt, sondern vielmehr als integrativer Bestandteil des Selbst verstanden wird.

Das enge Verhältnis zwischen Fürsorge und Selbstheit lässt sich aus dem schöpfungstheologischen Begriff des gemeinsamen einheitlichen Ursprungs des Menschen erschließen, der im Koran als Grundsatz des Glaubens betrachtet wird.

> O ihr Menschen, fürchtet euren Herrn, Der euch aus einem einzigen Wesen Selbst schuf, und aus ihm schuf Er seinen Gegenüber und ließ aus beiden viele Männer und Frauen sich ausbreiten. Und fürchtet Allah, in Dessen (Namen) ihr einander bittet, und die Verwandtschaftsbande. Gewiß, Allah ist Wächter über euch. (Q 4:1)

Anders als in der philosophischen Ethik der Antike, in der die Rede nur von einem Guten für »uns« sein kann,[29] setzt die koranische Glaubenslehre einen unerschöpflichen und für die Gemeinschaft allgemeingültigen Gebrauch des Prädikats ›gut‹ voraus.

In den mekkanischen Offenbarungen kann das ›wahre‹ Wohlergehen und das höchste Gut (*maṣlaḥā muʿtabara*) nur durch den Verzicht auf individuellen und am Privatnutz orientierten Gut erreichbar sein. Das soziale Gemeinwohl ist hingegen ein Ausdruck und Erscheinungsform des höchsten Gutes.

Die koranische Güterlehre umfasst gleichermaßen sogenannte ›sittliche‹ und ›präsittliche‹ Güter. Die präsittlichen Güter, welche unabhängig vom persönlichen Denken und Wollen existieren, gelten als universal und sind überwiegend den mekkanischen Suren zuzuordnen.

Die sogenannten ›sittlichen‹ Güter sind diejenigen, die dem verantwortlichen menschlichen Handeln im Lebensvollzug zur Beachtung aufgegeben werden.[30] Diesen letzteren liegen Koranverse der medinensischen Phase und eine reichhaltige Hadithliteratur zu zivilrechtlichen Fragen, wie z. B. Eheschließung, Ehescheidung, Verhalten im Kriegszustand, Umgang mit Apostasie etc. zugrunde.

Das medinensische Konzept des Guten, das sich im Laufe der islamischen Geschichte durchgesetzt hat, ist eher juristischer Natur und wird der Konformität zum Gesetz gleichgestellt.

Das wahre Wesen des Gemeinwohls im Koran geht allerdings überwiegend aus dem uneingeschränkten humanistischen Anspruch hervor, demzufolge das Wohlergehen als Erfüllungsgestalt des Selbst anzusehen ist.

---

29 In den ersten Zeilen der Nikomachischen Ethik erklärt Aristoteles die Ausrichtung seiner Ethik wie folgt: »*Jede Kunst und jede Lehre, ebenso jede Handlung und jeder Entschluss scheint irgendein Gut zu erstreben. Darum hat man mit Recht das Gute als dasjenige bezeichnet, wonach alles strebt.*« Hans-Georg Gadamer (Hg.), *Nikomachische Ethik* VI, Frankfurt a. M. 1998, I, 1094 a, S. 1–3.

30 Vgl. Franz Böckle, *Fundamentalmoral*, München 1977, S. 259.

Das Streben nach Glückseligkeit geht, laut koranischer Glaubenssemantik, nur in Erfüllung durch die Wahrnehmung der Fürsorge-Pflicht gegenüber dem Anderen, dem gesichtslosen Jedermann.

> Und sie geben, aus Liebe zu Ihm, Speise zu essen dem Bedürftigen, der Waise und dem Gefangenen. (Q 76:8)

> Wir speisen euch nur um Allahs Angesicht willen. Wir wollen von euch weder Belohnung noch Dank. (Q 76:9)

Diesem Verständnis zufolge wird die Offenbarung von einer besonderen humanistischen Tendenz geprägt, nämlich von jener, die »nicht in ein blindes prometheisches Streben verfällt« und den Glauben an Gott, den »obersten Garanten des Gleichgewichts und der Ordnung im Universum«[31], als etwas betrachtet, was der Vernunft vorausdenkt.

Die in den mekkanischen Suren eingeführte spirituelle Vorstellung des Wohlergehens ebnet eindeutig den Weg zu einem interkonfessionellen Begriff des Gemeinwohls, da in den entsprechenden Koranversen zum Wohlergehen nicht eine bestimmte Glaubensgemeinschaft, sondern die Selbstheit als Dreh- und Angelpunkt der Glückseligkeit angesehen wird.

> Jede Seele haftet für das, was sie erworben [vorausgeschickt] hat. (Q 74:38)

Bei der konkreten Dreiteilung des Begriffs des gläubigen Selbst in Muslim, Jude oder Christ handelt es sich theologisch um eine Differenzierung zweiten Grades, welche sich lediglich auf der Ebene des Diesseits ergibt. Daraus folgend impliziert der Begriff ›Glaubensgemeinschaft‹ im Koran nach dieser Lesart zwangsläufig die Vielfalt:

> Wahrlich, diejenigen, die glauben, und die Juden, die Christen und die Sabäer, wer an Allah und den Jüngsten Tag glaubt und Gutes tut, diese haben ihren Lohn bei ihrem Herrn und sie werden weder Angst haben noch werden sie traurig sein. (Q 2:62)

Die diesseitige konfessionelle Vielfalt entspricht Gottes Plan:

> O ihr Menschen, Wir haben euch ja von einem männlichen und einem weiblichen Wesen erschaffen, und Wir haben euch zu Völkern und Stämmen gemacht, damit ihr einander kennenlernt. Gewiß, der Geehrteste von euch bei Allah ist der Gottesfürchtigste von euch. Gewiß, Allah ist Allwissend und Allkundig. (Q 49:13)

Die theologische Auffassung des Guten in der Botschaft des Koran ist, damals wie heute, nur durch eine glaubensorientierte Vorstellung des Selbst wahrnehmbar.[32]

Dies rechtfertigt und fördert den heutigen Aufruf zu einer theologisch-spirituellen Lektüre des Koran mit wissenschaftlichem Anspruch. Dieses Vorhaben

31 Mohamed Aziz Lahbabi, *Der Mensch: Zeuge Gottes*, Freiburg i. Br. 2011, S. 194.

32 Arkoun, *Ouvertures sur l'islam*, S. 65.

sollte sich der Herausforderung stellen, einerseits die geistigen Distanzen zwischen unserem heutigen säkularen Sprachverständnis und der Sprache des Koran zu überwinden. Andererseits sollten die Weichen für die Analyse der verschiedenen Diskursgattungen im Koran gestellt werden, um sich entsprechende Zugänge zu den Sprechhandlungen des Textes und zu den damit einhergehenden Glaubensinhalten zu verschaffen.

3 Ausblick

Von der Sprechakttheorie ausgehend lassen sich für das Koranverständnis grundlegende Diskursgattungen ableiten, die die verschiedenen im Koran verankerten ethischen, mythischen u. a. liturgischen Dimensionen zugänglich machen.

Die aus der theologischen Tradition entsprungenen Textkategorien, wie etwa Seelenrede vs. Wortlaut oder mekkanisch vs. medinensisch rufen heute eine Sprechaktanalyse der Offenbarungsschrift auf den Plan, die maßgeblich zur Entwicklung einer zeitgemäßen Lektüre des Koran beitragen kann.

Die zeitgenössische Koranhermeneutik sieht heute den Ausweg aus der Pattsituation moderner Missdeutungen und fehlerhafter Lesarten des Koran in einer Neubewertung der alten Aufteilung in mekkanisch vs. medinensisch sowie Seelenrede vs. Wortlaut und begründet diesen Vorgang mit dem gleichermaßen spirituellen und liturgischen Charakter des mekkanischen Koran. Die islamische theologische Ethik unterstreicht ihrerseits den spirituellen Anspruch mekkanischer Offenbarung mit Hinweis auf Koranverse der mekkanischen Phase, welche klare Züge einer universalen Ethik aufweisen und somit als Korrelat des intendierten Sinns verstanden werden kann.

Eine Sprechaktanalyse des Koran verheißt außerdem, dem polyphonen Charakter der Offenbarung in seinem Verhältnis zum illokutionären Wert von Suren und Verse Rechnung zu tragen.

Habib El Mallouki

Al-ištirāk bzw. die Homonymie in der arabischen Sprachwissenschaft und ihre Wirkung auf die Theologie

1 Einleitung

Homonymie, auch Gleichnamigkeit genannt, beschreibt die Beziehung zwischen Lexemen, die paradigmengleich, aber begriffsfremd sind. Es handelt sich demnach um formal identische Ausdrücke, die aber auf semantischer Ebene in keinerlei Beziehung miteinander stehen. Homonymie spielt in der Sprachwissenschaft, besonders in der Lexikographie und Semantikforschung, eine wichtige Rolle und ist in vielen Sprachen ein weit verbreitetes Phänomen. Schlägt man ein Lexikon einer beliebigen Sprache auf, so stößt man auf zahlreiche Wörter, die formal identisch sind, aber verschiedene semantische Funktionen aufweisen; genauso trifft man auf heterogene Signifikate, die einen einzigen Signifikanten (Zeichen) teilen. Beispielsweise steht in der deutschen Sprache das Wort ›Bank‹ u. a. für ein Sitzmöbel, ein Geldinstitut sowie für eine Uferböschung;[1] es vereint also Bedeutungsvarietäten in sich, die über keinerlei gemeinsame semantische Merkmale verfügen.[2] Auch der Ausdruck ›Weiche‹ ist ein Homonym, da es entweder ein Flexionsprodukt der Verben ›weichen‹ und ›ausweichen‹ ist oder die Substantivierung des Adjektivs ›weich‹.[3] Das Wort *faille* in dem französischen Satz *Je ne pense pas qu'il faille relever la faille de son raisonnement* nimmt ebenfalls zwei ganz unterschiedliche Bedeutungen an: So ist das erste Wort *faille* die konjugierte Verbform des Infinitivs *falloir* (›müssen, sollen‹) und das zweite *faille* ist ein Nomen, welches mit ›Schwachstelle‹ übersetzt werden kann.[4]

Dieser Artikel beschäftigt sich mit der Thematik der Homonymie (*al-ištirāk*) in der arabischen Linguistik, da dieses Sprachphänomen in der arabischen Sprache so präsent und so verbreitet ist, dass Sprachwissenschaftler *al-ištirāk* als

1 John Lyons, *Einführung in die moderne Linguistik*, München 1995, S. 414.

2 Dieser ausführliche Umriss der Thematik samt angeführten Beispielen dient dazu, auch linguistisch Fachfremden einen Einstieg zu erleichtern.

3 Alaa Abdelaziz Ali, *Ambiguität im Deutschen und Arabischen*, Hamburg 2014, S. 55.

4 Vgl. Émile Littré, *Dictionnaire de la langue française* 2, Paris 1974, S. 1596 f.

eines der wichtigsten Spezifika des arabischen Satzes herausstellen.[5] In der arabischen linguistischen Literatur gibt es zahlreiche Lexika und Monografien, die Homonyme und ihre verschiedenen Bedeutungsvarietäten thematisieren. Das Lexikon *Tāǧ al-ʿarūs* führt beispielsweise für das Wort *al-ʿaǧūz* mehr als hundert Begriffe auf.[6]

Die vorliegende Arbeit nähert sich dieser Thematik jedoch nicht nur aus einer theoretischen Perspektive, vielmehr widmet sie sich auch den praktischen Folgen in der Bedeutungslehre und darüberhinausgehend auf der Ebene der Interpretationen. Vor allem die Wirkung dieses Sprachphänomens auf die Rezeption der religiösen Quellentexte sowie dessen Einfluss auf die Auslegung der normativen Aussagen rücken dabei in den Betrachtungsfokus. Es wird hierbei versucht, den Zusammenhang und die breite Verflechtung zwischen der Sprache als Träger des Textes und der Theologie deutlich zu machen, wobei letztere selbst als Erkenntnis aus der immerwährenden Interaktion zwischen dem Verstehensprozess und dem Textinhalt selbst gesehen wird. Religionen kommunizieren ihre Glaubensinhalte über Sprache bzw. verbale Strukturen: Mit der Phrase »Im Anfang war das Wort«[7] beginnt das Johannesevangelium und auch der Koran deklariert, dass alle Gesandten mit einer Botschaft in der Sprache ihres eigenen Volkes entsandt wurden.[8] Sprache spielt mit ihren Strukturen, unterschiedlichen Eigenschaften und rhetorischen Figuren und Tropen bei der Rezeption und Deutung der Inhalte der Religion offenkundig eine herausragende Rolle.

Aufgrund dieser substantiellen Relevanz von Sprache für Rezeption und Deutung fokussierte die islamische Traditionsgeschichte den Fachbereich der Linguistik und die sprachliche Ermächtigung als wichtigste Mittel für die Erforschung und Auslegung des Korantextes. In diesem Zusammenhang wird besonders der sprachlichen Homonymie (*al-ištirāk*) und ihrer Wirkung auf die Semantik eine sehr wichtige Funktion beigemessen. Da der koranische Text zahlreiche Wörter enthält, die für verschiedene Inhalte und Begriffe stehen,[9] fordert dies eine große Anstrengung wie besondere Stringenz beim Lesen und Verstehen, um die Intention eines Ausdrucks und dessen Bedeutung eindeutig zu definieren. Denn es ist plausibel, dass die Auslegung eines Textes in dem Maße erschwert wird, in dem auch die Homonymie zunimmt.[10] Es besteht die Gefahr,

5 Vgl. Muḥammad Nuruddin al-Munǧid, *al-Ištirāk al-lafẓī fī l-qurʾān al-karīm bayna an-naẓariyya wa-taṭbīq*, Damaskus 1999, S. 15.

6 Muḥammad b. Muḥammad al-Murtaḍā az-Zubaydī, *Tāǧ al-ʿarūs min ǧawāhir al-qāmūs* 15, Kuwait 1971, S. 201 ff.

7 Johannesevangelium 1,1.

8 »Und Wir haben keinen Gesandten geschickt, außer in der Sprache seines Volkes, auf dass er sie aufkläre.« Koran 14:3.

9 Vgl. al-Munǧid, *al-Ištirāk al-lafẓī fī al-qurʾān al-Karīm bayna an-naẓariyya wa-taṭbīq*, S. 94 f.

10 Vgl. Klaus Welke, *Tempus im Deutschen: Rekonstruktion eines semantischen Systems*, Berlin 2005, S. 34.

dass dadurch falsche Erkenntnisse und verzerrte Interpretationsvorgänge entstehen, die zu tragischen Auswirkungen und katastrophalen Entwicklungen führen, besonders wenn es sich um religiöse Handlungsimperative handelt.

2 Homonymie in der arabischen Sprache: Sprachliche Definition und linguistische Abgrenzung

Al-ištirāk bzw. *al-muštarak* bedeutet im Arabischen ›Teilhaberschaft‹, ›Teilnahme‹, ›Beteiligung‹ und ›Partnerschaft‹.[11] So sagt beispielsweise der Koran (Koranvers 20:32): »*wa-ašrikhu fī amrī*« (›und lasse ihn an meiner Aufgabe teilhaben‹), und (17:64): »*wa-šārikhum fi-l-amwāl wa-l-awlād*« (›habe an ihren Vermögen und Kindern teil und mache ihnen Versprechungen‹). Man spricht auch von einer *farīḍa muštaraka* (›ein gemeinsames Erbe‹), wenn die Erben gleiche Anteile erhalten,[12] oder von einem *ṭarīq muštarak* (›gemeinsame Straße‹), wenn dessen Benutzung allen Menschen gleich zusteht.[13] Bekannt ist aus diesem Wortstamm auch der Ausdruck *širka* (›Gesellschaft‹, ›Teilhaberschaft‹, ›partnerschaftliches Verhältnis‹).[14] Auch *širk* ist ein prominentes Derivat aus dem Lexem *šaraka* und bezeichnet die Beigesellung von anderen Göttern zu dem einen Gott (Polytheismus und Götzendienerei).[15]

Linguistisch bezieht sich die Homonymie in der arabisch-wissenschaftlichen Tradition auf ein sprachliches Zeichen (Wort, Morphem usw.), welches für verschiedene Begriffe und Bedeutungsvarianten steht, zwischen denen kein semantischer Zusammenhang besteht.[16] Es sind also Lexeme, die über die gleiche Ausdrucksform bezüglich Aussprache und Orthographie bei unterschiedlicher Bedeutung verfügen. In seinem Buch *al-Muzhir fī ʿulūm al-luġa* geht der bekannte Sprachgelehrte as-Suyūṭī ausführlich auf *al-ištirāk* ein und definiert dies als ›ein Lexem, das verschiedene Bedeutungen hat, auf die es mit der primären wörtlichen Grundbedeutung[17] referiert.‹[18] Der bekannte *naḥw*-Gelehrte Sībawayh sagt:

11 Hans Wehr, *Arabisches Wörterbuch für die Schriftsprache der Gegenwart (Arabisch–Deutsch)*, Wiesbaden 2015, S. 651 f.
12 Abū al-Walīd Muḥammad b. Aḥmad b. Aḥmad b. Rušd, *Fatāwā Ibn Rušd* 1, Beirut 1987, S. 522.
13 ʿAbd al-ʿAzīz al-Muḥammad as-Salmān, *al-Asʾila wa-l-aǧwiba al-Fiqhiyya* 6, Kairo 1990, S. 137.
14 Wehr, *Arabisches Wörterbuch*, S. 651 f.
15 Wehr, *Arabisches Wörterbuch*, S. 651.
16 Vgl. ʿAbd al-ʿĀl Sālim Mukrim, *al-Muštrak al-lafḍī fi al-ḥaql al-qurʾānī*, Beirut 1996, S. 9.
17 Hiermit werden die allegorischen Übertragungen ausgeschlossen.
18 Abū Bakr as-Suyūṭī, *al-Muzhir fī ʿulum al-luġa* 1, Beirut 1992, S. 369.

> Es sei angemerkt, dass die arabische Rede unterschiedliche Ausdrücke für unterschiedliche Begriffe wie auch identische Ausdrücke für unterschiedliche Inhalte benutzt, wie beispielsweise die Aussage: ›Ich fand (*wağada*)‹ [im Sinne des] Empfindens, und: ›ich fand‹, [im Sinne davon,] wenn man etwas Verlorenes wiederfindet [...]. Derlei kommt sehr oft in der arabischen Sprache vor.[19]

In der Terminologie der *uṣūl*-Gelehrten – und sie sind Sprachwissenschaftler *par excellence* – beschreibt Homonymie diejenigen Lexeme, die mit der ersten wörtlichen Grundbedeutung (gleichermaßen) auf verschiedene Dinge auf der (epistemologischen) Ebene der Begriffsdefinition (*ḥadd*) verweisen.[20] Demnach wird jedes Wort im Koran als Homonym bezeichnet, das für verschiedene Begriffe steht, vorausgesetzt, es gibt zwischen diesen verschiedenen Bedeutungsinhalten keinerlei semantische oder rhetorische Beziehung. Damit werden Terme aus der rhetorischen Kategorie *al-ʾištirāk* (Homonymie) ausgeschlossen, die zwar neben der Grundbedeutung, die dem Term *qua* erster Setzung (*al-waḍʿ al-awwal*) zugeordnet wird, verschiedene Bedeutungen, sogenannte Tropen, implizieren, auf die man jedoch durch rhetorische Übertragung und metaphorische Ausweitung des Bedeutungsspektrums gelangt, weil es zwischen der ersten wörtlichen Grundbedeutung und der abgeleiteten metaphorischen Bedeutung einen Zusammenhang (*ʿalāqa*) gibt.[21] Beispielsweise wurde der Begriff ›Löwe‹ ursprünglich als wörtliche Bezeichnung (Signifikant) für das bekannte Tier (Signifikat) gesetzt. Also wurde durch den *waḍʿ* (erste Setzung, entsprechend ungefähr der scholastischen *impositio nominis ad significandum*) eine Zeichenbeziehung zwischen der Lautgruppe ›L-ö-w-e‹ und der Vorstellung bzw. dem Konzept ›Löwe‹, also dem konkreten Tier, hergestellt. Diese stellt die primäre Grundbedeutung des Wortes ›Löwe‹ dar. Danach wurde dieser Begriff durch metaphorische Übertragung (*ḥaml balāġī*) auf die mutige Person ausgeweitet. Der Zusammenhang (*ʿalāqa*) zwischen den beiden Bedeutungsinhalten ist die Eigenschaft ›Mut‹. Dieser sprachliche Aspekt wird in der arabischen Sprachwissenschaft nicht unter Homonymie (*al-ʾištirāk*) thematisiert, sondern unter Polysemie (*al-ištirāk al-maʿnawī*) subsumiert.[22]

Auch jede Bedeutungsänderung durch regionale oder geschichtliche Auseinanderentwicklung des Bedeutungsinhalts eines Wortes (*an-naql*) wird in der arabisch-islamischen Sprachphilosophie nicht als Homonymie betrachtet.[23] Zum Beispiel wurde das Wort *dābba* ursprünglich für alle Lebewesen (Menschen und

19 Abū Bišr ʿAmrū Ibn ʿUṯmān b. Qanbar, *Kitāb Sībawayh* 1, Kairo 1988, S. 24.

20 Vgl. Abū Ḥāmid al-Ġazālī, *Miʿyār al-ʿilm*, Kairo 1995, S. 81 f.

21 Tamam Muḥammad as-Sayid, *al-Fāḍ wa-tarākīb wa-dalālāt ğadīda fi-l-qurʾān al-karīm*, ʿAmmān 2010, S. 31.

22 Muḥammad Ṣāliḥ Ibn Aḥmad al-Ġarsī, *Šarḥ al-ʿiṣām ʿalā matn as-samarqadiyya fī ʿilm al-Bayān*, Damaskus 2010, S. 55 f.

23 Vgl. al-Ġarsī, *Šarḥ al-ʿiṣām ʿalā matn as-samarqadiyya fī ʿilm al-Bayān*, S. 56.

Tiere), die auf der Erde wandeln, gebraucht. In diesem Sinne heißt es im Koran beispielsweise: »und es gibt kein *dābba* (lebendes Geschöpf) auf Erden, das für seine Versorgung nicht von Gott abhängt«.[24] Dann wurde diese Bedeutung sowohl im alltäglichen wie auch im wissenschaftlichen, und hiermit auch theologischen, Gebrauch auf Tiere mit vier Beinen eingeschränkt.[25] So war dieser Begriff ursprünglich für eine bestimmte Bedeutung vorgesehen und später wurde er durch einen zweiten *waḍʿ* (zweite Setzung) auf eine andere übertragen. Somit wird auch dieses Phänomen nicht unter dem Begriff der Homonymie subsumiert, denn eine der elementarsten Bedingung für die Homonymie in der arabischen Sprachwissenschaft ist, dass der semantische Bezug eines Ausdrucks auf seine Bedeutungsinhalte gleichermaßen und wörtlich, also nicht im übertragenen Sinne und nicht durch eine historische Entwicklung, stattfindet. Als Beispiel hierfür bezieht sich das arabische Wort *al-ʿayn* mit der primären wörtlichen Bedeutung gleichzeitig auf die Bedeutungen ›Auge‹, ›Quelle‹, ›Geld‹, ›Gold‹, ›Silber‹, ›Stammesoberhaupt‹ usw.[26] Auch das Wort *ǧāria* wurde wörtlich durch die primäre Setzung (*al-waḍʿ al-awwal*) auf Begriffe wie ›Schiff‹, ›Sonne‹, ›fließende Wasserquelle‹, ›junges Mädchen‹, ›Sklavin‹ usw. bezogen.[27]

3 Positionen der klassischen Sprachgelehrten zur Homonymie

Im historischen Diskurs vertraten die Sprachgelehrten bezüglich des Phänomens der Homonymie zwar unterschiedliche Ansichten, allerdings bestätigte die Mehrheit jener die Existenz und Bedeutung dieser Kategorie, wie etwa al-Ḫalīl b. Aḥmad, Sībawayh, al-Aṣmaʿī, Ibn Fāris, Ibn Ǧinnī, aṯ-Ṯaʿālibī, al-Mubarrad, Ibn Ḫālawayh, Kurāʿ an-Naml, al-Āmidī, as-Suyūṭī und viele andere mehr.[28] Sie begründen ihre Position vor allem mit zwei Thesen:

a) Erstens durch den Verweis auf die Tatsache, dass die Homonymie ein Charakteristikum der arabischen Sprache darstellt. Es wurde hierzu bereits auf die Meinung Sībawayhs verwiesen, welcher beschreibt, dass die arabische Sprache zahlreiche Ausdrücke bereithält, die für unterschiedliche Bedeutungsinhalte stehen.[29] Diese Ansicht bekräftigt auch Ibn Fāris durch seine Anmerkung, dass

24 Koran 11:5.

25 Taqī ad-Dīn ʿAlī b. ʿAbd al-Kāfī as-Subkī, *ʿArūs al-afrāḥ fī šarḥ talḫīṣ al-miftāḥ* 1, Beirut 2001, S. 243.

26 Vgl. Ḥamdī Baḫīt ʿImrān, *ʿIlm ad-dalāla bayna an-naẓariyya wa-t-taṭbīq*, Kairo 2007, S. 94 f.

27 Vgl. Aḥmad Ibn Muḥammad al-Ḥanafī al-Ḥamawī, *Ġamz ʿuyun al-baṣāʾir šarḥ kitāb an-naẓāʾir* 1, Beirut 1985, S. 186.

28 Vgl. Qanbar, *Kitāb Sībawayh* 1, S. 24. Vgl. hierzu auch: al-Ḫalīl b. Aḥmad al-Farāhīdī, *al-ʿAyn morattaban ʿalā ḥurūf al-muʿǧam* 3, Beirut 2003, S. 263; as-Suyūṭī, *al-Muzhir fī ʿulum al-luġa*, S. 369.

29 Siehe hierzu die Seite 3 in diesem Artikel.

viele Dinge ein und denselben Namen teilen, wie das Wort *ʿayn* für ›Quelle‹, ›Geld‹, ›anhaltenden Regen‹ (*ʿayn as-saḥāb*) usw. stehen kann.[30] Er fügt hinzu:

> [U]nd dies gilt auch beim Wort *qaḍā*, das im Koran äquivok benutzt wird, mal in der Bedeutung von informieren oder kundgeben (und wir gaben (*qaḍā*) dies den Kindern Israels durch Offenbarung kund [Koran 17:4]), mal im Sinne der Bestimmung (für die Er den Tod bestimmt (*qaḍā*) hat [39:42]), mal im Sinne von erfüllen (Es sind welche unter ihnen, die ihr Gelübde erfüllt (*qaḍā*) haben [Koran 33:23]) usw.[31]

Ibn Fāris geht noch einen Schritt weiter und extendiert somit den Begriff der Homonymie im Arabischen, indem er nicht nur einzelne Lexeme und Lautgruppen betrachtet, sondern dieses Phänomen auch in größeren syntaktischen Strukturen ausmacht. Als Beleg für seine Ansicht zitiert er beispielsweise den Koranvers 74:11: »Lass Mich (verfahren) mit dem, den Ich allein erschaffen habe«. Er stellt fest, dass der Ausdruck ›allein‹ (*waḥīdan*), im gesamten sprachlichen Kontext betrachtet, äquivok verstanden werden könne.[32] Wenn man *waḥīdan* (allein) auf Gott beziehe, werde damit die Einzigkeit Gottes in seiner Eigenschaft als Schöpfer betont. Wenn es jedoch auf die getadelte Person *al-Walīd b. al-Muġīra* referiere, dann bedeute *waḥīdan*, dass Gott diese undankbare Person zunächst allein (arm und einsam) erschaffen und ihm zu all den in den nachfolgenden Versen aufgezählten Schätzen (Reichtum, Kindern, Macht) verholfen habe.[33] Auch Ibn al-Anbārī plädiert für die Anerkennung des Phänomens der Homonymie in der arabischen Sprache. Hierbei geht er einen bemerkenswerten Weg, da er Antonymie[34] als eine Art Homonymie darstellt.[35] Er sagt: »In der Rede der Araber bedingen die Satzglieder einander und die Anfänge bestimmen die Enden.«[36] So könne die Bedeutung nur aus dem Zusammenhang und dem ganzen Zeichenkorpus abgeleitet werden. Es könne daher vorkommen, dass ein Lexem ursprünglich für zwei antonyme Begriffe steht, aber in der Rede nur eine Bedeutung intendiert wird, weil es davor und danach Zeichen gibt, die eine Bedeutungsvariante favorisieren.[37]

---

30 Vgl. as-Suyūṭī, *al-Muzhir fī ʿulum al-luġa*, S. 373 f.

31 Abū al-Ḥusain Aḥmad b. Fāris, *aṣ-Ṣāḥibī fī fiqh al-luġa al-ʿarabiyya wa-masāʾiliha wa-sunan al-ʿarab fī kalāmihā*, Beirut 1997, S. 152.

32 Vgl. Ibn Fāris, *aṣ-Ṣāḥibī fī fiqh al-luġa al-ʿarabiyya wa-masāʾiliha wa-sunan al-ʿarab fī kalāmihā*, S. 207.

33 Ebd.

34 Auf die Frage, ob Antonymie auch zur Thematik Homonymie zählt, wird in einem separaten Punkt eingegangen.

35 Vgl. Muḥammad Ibn Qāsim al-Anbārī, *Kitāb al-aḍdad*, Beirut 1987, S. 2.

36 Vgl. ebd.

37 Vgl. ebd.

Um diese Meinung zu untermauern, führt er die folgende Gedichtzeile an: *Kullu šay'in mā ḫalā' al-mawtā ǧalal/ wa-l-fatā yas'ā wa-yulhīhi al-amal.*[38] Er stellt fest, dass der sprachliche Kontext, in dem das Wort *ǧalal*[39] eingebettet sei, nur eine einzige Bedeutung erlaube, nämlich die Bedeutung von ›leicht‹ oder ›einfach‹.[40] Er führt weiter aus: »[U]nd keiner, der über Verstand und Denkvermögen verfügt, kann behaupten, dass *ǧalal* hier den Sinn von ›mächtig‹ und ›gewaltig‹ annimmt.«[41]

b) Das zweite Argument für die Existenz der sprachlichen Homonymie liegt in der Darstellung, dass *al-ištirāk al-lafẓī* (Homonymie) eine sprachliche Nezessität sei, auf die, auch wenn sie nicht der Regel entspreche, kaum verzichtet werden könne.[42] Idealerweise solle, positiv ausgedrückt, ein Wort für eine Bedeutung stehen und so die Homonymie vermieden werden. Dies sei allerdings unmöglich, denn die auszudrückenden Erlebnisse, Inhalte und Bedeutungen seien unendlich. Hingegen seien die verschiedenen arabischen Lexeme auch in ihren unterschiedlichen morphologischen Erscheinungsformen (in Verbstämmen) endlich. Und da das Endliche das Unendliche logischerweise nicht vollständig erfassen kann, müsse diese Gegebenheit zwangsweise dazu führen, dass zwei oder mehrere Inhalte durch das gleiche Wort ausgedrückt werden.[43] Auf diese Weise wird die Entstehung der Homonymie erklärt.

Diese Argumentation, auch wenn sie plausibel und konsistent scheint, konnte einige Sprachgelehrte jedoch nicht überzeugen, allen voran Ibn Durustawayh, der die Vorstellung ablehnt, dass ein Wort für zwei Bedeutungen gesetzt sein könne.[44] Diese Ablehnung stützt er auf das Postulat, dass die Sprache eigentlich dazu diene, den Sinn offenzulegen und die Bedeutungsinhalte zu präzisieren. Wenn nun ein Wort für zwei verschiedene oder gar antonyme Begriffe gesetzt werden dürfe, laufe dies einer Klarstellung oder Manifestierung der Bedeutung entgegen; es führe sogar zu einer Verdeckung der Intentionen.[45] Er gibt allerdings zu, dass Homonyme in einigen Fällen in der arabischen Sprache vorkämen, und dass die Tradierung der Sprache dies auch bestätige. Gleichwohl wendet er ein, dass dieses

38 »Alle Dinge außer dem Tod sind leicht (*ǧalal*) (zu ertragen); und der Mensch wandert (im Leben) und wird von der Hoffnung (auf mehr) abgelenkt.« Al-Anbārī, *Kitāb al-aḍdād*, S. 2.
39 *Ǧalal* beinhaltet antonyme Bedeutungen ›leicht‹, ›einfach‹, ›unbedeutend‹ sowie ›gewaltig‹, ›mächtig‹ und ›bedeutend‹. Siehe al-Anbārī, *Kitāb al-aḍdād*, S. 2.
40 Vgl. ebd.
41 Vgl. ebd.
42 Vgl. Abū al-Qāsim ar-Rāġib al-Aṣfahānī, *Muqaddimat at-Tafsīr*, Kairo 1995, S. 395.
43 Vgl. ebd.
44 Vgl. as-Suyūṭī, *al-Muzhir fī 'ulum al-luġa*, S. 385.
45 Vgl. as-Suyūṭī, *al-Muzhir fī 'ulum al-luġa*, S. 389.

sprachliche Phänomen zu selten zu beobachten sei, um daraus eine Regel zu formulieren.[46]

Diese Position, also die Leugnung der Homonymie, nimmt auch ein weiterer prominenter Sprachgelehrter ein, nämlich Abū ʿAlī al-Fārisī, allerdings verfolgt er eine andere Argumentationslinie. Er führt die Homonymie auf die Verflechtung verschiedener Sprachen sowie auf die Verwendung der Allegorie zurück. Er sagt:

> [D]ie Übereinstimmung der Wörter bei unterschiedlichen Bedeutungsinhalten kann nicht Intention der sprachlichen Setzung sein und auch keine Regel der verbalen Kommunikation.[47]

Vielmehr sei es, so al-Fārisī, Folge des Ineinandergreifens diverser Sprachen sowie der Tradition, dass ein Wort, das ursprünglich für einen Begriff gesetzt wurde, später für einen anderen, meist metaphorischen Bedeutungsinhalt gebraucht werde, bis es durch die rege Verwendung nur noch mit dieser neuen Bedeutung assoziiert werde.[48]

Im Grunde ist der Wunsch nach Vermeidung sprachlicher Ambiguität, welche oft mit einem gewissen Grad an semantischer Konfusion einhergeht, das tragende Motiv der Argumentation Ibn Durustawayhs und al-Fārisīs sowie all jener, welche die Homonymie bestreiten. Nach ihrem Verständnis dürfe jedes Wort nur eine einzige Bedeutung implizieren, um die Effizienz der Sprache und ihre kommunikative Funktion zu gewährleisten. Diese Begründung ist auch in einigen zeitgenössischen sprachwissenschaftlichen Thesen wiederzufinden, die sprachliche Ambiguität kritisch darstellen, und zwar als Gegensatz zu jener Klarheit und Präzision, die theoretisch in Sprache wie auch allen anderen Bereichen der menschlichen Kommunikation vorausgesetzt werden.[49]

Diese divergierenden Ansichten sind jedoch qualitativ und quantitativ nicht in der Lage, die argumentative Kraft der Darlegungen der zahlreichen Befürworter der Theorie der Homonymie abzuschwächen. Schon allein die Tatsache, – welche auch von den Gegnern der Homonymie nicht bestritten wird –, dass die arabische Sprache viele Wörter kennt, die für verschiedene Begriffe stehen, gilt als ausreichender Beleg für die Existenz der Homonymie im arabischen sprachlichen Ausdruck. Daher vertritt eine große Anzahl zeitgenössischer Sprachwissenschaftler die Einschätzung, dass bereits die meisten der vor allem klassischen Sprachgelehrten die Existenz der Homonymie im Arabischen anerkannt hätten,

46 Vgl. ebd.
47 ʿAlī b. Ismāʿīl Abū l-Ḥasan b. Sayyidih, *al-Muḫaṣṣiṣ* 13, Beirut 1989, S. 259.
48 Vgl. ebd.
49 Vgl. Ibrāhīm Anīs, *Dalālat al-Alfāḍ*, Kairo 1986, S. 214 f.

und dass eine Infragestellung dieser demnach wissenschaftlich kaum haltbar sei.[50]

4 Typen der Homonymie in der arabischen Sprache

Aus den vorangegangenen Ausführungen ist der Schluss zu ziehen, dass das Homonym ein Formativ ist, das *qua* erster Setzung für verschiedene Bedeutungsinhalte steht. Die Insistenz auf die ›erste Setzung‹ ist hier bewusst, um die allegorisch metaphorische Ausweitung des Bedeutungsspektrums auf neue Begriffe,[51] wenn es eine Verbindung zwischen der ersten und der abgeleiteten Bedeutung gibt, auszuschließen. Im Allgemeinen wird in der arabischen Sprachwissenschaft zwischen zwei Kategorien der Homonymie unterschieden:

4.1 Erste Kategorie: Homonyme mit verschiedenen Bedeutungsinhalten

In diese Kategorie fallen homonyme Lexeme, die verschiedene (nicht-antonyme) Begriffe implizieren. So wird zum Beispiel der arabische Begriff *umma* auf Gemeinschaft oder eine große Gruppe von Menschen,[52] auf eine Person, die in sich alle Tugenden vereinigt und dadurch einen Vorbildstatus einnimmt,[53] auf eine Religion oder tradierte Lebensweise[54] und auf die Zeit oder Frist[55] bezogen.

Nun stellt sich die Frage, ob bei der Verwendung von Homonymen die gesamte lexikalische Bedeutung eines Zeichens von Relevanz ist oder ob in einer konkreten Kommunikationssituation eine Konkretisierung von Bedeutungsvarianten (Disambiguierung) stattfindet und stattfinden muss. Muss sich also die Suche nach der Bedeutung einer Aussage an ihrem gesamten Bedeutungspotential orientieren oder nur an einer einzigen spezifischen Bedeutung, die auch als Situationsbedeutung bezeichnet werden kann? In dieser Fragestellung

50 Vgl. Aḥmad ʿUmar Muḫtār, *ʿIlm ad-dalāla*, Kairo 1998, S. 163 f.

51 Einige Sprachgelehrte nennen diese Bedeutungserweiterung *zweite Setzung* (*waḍʿ ṯānī*). Vgl. Ibn an-Naǧār Muḥammad b. Aḥmad b. ʿAlī al-Fatūḥī, *Šarḥ al-kawkab al-munīr al-musammā bi-muḫtaṣar at-taḥrīr fī uṣūl al-fiqh* 1, Riyad 1992, S. 149.

52 Vgl. Koran 16:36: »Zu jeder Gemeinschaft (*umma*) schickten wir einen Gesandten«. Vers 21:92: »Diese eure Gemeinschaft ist eine einheitliche Gemeinschaft (*umma*); und Ich bin euer Herr, darum betet Mich (allein) an.«

53 Vgl. Koran 16:120: »Wahrlich, Ibrahim war ein Vorbild (*umma*): (er war) gehorsam gegen Gott, lauter im Glauben, und er gehörte nicht zu den Götzendienern.«

54 Vgl. Koran 43:21: »[S]ie sagen: ›Wir fanden unsere Väter auf einem Weg (*umma*) und wir lassen uns von ihren Fußstapfen leiten.‹«

55 Vgl. Koran 12:45: »Jener von den beiden, der freigekommen war und sich, nach einer Frist (arab. *umma*), erinnerte, der sprach […].«

teilt die Mehrheit der arabischen Sprachgelehrten die Ansicht, dass jeder Sinn und alle Bedeutungen eines homonymen Begriffs, falls möglich, bedeutungsrelevant sein können und daher untersucht werden sollten.[56] Demzufolge wird empfohlen, bei der Interpretation eines Gedichtes oder Koranverses jeden potentiellen Sinn und alle Inhalte zu berücksichtigen, weil einerseits die Intention des Autors dem Rezipienten meistens verborgen ist, und es andererseits möglich sein kann, dass alle einzelnen Begriffe einer Zeichenstruktur zu ihrer gesamten Bedeutung beitragen.[57]

Diese Praxis – also die Berücksichtigung des gesamten Bedeutungspotentials eines Ausdrucks – findet besonders im Bereich des *tafsīr* (›Koranauslegung‹) statt. In seinem Kommentar zum Koranvers 9:10[58] beschäftigt sich der bekannte Sprachgelehrte und Korankommentator Ibn Ǧarīr aṭ-Ṭabarī mit dem arabischen Wort *al-ill*. Er sagt, dass der Ausdruck *al-ill* im Arabischen sowohl ›Gott‹ als auch ›Verwandtschaft‹, ›Bündnis‹ und ›Abkommen‹ bezeichne.[59] Er fügt hinzu, dass, wenn dieses Wort all diese vier Begriffe beinhalte, auch all diese Inhalte, um eine akkurate Auslegung sicherzustellen, berücksichtigt werden müssten. Denn ›es liegt uns kein Beweis vor, dass die Bedeutung nur von einem bestimmten Begriff und von keinem anderen abhängt.‹[60]

In seinem Kommentar zum Vers:

> Gott ist das Licht der Himmel und der Erde. Das Gleichnis Seines Lichtes ist das einer Nische, in der eine Lampe steht; die Lampe ist in Glas (eingeschlossen), das Glas (leuchtend) wie ein strahlender Stern[,][61]

sagt der maghrebinische Gelehrte aṭ-Ṭāhir Ibn ʿĀšūr:

> [D]as Beste, womit dieser Vers erklärt werden kann, ist, dass Gott der Erschaffer all dessen ist, was mit Licht (*nūr*) bezeichnet werden kann, besonders die Mittel des wahren Wissens, die Methoden des beständigen Beweises und die Wege der guten Werke […]. Und dies kommt vom Gebrauch des homonymen Begriffs in all seinen Sinnen.[62]

Nach dieser Methode verfahren die meisten Sprach- und *tafsīr*-Gelehrten in ihrem Umgang mit dem Korantext. Sie beziehen die homonymen Ausdrücke, falls demgegenüber keine sprachlichen oder semantischen Einwände geltend

56 Vgl. Šāhīn Muḥammad, *al-Muštarak al-luġawī bayna an-naḍariyyatan wa-taṭbīqan*, Kairo 1996, S. 105.

57 Vgl. Muḥammad b. ʿAlī aš-Šawkānī, *Iršād al-fuḥūl ilā taḥqīq al-ḥaqqi min ʿilm al-uṣūl*, Beirut 1992, S. 48.

58 »Sie achten keine Bindung und keine Verpflichtung gegenüber einem Gläubigen; und sie sind die Übertreter.«

59 Vgl. Abū Ǧaʿfar, Muḥammad Ibn Ǧarīr aṭ-Ṭabarī, *Ǧāmiʿu l-bayān ʿan taʾwīl āy al-qurʾān* 11, Kairo 2000, S. 358.

60 Ebd.

61 Koran 24:35.

62 Vgl. Muḥammad aṭ-Ṭāhir Ibn ʿĀšūr, *at-Taḥrīr wa-t-tanwīr* 18, Tunis 1997, S. 233.

gemacht werden können, auf ihr gesamtes Sinnpotential, so auch Ibrāhīm b. Muḥammad az-Zağğāğ, einer der ersten und großen Sprachgelehrten in der arabisch-islamischen Geschichte. In seinem Kommentar zum Koranvers 55:6, in dem berichtet wird, dass auch *an-nağm* und *aš-šağar* Gott anbeten,[63] erklärt er, dass *an-nağm* sich auf alle Pflanzen ohne Stängel beziehe, während *aš-šağar* Pflanzen mit Stängeln bezeichne. Er fügt hinzu:

> Mit *an-nağm* können an dieser Stelle auch die Sterne gemeint sein, denn Gott hat uns (darüber) informiert, dass sie ihn anbeten: ›Und was an Geschöpfen in den Himmeln und auf Erden ist, wirft sich vor Allah in Anbetung nieder.‹[64] Es könnten auch beide gemeint sein: das, was auf der Erde wächst, und das, was vom Himmel leuchtet. Denn alles, was erscheint und hervortritt, kann *nağm* genannt werden.[65]

Demnach sieht az-Zağğāğ in dem Ausdruck *an-nağm* ein Homonym, das in seiner Bedeutungsgesamtheit benutzt und verstanden werden soll. Mit dieser Meinung spricht sich az-Zağğāğ eindeutig für die Existenz und Verwendung der Homonyme im Korantext aus, soweit dies semantisch und nach dem sprachlichen und situativen Kontext unproblematisch ist.

Ein weiteres Exempel für dieses Phänomen findet sich beispielsweise auch im Koranvers 16:72.[66] Das im Verstext vorkommende Wort *ḥafada* ist ebenfalls mehrdeutig. Es wird auf die Helfer und Bediensteten, die Stiefkinder (von Seiten der Frau), die verschwägerten Verwandten und auf die Enkelkinder bezogen. In ihren Kommentaren zu diesem Vers konstatieren die meisten Gelehrten, dass *ḥafada* in diesem Vers im Kontext der Erinnerung an die Gaben und Gnaden Gottes erwähnt werde, die Er den Menschen bereitstelle. Dabei finde sich kein Beleg aus dem Koran, der prophetischen Tradition und aus der Vernunft, der diesen oder jenen bestimmten Begriff aus der Bedeutungsbreite des Wortes *ḥafada* nahelege und andere fernhalte. Daher und entsprechend dem Duktus des Verses, der Gottes Huld und Segnungen hervorhebt, dürfe dieser allgemeine Skopus nicht auf eine spezifische Bedeutung eingeschränkt werden.[67]

Aus diesen Ausführungen lässt sich der Schluss ziehen, dass der Bezug eines Homonyms auf alle seine Begriffe eine methodische Tradition im arabischen linguistischen Gebrauch und im Bereich des *tafsīr* ist; vorausgesetzt, dass kein sprachliches oder essentielles Hindernis besteht und dass diese Inhalte miteinander vereinbar sind und sich gegenseitig nicht konterkarieren.

---

63 *Wa-nağmu wa-šağaru yasğudān*, Koran 55:6.

64 Sure *an-Naḥl* (16), Vers 49.

65 Abū Isḥāq Ibrāhīm b. as-Sirri az-Zağğāğ, *Maʿānī al-Qurʾān wa-iʿrābuh* 5, Beirut 1988, S. 95 f.

66 »Und Gott hat euch Partnerwesen von eurer eigenen Art gegeben und hat euch durch eure Partnerwesen Kinder und Kindeskinder (arab. *ḥafada*) gegeben und hat euch Versorgung von den guten Dingen des Lebens bereitet.«

67 Vgl. Abū Ğaʿfar Muḥammad Ibn Ğarīr aṭ-Ṭabarī, *Ğāmiʿ al-bayān ʿan taʾwīl āy al-Qurʾān* 14, Kairo 2000, S. 303.

4.2 Zweite Kategorie: Homonyme mit antonymen Begriffen

Es gibt in der arabischen Sprache Ausdrücke, die gleichzeitig für einen Begriff und sein Antonym stehen, wie zum Beispiel das Wort *aẓ-ẓann*, welches sowohl ›Zweifel‹ als auch ›Gewissheit‹ bedeutet. Diese beiden gegensätzlichen Inhalte des Lexems *ẓanna* lassen sich an zahlreichen Stellen im Korantext finden, wie beispielsweise in folgendem Vers:

> Und als gesprochen wurde: ›Die Verheißung Gottes ist wahr, und über (das Kommen) der letzten Stunde herrscht kein Zweifel‹, da sagtet ihr: ›Wir wissen nicht, was jene letzte Stunde sein mag; wir halten (sie) für eine leere Vermutung,[68] und wir sind (von ihr) nicht überzeugt.‹[69]

Hier wird also das Wort *ẓann* in der Bedeutung von Vermutung und Zweifel gebraucht. Die zweite Bedeutung des Wortes *ẓann* wird beispielsweise durch folgende Stelle deutlich:

> Und helft euch durch Geduld und Gebet; dies ist wahrlich schwer, außer für die Demütigen im Geiste, die mit Gewissheit wissen,[70] dass sie ihrem Herrn begegnen und zu Ihm heimkehren werden[.][71]

In diesem Kontext kann *ẓann* nur Gewissheit bedeuten, denn dieser Vers formuliert ein Lob, und das kann freilich nicht an die Zweifler adressiert sein, sondern an diejenigen, die sicher im Glauben sind und hinsichtlich der Realität der Verheißung Gottes nicht zu Skepsis neigen.

Neben dem Wort *aẓ-ẓann* gibt es noch zahlreiche Ausdrücke im Arabischen, die für antonyme Begriffe stehen: wie etwa *al-ǧawn*[72], welches für ›Weiß‹ und ›Schwarz‹ stehen kann; *aṣ-ṣarim*[73], das sich auf ›Tag‹ und ›Nacht‹ beziehen kann; *az-zawǧ*[74], mit dem sowohl eine Frau als auch ein Mann bezeichnet werden kann; *ǧalal*[75], das gleichermaßen die Bedeutung von ›wichtig‹ und ›unwichtig‹ annehmen kann; *qasaṭa*[76] als Bezeichnung für gerechtes wie für ungerechtes Handeln; *al-mawlā*[77] für denjenigen, der aus der Sklaverei befreit hat, wie auch für denjenigen, der aus dieser befreit wurde; *al-lamq*[78], welches sich auf den Prozess des

68 Arab.: *in-naẓunnu illā ẓannan.*
69 Koran 45:32.
70 Arab.: *allaḏīna yaẓunnūna annahum mulāqū Rabbihim.*
71 Sure *al-Baqara* (2), Vers 45.
72 Vgl. Muḥammad b. Qāsim al-Anbārī, *Kitāb al-aḍdād,* Beirut 1987, S. 111.
73 Vgl. al-Anbārī, *Kitāb al-aḍdād*, S. 84.
74 Vgl. al-Anbārī, *Kitāb al-aḍdād*, S. 373 f.
75 Vgl. al-Anbārī, *Kitāb al-aḍdād*, S. 89.
76 Vgl. al-Anbārī, *Kitāb al-aḍdād*, S. 58.
77 Vgl. al-Anbārī, *Kitāb al-aḍdād*, S. 46
78 Vgl. al-Anbārī, *Kitāb al-aḍdād*, S. 35.

Schreibens als auch des Ausradierens beziehen kann; *aṭ-ṭarab*[79] als Bezeichnung von Freude und Trauer; *as-sudfa*[80], welches sowohl Licht als auch Finsternis bedeuten kann; *ʿafā*[81] als Ausdruck des Sich-Vermehrens, aber auch des Verschwindens bzw. Aussterbens; *taʿzīr*[82], das sowohl ›Tadel und Rüge‹ als auch ›Respekt und Verehrung‹ bedeuten kann; *šarā*[83] für die Handlung des Kaufens wie auch des Verkaufens; und dergleichen mehr.

Diese Ausdrücke werden in der arabischen Sprachwissenschaft *al-aḍdād* genannt und sie sind ein Teil der Thematik der Homonymie. Allerdings ist der entscheidende Unterschied zu den Homonymen der ersten Kategorie, dass *al-aḍdād*, weil sie zwei antonyme Bedeutungen in sich vereinen, sowohl vom Orator als auch vom Rezipienten nicht äquivok benutzt bzw. verstanden werden, sondern nur auf eine einzige Bedeutungsvariante bezogen werden dürfen.[84] Dieser Umstand, also die Notwendigkeit zur Konkretisierung, führt dazu, dass einige Ausdrücke zu Dissonanzen unter den Gelehrten beitrugen, vor allem in der Fachdisziplin des *tafsīr*, weil über die Bedeutung keine Einigkeit erzielt werden konnte. Es herrscht beispielsweise eine große Meinungsdifferenz hinsichtlich der Bedeutung des Wortes *al-qurūʾ* im Koranvers 2:228:

> die geschiedenen Frauen sollen (ehe sie wieder heiraten) drei Perioden (*qurūʾ*) abwarten,[85] und es ist ihnen nicht erlaubt, zu verbergen, was Gott in ihren Mutterleibern erschaffen haben mag.[86]

Einige Gelehrte verstehen unter *qarʾ* (Pl. *qurūʾ*) die Zeit zwischen zwei Perioden. Andere verstehen darunter die Menstruationszeit selbst. Solche Meinungsunterschiede können nicht *qua* Diskussion entschieden werden, weil keine der beiden Ansichten inhaltlich oder logisch falsifiziert werden kann.[87] Dieser auch in Bezug auf andere Begriffe dieser Wortkategorie zu beobachtende Umstand führte zu einem unglaublichen Reichtum und zu hoher Vielfalt sowohl im theologischen Diskurs als auch in der religiösen Praxis.

---

79 Vgl. al-Anbārī, *Kitāb al-aḍdād*, S. 102.

80 Vgl. al-Anbārī, *Kitāb al-aḍdād*, S. 114.

81 Vgl. al-Anbārī, *Kitāb al-aḍdād*, S. 86 f.

82 Vgl. al-Anbārī, *Kitāb al-aḍdād*, S. 147.

83 Vgl. al-Anbārī, *Kitāb al-aḍdād*, S. 72 f.

84 Muḥammad al-Mubārak, *Fiqh al-luġa wa-ḫaṣāʾiṣ al-ʿarabiyya*, Beirut 1980, S. 79.

85 Der vorrangige Zweck dieser Wartezeit ist die Feststellung einer möglichen Schwangerschaft und damit der Vaterschaft des ungeborenen Kindes. Zudem ist dem Paar Gelegenheit zu geben, seine Entscheidung zu überdenken und möglicherweise die Ehe fortzuführen. Vgl. Muhammad Asad, *Die Botschaft des Koran*, Düsseldorf 2009, S. 85.

86 Koran 2:228.

87 Vgl. Abū Ǧaʿfar Muḥammad Ibn Ǧarīr aṭ-Ṭabarī, *Ǧāmiʿ al-bayān ʿan taʾwīl āy al-qurʾān* 4, Kairo 2000, S. 87. Siehe hierzu auch ʿAlāʾ ad-Dīn Abū Bakr Muḥammad b. Aḥmad as-Samarqandī, *Mīzān al-ʾuṣūl fi natāʾiǧ al-ʿuqūl*, Katar 1984, S. 145.

So waren diese Thematik und die sich hieraus ergebenden Diskussionen von hoher Relevanz nicht nur für die Sprachwissenschaft, sondern ebenso für die Theologie, hier vor allem auch für die islamische Jurisprudenz. Daher beschäftigten sich zahlreiche Gelehrte mit dem Thema *al-aḍdād*. Schon Abū l-Mustanīr ʿAlī b. Muḥammad al-Baṣrī (gest. 822 n. Chr.), auch bekannt unter seinem Beinamen Quṭrub[88], nahm in seiner Monografie mit dem Titel *al-aḍdād* auf dieses Thema Bezug. In diesem Buch merkt er an:

> [D]ie dritte Manifestation der Homonymie findet statt, wenn ein Lexem, welches für zwei Begriffe und mehr steht, auf eine Entität und gleichzeitig auch auf ihr Gegenstück bezogen wird.[89]

Neben Quṭrub gab es zahlreiche Sprachgelehrte, die sich mit diesem Sprachphänomen auseinandergesetzt und Monografien sogar unter dem Titel *al-aḍdād* verfasst haben. Von diesen sei hier besonders zu erwähnen:[90]

- Abū ʿUbayda Muʿammar b. al-Muṯannā al-Baṣrī
- Abū Saʿīd ʿAbd al-Malik b. Qarīb b. ʿAbd al-Malik al-Aṣmaʿī
- Abū Yūsuf Yaʿqūb b. Isḥāq b. as-Sekkīt
- Abū Ḥātim Sahl b. Muḥammad b. ʿUṯmān as-Siǧistānī
- Abū Bakr Muḥammad b. al-Qāsim b. Muḥammad Ibn Baššār b. al-Ḥasan al-Anbārī
- Abū Muḥammad ʿAbdullah b. Ǧaʿfar Ibn Durustawayh
- Saʿīd b. al-Mubārak b. ad-Dahhān an-Naḥwī
- Abū al-Faḍāʾil al-Ḥassan b. Muḥammad b. Ḥasan as-Sarānī

5 Der Kontext und die Konkretisierung von Bedeutungsvarianten

Die nächste wichtige Thematik, die im Zusammenhang mit der Homonymie nicht unbeachtet bleiben darf, ist *as-siyāq* bzw. der Kontext und seine Funktion als Instrument der Disambiguierung. Bei der Interpretation eines mehrdeutigen Ausdrucks werden diejenigen Lesarten ausgeschlossen, die für den Kontext nicht angemessen sind. Auf diese Weise wird eine Reduktion des Bedeutungspotentials bzw. eine Konkretisierung einer Bedeutungsvariante vollzogen.

Die Bedeutung des Kontextes in der Semantik haben auch die alten arabischen Sprachgelehrten thematisiert. In seinem Buch *Mā ittafaqa lafḍuh wa-ḫtalafa*

88 Abū ʿAlī Muḥammad Ibn al-Mustanīr (Quṭrub), *Kitāb al-aḍdād*, Riyad 1984, S. 19.

89 Vgl. al-Mustanīr (Quṭrub), *Kitāb al-aḍdād*, S. 70.

90 Vgl. as-Suyūṭī, *al-Muzhir fī ʿulum al-luġa*, S. 397 f.

maʿnāh min al-qurʾān al-maǧīd[91] weist der Sprachgelehrte al-Mubarrad etwa darauf hin, dass beim Gebrauch eines Homonyms dem Hörer bzw. Leser Zeichen und Hilfestellungen zu geben sind, die auf die beabsichtigte Bedeutung verweisen.[92] Auch al-Anbārī hebt die Bedeutung des Kontextes bei der Bedeutungssuche hervor. Er schreibt:

> Der Verlauf der Zeichen mit antonymen Bedeutungsinhalten ist genauso wie der eines Ausdrucks, der auf verschiedene Begriffe bezogen wird, auch wenn sie nicht antonym sind. Der Sinn kann sich dann nur durch den Kontext, in dem das Zeichen eingebettet ist, offenbaren.[93]

Allgemein kann die Erkenntnis formuliert werden, dass es zum Wesen aller sprachlichen Akte gehört, im Kontext zu existieren und auch nur dort verlässlich deutbar zu sein. Wobei mit dem Begriff ›Kontext‹ hier alles gemeint ist, was die Sprachgröße auf der syntagmatischen Ebene einbettet, also sämtliche sprachlichen Elemente, Zeichen und Zusammenhänge, die so etwas wie das intralinguistische Biotop eines Ausdrucks bilden.[94] Zudem impliziert der Begriff des Kontextes notwendigerweise auch ein heterogenes Ensemble an situativen Hinweisen und nonverbalen Elementen, auf die der sprachliche Ausdruck referiert und welche die Kommunikations- und Äußerungssituation nachbilden. Beide Komponenten des Kontextes sind unerlässlich bei der Suche nach der vollständigen und exakten Bedeutung.[95]

Bezogen auf das Thema der Homonymie bedeutet dies, dass die Bedeutung eines Homonyms sich nur in Relation zu den umgebenden Ausdrücken, also in seinem Kontext, konkretisieren lässt.[96] Demnach hat ein Homonym in einem bestimmten Kontext und einer bestimmten Kommunikationssituation je verschiedene potentielle Bedeutungsinhalte, die aber je nach Verwendung des Ausdrucks variieren.[97] Das heißt allerdings nicht, dass ein Homonym als verbale Größe in einer Äußerungssituation immer und zwangsläufig nur eine einzige konkrete Bedeutung einnehmen kann. Es gibt Konstellationen, in denen ein Ausdruck in einer bestimmten Kommunikationssituation auf mehr als einen Begriff verweist.[98]

---

91 Abū al-ʿAbbās Muḥammad Ibn Yazīd al-Mubarrad, *Mā ittafaqa lafḍuhu wa-ḫtalafa maʿnahu min al-qurʾan al-maǧīd*, Kuwait 1988.

92 Vgl. Aḥmad ʿUmar Moḫtār, *ʿIlm ad-Dalāla*, o. O. o. J., S. 150 f.

93 Vgl. al-Anbārī, *Kitāb al-aḍdad*, S. 4.

94 Vgl. ʿAbd ar-Raḥmān Ḥasan al-ʿĀrif, *Ittiǧāhāt ad-dirāsat al-lisāniyya al-muʿāṣira fī miṣr*, Beirut 2013, S. 387 f.

95 Vgl. al-ʿĀrif, *Ittiǧāhāt ad-dirāsat al-lisāniyya al-muʿāṣira fī miṣr*, S. 32.

96 Vgl. Kāṣid Yāsir az-Zaydī, *Fiqh al-Luġa*, Bagdad 1988, S. 43.

97 Vgl. az-Zaydī, *Fiqh al-Luġa*, S. 44.

98 Vgl. Abū Ǧaʿfar, Muḥammad b. Ǧarīr aṭ-Ṭabarī, *Ǧāmiʿ al-bayān ʿan taʾwīl āy al-qurʾān* 1, Kairo 2000, S. 329 f.

Auch im Korantext kommt dieses Genre der homonymen Terme vor, die ihre Bedeutung je nach Kontext konkretisieren. Damit haben sich die Korankommentatoren akribisch beschäftigt, unter anderem aufgrund der normativen Bedeutung der Koranverse. Wenn man beispielsweise das Wort *al-bāṭil* und dessen Verwendung im Koran untersucht, stößt man auf mehrere Begriffe, die diesem Lexem zugeordnet werden. So zeigt sich das daraus abgeleitete Verb *abṭala* in einer Bedeutung als ›zunichtemachen‹ und ›annihilieren‹. In diesem Sinne lautet der Koranvers 8:8: »[…] damit Er die Wahrheit an den Tag bringe und den Trug zunichtemache«[99]. *Al-bāṭil* nimmt auch die Bedeutung einer Leugnung an: »Und nie zuvor hast du in einem Buch gelesen noch konntest du eines mit deiner Rechten schreiben; sonst hätten die Verleugner[100] daran gezweifelt.«[101] Im Sinne des Unglaubens und der Falschheit kommt es in folgender Form vor: »Die Wahrheit ist nun (ans Licht) gekommen, und die Falschheit[102] ist dahingeschwungen«[103]. Es bedeutet zudem auch ›Ungerechtigkeit‹, wie in folgendem Vers etwa: »Und verschlingt nicht einer des anderen Besitztümer in ungerechter Weise«[104]; und dergleichen mehr.

Es sei an dieser Stelle angemerkt, dass durch die Einbeziehung des Kontextes nicht nur ein Prozess der Disambiguierung stattfindet, sondern auch eine Verschiebung der Bedeutung nach jedem neuen Kontext. Wenn nun alle einzelnen Bedeutungen der verschiedenen Kontexte zusammenaddiert werden, erhält man eine neue Mehrdeutigkeit, also eine kontextuelle Ambiguität. Dies lässt sich an dem arabischen Begriff *al-hudā* exemplarisch illustrieren. In den folgenden Beispielen, die hier nicht mit Anspruch auf Vollständigkeit vorgestellt werden, nimmt das Wort *al-hudā* unterschiedliche, kontextabhängige Bedeutungen an. Legt man jedoch den Fokus auf den gesamten Korantext mit seinen diversen Kontextkonstellationen, steht das Lexem *al-hudā* für zahlreiche Begriffe und erhält somit seine Äquivozität zurück. So kommt *al-hudā* im Korantext in folgenden Bedeutungen vor:

a) Als ›Rechtleitung‹: »Es sind sie, die der Rechtleitung (*hudā*) (die) von ihrem Erhalter (kommt,) folgen«[105].
b) Im Sinne der Religion: »Siehe, Gottes Religion (*hudā Allah*)[106] ist die einzige wahre Rechtleitung«[107].

---

99 Arab. *abṭala*.
100 Arab. *mubṭilūn*.
101 Koran 29:48.
102 Arab. *al-bāṭil*.
103 Koran 17:81.
104 Koran 2:188.
105 Koran 2:5.
106 Nach Ibn ʿAbbās bedeutet *hudā Allāh* die ›Religion Gottes‹. Siehe Abū Ḥayyān Muḥammad b. Yūsuf al-Andalusī, *Tafsīr al-baḥr al-muḥīṭ* 1, Beirut 1993, S. 539.
107 Koran 2:120.

c) Im Sinne des Glaubens: »Sie waren junge Männer, die Glauben an ihren Erhalter erlangt hatten: und so vertieften Wir Ihren Glauben [*zidnāhum hudan*][108]«.[109]
d) In Bezug auf die Propheten und Schriften: »Und wenn dann zu euch Meine Rechtleitung (*hudā*) kommt, brauchen diejenigen, die Meiner Rechtleitung folgen, weder Angst zu haben noch werden sie traurig sein.«[110]
e) Im Sinne der Leitung und Führung: »Führe (*ihdinā*) uns den geraden Weg.«[111]
f) Der Koran als Weisung: »obwohl doch die Weisung ihres Herrn zu ihnen kam [*ǧāʾahum min rabbihim al-hudā*].«[112]
g) Als Botschaft des Monotheismus: »Er ist es, der seinen Gesandten entsandt hat mit (der Aufgabe der Verbreitung) der Rechtleitung[113] [*arsala rasūlhu bi-l-hudā*] und der Religion der Wahrheit.«[114]

Man sieht also, dass der arabische Terminus *al-hudā*, der hier exemplarisch für zahlreiche Ausdrücke aufgeführt wird, verschiedene Bedeutungsvarianten inkludiert, die sich nur durch den Kontext konkretisieren lassen. Daraus ist zu schließen, dass der Kontext als methodisches Instrument fungiert, um die semantische Vielfalt eines Lexems zu disambiguieren und die Intention des Senders bzw. Verfassers zu erkennen.

6 Die Bedeutung der Homonymie in der Jurisprudenz (*fiqh*)

Auch wenn der Kontext der semantischen Ambiguität entgegenwirkt und die Bedeutung der sprachlichen Zeichen konkretisiert, gilt die Homonymie im Bereich der Jurisprudenz als eine Hauptquelle für Diskurse und Meinungsvielfalt. Wie bereits erwähnt, ist aus dem Kontext für das Wort *qurūʾ* (im Koranvers 2:228)[115] nicht ersichtlich, ob es auf die *istiḥāḍa* (›Menstruationszeit‹) oder *aṭ-ṭuhr* (›Zeit zwischen zwei Perioden‹) hinweist. Der Bezug des Wortes *qurūʾ* auf *aṭ-ṭuhr* wird vielen Prophetengefährten und diversen Gelehrten zugeschrieben, etwa der Frau des Propheten, ʿĀʾiša (gest. 677),[116] den Gefährten ʿAbd Allāh b. ʿAbbās

108 Arab. *zidnāhum hudan.*
109 Koran 18:13.
110 Koran 2:38.
111 Koran 1:6.
112 Koran 53:23.
113 Arab. *arsala rasūlahu bi-l-hudā.*
114 Koranvers 9:33.
115 »Die geschiedenen Frauen sollen (ehe sie wieder heiraten) drei *qurūʾ* abwarten«, Vers 2:228.
116 Vgl. Mohammad b. Aḥmad b. ʿUṯmān aḏ-Ḏahabī Šams ad-Dīn, *Tahḏīb siyar ʿalām an-nubalāʾ* 1, Beirut 1991, S. 54 f.

(gest. 687),[117] ʿAbd Allāh b. ʿUmar (gest. 693),[118] Zayd b. Ṯābit (gest. 671),[119] Qatāda (gest. 736),[120] az-Zuhrī (gest. 742)[121] sowie von Imām Mālik b. Anas (gest. 795)[122], Imām aš-Šāfiʿī (gest. 820),[123] Aḥmad b. Ḥanbal (gest. 855)[124] und Abū Ṯūr (gest. 855)[125]. Sie stellen unter anderem fest, dass die Zahl Drei vor dem Wort *qurūʾ* in femininer Form vorkommt, was entsprechend den Regeln des Arabischen darauf schließen lässt, dass das Nomen nach dem Zahlwort maskulin sein muss und somit *aṭ-ṭuhr* bedeuten müsse.[126] Auch der bekannte Sprachgelehrte Ibn al-Anbārī unterstützt diese Ansicht mit seiner Erklärung, dass der Begriff *qarʾ* zwei Pluralformen habe: *qurūʾ*, wie es auch im genannten Vers vorkommt, bezeichne einmal *aṭ-ṭuhr* (die Zeit zwischen zwei Regelperioden); die zweite Pluralform *aqrāʾ* hingegen stehe für *al-istiḥāḍa* (Menstruationszeit).[127]

In ihrer Replik auf die These von Ibn al-Anbārī sprechen die Gegner[128], hier vor allem die Ḥanafiten, der Sprache diese Möglichkeit ab und begründen ihre Ansicht damit, dass sich andernfalls bereits die Gefährten des Propheten[129] auf eine Deutung geeinigt hätten. Zudem untermauern sie ihre Auffassung, dass *qarʾ* (Pl. *qurūʾ*) auf *istiḥāḍa* referiere, unter anderem mit Verweis auf den Koranvers 65:4:

> Was nun solche von euren Frauen angeht, die jenseits des Alters der monatlichen Regel sind, (…) ihre Wartezeit – wenn ihr (darüber) im Zweifel seid – soll drei Monate sein.

Sie argumentieren damit, dass dieser Vers eine alternative Wartezeit für Frauen formuliere, die, aus welchem physiologischen Grund auch immer, keine Menstruation mehr bekämen.[130] Dies sei ein eindeutiger Beleg dafür, dass die Mens-

117 Vgl. aḏ-Ḏahabī Šams ad-Dīn, *Tahḏīb siyar ʿalām an-nubalāʾ* 1, S. 101 f.

118 Vgl. Muḥammad b. Aḥmad b. ʿUṯmān aḏ-Ḏahabī Šams ad-Dīn, *Siyar aʿlām an-nubalāʾ* 3, Beirut 1996, S. 203 ff.

119 Vgl. Muḥammad b. Aḥmad b. ʿUṯmān aḏ-Ḏahabī Šams ad-Dīn, *Siyar aʿlām an-nubalāʾ* 2, Beirut 1995, S. 426 ff.

120 Vgl. Muḥammad b. Aḥmad b. ʿUṯmān aḏ-Ḏahabī Šams ad-Dīn, *Siyar aʿlām an-nubalāʾ* 5, Beirut 1995, S. 269 ff.

121 Vgl. aḏ-Ḏahabī Šams ad-Dīn, *Siyar aʿlām an-nubalāʾ* 5, S. 326 ff.

122 Vgl. Šams ad-Dīn, *Tahdīb siyar aʿlām an-nubalāʾ* 2, S. 278.

123 Vgl. aḏ-Ḏahabī Šams ad-Dīn, *Siyar aʿlām an-nubalāʾ* 2, S. 353 f.

124 Vgl. Muḥammad b. Aḥmad b. ʿUṯmān aḏ-Ḏahabī Šams ad-Dīn, *Tahdīb siyar aʿlām an-nubalāʾ* 11, S. 177 ff.

125 Vgl. Muḥammad b. Aḥmad b. ʿUṯmān aḏ-Ḏahabī Šams ad-Dīn, *Tahdīb siyar aʿlām an-nubalāʾ* 12, S. 73 ff.

126 Vgl. Muḥammad Amin as-Saḥābī, »*al-ʾIštirāk fī l-luġa wa-aṯaruhu fī l-iḫtilāf al-fiqhī*«, in: *Risālat al-Hudā* 122 (1997), S. 85 f.

127 Vgl. ebd.

128 Die Vertreter der zweiten Meinung sind u. a. Abū Bakr aṣ-Ṣiddīq, Umar Ibn al-Ḫaṭṭāb, ʿAlī Ibn Abī Ṭālib usw. Vgl. as-Saḥābī, »*al-ʾIštirāk fī l-luġa wa-aṯaruhu fī al-iḫtilāf al-fiqhī*«, S. 87.

129 Hier wird die Tatsache angesprochen, dass die Araber in der Zeit des Propheten die Sprache des Koran beherrschten, weil ihre Alltagskommunikation ausschließlich in Fuṣḥā (Hocharabisch) stattfand.

130 Vgl. as-Saḥābī, »*al-ʾIštirāk fī l-luġa wa-aṯaruhu fī l-iḫtilāf al-fiqhī*«, S. 89 f.

truationszeit (*istiḥāḍa*) die eigentliche Referenzzeit sei.[131] Die beiden Parteien haben noch mehr sprachliche und theologische Argumente – diese vollständig zu rezipieren, würde den Rahmen dieses Artikels sprengen – ausgeführt, um ihre jeweiligen Standpunkte zu plausibilisieren. In einer solchen Konstellation, in der sich die Argumente die Waage halten und sich eine eindeutige Präferenz zwischen den differierenden Ansichten als ein schwieriges Unterfangen erweist, ist, wie ar-Rāzī schreibt, »die Intention Gottes dort zu vermuten, wo die konsistente wissenschaftliche Anstrengung (*iǧtihād*) hinführt.«[132]

Die sprachliche Homonymie spielt ebenfalls eine entscheidende Rolle bei der Rezeption und Auslegung des Koranverses 3:7.[133] Über die in diesem Vers thematisierte Frage, ob die allegorischen Verse (*mutašābihāt*) und metaphorischen Koranpassagen *qua* Ratio gedeutet und interpretiert werden können, spekulieren die Gelehrten seit jeher. Der Grund hierfür besteht im homonymen Charakter der Partikel *wa*, die im Vers in der Fußzeile mit ›und‹ ins Deutsche übertragen wurde. Wird *wa* im Vers als Konjunktion (›und‹) benutzt, welche die beiden Satzglieder verbindet, oder als Anfangspräposition, die einen neuen Satz einleitet? Ist also der erste Satz – »aber keiner außer Gott kennt seine endgültige Bedeutung« – ein vollständiger und für sich abgeschlossener Satz oder ist an dieser Stelle weiterzulesen, was die Bedeutung folgendermaßen verändern würde:

> Aber keiner außer Gott kennt seine endgültige Bedeutung sowie jene, die tief im Wissen verwurzelt sind. Diese sagen: ›wir glauben daran; das Ganze (der göttlichen Schrift) ist von unserem Erhalter‹.

Der Korankommentator aṭ-Ṭabarī zählte unter anderem die Frau des Propheten, ʿĀʾiša, den Gefährten ʿAbd Allāh b. ʿAbbās und Imām Mālik b. Anas zu denjenigen, die sich zu der erstgenannten Ansicht bekannten, nach der die Deutungshoheit der ambivalenten Koranverse (*mutašābihāt*) auf Gott beschränkt ist. Für die zweitgenannte Deutung stünden unter anderem Muǧāhid und Muḥammad b. Ǧaʿfar b. az-Zubayr. Sie vertraten die Position, dass die tiefgründig

131 Vgl. as-Saḥābī, »*al-ʾIštirāk fī l-luġa wa-aṯaruhu fī l-iḫtilāf al-fiqhī*«, S. 90.

132 Vgl. ar-Rāzī, *Mafātīḥ al-ġayb – at-tafsīr al-kabīr* 8, S. 96.

133 »Er ist es, Der dir von droben diese göttliche Schrift erteilt hat, Botschaften enthaltend, die klar in und durch sich selbst sind, – und diese sind die Essenz der göttlichen Schrift – wie auch andere, die allegorisch sind. Nun gehen jene, deren Herzen zum Abweichen von der Wahrheit geneigt sind, demjenigen Teil der göttlichen Schrift nach, der in allegorischer Weise ausgedrückt worden ist, suchen aus (was bestimmt) Verwirrung (erzeugt) und suchen seine endgültige Bedeutung (auf willkürliche Weise zu erlangen); aber keiner außer Gott kennt seine endgültige Bedeutung; *und* die tief im Wissen verwurzelt sind sagen: ›wir glauben daran; das Ganze (der göttlichen Schrift) ist von unserem Erhalter – wiewohl sich dies keiner zu Herzen nimmt außer jenen, die mit Einsicht versehen sind.‹« Koran 3:7.

Gelehrten dazu imstande seien, alle Koranverse angemessen zu deuten und zu interpretieren.[134]

Auch über den Inhalt des Koranverses 6:5 herrscht Uneinigkeit zwischen den Gelehrten. Dieser lautet:

> O ihr, die ihr glaubt! Wenn ihr euch zum Gebet begebt, so wascht euer Gesicht und eure Hände bis zu den Ellenbogen und streicht über (*bi-*) euren Kopf und (wascht) eure Füße bis zu den Knöcheln.

Auch hier lässt diese Koranstelle aufgrund der Homonymie zwei Deutungen zu. Diese semantische Ambiguität ist auf die Partikel *bi-* zurückzuführen. Die Gelehrten, die unter *bi-* eine partitive Partikel mit der Bedeutung ›Teil von‹ verstanden haben wie etwa Abū Ḥanīfa und aš-Šāfiʿī[135] sind der Meinung, dass es bei der rituellen Waschung vor dem Gebet ausreichend sei, mit feuchten Händen über einen Teil des Kopfes zu streichen.[136] Die anderen, allen voran Mālik b. Anas, welche die Partikel *bi-* als eine redundante Präposition (*bāʾ az-zāʾida*) deuten, sehen es als Pflicht zur Herstellung der rituellen Reinheit, über den gesamten Kopf zu streichen.[137] So liegt dieser Dissens, wie auch Ibn Rušd schlussfolgert, in der arabischen Sprache allein im homonymen Gebrauch der Partikel *bi-* begründet.[138]

7 Fazit

Als Fazit lässt sich festhalten, dass *al-ištirāk* bzw. Homonymie in der arabischen Sprache nicht nur existiert, sondern eines der wichtigsten Sprachphänomene ist, das zur lexikalischen Ambiguität und semantischen Vielfalt im Arabischen beiträgt. Besonders die Fachdisziplinen, welche sich mit der Bedeutungslehre beschäftigen, wie etwa *al-balāġa* (arabische Rhetorik) und *uṣūl al-fiqh* (Methodologie der Jurisprudenz) haben dem Thema der Homonymie ein breites Interesse gewidmet und diesem eine hohe Bedeutung beigemessen. Es lässt sich zeigen, dass durch Homonymie einerseits eine Verdichtung des Sinnpotenzials und andererseits eine Variabilisierung der Bedeutung der Lexeme und sprachlichen Kompositionen stattfindet, was auf der semantischen Ebene zu divergierenden Ansichten und diversen Diskursen führt, in denen um die akkurate Deutung von

134 Vgl. Abū Ǧaʿfar Muḥammad Ibn Ǧarīr aṭ-Ṭabarī, *Ǧāmiʿ al-bayān ʿan taʾwīl āy al-qurʾān* 3, Kairo 2000, S. 184.

135 Abū al-Ḥassan Yaḥyā b. Abī al-Ḫayr b. Sālim al-ʿImrānī, *al-Bayān fī maḏhab al-imām aš-Šāfiʿī* 1, Beirut 2000, S. 124 f.

136 Vgl. al-ʿImrānī, *al-Bayān fī maḏhab al-imām aš-Šāfiʿī* 1, S. 125.

137 Vgl. ebd.

138 Muḥammad b. Aḥmad b. Muḥammad b. Rušd al-Ḥafīd, *Bidāyat al-muǧtahid wa-nihāyat al-muqtaṣid* 1, Kairo 1995, S. 43.

Spracheinheiten und Texten gerungen wird. Diese Diskurse überschreiten oft die Grenze der Sprache und erreichen andere Bereiche, wie Koranexegese, Jurisprudenz und alle Disziplinen, die sich auf die semantische und linguistisch-pragmatische Auseinandersetzung mit dem Wort und Text gründen. Auf diese Weise zeigt eine solche Thematik das Intersektionsfeld und das Ineinandergreifen zwischen Sprachwissenschaft und Theologie.

Es sei schließlich darauf hingewiesen, dass es einige Punkte gibt, welche im Zusammenhang mit dem Thema Homonymie wichtig erscheinen und dennoch hier keine Erwähnung finden konnten. Den Rahmen gesprengt hätte etwa eine präzise Abgrenzung der Begriffe Polysemie und Homonymie, die hier lediglich angerissen werden konnte. Auch die Frage nach dem Ursprung und somit nach den Ursachen des *ištirāk* (Homonymie) muss an anderer Stelle noch einmal erschöpfender behandelt werden. Und nicht zuletzt sei auf die kontroverse Diskussion unter den Sprach- und *uṣūl*-Gelehrten hingewiesen, ob die Metaphorik und Allegorie auch eine Manifestation der Homonymie sind, deren Darstellung ebenfalls einer eigenständigen Auseinandersetzung bedarf.

Nimet Şeker

Al-Ǧurǧānīs Begriff der ›semantischen Syntax‹ im Kontext der Debatte um die Unnachahmlichkeit des Koran (*iʿǧāz al-qurʾān*)

1 »Eine arabische Rezitation«

Der Koran birgt die besondere Eigenschaft, ein selbstreferentieller Text zu sein, über sich selbst Aussagen zu treffen und seinen eigenen Charakter zu kommentieren. Eine dieser Selbstbezeichnungen ist der Begriff *qurʾān* (›Vortrag, Rezitation‹). Koranverse sind demnach Lesungen aus der ewigen Offenbarungsschrift Gottes (*kitāb*):[1]

> Siehe, es ist ein edler Vortrag [*qurʾān*] in einem wohlverwahrten Buch [*kitāb*], das nur die Reinen berühren, vom Herrn der Welten herabgesandt! (Koran 56:77–80)[2]

Einer weiteren Aussage zufolge ist dieser Vortrag aus dem göttlichen Buch in arabischer Sprache vermittelt:

> Siehe, wir sandten es herab als Lesung [*qurʾān*] auf Arabisch, vielleicht begreift ihr ja. (Koran 12:2)[3]
>
> Herniedersendung vom barmherzigen Erbarmer. Ein Buch, dessen Verse erläutert wurden, als Vortrag [*qurʾān*] auf Arabisch, für Menschen, welche wissen. (Koran 41: 2–3)[4]

Nach seinem Selbstverständnis ist der Koran eine göttliche Mitteilung mit Vortragscharakter, die auf rhetorisch versierte und kunstvolle Art und Weise Botschaften in verständlichem Arabisch verkündet. In diesem Zusammenhang wird die sprachliche Klarheit des Koran mit seinem Arabischsein begründet und anschließend zur Reflexion der Botschaft und Verstehensbemühung aufgerufen.

---

1 Stefan Wild, »*An Arabic Recitation: The Metalinguistic of Qur'anic Recitation*«, in: *Self-Referentiality in the Qur'an*, hrsg. von dems., Wiesbaden 2006, S. 135–157, hier S. 141 f.

2 *Innahū la-qurʾānun karīmun fī kitābin maknūnin lā yamassuhū illā l-muṭahharūna tanzīlun min rabbi l-ʿālamīna.* Alle Koranübersetzungen sind entnommen aus Hartmut Bobzin, *Der Koran*, München 2010.

3 *Inna anzalnāhu qurʾānan ʿarabiyyan laʿallakum taʿqilūna.*

4 *Tanzīlun mina r-raḥmāni r-raḥīmi kitābun fuṣṣilat āyātuhū qurʾānan ʿarabiyyan li-qawmin yaʿlamūna.*

Der kunstvolle und rhetorisch pointierte Ausdruck im Koran folgt damit nicht nur dem Zweck, theologische Inhalte zu transportieren, sondern die Adressaten der koranischen Kommunikation zu überzeugen.

> Rhetorik ist im Koran daher nicht nur Mittel zur spontanen Überzeugung, sie steht auch im Dienst der Schaffung einer neuen Redeform. Es geht um die Vermittlung von theologischen Positionen, die – unterschwellig die semantische Botschaft begleitend – die epistemische Nachweisbarkeit der Botschaft suggerieren sollen.[5]

Sprache und Auslegung treten damit bereits im Koran als zwei Kernaspekte islamisch-theologischen Denkens in Erscheinung. Die sprachliche, arabische Verfasstheit des Koran war zugleich Ausgangspunkt für die Entstehung der islamischen Korankommentierung. Bereits im zweiten Jahrhundert islamischer Zeitrechnung (8. Jahrhundert n. Chr.) begann sich das *bayān* (›Mitteilung‹, ›Erläuterung‹) genannte Wissensepistem auf ebendiesem sprachtheoretischen Fundament herauszubilden. In diesem Diskurs sticht der ašʿaritische Theologe, Grammatiker und Sprachwissenschaftler ʿAbd al-Qāhir al-Ǧurǧānī (gest. 470/1078) mit seiner poststrukturalistisch anmutenden Theorie von der ›semantischen Syntax‹ besonders hervor. Ursprünglich als eine Widerlegung der muʿtazilitischen Position in der Debatte um die Unnachahmlichkeit des Koran entwickelt, wirkte sich sein ›Beweis‹ des koranischen Wundercharakters auch auf die Literatur des Korankommentars aus.[6] In diesem Beitrag soll der theologische Hintergrund des sprach- und literaturtheoretischen Werks von al-Ǧurǧānī, das bis heute als der »Höhepunkt der arabischen Poetik«[7] gilt, anhand seines Werks *Kitāb dalāʾil al-iʿǧāz* erörtert werden.

2 Die *bayān*-Epistemologie: Der Koran als eine sprachliche göttliche Kommunikation

Die *bayān*-Epistemologie gründet sich auf das Prinzip der sprachlichen Verfasstheit des Koran, wonach er als eine klar verständliche göttliche Erklärung und Mitteilung (*bayān*) herabgesandt wurde. Dieses Prinzip wurde zum zentralen Moment für die ethisch-juristische und sprachwissenschaftliche Auslegung des

5 Angelika Neuwirth, *Der Koran als Text der Spätantike*, Berlin 2010, S. 767.

6 Etwa auf die exegetischen Werke des Muʿtaziliten Ǧār Allāh Maḥmūd az-Zamaḫšarī und des Ašʿariten Faḫr ad-Dīn ar-Rāzī: Nejmeddine Khalfallah, »*al-Jurjānī: Tafsīr Theory between Linguistics and Theological Dogma*«, in: *Tafsīr and Islamic Intellectual History: Exploring the Boundaries of a Genre*, hrsg. von Andreas Görke und Johanna Pink, Oxford 2014, S. 253–272, hier S. 268 f.; Avigail Noy, »*The Legacy of ʿAbd al-Qāhir al-Jurjānī in the Arabic East before al-Qazwīnī's Talkhīṣ al-Miftāḥ*«, in: *Journal of Abbasid Studies* 5 (2018), S. 11–57, hier S. 27 f. Für eine Übersicht über die Rezeption des Werks von al-Ǧurǧānī siehe ebd.

7 Neuwirth, *Der Koran als Text der Spätantike*, S. 735.

Koran in den textauslegenden Wissenschaften wie Koranexegese (*tafsīr*), Koranwissenschaften (*ʿulūm al-qurʾān*) und Rechtshermeneutik (*uṣūl al-fiqh*).[8]

Das Meta-Theorem vom *bayān* als eine von drei arabisch-islamischen Wissensordnungen[9] speist sich nicht exklusiv aus ašʿaritisch-māturiditischem Gedankengut. Vielmehr wurde die Grundlage für die *bayān*-Ordnung sowohl von sunnitischen Gelehrten wie Muhammad Ibn Idrīs aš-Šāfiʿī (gest. 820/204) als auch von muʿtazilitischen Gelehrten wie ʿAmr Ibn Baḥr al-Ǧāḥiẓ[10] (gest. 869/255) gelegt. Darin bildet das rechte Verstehen der göttlichen Ansprache (*ḫiṭāb*) den gemeinsamen Ausgangs- und Fokuspunkt verschiedener Disziplinen wie Grammatik, Recht und Rechtshermeneutik, systematischer Theologie (*kalām*) und Exegese. Damit waren die sprachliche Struktur – und also das ›Arabischsein‹ – der göttlichen Mitteilung (Offenbarung) zentraler Gegenstand in dieser Wissenssystematik.

Das Konzept von *bayān* umfasst jedoch nicht nur die (göttliche) Kommunikation, sondern auch das Erklären allgemein sowie das menschliche Verstehen, Lernen, Nachdenken und Reflektieren. *Bayān* beinhaltet sowohl die Verfügungen, die der Koran mitteilt, als auch die Methoden, mit denen diese Regeln ausgelegt und verstanden werden. Auch die Gesandtschaft des Propheten Muhammad gilt als ein *bayān*, da er seine Botschaft in einer klaren Sprache erklärt und verkündet hat.[11]

Mit der Ausdifferenzierung der *bayān*-Wissenschaften haben sich zwei Arten der Beschäftigung mit dem Koran entwickelt: erstens das Studium der Regeln für

8 Zur Auswirkung des *bayān* auf die *uṣūl al-fiqh* siehe Serdar Kurnaz, *Methoden zur Normderivation im islamischen Recht: Eine Rekonstruktion der Methoden zur Interpretation autoritativer textueller Quellen bei ausgewählten Rechtsschulen*, Berlin 2016, S. 335–405.

9 Mit dem Werk *Bunyat al-ʿaql al-ʿarabī* (›Struktur des arabischen Denkens‹) hat der marokkanische Religionsphilosoph Muḥammad ʿĀbid al-Ǧābirī (gest. 2010) eine Systematik der arabisch-islamischen Epistemologien der Vormoderne vorgelegt. Laut al-Ǧābirī wurden in der formativen Phase der islamischen Wissenschaften (*ʿaṣr at-tadwīn*) drei epistemische Muster herausgebildet, die den Rahmen für die Entwicklung des arabisch-islamischen Denkens in den darauf folgenden Jahrhunderten bildete: *bayān*, *ʿirfān* und *burhān*. Al-Ǧābirī siedelt die formative Phase im Zeitraum von etwa 136/754 bis etwa 236/850 an. Der Beginn dieser Phase fällt demnach in die Regierungszeit des abbasidischen Kalifen al-Manṣūr (reg. 136/754–158/775). Innerhalb der Epistemologie des *ʿirfān* (›Erkenntnis‹) gilt die mystische Erfahrung, die den aufrichtig Ergebenen vorbehalten ist, als Quelle des Wissens. In der rationalistisch-philosophisch ausgerichteten Epistemologie des *burhān* (›apodiktischer Beweis‹) wird sich an der aristotelischen Philosophie orientiert und die Vernunft, die Empirie und die logische Beweisführung werden als die einzigen Quellen der Erkenntnis betrachtet, Muḥammad ʿĀbid al-Ǧābirī, *Bunyat al-ʿaql al-ʿarabī: Dirāsa taḥlīliyya naqdiyya li-naẓm al-maʿrifa fī t-taqāfa al-ʿarabiyya*, Beirut [11]2013, S. 13–15, 251–255, 383 f.; Muḥammad ʿĀbid al-Ǧābirī, *Takwīn al-ʿaql al-ʿarabī*, Beirut [10]2009, S. 62 f.

10 Vgl. al-Ǧābirī, *Bunyat al-ʿaql al-ʿarabī*, S. 24–31.

11 Vgl. al-Ǧābirī, *Bunyat al-ʿaql al-ʿarabī*, S. 27. Koran 14:4: *Wa-mā arsalnā min rasūlin illā bi-lisāni qawmihī li-yubayyina lahum.*

die Interpretation der Sprache der göttlichen Rede (*qawānīn tafsīr al-ḫiṭāb*) und zweitens das Studium der Bedingungen für die Konstruktion des göttlichen *bayān* (*šurūṭ intāǧ al-ḫiṭāb*).[12] Damit hat sich derjenige Teil der *bayān*-Wissenschaft, der sich mit der Interpretations- und Verstehensebene des sprachlichen Ausdrucks beschäftigt, bereits ansatzweise zu Lebzeiten des Gesandten Muhammad, das heißt während des Offenbarungsgeschehens, und der Epoche der ersten Kalifen herausgebildet. Hierbei handelt es sich um die bereits erwähnten textauslegenden Wissenschaften. Die zweite Dimension der *bayān*-Wissenschaft hat sich erst mit der Herausbildung theologischer Fragen entwickelt. In diesen Bereich fallen die Wissenschaften der systematischen Theologie.[13]

Das Gegenstück zur göttlichen Erklärung (*bayān*) ist die menschliche Auslegung (*ta'wīl*).[14] Anhand des *ta'wīl*-Begriffs zeigen sich verschiedene Verständnisse von Begreifen, Auslegen und Interpretieren des zentralen Gegenstands in den drei arabisch-islamischen Wissensordnungen. Der Begriff *ta'wīl* bezeichnet nicht nur eine Methode oder ein Verfahren, dem bestimmte hermeneutische Prämissen zugrunde liegen. Vielmehr spiegelt er verschiedene epistemische Traditionen wider, die sich anhand der Diskussionen um diesen Begriff theologisch und hermeneutisch voneinander abgrenzen.[15]

Im Zentrum der *bayān*-Wissensordnung formierte sich eine hermeneutische Debatte um die Relation von Wortlaut bzw. Ausdruck (*lafẓ*) und Bedeutung (*ma'nā*) zueinander. Hierbei haben wir es mit einer sprachphilosophischen und -theoretischen Epistemologie zu tun.[16] Der in diesem Beitrag diskutierte wesentliche Streitpunkt unter den systematischen Theologen betrifft die im 3./9. Jahrhundert aufkommende apologetische Diskussion über die Unnachahmlichkeit bzw. den Wundercharakter des Koran (*i'ǧāz al-qur'ān*), die den prophetischen Charakter der Verkündigungen Muhammads beglaubigen und den göttlichen Ursprung des Koran beweisen soll. Die Frage, ob die Unnachahmlichkeit des Koran in seiner Sprache oder seinen Bedeutungen, oder gar beides, liege, bildete den Dreh- und Angelpunkt dieser theologischen Auseinandersetzung.

Die in diesem Zusammenhang entstandene Systematik wirkte sich in den folgenden Jahrhunderten grundlegend auf das sprachtheoretische Denken der textauslegenden Gelehrten aus. Obschon die Vertreter der verschiedenen theologischen Schulen, Mu'taziliten und Aš'ariten, unterschiedliche Positionen in

12 Vgl. al-Ǧābirī, *Bunyat al-'aql al-'arabī*, S. 20.
13 Vgl. al-Ǧābirī, *Bunyat al-'aql al-'arabī*, S. 241.
14 Zum *ta'wīl*-Begriff bei mu'tazilitischen und aš'aritischen Theologen siehe Nimet Şeker, *Der Koran als Rede und Text: Hermeneutik sunnitischer Koranexegeten zwischen Textkohärenz und Offenbarungskontext*, Berlin 2019, S. 129–132.
15 Vgl. Şeker, *Der Koran als Rede und Text*, S. 133–191.
16 Vgl. al-Ǧābirī, *Bunyat al-'aql al-'arabī*, S. 41, 75.

diesen Fragen vertraten, siedelten sie alle die Deutungsmöglichkeiten – und damit auch die Grenzen der sprachlichen Ambiguität – innerhalb der Sprachkonvention des Arabischen (*muwāḍaʿa*)[17] an. Hieraus wird deutlich, dass Muʿtaziliten, Ašʿariten sowie Māturīditen eine gemeinsame epistemische Basis teilten, die das Gespräch zwischen den drei theologischen Schulen über die Hermeneutik und Exegese des Koran auf fruchtbare Weise möglich gemacht hat.

3 Die Lehre von der Unnachahmlichkeit des Koran (*iʿǧāz al-qurʾān*)

Den Hintergrund der Debatten um die Unnachahmlichkeit (*iʿǧāz*) des Koran bildeten zwei Aspekte: Zum einen wird sie mit den *taḥaddī*-Versen (*āyāt at-taḥaddī*) in Verbindung gebracht, zum anderen wird sie ab dem 3./9. Jahrhundert als Kernargument zur Verteidigung des Koran als eine Offenbarungsschrift und zur Beglaubigung der Prophetie Muhammads angeführt. Im Zuge der Diskussion trat immer stärker das Motiv in den Vordergrund, die einzigartige Komposition und Widerspruchsfreiheit der Schrift zu betonen. Diese Aufgabe übernahmen zunächst viele muʿtazilitische Gelehrte, die sich damit gegen die Angriffe von Schiiten, gnostisch beeinflussten Manichäern, atheistischen Kritikern und anderen Gruppierungen positionierten.[18] Zu diesem Zeitpunkt hatten die Muslime geografisch neue Gebiete erschlossen, sodass die Gelehrsamkeit vor der Herausforderung stand, bis dahin neuartige und fremde Sprachen und Kulturen in das islamische Denken zu inkorporieren und Anfragen aus Kreisen, denen das Arabische und die arabische Kultur fremd waren, adäquate Antworten zu bieten. Solche Anfragen stellten den Offenbarungscharakter und die Widerspruchsfreiheit des Koran stark infrage und beeinflussten damit auch die muslimischen Gemeinschaften. Die muslimischen Gelehrten reagierten hierauf zunächst mit einer wissenschaftlichen Spezialisierung auf die Sprache und den Stil des Koran und verfassten hierzu Werke wie *Maʿānī al-Qurʾān* von al-Farrāʾ (gest. 822/207) und *Maǧāz al-Qurʾān* von Abū ʿUbayda Maʿmar Ibn al-Muṯannā (gest. 824/209)[19], welche die Vorläufer der später aufkommenden *iʿǧāz*-Diskussion bildeten.[20] Auf die Kritiker aus den nicht-arabischen Kreisen antworteten muʿtazi-

17 Vgl. al-Ǧābirī, *Bunyat al-ʿaql al-ʿarabī*, S. 274.

18 Vgl. Mustafa Öztürk, *Kur'an Dili ve Retoriği*, Ankara ³2013, S. 173; ʿĀʾiša ʿAbd ar-Raḥmān, *al-Iʿǧāz al-bayānī li-l-Qurʾān*, Kairo ³1984, S. 19 f.; al-Ǧābirī, *Bunyat al-ʿaql al-ʿarabī*, S. 75–77.

19 Yusuf Şevki Yavuz, »*İ'cazü'l-Kur'ân*«, in: *DİA* 21, hrsg. von İslâm Araştırmaları Merkezi, Ankara 2000, S. 403–406, hier S. 404.

20 Angelika Neuwirth nennt weitere Aspekte, welche die Entstehung dieser Lehre begünstigten, unter anderem die besondere Rolle des Koran im Leben der Glaubensgemeinschaft, die Koranexegese, das Entstehen der Prophetologie, die Diskussionen in der spekulativen

litische Gelehrte mit dem Versuch, eine universalistische Herangehensweise an die *iʿǧāz*-Frage zu finden, indem sie die Debatte nicht über die ›Arabizität‹ der koranischen Sprache führten, sondern diese auf die Bedeutungsebene verlagerten, um damit auch diejenigen Menschen zu erreichen, deren Muttersprache nicht das Arabische war. Dies war der Ausgangspunkt für die dann folgende Debatte zwischen Muʿtaziliten und Ašʿariten darüber, ob der Wundercharakter des Koran auf der Ebene des Wortlautes (*lafẓ)* oder der Ebene der Bedeutung (*maʿnā*) liege.

Die Fokussierung der Muʿtazila auf die Bedeutungsebene wird für gewöhnlich damit erklärt, dass sie den Schwerpunkt ihrer Argumentation auf die Vernunft legte, um die Gegner des Islam, für die der Koran und der Prophet ja nicht Wahrheitsträger waren, durch rationale Argumente zu überzeugen. Demgegenüber gilt generell, dass die ašʿaritischen Gelehrten sich primär von den überlieferten Texten des Koran und der Ḥadīṯe leiten ließen – die wiederum selbstverständlich durch Gebrauch des menschlichen Verstands ausgelegt werden mussten.[21]

Die *iʿǧāz*-Debatte war von Beginn an nicht nur von Fragen der systematischen Theologie geprägt, sondern stand auch im Zentrum der sprachlichen Ausarbeitung des wissenschaftlichen Systems der *bayān*-Epistemologie. Kreisten die Auseinandersetzungen in der Rechtshermeneutik (*uṣūl al-fiqh*) noch um den Zusammenhang zwischen Wortlaut, also Signifikant (*lafẓ*), und Bedeutung, also Signifikat (*maʿnā*) als bedeutungs- und intentionsorientierte Verweisstruktur, schlug die Diskussion um die Struktur des *bayān* in den Debatten um *iʿǧāz* und *naẓm* (›Anordnung‹, ›Ordnung‹, ›Komposition‹) des Koran eine andere Richtung ein: Im Kern ging es um die Frage, ob und wie das System der Sprache mit dem System der Vernunft beziehungsweise des Denkens korreliert und korrespondiert, was wiederum auf eine Diskussion über die Bezüge zwischen Semantik und Syntax hinauslief.[22] Die Debatten um die Frage, ob der Koran nur in seinem Wortlaut einen Wundercharakter besaß oder auch in seinen Bedeutungen, reichten damit weit über Probleme der Glaubenslehre oder der Koranontologie hinaus.[23]

Theologie über das Wesen Gottes, die Polemik gegen Juden und Christen, die Aufwertung des arabischen Selbstwertgefühls gegenüber den neuen muslimischen Völkern, wie den Persern, das Aufkommen eines Interesses für Sprach- und Literaturtheorie, vgl. Angelika Neuwirth, *»Das islamische Dogma der ›Unnachahmlichkeit des Korans‹ in literaturwissenschaftlicher Sicht«*, in: *Isl* 60 (1983), S. 166–183.

21 Vgl. Öztürk, *Kur'an Dili ve Retoriği*, S. 172.

22 Vgl. al-Ǧābirī, *Bunyat al-ʿaql al-ʿarabī*, S. 75.

23 Vgl. al-Ǧābirī, *Bunyat al-ʿaql al-ʿarabī*, S. 75 f.

3.1 Die Herausforderung der Skeptiker

Die Worte des Koran riefen bereits während seiner Verkündigung heftige Reaktionen unter seinen Ersthörern hervor. Eine Gruppe von Ersthörern lehnte die Gesandtschaft des Propheten ab, indem sie nicht nur die Botschaft des Koran, sondern auch seine Sprache und seinen Stil, für die Muhammad einen göttlichen Ursprung reklamierte, infrage stellten. So wurde der Prophet von seinen Gegnern als ein ›Dichter‹ oder ›Wahrsager‹ bezeichnet und es wurde ihm vorgeworfen, dass er seine Verkündigung nach ›Träumen‹ oder Geschichten der Vorfahren selbst konstruiert habe, der Koran also von ihm erdacht sei. In Wirklichkeit stehe er in nicht Kontakt mit einem erhabenen Gott, sondern mit übernatürlichen Wesen.[24] Gleichzeitig traten Personen polytheistischen Glaubens wie Musaylima al-Kaḏḏāb (gest. 633/12), ʿAbhala al-Aswad al-ʿAnsī (gest. 601/10) und Ṭulayḥa Ibn Ḫuwaylid al-Asadī (gest. 642/21) auf, die für sich selbst eine Prophetie beanspruchten und teilweise behaupteten, selbst göttliche Offenbarungen empfangen zu haben. Unter diesen Leuten war auch eine Frau namens Saǧāḥ Bint al-Ḥāriṯ (gest. 661/41), die sich als Prophetin ausgab.[25] Die Leugner des Wahrheitsgehalts der prophetischen Gesandtschaft Muhammads - und damit seiner Gesandtschaft an sich - stellten die Behauptung auf, dass sie selbst in der Lage seien, ähnliche Worte zu sprechen (Koran 8:31[26]), und forderten vom Propheten zusätzliche, deutlichere Zeichen als die Offenbarungen des Koran allein (Koran 29:47–51[27]). Hinzu kamen einige versuchte Nachahmungen des Koran, sei es in

24 Koran 21:5, 25:4–5, 38:7; Issa Boullata, »*The Rhetorical Interpretation of the Qurʾān: Iʿjāz and Related Topics*«, in: *Approaches to the History of the Interpretation of the Qurʾān*, hrsg. von Andrew Rippin, Oxford 1988, S. 139–157, hier S. 139 f.

25 Muṣṭafā Ṣādiq ar-Rāfiʿī, *Iʿǧāz al-Qurʾān wa-l-balāġa an-nabawiyya*, Beirut [9]1973, S. 173–177; Öztürk, *Kur'an Dili ve Retoriği*, S. 165.

26 *Wa-iḏā tutlā ʿalayhim āyātunā qālū qad samiʿnā law našāʾu la-qulnā miṯla hāḏā in hāḏā illā asāṭīru l-awwalīna* – »Wenn ihnen unsere Verse vorgetragen werden, sagen sie: ›Wir haben schon gehört! Wenn wir wollten, könnten wir das Gleiche sagen. Das sind ja nur Fabeln der Altvorderen!‹«

27 *Wa-ka-ḏālika anzalnā ilayka l-kitāba fa-llaḏīna ātaynāhumu l-kitāba yuʾminūna bihī wa-min hāʾulāʾi man yuʾminu bihī wa-mā yaǧḥadu bi-āyātinā illā l-kāfirūna wa-mā kunta tatlū min qablihī min kitābin wa-lā taḫuṭṭuhū bi-yamīnika iḏan la-rtāba l-mubṭilūna bal huwa āyātun bayyinātun fī ṣudūri llaḏīna ūtū l-ʿilma wa-mā yaǧḥadu bi āyātinā illā ẓ-ẓālimūna wa-qālū law lā unzila ʿalayhi āyātun min rabbihī qul innamā l-āyātu ʿinda llāhi wa-innamā ana naḏīrun mubīnun a-wa-lam yakfihim annā anzalnā ʿalayka l-kitāba yutlā ʿalayhim inna fī ḏālika la-raḥmatan wa-ḏikrā li-qawmin yuʾminūna* – »Also sandten wir das Buch auf dich herab. Jene, denen wir das Buch gegeben haben, glauben daran. Auch unter diesen sind einige, die daran glauben. Allein die Ungläubigen bestreiten unser Zeichen. Nie vorher trugst du aus einem Buche vor und schriebst es nicht mit deiner Rechten ab. Sonst würden die daran zweifeln, die es für Trug erklären. Nein, er stellt klare Zeichen dar in den Herzen derer, denen das Wissen gegeben wurde. Allein die Frevler bestreiten unsere Zeichen. Sie sprechen: ›Warum wurden keine Zeichen von seinem Herrn auf ihn herab gesandt?‹ Sprich: ›Die Zei-

prophetischer oder in polemischer Absicht. Einige Zeilen aus diesem Zusammenhang sind uns überliefert, so heißt es etwa: *Al-fīlu mā-l-fīlu wa-mā adrāka mā-l-fīlu lahū ḏanabun wabīlun wa-ḫurṭūmun ṭawīlun* (›Der Elefant. Was ist der Elefant? Und was lässt dich wissen, was der Elefant ist? Er hat einen unheilvollen Schwanz und einen langen Rüssel‹).[28] Auf solche Einwände aus dem Umfeld des Propheten reagierte der Koran mit der Bekräftigung der Gesandtschaft des Propheten und mit der Herausforderung (*taḥaddī*) der Skeptiker unter den Ersthörern: Sie mögen doch selbst eine Sure vorlegen, wenn sie dazu in der Lage seien.[29]

3.2 Worin besteht die Unnachahmlichkeit des Koran?

Während sich das Diktum vom Wundercharakter des Koran fest in das Bewusstsein der Muslime und in der Theologie verankerte, wurde darüber verhandelt, was genau den *iʿǧāz*-Charakter des Koran ausmache. Auf der Meta-Ebene betrachtet lassen sich hierbei zwei Argumentationsstrategien erkennen: eine, die den Wundercharakter des Koran außerhalb des Textes verortet, und eine, welche die Unnachahmlichkeit des Koran innerhalb des Textes verortet. Hierbei spalten sich die Meinungen noch einmal darüber, ob die Unnachahmlichkeit des Koran in den Wortlauten oder den Bedeutungen zu finden sei.

3.2.1 Die Theorie von der Verhinderung

An den hierzu vertretenen Positionen lassen sich für die Idee von der Unnachahmlichkeit des Koran unterschiedliche Aspekte hervorheben: Die frühe Theorie von *ṣarfa* (›Abwenden, Hinderung‹), die vermutlich erstmals vom Muʿtaziliten Abū Isḥāq an-Naẓẓām (gest. 846/231) formuliert wurde, besagt, dass die arabischen Ersthörer des Koran literarisch und rhetorisch versiert waren und prinzipiell das Vermögen besaßen, einen hinsichtlich rhetorisch-stilistischer Eigenschaften koranähnlichen Text zu produzieren, was jedoch durch das Wirken des göttlichen Willens unmöglich gemacht und somit »verhindert« worden sei.[30] Der

---

chen sind allein bei Gott, und ich bin nur ein klarer Warner.‹ Genügt es ihnen nicht, dass wir auf dich das Buch herniedersandten, damit es vorgetragen werde? Siehe, darin liegt fürwahr Barmherzigkeit und eine Mahnung für die Menschen, die glauben.«

28 Ar-Rāfiʿī, *Iʿǧāz al-Qurʾān wa-l-balāġa an-nabawiyya*, S. 175. Womöglich sind diese Zeilen von späteren muslimischen Gelehrten auch polemisch überschrieben und umgeschrieben worden.

29 Koran 2:23–24, 10:37–39, 11:13, 17:86–88, 28:49–50, 52:32–34; Abū l-Qāsim Ḥusayn ar-Rāġib al-Iṣfahānī, *Muqaddima ǧāmiʿ at-tafāsīr*, Kuwait 1405, S. 103 f.

30 Ǧalāl ad-Dīn as-Suyūṭī, *al-Itqān fī ʿulūm al-Qurʾān*, 6 Bde., Medina 2005, Bd. 5, S. 1879 f.; Yavuz, »*Iʿcazü'l-Kur'ân*«, S. 404; Yusuf Şevki Yavuz, »*Sarfe*«, in: *DİA* 36, hrsg. von İslâm Araştırmaları Merkezi, Ankara 2009, S. 140 f.; Sophia Vasalou, »*The Miraculous Eloquence of*

iʿǧāz besteht dieser Theorie nach im göttlichen Abwenden des Vortrags eines koranähnlichen Texts. Diese Position wurde auch von Abū l-Ḥasan ar-Rummānī (gest. 994/384) vertreten.[31] Einer anderen Meinung unter den Vertretern der *ṣarfa*-Theorie zufolge vermochten die Leugner es trotz ihrer rhetorischen und literarischen Fähigkeiten und ihrer Versuche zu ihrem eigenen Erstaunen nicht, einen koranähnlichen Text vorzulegen. Die *ṣarfa*-Theorie verortet den Grund sowie die Natur des koranischen *iʿǧāz* folglich *außerhalb* des Korantextes.[32]

Dieses Begründungsmuster wurde sowohl von muʿtazilitischen als auch ašʿaritischen Gelehrten für problematisch befunden, weil es einerseits der Aussage der *taḥaddī*-Verse im Koran selbst widerspricht: Dass der Koran die Leugner herausfordert, ergibt keinen Sinn, wenn Gott ihnen die Möglichkeit, einen koranähnlichen Text zu formulieren, entzogen hat.[33] Zudem galt es als ein schwaches Argument für den *iʿǧāz*-Charakter des Koran, da die Unnachahmlichkeit ihren Grund in der Unmöglichmachung durch Gott habe und zudem den Wundercharakter des Koran zeitlich begrenze. Der Koran sei hingegen ein prophetisches Wunder, das ewig andauere.[34] Der Ewigkeitsgedanke im Wunder Muhammads stammt von der Vorstellung, dass Muhammad der letzte Prophet für alle Zeiten sei.

3.2.2 Der Sprachstil des Koran als Wunder

Im Gegensatz zu Vertretern der *ṣarfa*-Theorie, die auf einer extratextuellen Begründung basiert, betonten andere muʿtazilitische und ašʿaritische Gelehrte die rhetorische sowie stilistische Einzigartigkeit, Unnachahmlichkeit und Unerreichbarkeit des Koran, indem sie innertextuelle Begründungsmuster herausarbeiteten und folglich mit dem Text argumentierten. Demnach ist es keinem Menschen möglich, einen koranähnlichen Text zu produzieren. Der Koran ist in jeglicher Hinsicht ein erhabenes Phänomen, das zwar in menschlicher, arabischer Sprache geformt, kompositorisch in Form und Stil jedoch nicht nachahmbar ist. Das Konzept von *naẓm*, wonach der Koran vor allem in der Anordnung seiner Worte im syntaktischen Gefüge unerreichbar ist, schob sich hierbei zunehmend ins Zentrum der Diskussion um den *iʿǧāz*-Charakter des

---

the Qur'an: General Trajectories and Individual Approaches«, in: *Journal of Qur'anic Studies* 4.2 (2002), S. 23–53, hier S. 30.

31 Vgl. Heinz Grotzfeld, *»Der Begriff der Unnachahmlichkeit des Korans in seiner Entstehung und Fortbildung«*, in: *ABG* 13 (1969), S. 58–72, hier S. 65.

32 Vgl. Naṣr Ḥāmid Abū Zayd, *Mafhūm an-naṣṣ: Dirāsa fī ʿulūm al-Qurʾān*, Beirut [8]2011, S. 145–148.

33 Vgl. etwa ʿAbd al-Qāhir al-Ǧurǧānī, *Kitāb dalāʾil al-iʿǧāz*, Kairo 1375, S. 385 f.

34 Vgl. Badr ad-Dīn az-Zarkašī, *al-Burhān fī ʿulūm al-Qurʾān*, 4 Bde., Kairo 1984, Bd. 2, S. 94; as-Suyūṭī, *al-Itqān fī ʿulūm al-Qurʾān*, S. 1874, 1880; Yavuz, *»Sarfe«*, S. 141.

Koran.[35] Demzufolge steht der koranische Ausdruck in perfekter Harmonie mit sämtlichen Regeln der arabischen Grammatik, Semantik sowie Syntax und stellt ein vollkommenes Exempel für die höchste Stufe der Eloquenz in der arabischen Sprache (*faṣāḥa*) dar. Die Tatsache, dass sich der Koran dabei in besonderer Weise von der altarabischen Dichtung (*šiʿr*) und Prosa (*naṯr*) unterscheidet und abhebt, also seine stilistische und rhetorische Andersartigkeit, wird in dieser Diskussion mit seinem göttlichen Ursprung erklärt.

In gleicher Weise hebt sich der Koran, was seinen Inhalt und seine Botschaft betrifft, von den bekannten Textgattungen ab: In Bezug auf den *iʿǧāz* ist vor allem die Widerspruchsfreiheit des Koran[36] im Verstehenshorizont der Ersthörer, beziehungsweise seine innere Kohärenz[37] immer wieder genannt worden. Denn trotz all der oben genannten Vorwürfe gegen den Propheten wurde – und dies ist besonders bemerkenswert – von den Antagonisten Muhammads *nicht* beanstandet, dass die Botschaft des Koran in sich widersprüchlich oder unverständlich sei. Ebenso sei die emotional-psychologische Wirkung der koranischen Botschaft auf Hörer und Leser als ein Merkmal des *iʿǧāz* des Koran zu sehen.[38] Neben dieser innerkoranischen Kohärenz zählen auch die koranischen Aussagen über Dinge, die dem menschlichen Verstand verborgen und nicht zugänglich sind, zu den *iʿǧāz*-Merkmalen, wie die Warnungen und Aussagen über das Leben nach dem Tod, Paradies und Hölle, Erschaffung und Ende der Welt sowie Aussagen über die Vergangenheit und über die Zukunft, die eingetreten sind.[39] Bezüglich der Aussagen über die Zukunft sagten die Worte des Koran den Gläubigen voraus, dass sie bei der Schlacht von Badr (624/2) siegreich sein und Mekka einnehmen (630/8) werden.[40] Ebenso spielt der Koran auf den Sieg der Byzantiner über die Sassaniden an, nachdem sie zunächst von den Sassaniden besiegt worden waren.[41] Nicht zuletzt gilt auch das *ummī*-Sein des Propheten als ein

35 Al-Iṣfahānī, *Muqaddima ǧāmiʿ at-tafāsīr*, S. 106 f.; Faḫr ad-Dīn ar-Rāzī, *Mafātīḥ al-ġayb*, 32 Bde., Beirut 1981, Bd. 7, S. 139; az-Zarkašī, *al-Burhān fī ʿulūm al-Qurʾān*, S. 98 f.; Muḥyī ad-Dīn al-Kāfiyaǧī, *Kitābu't-taysīr fī ḳavāidi ʿilmī 't-tafsīr*, Ankara 1974, S. 15 f.; as-Suyūṭī, *al-Itqān fī ʿulūm al-Qurʾān*, S. 1886; İsmail Cerrahoğlu, *Tefsir Usûlü*, Ankara [40]2011, S. 204 f.

36 Ömer Özsoy, *Kur'an ve Tarihsellik Yazıları*, Ankara 2004, S. 55 f.

37 Halis Albayrak, *Kur'ân'ın İç Bütünlüğü Üzerine. Kur'an'ın Kur'an'la Tefsiri*, Istanbul [6]2011, S. 29–41.

38 Vgl. Navid Kermani, *Gott ist schön: Das ästhetische Erleben des Koran*, München [4]2011, S. 241–244.

39 Vgl. az-Zarkašī, *al-Burhān fī ʿulūm al-Qurʾān*, S. 95 f.; as-Suyūṭī, *al-Itqān fī ʿulūm al-Qurʾān*, S. 1880.

40 Vgl. Yavuz, »*İ'cazü'l-Kur'ân*«, S. 405.

41 Dies bezieht sich auf die ersten Verse der Sure ar-Rūm: *Alif lām mīm ġulibati r-rūmu fī adnā l-arḍi wa-hum min baʿdi ġalabihim sa-yaġlibūna fī biḍʿi sinīna li-llāhi l-amru min qablu wa-min baʿdu wa-yawmaʾiḏin yafraḥu l-muʾminūna bi-naṣri llāhi* […] (Koran 30:1–5) – »*Alif Lam Mim.* Besiegt sind die Byzantiner im nächstgelegenen Land. Doch siegen werden sie nach

wichtiger Aspekt des koranischen Wundercharakters: Die elaborierten Worte des Koran aus dem Munde des ungebildeten Propheten - *ummī*-Sein wird hier verstanden als Analphabetismus - bestätigen demnach den Wundercharakter des Korantextes.[42]

4 Die Theorie von der sprachlichen Komposition des Koran (*naẓm al-qurʾān*)

Gelehrte wie der Muʿtazilit ʿAmr Ibn Baḥr al-Ǧāḥiẓ hoben in ihren frühen Beiträgen bereits hervor, dass der Wundercharakter des Koran vor allem in seiner sprachlich-stilistisch einzigartigen Komposition (*naẓm*) und seiner Eloquenz (*faṣāḥa*) zu sehen sei.[43] Für al-Ǧāḥiẓ realisierte sich der *naẓm* nicht in einzelnen Versen, sondern in der besonderen Aneinanderreihung von Versen, die zu ganzen Suren zusammengefügt sind.[44] Ähnliches betonten der Muʿtazilit ar-Rummānī[45] sowie die beiden Ašʿariten al-Ḫaṭṭābī[46] (gest. 998/388) und al-Bāqillānī[47] (gest. 1013/403). Dabei legte jeder dieser Gelehrten Wert auf eine eigene Bestimmung von ›Rede‹ (*kalām*), die vor allem durch *naẓm* ausgezeichnet sei.

Laut al-Ḫaṭṭābī besteht eine Rede aus mehreren zusammenhängenden Elementen: Zunächst aus Wörtern, die Träger von Bedeutungen sind, sowie aus Ideen, die sich in Wörtern abbilden und zuletzt aus einem strukturellen Element, das beides miteinander verbindet.[48] Die absolute Andersartigkeit der koranischen Rede und ihre Unerreichbarkeit durch Menschen sieht al-Ḫaṭṭābī in allen drei Elementen realisiert.

Al-Bāqillānī wiederum betont, dass der *naẓm* ein exklusives Merkmal des Koran sei, das sich in den anderen offenbarten Büchern nicht finde: Die unver-

---

ihrer Niederlage in ein paar Jahren. Bei Gott liegt die Entscheidung - vorher und nachher. Freuen werden sich die Gläubigen an diesem Tag über Gottes Hilfe [...].«

42 Vgl. Yavuz, »*İ'cazü'l-Kur'ân*«, S. 405.

43 Vgl. Ibn an-Nadīm schreibt al-Ǧāḥiẓ ein verschollenes Werk mit dem Titel *Naẓm al-Qurʾān* zu, vgl. Abū l-Faraǧ Muḥammad Ibn an-Nadīm, *al-Fihrist* 1, Beirut ²1417, S. 58.

44 Vgl. Sedat Şensoy, »*Nazmü'l-Kur'ân*«, in: *DİA* 32, hrsg. von İslâm Araştırmaları Merkezi, S. 464–466, hier S. 464.

45 Abū l-Ḥasan ʿAlī ar-Rummānī, »*an-Nukat fī iʿǧāz al-Qurʾān*«, in: *Ṯalāṯ rasāʾil fī iʿǧāz al-Qurʾān li-r-Rummānī wa-l-Ḫaṭṭābī wa-ʿAbd al-Qāhir al-Ǧurǧānī*, hrsg. von Muhammad Ḫalaf Allāh und Muhammad Zaġlūl Salām, Kairo ³1976; as-Suyūṭī, *al-Itqān fī ʿulūm al-Qurʾān*, S. 1892 f.; al-Ǧābirī, *Bunyat al-ʿaql al-ʿarabī*, S. 79 f.

46 Abū Sulaymān Ḥamd al-Ḫaṭṭābī, »*Bayān iʿǧāz al-Qurʾān*«, in: *Ṯalāṯ rasāʾil fī iʿǧāz al-Qurʾān li-r-Rummānī wa-l-Ḫaṭṭabī wa-ʿAbd al-Qāhir al-Ǧurǧānī*, hrsg. von Muhammad Ḫalaf Allāh und Muhammad Zaġlūl Salām; az-Zarkašī, *al-Burhān fī ʿulūm al-Qurʾān*, S. 101 f.; as-Suyūṭī, *al-Itqān fī ʿulūm al-Qurʾān*, S. 1888.

47 Abū Bakr Muḥammad al-Bāqillānī, *Iʿǧāz al-Qurʾān*, Bayrūt 1973.

48 Vgl. Boullata, »*The Rhetorical Interpretation of the Qurʾān*«, S. 144.

gleichliche textuelle Harmonie (*ta'līf*) sowie die in sich kohärente Textkomposition machten den Koran zu einem absolut einzigartigen, mit keiner anderen bekannten Gattung vergleichbaren Text.[49] Al-Bāqillānī zeigt sich in seiner Argumentation vor allem darum bemüht, die kompositionelle Andersartigkeit des Koran zu betonen, indem er aufzeigt, dass der Koran nicht mit den klassisch-arabischen Textgattungen von Dichtung (*šiʿr*) und Prosa (*naṯr*) vergleichbar ist.[50] Seiner Ansicht nach stellt die Rhetorik des Koran jedoch nicht das alleinige Kriterium für seinen *iʿǧāz*-Charakter dar, denn die Rhetorik sei eine Kunst, die von Menschen erlernt werden könne. Die Unnachahmlichkeit des Koran bestehe jedoch in seiner stilistischen Erhabenheit, die über die erlernbare Rhetorik hinausreiche.[51]

5 Die Bestimmung von *naẓm al-qur'ān*

Die letzten Stufen und den Höhepunkt in der klassischen Bestimmung von *iʿǧāz* und *naẓm* finden wir in den Werken des Muʿtaziliten al-Qāḍī ʿAbd al-Ǧabbār (gest. 1025/415) sowie des Ašʿariten ʿAbd al-Qāhir al-Ǧurǧānī. Al-Qāḍī ʿAbd al-Ǧabbār betonte, die stilistische Erhabenheit des Koran sei das konstitutive Element des *iʿǧāz*. Die Eloquenz der koranischen Sprache habe es unmöglich gemacht, dass die Araber einen koranähnlichen Text produzierten. Bereits der baṣritische Muʿtazilit Abū Hāšim al-Ǧubbā'ī (gest. 933/321) hatte die Eloquenz als ein intrinsisches Element der Unnachahmlichkeit bestimmt und diese definiert als die Schönheit der Bedeutung gepaart mit dem Reichtum des Ausdrucks (*ǧazālat al-lafẓ*).[52]

5.1 Die muʿtazilitische Lehre von *naẓm al-qur'ān*

ʿAbd al-Ǧabbār unterstreicht, dass eine Rede zunächst aus einer bedeutungslosen Anordnung von Wörtern besteht, die er wiederum als eine reine Aneinanderreihung von artikulierten Phonemen betrachtet.[53] Die Rede auf dieser Ebene

49 Vgl. Şensoy, »*Nazmü'l-Kur'ân*«, S. 465; Abū Zayd, *Mafhūm an-naṣṣ*, S. 149.

50 Az-Zarkašī, *al-Burhān fī ʿulūm al-Qur'ān*, S. 98 f.; as-Suyūṭī, *al-Itqān fī ʿulūm al-Qur'ān*, S. 1881; Abū Zayd, *Mafhūm an-naṣṣ*, S. 148, 150 f.; Vasalou, »*The Miraculous Eloquence of the Qur'an*«, S. 35.

51 Vgl. Boullata, »*The Rhetorical Interpretation of the Qur'ān*«, S. 145.

52 Al-Qāḍī ʿAbd al-Ǧabbār, *al-Muġnī fī abwāb at-tawḥīd wa-l-ʿadl* 16 (*Iʿǧāz al-qur'ān*), Kairo 1960, S. 197; Abū Zayd, *Mafhūm an-naṣṣ*, S. 153; al-Ǧābirī, *Bunyat al-ʿaql al-ʿarabī*, S. 79.

53 Vgl. Margaret Larkin, »*The Inimitability of the Qur'an. Two Perspectives*«, in: *Religion and Literature* 1.20 (1988), S. 31–47, hier S. 34.

sei nicht notwendig Träger von Bedeutung und trage daher auch nicht das Potenzial von *faṣāḥa* in sich. Vielmehr folge die Rede hier zunächst lediglich den Regeln der Sprachkonvention (*muwāḍaʿa*). *Faṣāḥa* entstehe durch eine methodisch bewusste Verbindung sprachlicher Einheiten, bei der bestimmte Elemente wie der *iʿrāb* oder die Stellung der jeweiligen sprachlichen Einheit im Satz die Funktion von bedeutungstragenden Säulen einnehmen. *Faṣāḥa* bilde sich also in der Stellung von Wortlauten.[54] Die Bedeutungen wiederum seien an die Sprachkonvention gebunden und nicht notwendig von einem rationalen Subjekt in einem kognitiven Prozess komponiert.[55] Denn Letzteres würde implizieren, dass die Bedeutung der Rede ebenfalls vom rationalen Subjekt komponiert wurde.

Mit diesem Argument versucht ʿAbd al-Ǧabbār die Relation zwischen Idee und intendierter Bedeutung einerseits und sprachlichem Ausdruck andererseits aufzuheben. Es ist gegen das ašʿaritische Diktum von der ›inneren Rede Gottes‹ (*kalām nafsī*) gerichtet. Dieses Theorem impliziert für al-Qāḍī ʿAbd al-Ǧabbār, dass Rede von einem denkenden Subjekt getätigt wird.[56] Gott aber kann nach muʿtazilitischer Vorstellung nicht als ein denkendes Subjekt beschrieben werden, weil er diese kreatürliche Eigenschaft übersteigt.[57] Rede entstehe vielmehr als eine Konstruktion durch die Anordnung von Wortlauten (*tartīb al-alfāẓ*) durch einen Sprecher, der durch sein Wissen über diese Konstruktion zur Rede befähigt sei.[58] Der Schwerpunkt dieses Gedankens liegt auf der Befähigung des Sprechers bzw. Urhebers zur Rede, sozusagen seiner Redefähigkeit. Auf die Frage der Koranontologie bezogen bedeutet dies, dass es nicht ein rationales Attribut Gottes ist, das den Koran hervorbringt, sondern seine Macht und sein Vermögen, etwas wie Rede zu erschaffen.

Die Konstruktion der Rede beziehungsweise die besondere Anordnung von Wortlauten bildet laut al-Qāḍī ʿAbd al-Ǧabbār zudem das herausragende Kennzeichen von *faṣāḥa*, nicht die Schönheit der Bedeutungen allein.[59] Ferner arrangiert der Sprecher der Rede die Wortlaute, jedoch nicht die Bedeutungen. Beide Bereiche fasst al-Qāḍī ʿAbd al-Ǧabbār als voneinander getrennte Entitäten auf. Es gibt laut dieser Systematik keine Verbindung zwischen Form und Inhalt, zwischen *lafẓ* und *maʿnā*, Ausdruck und Intention.

---

54 Vgl. al-Ǧābirī, *Bunyat al-ʿaql al-ʿarabī*, S. 81.

55 Vgl. al-Ǧabbār, *al-Muġnī fī abwāb at-tawḥīd wa-l-ʿadl* 16, S. 199 f.; al-Ǧābirī, *Bunyat al-ʿaql al-ʿarabī*, S. 81.

56 Diesem Gedanken widerspricht al-Ǧurǧānī: vgl. sein *Kitāb dalāʾil al-iʿǧāz*, S. 415–417.

57 Al-Ǧabbār, *al-Muġnī fī abwāb at-tawḥīd wa-l-ʿadl* 7 (*Ḫalq al-qurʾān*), S. 14–20; Larkin, »*The Inimitability of the Qur'an*«, S. 34–36.

58 Vgl. Larkin, »*The Inimitability of the Qur'an*«, S. 37.

59 Vgl. al-Ǧabbār, *al-Muġnī fī abwāb at-tawḥīd wa-l-ʿadl* 16, S. 199f.; Abū Zayd, *Mafhūm an-naṣṣ*, S. 154.

5.2 Al-Ǧurǧānīs Lehre von *naẓm al-qur'ān*

Diese Bestimmung von al-Qāḍī ʿAbd al-Ǧabbār nahm al-Ǧurǧānī zur Grundlage für seine komplexe Bestimmung und Analyse des koranischen *naẓm*. Auf dieser Stufe der Systematisierung von *naẓm* bewegt sich al-Ǧurǧānī nicht mehr im Bereich der Koranontologie oder der Glaubenslehre allein, sondern im hochkomplexen und um Systematik bemühten Bereich von Sprachtheorie und Sprach- sowie Literaturkritik, arabischer Semantik, Grammatik und Rhetorik.[60] Al-Ǧurǧānīs Systematisierung von *naẓm* als semantischer Syntax[61] entstand zwar vor dem Hintergrund des theologischen Disputs um die ›verbale Rede Gottes‹ (*kalām lafẓī*) und die ›innere Rede Gottes‹ (*kalām nafsī*) und die Stellung des *iʿǧāz* darin, betont jedoch in gesteigertem Maße die Relation der Vernunft zur Anordnung von sprachlichen Elementen im Sprechakt, indem die Unnachahmlichkeit des Koran mit den Methoden der Sprachwissenschaft direkt aus dem Text abzuleiten gesucht wird.[62]

Konträr zu al-Qāḍī ʿAbd al-Ǧabbār vertritt al-Ǧurǧānī die Position, dass die Anordnung der Wortlaute und der sprachlichen Elemente einer intendierten Bedeutung folgt.[63] Dem von ʿAbd al-Ǧabbār herangezogenen Argument der Sprachkonvention als Grundlage von Bedeutungen widerspricht al-Ǧurǧānī vehement und argumentiert, dass es die Bedeutung der Rede sei, der die Ausgestaltung und die Anordnung der Worte folge.[64] Die Bedeutung generiere sich durch eine bestimmte strukturelle Verbindung der Wörter, die er als Syntax identifiziert. Wenn die Wörter isoliert stünden, hätten sie eine andere Bedeutung, als wenn sie durch das verbindende Element der Syntax in einer bestimmten Satzfolge arrangiert seien.[65] Dieses Element der syntaktischen Bedeutungsgenerierung bezeichnet al-Ǧurǧānī als ›semantische Syntax‹ (*maʿānī an-naḥw*).[66]

Das poststrukturalistische Moment in al-Ǧurǧānīs Systematik stellt somit eine konstitutive Grundlage für seine Theoretisierung des *naẓm* dar. Der Syntax – ein Element, das in keiner anderen Theorie zum *naẓm* berücksichtigt wurde – wird hier nicht eine funktionalistische Rolle zugeschrieben, sondern sie wird zum

60 Vgl. al-Ǧurǧānī, *Kitāb dalāʾil al-iʿǧāz*; ʿAbd al-Qāhir al-Ǧurǧānī, *Asrār al-balāġa*, Kairo/Dschidda 1412.

61 Kermani, *Gott ist schön*, S. 255, 268 f.; Şensoy, »*Nazmü'l-Kur'ân*«, S. 465.

62 Al-Ǧurǧānī, *Kitāb dalāʾil al-iʿǧāz*, S. 49; Larkin, »*The Inimitability of the Qur'an*«, S. 39.

63 Al-Ǧurǧānī, *Kitāb dalāʾil al-iʿǧāz*, S. 410 f., 414 f.; Larkin, »*The Inimitability of the Qur'an*«, S. 39; Kermani, *Gott ist schön*, S. 264 f., 268 f.

64 Vgl. Kermani, *Gott ist schön*, S. 260.

65 Vgl. al-Ǧurǧānī, *Kitāb dalāʾil al-iʿǧāz*, S. 393, 402 f.; Lara Harb, »*Form, Content, and the Inimitability of the Qur'an in ʿAbd al-Qāhir al-Jurjānī's Work*«, in: *Middle Eastern Literatures* 18.3 (2015), S. 301–321, hier S. 305.

66 Al-Ǧurǧānī, *Kitāb dalāʾil al-iʿǧāz*, S. 394 f.; Larkin, »*The Inimitability of the Qur'an*«, S. 40.

strukturtragenden Element zur Generierung von Bedeutung. Die Bedeutungen der Rede werden laut al-Ǧurǧānī in der Anordnung der Wortlaute und Satzelemente abgebildet und durch einen bewussten Prozess der syntaktischen Satzbildung in die Sprache transportiert.[67] Die stilistischen Elemente dienen demnach als Werkzeug für die im sprachlichen Ausdruck intendierte Bedeutung und werden vom Sprecher/Autor in einem Selektionsverfahren (*taḫayyur*) bewusst ausgewählt.[68]

Was bedeutet al-Ǧurǧānīs semantische Syntaktologie dann für den theologischen Disput zwischen Muʿtaziliten und Ašʿariten? Auch wenn dieser Punkt in seinem Werk *Dalāʾil al-iʿǧāz* nur am Rande eine Rolle zu spielen scheint, ist er doch für die Frage der Koranontologie zentral: Die Frage, ob die angeordneten Wortlaute der Rede denn überhaupt intendierte Gedanken wiedergeben oder nicht, ist eine der wichtigen Streitfragen zwischen al-Qāḍī ʿAbd al-Ǧabbār und ʿAbd al-Qāhir al-Ǧurǧānī. Es geht hierbei um die Frage, ob das System der Sprache mit dem System des Denkens korreliert.[69] In diesem Disput schreibt al-Ǧurǧānī dem Denken, d.h. der Intention, die eigentlich treibende Kraft hinter der semantischen Syntax zu:

> Aber der *naẓm* der Wörter verhält sich nicht dementsprechend. Denn du folgst in ihrer Aneinanderreihung den Auswirkungen der Bedeutungen und ordnest sie gemäß der Ordnung der Bedeutungen im Geist an. Es handelt sich in diesem Fall um einen *naẓm*, in dem die Beziehungen der angeordneten Elemente zueinander berücksichtigt werden, und nicht um einen *naẓm*, bei dem Dinge nach Gutdünken zusammengefügt werden.[70]

Demzufolge ordnet der Sprecher die Wörter nicht nach ›Gutdünken‹ oder nach einer zufälligen, nur der Schönheit des Ausdrucks verpflichteten Struktur an, sondern nach einer bewussten syntaktischen Anordnung, damit die Sprecherintention sich in der Sprache abbildet. Während der Muʿtazilit diese Vorstellung, die eine Grundlage für die Konzeption von *kalām nafsī* bildet, ablehnt, betont der Ašʿarit umso mehr die Abbildhaftigkeit der syntaktischen und stilistischen Ausformung der Sprachelemente, die seiner Ansicht nach die konkrete Ausformung der Sprechintention ist. Mit al-Ǧurǧānī müsste man folglich formulieren: Der urewige *kalām nafsī* entspricht dem intendierten Ausdruck und Inhalt, der durch die erschaffene, hörbare ›verbale Rede Gottes‹ (*kalām lafẓī*) konkrete sprachliche Realisation erfährt. Das verbindende Element zwischen *kalām nafsī* und *kalām lafẓī* wäre laut al-Ǧurǧānī die semantische Syntax. Der *iʿǧāz*-Charakter, der auf den göttlichen Ursprung des Koran verweist, ist für al-Ǧurǧānī durch die einzigartige, unnachahmliche Komposition und Anwendung der sti-

67 Vgl. al-Ǧurǧānī, *Kitāb dalāʾil al-iʿǧāz*, S. 51, 87 f., 415–417.
68 Vgl. Vasalou, »*The Miraculous Eloquence of the Qur'an*«, S. 40.
69 Vgl. al-Ǧābirī, *Bunyat al-ʿaql al-ʿarabī*, S. 83.
70 Al-Ǧurǧānī, *Kitāb dalāʾil al-iʿǧāz*, S. 49.

listischen Instrumente der arabischen Sprache im Koran realisiert.[71] Im Koran ist damit die vollkommene syntaktische Struktur gewählt worden, um Bedeutung auszudrücken. Für al-Ǧurǧānī ist der Korantext, der *kalām lafẓī*, folglich eine Art Abdruck der göttlichen intendierten Inhalte des Textes, des *kalām nafsī*, der die sprachlich-stilistische Ausgestaltung auf eine bestimmte Bedeutung hin vorgibt. Dies ist eine Steigerung von ʿAbd al-Ǧabbārs relativ nüchterner Betrachtung des *iʿǧāz* als der höchsten Stufe der *faṣāḥa* in der arabischen Sprache.

6 Schlussbetrachtung

Zwar ist al-Ǧurǧānī kein Fremder für die klassische und moderne arabische Rhetorik und Literaturkritik.[72] Jedoch wurde seine Bedeutung für die theologische Debatte der Unnachahmlichkeit erst im späten 20. und frühen 21. Jahrhundert nachvollzogen. Die Relevanz seiner linguistischen Theorie von der Kompositionalität des Koran für das theologische Denken befindet sich noch in der Aufarbeitung.[73] Andererseits ist al-Ǧurǧānīs exegetisches Denken und Wirken auch noch wenig rezipiert worden.[74]

Beachtlich ist, dass al-Ǧurǧānī in seinem Hauptwerk *Kitāb dalāʾil al-iʿǧāz* vor allem als ein Sprach- und Literaturtheoretiker auftritt und im Wesentlichen poetologische Fragen behandelt. Deswegen wirkt der in der zeitgenössischen *naẓm*-Exegese vorherrschende Mangel an expliziten Bezügen auf die klassische Rhetoriktheorie, insbesondere auf al-Ǧurǧānī, befremdlich.[75] Hier finden wir das Bestreben, die sprachliche und kompositionelle Unnachahmlichkeit des Koran nachzuvollziehen und zu bekräftigen; eine Rezeption von ǧurǧānischem Gedan-

71 Die Herausforderung (*taḥaddī*) an die Leugner des Offenbarungscharakters des Koran habe daher nicht in der Nachahmung der Ideen oder des Inhalts, sondern in der Komposition des Koran bestanden: ʿAbd al-Qāhir al-Ǧurǧānī, *ar-Risāla aš-šāfiyya*, in: *Ṯalāṯ rasāʾil fī iʿǧāz al-Qurʾān li-r-Rummānī wa-l-Ḫaṭṭabī wa-ʿAbd al-Qāhir al-Ǧurǧānī*, hrsg. von Muhammad Ḫalaf Allāh und Muḥammad Zaġlūl Salām, S. 141.

72 Siehe Noy, »*The Legacy of ʿAbd al-Qāhir al-Jurjānī*«; Ṭāhā Ḥusayn, »*al-Bayān al-ʿarabī min al-Ǧāḥiẓ ilā ʿAbd al-Qāhir*«, in: *Naqd an-naṯr*, hrsg. von dems. und ʿAbd al-Ḥamīd al-ʿAbbādī, Kairo 1933, S. 1–32; Muḥammad Ḫalaf Allāh, »*Naẓariyyat ʿAbd al-Qāhir al-Ǧurǧānī fī asrār al-balāġa*«, in: *Maǧallat kulliyyāt al-ādāb (Ǧāmiʿat al-iskandariyya)* 2 (1944), S. 14–84; Aḥmad Maṭlūb, *ʿAbd al-Qāhir al-Ǧurǧānī. Balāġatuhu wa-naqduh*, Kuwait 1973; Naṣr Ḥāmid Abū Zayd, »*Mafhūm an-naẓm ʿinda ʿAbd al-Qāhir al-Ǧurǧānī. Qirāʾa fī ḍawʾ al-uslūbiyya*«, in: *Fuṣūl: Maǧallat an-naqd al-adabī* 5.1 (1984), S. 11–24.

73 Vgl. Margaret Larkin, *The Theology of Meaning: ʿAbd al-Qāhir al-Jurjānīs's Theory of Discourse*, New Haven 1995; Nejmeddine Khalfallah, *La théorie sémantique de ʿAbd al-Qāhir al-Jurjānī (m. 1078)*, Paris 2014; Lara Harb, »*Form, Content, and the Inimitability of the Qurʾān in ʿAbd al-Qāhir al-Jurjānī's Works*«, in: *Middle Eastern Literatures* 18.3 (2015), S. 301–321; Alexander Key, *Language between God and Poets*, Oakland 2018.

74 Vgl. Khalfallah, »*al-Jurjānī: Tafsīr Theory between Linguistics and Theological Dogma*«.

75 Vgl. Şeker, *Der Koran als Rede und Text*, S. 79–87.

kengut muss daher angenommen werden. Daher hat al-Ǧurǧānīs literaturtheoretischer Beitrag noch viel Bergungspotential für das zeitgenössische islamische Denken.

Hamideh Mohagheghi

Koran – die Rede Gottes. Verbale Offenbarung oder prophetisches Wunderwerk? (Nach Thesen von Soroush und Shabestari)

1 Einleitung

Der Koran wird in den heutigen Diskursen wiederholt als Ursache für die sozialen, politischen oder sogar ökonomischen Probleme gesehen, die in den muslimisch geprägten Gesellschaften herrschen. Der Koran soll ein Hindernis sein, sich an die moderne und entwickelte Welt anzuschließen. Manche Muslime sehen dagegen den Koran als *das* universelle Heilmittel für alle Probleme der Menschen für alle Zeiten. Beide Ansichten werden dem Koran nicht gerecht.

Betrachtet man den Koran als eine Schrift, die die göttliche Botschaft in einer bestimmten Zeitepoche vermittelt, unterscheidet er sich prinzipiell nicht von anderen Schriften wie der Bibel, Thora und weiteren Verkündungsschriften. Die Anerkennung dieser Schriften gehört im Koran 4:136 zu den Grundpfeilern des Glaubens. Mit dem Begriff ›Schrift‹ (*kitāb*) als Einzahl ist in diesem Vers der Koran gemeint, dessen Texte innerhalb von 23 Jahren in Mekka und Medina dem Propheten Muhammad offenbart wurden. Die Verwendung des Begriffes in der Mehrzahl *kutub* ist die Bestätigung der Schriften, die vor dem Koran an frühere Gesandten offenbart wurden: »Ihr, die ihr glaubt! Glaubt an Gott und seine Gesandten und an das Buch, das er [Gott] auf ihn [Muhammad] herabgesandt, und an das Buch, das er zuvor herabgesandt. Denn wer an Gott nicht glaubt und seine Engel, seine Bücher, seine Gesandten und den Jüngsten Tag, der ist schon sehr weit abgeirrt.«

In der Schöpfungsgeschichte des Koran in den Versen 2:31–38 verspricht Gott, nachdem Adam in Folge seiner Übertretung mit seinem irdischen Leben beginnt, dass er sich den Menschen stets zuwendet und sie auf den rechten Weg leitet. Adam gilt in der islamischen Tradition als erster Gesandter Gottes in der Reihe der Gesandten, die im Laufe der Menschheitsgeschichte die Worte Gottes übermittelt haben. Sie alle lehrten ein verbindliches und verbindendes Prinzip: Hingabe zu Gott und ein Leben in Verantwortung vor Gott und seiner Schöpfung. Dieses Prinzip wurde mündlich und schriftlich weitertradiert.

In diesem Aufsatz werden zuerst das Selbstverständnis des Koran, seine Bedeutung für die islamische Tradition und die Notwendigkeit, das Wort Gottes zu verstehen, skizziert. Anschließend werden anhand der Thesen von Muhammad Muǧtahid Shabestari und ʿAbdul Karīm Soroush, die den Koran als ›prophetische Erfahrung der Welt‹ bezeichnen, einige Ansätze für die Rezeption des Koran im Kontext der zeitgemäßen Fragestellungen erörtert.

2 Koran als wörtliche Rede Gottes

Vers 17:107 spricht von *allmählicher* Herabsendung des Koran mit dem Zweck, ihn aufmerksam und behutsam zu lesen und zu verstehen: »Wir [Gott] haben ihn in Abschnitten aufgeteilt, damit du [Muhammad] sie den Menschen vorträgst in Bedachtsamkeit, und wir haben sie wahrhaftig herabgesandt.« Ähnliche Verse verweisen darauf, dass der Koran eine göttliche Abstammung hat und gerade aus diesem Grund kontinuierlichen Bemühens bedarf, um seine Mitteilung zu entschlüsseln.

Der Koran beteiligte sich an den Diskursen der Offenbarungszeit, kritisierte die gesellschaftlichen Strukturen, mahnte zur Gerechtigkeit, aktualisierte die bereits bestehenden Schriften – Thora und Evangelien – und bestätigte und korrigierte sie. Er antwortete auf die Fragen der Menschen, zeigte Möglichkeiten zur Konfliktbewältigung und legte Normen fest, die zuerst an die Menschen in Mekka und Medina adressiert waren. Diese facettenreichen Aspekte stellen den Koran als einen komplexen Text dar, der verstanden werden soll.

Die Hörer der Verkündigung befanden sich nicht in einem leeren Raum, sie hatten bereits eigene Weltbilder und Überzeugungen, die sie in ihrem Alltag und in der reichen Poesie der paganen Araber artikulierten. Sie waren bekannt für ihre Dicht- und Erzählkünste, sodass die Sprache und der Klang der Worte sie erreichen konnte.

In den islamischen Überlieferungen und Erzählungen gibt es zahlreiche Beispiele dafür, wie Freund und Feind von der Schönheit der Rezitation des Koran überwältigt wurden. Die Schönheit der Sprache, die die Menschen emotional berührte und sie überzeugte, wird von muslimischen Koranforschern als außerordentlich, als ›Wunder‹ bezeichnet, das seine göttliche Abstammung beweist. Der Vers 17:88, der an die Leugner adressiert ist, fordert die großen Dichter und Erzähler heraus: »Sprich: ›Wenn Mensch und Dschinn sich darin träfen, etwas beizubringen, was dieser Lesung [Koran] gleichkommt, sie könnten nichts beibringen, was ihr gleichkommt, auch wenn sie einander dabei Helfer wären.‹« Dieser Vers teilt die Besonderheit der Sprache mit und vermittelt, dass es nicht möglich ist, mit dem Koran zu konkurrieren. Es sind nicht nur die Klarheit und

Reinheit der Sprache hier gemeint, sondern auch die Inhalte und die Struktur forderte die Zuhörer heraus.

Das Rezitieren beruhigt und berührt das Herz, ist trostspendend und begleitet bis heute die Menschen im Alltag, im Gebet, in Trauer und Freude und in unterschiedlichen Lebensabschnitten wie Geburt eines Kindes, Heirat und Tod. Das Hören vermittelt Gewissheit und Zuversicht, dass im und durch den Koran Gott zu den Menschen spricht. Diese Qualität des Koran ist signifikant, unterscheidet ihn von anderen Büchern und wurde stets von muslimischen Kommentatoren berücksichtigt, wenn sie sich mit dem Text beschäftigten. Die mündliche Weitergabe durch das auswendig Lernen ist weiterhin ein wichtiger Bestandteil der religiösen Erziehung.

Ferner wird der Koran wiederholt als *Wort* Gottes bezeichnet (Beispielverse: 6:115; 10:19; 11:110). Der Begriff *kalām*, der als ›Wort‹ übersetzt wird, ist gleichwohl weit mehr als gesprochenes und geschriebenes Wort. *kalām* ist in der islamischen Lehre die Wissenschaft, die sich mit den Fragen der Glaubensprinzipien beschäftigt. Als wissenschaftliche Disziplin beinhaltet sie Methoden der Argumentation sowie zum Verstehen, Debattieren und Erschließen. Diese Methoden werden für die Auslegung und Rezeption des Koran angewandt.

3 *Waḥy* (unmittelbare kommunikative Offenbarung), *tanzīl* (Herabsendung)

Der Begriff Koran entstammt der Wurzel *qara'a*, und die erste Offenbarung beginnt mit dem Imperative *iqra'*, lies. Das Lesen *qara'a* hat in der arabischen Sprache auch die Bedeutungen ›studieren, und verstehen‹ inne und ist die Chiffre der Offenbarung.

Im Zusammenhang mit der Verkündigung des Koran werden zwei Begriffe verwendet: *waḥy* und *tanzil*. *Waḥy* hat die Bedeutungen »Hinweis, verborgene und geheime Bekanntgabe, herbeieilende Mitteilung, Eingebung und Inspiration«.[1] Der Begriff *waḥy* steht im Koran in vier Zusammenhängen:

a) Verborgener Hinweis und Zeichenmitteilung im Vers 19:11, als Zakaria aus seiner Klause hinaustrat und dem Volk durch Zeichen mitteilte, dass es Gott morgens und abends lobpreisen soll.
b) Instinktive Aufgabe im Vers 16:68–69: »Dein Schöpfer und Erhalter gab der Biene ein: ›Mach dir in den Bergen etwas zu Häusern, dazu von den Bäumen und dem, was sie errichten! Dann iss von allen Früchten, und folge den gebahnten Wegen deines Herrn!‹ Aus ihrem Inneren kommt ein Saft, ver-

1 Vgl. Ma'rifat Muhammad Hadi, *Koranische Wissenschaften*, Qom 2012, S. 11.

schiedenartig in den Farben. In ihm liegt Heilkraft für die Menschen. Siehe, darin liegt fürwahr ein Zeichen für Menschen, die sich Gedanken machen.«

c) Inspiration in Sinne von innerer Stimme, deren Ursprung nicht erkennbar ist und in der Regel Hilfe und Beruhigung bewirkt: Als die Mutter von Mose ihn dem Fluss übergab, gab Gott ihr ein, dass sie keine Angst haben brauchte. Sie war beruhigt und zuversichtlich, dass der Sohn zu ihr zurückkommen würde.
d) Letztlich ist es die prophetische Eingebung, die beim Propheten Muhammad zur Entstehung des Koran führte: »Wir erzählen dir aufs Schönste durch das, was wir als diese Lesung [Koran] dir offenbarten. Wahrlich, früher warst du einer derer, die nicht darauf achteten« (Koran 12:3).

Die Verbindung zwischen der transzendenten und materiellen Welt erfolgt durch *waḥy*. *Waḥy* in Zusammenhang mit dem Koran ist eine Erfahrung des Geistes, der ausgehend von Gott in Bewegung gesetzt wurde. Der Wille Gottes, mit einem Menschen durch *waḥy* zu sprechen, und die Formen der Mitteilung werden im Vers 42:51 beschrieben: »Und keinem Menschen steht es zu, dass Gott zu ihm sprechen sollte, außer durch Eingebung oder hinter einem Vorhang oder indem er [Gott] einen Boten schickt, um durch sein Geheiß zu offenbaren, was er will; er ist erhaben, weise«.

Während *waḥy* den Prozess der Kommunikation und Eingebung beschreibt, stellt der Begriff *tanzīl* die kontinuierliche und allmähliche Herabsendung dar. *Waḥy*, die ›Mitteilungen‹, wurden eingebettet in Ereignisse, Fragen oder Anliegen der Menschen in Mekka und Medina der Spätantike hinabgesandt. Aus dem Wort *tanzīl* stammt der Begriff Offenbarungsanlässe, *asbāb an-nuzūl*, die in der Exegese eine bedeutende Rolle spielen.

4 Selbstdefinition des Koran

In den mittelmekkanischen Suren wird der Koran als *ḏikr*, ›Erinnerung‹, beschrieben. In Sure 54 wird diese Beschreibung wortgleich in vier Versen wiederholt: »Wir haben den Koran leichtgemacht zur Erinnerung« (Koran 54:17; 22:32). *ḏikr* ist der Begriff für das Erinnern durch Wiederholen und wird in der Glaubenspraxis für Rituale verwendet, die den Glauben verinnerlichen und vertiefen sollen. Der Koran erinnert an die Verkündigungen und Lehren, die Gott im Laufe der Zeit durch seine Gesandten vermittelt hat. In den weiteren Versen wird der Koran als »ruhmreich« (Koran 50:1), »groß« (Koran 15:87), »weise« (Koran 36:2), »wundersam« (Koran 72:1), »Leitung zum Recht und richtigen Weg« (Koran17:9) sowie »Heilung und Barmherzigkeit« (Koran17:82) benannt. Er wird als *kitāb*, ›Botschaft‹ und ›Schrift‹, sowie ›klarer Vortrag‹ benannt: »Diese sind die Zeichen der Schrift und des klaren Vortrages« (Koran 15:1). Als diese Verse Ende der mekkanischen und Anfang der medinensischen Zeit offenbart wurden, war der Koran noch nicht schriftlich vorhanden. Es ist anzunehmen, dass der Begriff *kitāb* zu dieser Zeit in seiner Bedeutung als ›Botschaft‹ und ›Lehre‹ gemeint war.

In Vers 59:21 wird die Wirkungskraft des Koran dargelegt: »Hätten wir [Gott] diesen Koran herab auf einen Berg gesandt, dann hättest du ihn [den Berg] demütig niedersinken sehen und zerbersten aus Furcht vor Gott.« Dieser Vers ist an die Menschen adressiert, die nicht bereit waren, die Worte Gottes auf sich einwirken zu lassen.

Die Sprache des Koran wird als klar, *mubīn*, bezeichnet: »Licht und ein klares Buch sind zu euch von Gott gekommen« (Koran 5:15). In einigen Versen wird explizit erwähnt, dass der Koran in Arabisch offenbart ist. Der ›klare Text‹, wie der Koran sich selbst charakterisiert, ist zugleich verhüllt und verborgen. Die Andersartigkeit des Koran brachte auch unter den ersten Hörern, die hauptsächlich Araber waren, Staunen hervor. Womöglich war dies auch ein Grund, den Koran als »Gedicht« (Koran 21:5; 37:36; 69:41), als »Zauber« (Koran 74:24) und als »Worte der fremden Mönche« (Vers 69:42) zu bezeichnen. Die Einzigartigkeit des Koran mündete in der Rezeptionsgeschichte zur Lehre, ihn als ›Wunder‹ (*iʿǧāz*) zu bezeichnen, obwohl im Koran selbst der Begriff ›Wunder‹ in diesem Zusammenhang nicht verwendet ist.

5 Sammlung und Verschriftlichung des Koran

Die Unnachahmlichkeit und Einzigartigkeit des Koran ändern nichts an der Tatsache, dass er als Text nach Ansicht der Koranforscher und Gelehrten eine ›Redaktionsgeschichte‹ hat, die bei der Exegese berücksichtigt werden muss. Die Sammlung und Verschriftlichung erfolgten in einem Zeitraum von dreißig Jahren. Die Schriften von verschiedenen ›Autoren‹, die bereits zu Lebzeiten des Propheten Muhammad die vorgetragenen Worte niedergeschrieben haben, wurden gesammelt und kanonisiert. Die Ordnung der Suren und ihre Zusammensetzung sind nicht chronologisch nach der Offenbarungszeit geordnet. Es herrscht mehrheitlich die Ansicht, dass diese Ordnung vom Propheten Muhammad selbst stammt, der nach jeder Offenbarung die Teile der langen Suren zusammenfügte. In den langen Suren sind auffällige Themensprünge vorhanden, die auf den ersten Blick für Irritation sorgen und auch das Verstehen erschweren und doch in der Gesamtbetrachtung den Sinn erkennen lassen.

Die Hörer der mündlichen Verkündigung bewahrten das Gehörte zuerst durch wiederholtes Vortragen im Gedächtnis. Diese Form der Weitergabe der Erzählungen war den Arabern vertraut. Aufgrund der Dialekte und Sprachgewohnheiten entstanden jedoch allmählich unterschiedliche Lesarten, sodass es notwendig schien, sich auf eine Lesart zu einigen. Da die vorhandenen Niederschriften keine Vokale oder diakritischen Zeichen enthielten, war es nicht möglich, diese als Hilfsmittel für dieses Vorhaben zu nutzen. In Beratung mit den Gefährten des Propheten nahm bereits zur Zeit des zweiten Kalifen ʿUmar (592–644) eine Gruppe von Schreibern die Arbeit auf, die bis zur Kalifatszeit des dritten Kalifen ʿUthmān ibn ʿAffān (574–656)[2] andauerte. Die Methode des ›Vereinheitlichungskomitees‹, wie Maʿrifat sie nennt, bestand aus drei Schritten:

a) Sammlung von Quellen, um eine einheitliche Niederschrift festzulegen und sie unter Muslimen zu verbreiten,
b) Vergleich zwischen Niederschriften, um sicher zu sein, welche das Original sein kann,
c) Sammeln von allen Niederschriften in den islamischen Gebieten und Vernichtung der Exemplare, die nicht authentisch waren.[3]

Zuerst sollte eine einheitliche Schrift entstehen, die für alle Muslime gültig war, jedoch erst ab Ende des 7. Jahrhunderts mit Vokalen und diakritischen Zeichen ergänzt wurde. Diese Entwicklung der Schrift ermöglichte auch den nichtarabischen Völkern, den Koran richtig zu lesen. Das göttliche Wort durchlief demnach einen Verschriftlichungsprozess, der bei der Textanalyse und bei neuen Interpretationen und Deutungen berücksichtigt werden muss. Dieser Aspekt der koranischen Texte bleibt unter den muslimischen Kommentatoren jedoch weitgehend unterbeleuchtet, um die Vorstellung von der göttlichen Abstammung nicht anzutasten.

6 Der Mensch als Adressat des Wortes Gottes

Der Mensch wird in der Schöpfungsgeschichte des Koran als *ḫalīfa* (Stellvertreter/Nachfolger) bezeichnet. In den Versen 2:30–38 setzt Gott die Engel von seinem Vorhaben, den Menschen zu erschaffen, in Kenntnis und lehrt Adam nach seiner Erschaffung »alle Namen«. In einer Gegenüberstellung mit den Engeln wird demonstriert, über welche Fähigkeiten der Mensch verfügt (Koran 2:31). Das Wissen von *allen Namen* interpretieren die Kommentatoren mehrheitlich als das Wissen über das Verborgene und Unsichtbare, das der Mensch mittels seiner Vernunft erkennen kann. Es geht um die Fähigkeiten des Menschen zum Erkunden, Erschließen, Unterscheiden und Entscheiden. Durch diese kann er bewusst handeln und der Verantwortung für sein Dasein gerecht werden. Der Mensch ist aufgefordert, in ihm – durch das Einhauchen des »Atems Gottes« –

2 At-Ṭabarī, *Geschichte der Gesandten und Könige* 3, S. 3 f. und at-Ṭabarī, *Geschichte der Gesandten und Könige* 4, S. 242.
3 Vgl. Hadi, *Koranische Wissenschaften*, S. 129.

angelegte göttliche Eigenschaften mit Hilfe des Glaubens zu entfalten. Der Schleier von Gier, Selbstverherrlichung, Neid, übermäßigem materiellen und körperlichen Verlangen und die extreme Abhängigkeit von materiellen Neigungen soll mit dem »Wasser der Ehrfurcht und Demut« bereinigt werden. So wird der Blick für die Wahrheit und Rechtschaffenheit geschärft, und der Mensch ist dann in der Lage, zwischen Gut und Schlecht, sowie Recht und Unrecht zu unterscheiden. Der Mensch benötigt Orientierung, Erkenntnis, Läuterung und Entfaltung seiner Fähigkeiten. Der Glaube und der Koran sind Wegweiser in diesem Prozess. Die Rechtleitung und Erziehung der Menschen sind die Hauptziele, die die menschlichen Beziehungen zu »Gott, zu sich selbst, zu Mitmenschen und zur Gemeinschaft sowie zur Natur und Welt« klären und regeln. Der Koran beinhaltet eine besondere Form von vollständiger Weisheit und ermöglicht der Menschheit grundlegende und revolutionäre Umwandlungen. Er verwandelte zuerst den Geist der arabischen Welt des 7. Jahrhunderts. Der Mensch ist der Adressat der koranischen Mitteilung und aufgefordert, aus dem Koran heraus den Sinn des Daseins sowie Orientierung und Zielsetzung für sein Leben zu erschließen. Diese wiederholte koranische Aufforderung war die Grundlage für die Entstehung von vielschichtigen Interpretationen, die nicht intendierten, das Wort Gottes zu ›entheiligen‹. Die Interpretation war von Beginn der Verschriftlichung des Koran das Werkzeug zur Entschlüsselung der verborgenen Bedeutungen. Die Sprache und die Weltbilder der Menschen verändern sich ständig, daher ist es die Aufgabe aller Generationen der Muslime, die Worte Gottes stets aus ihrem ursprünglichen Code in die Sprache und den Horizont ihrer jeweiligen Zeit neu lesen und zu übersetzen. Nur so kann der Kern der Botschaft innerhalb sich wandelnder gesellschaftlicher Verhältnisse verständlich gemacht und bewahrt werden.

7 Exegese und Rezeption des Koran

Die Sprache bringt das Weltbild der Menschen zum Ausdruck; sie spiegelt dieses Weltbild zur Zeit der Entstehung des Textes wider. Angelika Neuwirth bezeichnet den Koran als Text der Spätantike und ordnet ihn als ein literarisches Werk ein, das mittels der literaturwissenschaftlichen Methoden neu erfasst werden kann: »Der Koran hat zwei Gesichter, die zusammen in den Blick zu bekommen zunächst unmöglich erscheint – es sei denn, man greift zu einem Trick, der sich in der visuellen Repräsentation erfolgreich bewährt hat: Man betrachtet den Koran als Vexierbild, das je nach Blickrichtung zwei ganz verschiedene Gesichter offenbart. Aus der einen Perspektive gesehen zeigt sich dann der Gründungstext des Islam, aus der anderen ein am Herausbilden des späteren Europa beteiligter und damit orientalisch-europäischer Text.«[4] In den Korankommentaren ist lediglich die erste Perspektive gegenwärtig: Als Text, in dem Gott eine islamische Lebensweise konzipiert und von den Menschen erwartet, diese Lebensweise anzunehmen, um ihrer menschlichen Verantwortung gerecht zu werden und letztlich die ewige Glückseligkeit im Jenseits zu erlangen. Dennoch hinderte diese Überzeugung die Kommentatoren nicht daran, vielfältige Auslegungsmethoden zu entwickeln.

Obgleich der Koran als »klares Licht« (Koran 4:174), »Rechtleitung für diejenigen, die sich Gottes bewusst sind« (Koran 3:138), als »Barmherzigkeit für die Menschen« (Koran 45:20) und »deutliche Schrift« (Koran 16:89) bezeichnet wird, verweist die kontinuierliche Aufforderung, ihn zu verstehen und zu erschließen, auf die Notwendigkeit des Entzifferns der Mitteilungen. Diese koranische Aufforderung wurde ernstgenommen und vom Propheten Muhammad selbst vorgelebt. Er diskutierte und erläuterte die offenbarten Worte mit und für Menschen in Mekka und Medina. Die Verse 16:42–43 rufen den Propheten Muhammad auf, sich auch an die Anhänger der früheren Schriften zu wenden, wenn er Zweifel hätte. Die Begriffe »fragen, klarmachen und nachdenken« in diesen Versen weisen auf Diskurs und Dialektik hin: »Vor dir sandten wir Männer, denen wir offenbarten. So fragt doch die ›Leute der Mahnung‹, wenn ihr kein Wissen habt – mit den Beweisen und den Büchern. Wir sandten die Mahnung zu dir herab, damit du den Menschen klarmachst, was zu ihnen herabgesandt ward. Vielleicht denken sie ja nach!«

Alle Kommentatoren setzen die Authentizität des Textes als Wort Gottes in ihrer Kommentierung voraus. Textkritik im Sinne von Fragen nach der Textgeschichte, wie sie in der historisch-kritischen Methode angewandt wird, ist in der klassischen Koranexegese nicht zu finden. Die Kommentatoren interessierten sich weniger für die Einflüsse und Vorgänge der Entstehung des Textes. Auch die Frage nach den Autoren des Textes wurde nicht explizit gestellt. Es wird bis heute vorausgesetzt, dass Gott und der Prophet Muhammad die Authentizität jedes einzelnen Wortes garantieren und der gesamte Text wahr, richtig und göttlich ist.

Der Interpret erhebt aus diesem Verständnis heraus nicht den Anspruch, die Bedeutung der koranischen Texte abschließend erfassen zu können. Die Interpretation bleibt ein offener Prozess und muss stets weitergeführt werden. Diese Überzeugung wird in den Kommentarwerken häufig mit der Schlussbemerkung »Gott weiß es am besten« ausgedrückt.

Der Koran fungierte in den ersten Jahrzehnten nach dem Ableben des Propheten Muhammad als Rezitationstext. Als theologische und juristische Argumentationsgrundlage agierte der Koran erst ab der zweiten Hälfte des 7. Jahrhunderts. Ab diesem Zeitpunkt entstanden allmählich Kommentare, die zuerst

4 Angelika Neuwirth, *Der Koran als Text der Spätantike*, Berlin 2010, S. 67.

einen lexikalischen oder referenziellen Charakter hatten. Diese Werke sind heute in den späteren Sammlungen und Rezensionen zu finden. Es entwickelte sich eine Art Wissenschaft der Koranexegese, wobei diese Wissenschaft nicht auf Ergebnissen eigenen Denkens basierte oder gar auf von unzünftiger Seite eingeholter Information, sondern ausschließlich auf den allein maßgebenden Quellen des Wissens, worunter der Prophet selbst oder die traditionell auf Zeitgenossen des Propheten zurückgeführten Belehrungen verstanden wurden.

Die Unterschiede in den Kommentaren spiegeln den Bildungshintergrund, die konfessionelle Zugehörigkeit, die theologische Ausrichtung und die individuellen Interessen der Kommentatoren wider. Somit werden die Kommentare z. B. in sunnitische, schiitische, muʿtazilitische und mystische Kommentare kategorisiert. Die Lebensweise des Propheten Muhammad verstehen die Muslime als Interpretation des Koran; er realisierte die koranischen Prinzipien durch sein Handeln im Lebensalltag. Die ersten Kommentatoren bezogen sich für die Argumentation ihrer Auslegung vorwiegend, wenn nicht ausschließlich, auf die Überlieferungen über die Lebensweise des Propheten Muhammad.

Die erste und zweite Generation der Kommentatoren interpretierten Teile des Koran oder arbeiteten themenbezogen. Die erste vollständige Vers-für-Vers-Auslegung war der Kommentar von aṭ-Ṭabarī (839–923). Bereits unter den Kommentatoren der ersten Generation fanden allmählich die arabischen außerkoranischen Berichte sowie solche aus jüdischen und christlichen Traditionen Eingang in die Korankommentarwerke. Es wurde auch die Methode der ›eigenständigen Auslegung‹ *tafsīr bi raʾy*, die in der semantischen Analyse begründet war, verwendet. Das Spezifikum der Auslegung in dieser Generation war die Auslegung des Koran mit dem Koran selbst, und diese Methode ist in den weiteren Kommentaren bis heute erhalten geblieben. In dieser Methode untersuchen die Kommentatoren ein Thema im gesamten Koran, vergleichen die Bedeutung der Worte in unterschiedlichen Kontexten und entwickeln daraus mögliche *Deutungen.*

Das menschliche Begreifen und Verstehen sind begrenzt und bedingt, während die göttliche Verkündigung unbedingt und unbegrenzt ist. In diesem Spannungsfeld werden die Worte Gottes jeweils in dem Kulturraum, in dem sie präsent sind, übersetzt und entschlüsselt. Die facettenreichen Auslegungen sind das Spiegelbild der kontinuierlichen Auseinandersetzung mit dem Wort Gottes, ohne seinen göttlichen Ursprung in Frage zu stellen. Der Koran wurde immer als dynamische Mitteilung verstanden, die stets in dem Moment der Auseinandersetzung mit dem Text neu erfasst werden kann. Gerade die medinensischen Verse, für die in zahlreichen Überlieferungen Offenbarungsanlässe zur Geltung gebracht werden, sind in ihrer Historizität zu betrachten.

Die Auslegung ist als Brücke zu sehen zwischen dem Ursprung der Verkündung und dem Streben nach Offenbarung in der gegenwärtigen Lebenswirklichkeit der Menschen. Mittels der historischen Verortung wird die überzeitliche Deutung des Koran ermöglicht. Die Verbindung zwischen historisch und ahistorisch, zeitlich und überzeitlich ist ein wichtiger Aspekt der Exegese.

Der Koran hat für die Muslime wie die Bibel für Christen und Thora für die Juden eine Stellung, die sich grundsätzlich von profanen Schriften unterscheidet. Diese besondere Stellung wird mit dem Begriff ›Heilige Schrift‹ zum Ausdruck gebracht. Im Koran ist der Begriff ›heilig‹, *muqaddas*, wörtlich nur im Zusammenhang mit der Moseerzählung zu finden. Moses wird aufgefordert in das ›Heilige Tal‹ einzutreten, und dort spricht Gott zu ihm (Koran 20:12; 79:17; 5:21). Als Name Gottes wird *Quddus* im Vers 59:23 verwendet. Ferner findet sich der Begriff ›Heiliger Geist‹ in der Jesuserzählung (Koran 2:87; 2:253; 5:110; 16:102). Auch wenn der Koran nicht den Begriff ›Heilige Schrift‹ verwendet, wird in der Literatur dieser Begriff analog zur Bibel auch für den Koran genutzt. Für die Auslegung der ›Heiligen‹ Texte gilt die Prämisse, dass sie wahr und richtig sind. Es wird vorausgesetzt, dass diese Schriften keine trivialen und falschen Aussagen beinhalten. Die Einbettung des Textes in einer Gemeinde, in der der Text entstanden ist, relativiert nicht seine überzeitliche Gültigkeit.

8 Thesen von Muǧtahid Shabestari und ʿAbdul Karīm Soroush

Die umfangreiche Auslegungstradition schien im Laufe der Zeit jedoch verloren gegangen zu sein. Die Worte Gottes als statisch gültig zu verstehen und jegliche Übersetzung und Auslegung als dekadent zu erklären ist ein Phänomen der Moderne, das womöglich als Folge der Selbstfindung der Muslime entstanden ist, die vor allem im 20. Jahrhundert zu einer Krise wurde und Gegenbewegungen hervorbrachte.

Vor über zehn Jahren hat Muǧtahid Shabestari, ein iranischer Gelehrter und Philosoph, in einem Aufsatz den Koran als »prophetische hermeneutische Erfahrung« bezeichnet. Damit war er der Ansicht, dass der Prophet das Universum wie ein Buch gelesen und seine Erfahrungen mit den Gemeinden in Mekka und Medina mitgeteilt hat. Die Mitteilung ist nicht allein durch seine menschlichen Fähigkeiten erfolgt, sondern Gott war *die* Antriebskraft, die ihn befähigte, die Welt auszulegen.[5] Mit anderen Worten, der Prophet Muhammad ist durch seine besondere Beziehung zu Gott von Ihm auserwählt und befähigt worden, seine Auslegung der Welt mitzuteilen. Er war von Gott in besonderer Weise ergriffen, und der Koran ist das Zeugnis dieser Ergriffenheit. Shabestari bezeichnet diese prophetische Erfahrung als Zeugnis für die Einheit Gottes,

5 Vgl. Hamideh Mohagheghi/Klaus von Stosch (Hgg.), *Moderne Zugänge zum Islam – Plädoyer für eine dialogische Theologie*, Paderborn 2010, S. 21.

dessen Taten das ganze Universum bewirkt. Diese hermeneutische Erfahrung ist nach Shabestari in vier Weisen im Koran erschließbar:

a) *Auslegung der Natur*, damit ist gemeint, dass im Koran die Natur als Erscheinung Gottes bezeichnet wird,
b) *Auslegung des Schicksals der Menschen*, die von Gott kommen und zu ihm zurückkehren,
c) *Auslegung der menschlichen Geschichte*, Erzählungen von Menschen, die gekommen und gegangen sind,
d) und letztlich die *ethische Auslegung*. Im Koran ist Ethik eine religiöse Ethik, die ihre Kraft und Verbindlichkeit von Gott erhält.[6]

Shabestari stellt mit dieser These das klassische islamische Verständnis vom Koran in Frage. Nach seinem Verständnis ist der Koran *nicht* das diktierte und unerschaffene Wort Gottes, sondern der Prophet Muhammad spricht im Koran in Verbindung mit Gott aus seiner Erfahrung.[7]

9 Die Verwendung des Begriffes ›heilig‹ für den Koran

Shabestari beschreibt ausführlich in seinen Werken *Hermeneutik, Buch und Tradition* und *Kritik der offiziellen Lesart des Koran* die Notwendigkeit einer neuen Lesart des Koran. Er ist der Ansicht, dass die heutigen wissenschaftlichen Methoden der Textauslegung neue Erkenntnisse ermöglichen, die auch für den Koran anzuwenden sind. In diesem Zusammenhang ist er der Ansicht, dass der Begriff ›heilig‹ nicht zutreffend für den Koran ist, wenn dadurch eine hermeneutische Annäherung an den Koran untersagt wird. Die Heiligkeit setzt Grenzen und erlaubt den Menschen nicht, diese Grenzen zu überschreiten. In Bezug auf den Koran hat dies die Folge, dass der Koran nicht übersetzt und ausgelegt werden darf und das Wort in seiner äußeren Form und begrenzten Bedeutung für immer statisch gültig ist. Jegliches Nachdenken kann in diesem Verständnis als die Relativierung der Worte Gottes aufgefasst werden, die nach islamischer Lehre nicht statthaft ist.

Shabestari führt die Auffassung der Muʿtazila fort, die die Sprache als ein menschliches Phänomen verstehen. Der Mensch artikuliert seine Anliegen durch die Sprache, die durch menschliche Vereinbarungen und festgelegte Regeln und Sprachspiele entstanden ist. Ist die Sprache menschlich, ist sie beschränkt und wandelbar. Wenn wir sagen, dass Gott mit Menschen spricht, müssen wir annehmen, dass die Offenbarung, *waḥy*, den menschlichen Sprachkonzepten an-

6 Vgl. Mohagheghi/von Stosch, *Moderne Zugänge zum Islam*, S. 22.
7 Vgl. Mohagheghi/von Stosch, *Moderne Zugänge zum Islam*, S. 24.

gepasst ist. Dadurch, dass die Sprache sich verändert, ist das Bemühen um das Verstehen des Koran umso notwendiger, je größer die Entfernung zur Offenbarungszeit wird. Auch das Verstehen ist nach Shabestari historisch: »Verstehen ist historisch, genauso wie die Sprache und die Bedingungen, in denen das Wort entsteht, historisch sind.« Prophet Muhammad hat die Worte Gottes für pagane Araber der Spätantike übermittelt. Die Sprache und der Inhalt waren für sie nachvollziehbar, weil der Koran in ihrer Sprache gesprochen hat. Die Interessen, Erwartungen und Fragen der Menschen, die vor 1400 Jahren gelebt haben, können wir nicht vollständig nachvollziehen und rekonstruieren. Ein tiefer Einblick in die Geschichte, Erfahrungen und Anliegen der Menschen zwischen 610 und 633 ist erforderlich, um *annähernd* die Sprache des Koran zu erfassen.[8] Der Kommentator übersetzt nicht nur den Text in eine andere Sprache und Zeit, er übersetzt eine Erfahrung in eine andere Erfahrung. Die unterschiedlichen Erfahrungen sind Folge der Geschichtlichkeit des menschlichen Lebens. In den verschiedenen Kulturen, Zivilisationen, Weltanschauungen und Religionen gibt es unterschiedliche Erfahrungen zu unterschiedlichen Zeiten. Der Kommentator hat die Aufgabe, diese Erfahrungen zu beleuchten und sie kritisch zu untersuchen, um zu erschließen, welche Komponente dieser Erfahrungen für Menschen heute bedeutsam sind.[9] Kann der Koran als ein ewig gültiges göttliches Gesetz gelten, das wortwörtlich umgesetzt werden muss, oder verweist der Koran selbst auf die zeitbezogenen Gebote und Anweisungen, die innere und überzeitliche Botschaften haben? Auch die Tradition Muhammads ist nicht als ewig gültiges Gebot zu verstehen; seine Tradition war eine *Form der Ausführung und Umsetzung* überzeitlicher Anweisungen Gottes. Die Form kann sich entsprechend der Zeit und den realen Bedürfnisse ändern, während die Anordnung ewig gültig bleibt.[10] Gottes Gesetze sind Ausdruck der Beständigkeit seiner ewig gültigen Normen und Werte. Die Gesetze selbst können geändert werden; die von Gott festgelegten Normen und Werte sind überzeitlich und verbindlich, die Gesetze sind menschlich und zeitlich. Gewohnheit, Tradition und Gesetze in jeder Gesellschaft entsprechen den Bedürfnissen und realen Begebenheiten dieser Gesellschaft, eine Eins-zu-Eins-Übertragung in eine andere Gesellschaft kann sogar schädlich sein.[11] Shabestari plädiert für *iǧtihād* (die Bestrebung, aus den Quellen neue Ansichten und Regeln zu entwickeln) auch in der Koranexegese. Durch *iǧtihād* werden die überzeitlichen Prinzipien mit veränderbaren und aufgebbaren Gewohnheiten in Beziehung gesetzt. Durch *iǧtihād* bleibt die Religion und mithin der Koran dynamisch und lebbar für alle Zeiten. Die Besonderheit der

8 Vgl. Muhammad Mudjtahid Shabestari, *Hermeneutik, Buch und Tradition*, Teheran 1999, S. 14 f.

9 Shabestari, *Hermeneutik, Buch und Tradition*, S. 29.

10 Shabestari, *Hermeneutik, Buch und Tradition*, S. 45.

11 Shabestari, *Hermeneutik, Buch und Tradition*, S. 84 f.

Aussagen Muhammads war ihre Vereinbarkeit mit der Vernunft der Zeit; durch die zentrale Botschaft, den Glauben an die Einzigkeit Gottes (*tauḥīd*), war es möglich, die Ungerechtigkeiten und die Anarchie damaliger Zeit zu bekämpfen. Die Worte im Koran waren vor allem mit der »Vernunft der Zeit« vereinbar und boten den Menschen zahlreiche Anweisungen, wie sie ihre Situation zu ändern hatten.[12] Shabestari leitet von seinen Ausführungen ab, dass die Muslime in der heutigen Zeit ihre Angelegenheiten nach den im Dialekt der damaligen Zeit und basierend auf die Vernunft entstandenen Gesetze richten sollen, nicht weil sie im Koran wörtlich zu finden sind, sondern weil sie vernünftig sind und aus diesem Grund den Geist des Koran tragen.[13] Nach seiner Ansicht sind der Koran und die Tradition des Propheten Muhammad realistisch, sie illustrieren keine illusorischen und idealistischen Ziele. Daher ist der Koran als ein historisches Werk zu lesen, das für alle Zeiten etwas zu sagen hat, wenn er gelesen und verstanden wird.[14]

Während Shabestari den Koran als »prophetische hermeneutische Erfahrung« bezeichnet, nennt ʿAbdul Karīm Soroush ihn eine »prophetische Erfahrung«, die stets im Wandel und Wachsen war. Die Menschen haben die Aufgabe, diese Erfahrung weiterzuführen, indem sie den Koran stets aktuell in der jeweiligen Zeit lesen und auslegen. In seinem Werk *Erweiterung der prophetischen Erfahrung* versteht Soroush die Berufung Muhammads nicht als einmalige »Vollendung des Willen Gottes«, der durch den Propheten Muhammad sich zum letzten Mal den Menschen zugewandt hat. Den Satz im Vers 5:3 »Heute habe ich [Gott] euch eure Religion vollständig gemacht und meine Gnade an euch vollendet« interpretiert Soroush nicht als eine abgeschlossene Ankündigung. Hier ist eher gemeint, dass Gott »das Mindeste und Notwendigste«, was er den Menschen durch Seinen Gesandten übermitteln wollte, vollbracht hat. Es liegt nun an den Menschen, kraft ihrer Vernunft und ihres Denkvermögens den Weg des Gesandten weiterzuführen.[15]

Prophet Muhammad war bereits vor seiner Berufung als vertrauenswürdiger und fürsorglicher Mensch in Mekka bekannt und anerkannt. Sein soziales Engagement und sein Einsatz für Gerechtigkeit waren exemplarisch. Seine Berufung erfolgte im vierzigsten Lebensjahr, als er die Reife erreichte, seine Fähigkeiten zu entfalten und die schwierigen prophetischen Aufgaben zu übernehmen. Seine prophetische Erfahrung sollte nicht in ideellen Zielsetzungen münden, sondern dynamisch und prozesshaft den Missständen und Unge-

12 Shabestari, *Hermeneutik, Buch und Tradition*, S. 330.

13 Shabestari, *Hermeneutik, Buch und Tradition*, S. 280.

14 Vgl. Muhammad Mudjtahid Shabestari, *Kritik der offiziellen Lesart der Religion*, Teheran 2001, S. 340 ff.

15 Vgl. ʿAbdul Karīm Soroush, *Erweiterung der prophetischen Erfahrung*, Teheran 2006, S. 24.

rechtigkeiten seiner Zeit in Mekka und Medina entgegenwirken. Im Koran wird dieser dynamische, zeitbedingte Prozess anschaulich gemacht.

Die erste Offenbarung war nach Soroush der Beginn der prophetischen Erfahrung, die sich innerhalb von 23 Jahren *weiter*entwickelt hat.[16] Prophet Muhammad war nicht nur Überbringer der diktierten Worte, er wurde »immer mehr Prophet und immer reifer für die Aufnahme der göttlichen Verkündigung«.[17] Die Offenbarung erfolgte vielmehr durch seine innere und äußere Erfahrung: Von innen festigte sich seine Gewissheit immer mehr, dass Gott ihm eine Aufgabe erteilt hatte, und von außen waren es die sozialen Strukturen, Bräuche und weit gehenden Ungerechtigkeiten, die ihn bewegten, diese Aufgabe zu erfüllen. Prophet Muhammad setzte den Weg der vorangehenden Gesandten und Propheten fort: »Muhammad ist nur ein Gesandter, dem andere Gesandte vorausgegangen sind. Wenn er nun stirbt oder getötet wird, macht ihr dann etwa auf eurem Absatz kehrt? Wer auf seinem Absatz kehrtmacht, der wird Gott keinen Schaden antun. Den Dankbaren jedoch wird Gott vergelten.«[18]

Der Koran hebt das Menschsein des Propheten Muhammad besonders hervor. Dies sollte eine Mahnung davor sein, ihn zu einem Übermenschen zu erheben. Die prophetischen Züge im Menschen Muhammad steigerten sich durch die innere Bereitschaft und Zugewandtheit zu Gott fortwährend.

Der Koran weist auf die Entlastung und Bereinigung des Herzens, die in den außerkoranischen Erzählungen als ein Ereignis gedeutet werden, das dem Propheten Muhammad im Kindesalter widerfahren war. Der Vers 94:2–3 »Haben wir dir nicht die Brust geweitet, dir nicht abgenommen deine Last, die schwer auf deinem Rücken lag, und haben wir nicht deinen Ruf erhöht?« wird als Reinigung des Herzens durch zwei Engel beschrieben, die das Herz Muhammads herausgenommen, bereinigt und wieder in seine Brust eingesetzt haben. Die koranische Darlegung deutet jedoch eher auf die Befreiung von Abhängigkeiten, die dem Herzen des Propheten eine Last waren. Die Reinigung könnte auch durch seine regelmäßigen Aufenthalte außerhalb Mekkas erfolgt sein, die er in Einsamkeit verbrachte. Diese ermöglichten ihm, transzendente Wahrheiten zu erkennen und mit ihnen in Beziehung zu treten.

Der Koran verweist auf die allmähliche Verkündigung und warnt Muhammad vor Übereilung: »Bewege deine Zunge nicht mit ihm, damit du dich mit ihm nicht übereilst! An uns [Gott] ist nämlich seine Sammlung und seine Lesung, und wenn Wir ihn gelesen, so setz du seine Lesung fort! Und uns obliegt es dann, ihn zu erklären.« (Koran 75:16–19) Auch der Prophet Muhammad sollte sich Zeit lassen,

16 Die Bezüge auf Soroush sind seinem Buch *Erweiterung der prophetischen Erfahrung* entnommen. Die Übersetzung vom Persischen ins Deutsche stammt von der Verfasserin.

17 Vgl. Soroush, *Erweiterung der prophetischen Erfahrung*, S. 11.

18 Koran 3:144.

um die Inhalte des Koran zu verstehen. Der Koran als Ergebnis der Kommunikation zwischen Gott, Prophet Muhammad und Menschen in Mekka und Medina ist Zeuge über die Ereignisse im zeitlichen und örtlichen Kontext.[19]

Die Lebensweise des Propheten Muhammad gehört in der islamischen Tradition zu den Quellen der Rechtsfindung und Glaubensüberzeugung. Ihm zu folgen ist allerdings nicht eine unreflektierte Nachahmung, vielmehr soll die Nähe zu ihm den Geist beleben, um seine Erfahrung weiterführen zu können.[20]

Shabestari und Soroush treten mit unterschiedlichen Thesen für eine Koranhermeneutik ein, die die heutigen Fragen beantworten kann. Sie negieren den göttlichen Ursprung des Koran nicht, während sie die einzelnen Worte in ihm als menschlich charakterisieren. Demnach verwendet der Koran sprachliche Muster, spezifische Worte und Sätze, die nur in bestimmten Zusammenhängen ein gesetzt sind. *Kalima*, der arabische Begriff für Wort bedeutet ›Rede, Ansprache, Äußerung‹.[21] In der philosophischen Terminologie heißt *kalām* »spekulative Theologie, Lehre sowie dialektische Disputation«.[22] Das Wort ist ein bedeutendes Mittel für Verbindung, Verständigung und Bindungen. Durch Wort und Sprache hat der Mensch die Möglichkeit, seine Gefühle, Empfindungen, Wünsche und seinen Willen auszudrücken; dadurch tritt er in Kontakt mit anderen, baut Beziehungen auf und verständigt sich mit anderen Menschen, mit Gott und mit der Schöpfung. Die göttliche Verkündigung hält sich an die Sprachspiele der ersten Zuhörer. Je größer die Entfernung zu diesen ersten Zuhörern ist, desto schwieriger ist es, ihre Sprache und Weltbilder nachvollziehen zu können. Die klassische Koranexegese war bemüht, das Wort Gottes unangetastet durch Historisierung und anhand der Überlieferungen zu entschlüsseln. Der Mensch als Adressat des Koran ist von Gott erschaffen, hat Bedürfnisse, Triebe und Ideale, die Gott als sein Erschaffer am besten kennt und seine Leitung entsprechend des menschlichen Befindens mitteilt. Die Interpretierbarkeit des Koran hängt von dem Verständnis dieser Prämisse ab: Muss der Koran aus den wandelbaren, menschlichen Lebenserfahrungen und Weltbildern betrachtet und verstanden werden oder muss der Mensch sich das koranische Verständnis vom Leben aneignen. Shabestari und Soroush vertreten die Ansicht, dass die heutige Welt sich in vieler Hinsicht von der Welt des 7. Jahrhundert unterscheidet. Der Glaube hat heute für viele Menschen nicht die übergeordnete Rolle wie in der damaligen Zeit, er benötigt die enge Zusammenarbeit mit den Wissenschaften, durch die die Menschen heute oft ihre Bedürfnisse erfüllt sehen. Es ist eine unverzichtbare

19 Vgl. Soroush, *Erweiterung der prophetischen Erfahrung*, S. 171.
20 Vgl. Soroush, *Erweiterung der prophetischen Erfahrung*, S. 172.
21 Hans Wehr, *Arabisches Wörterbuch*, Wiesbaden 1977.
22 Max Horten, *Die spekulative und positive Theologie des Islam nach Razi (gest. 1209)*, Leipzig 1912.

Aufgabe, den Koran und die islamische Lehre neu zu lesen und in das aktuelle Umfeld von Zeit und Raum *über*zusetzen.[23]

Die systematische Auslegung setzte in der zweiten Hälfte des 7. Jahrhunderts ein. Es gab einige partielle Werke, die uns heute in späteren Kommentaren und Rezensionen zugängig sind. Aus dem 8. Jahrhundert ist der Korankommentar von Muqātil b. Sulaimān bekannt, der den gesamten Korantext kleinteilig unterteilt und seine interpretativen und literarischen Erweiterungen dazwischen setzt. Der monumentale Korankommentar von aṭ-Ṭabarī (gest. 922) ist das erste Werk, das die überlieferten Ansichten früherer Kommentatoren zitiert, systematisiert, wertet und jeden Vers mit eigenem Kommentar abschließt. Diese drei Ebenen in aṭ-Ṭabarīs Kommentar – Korantext, vorangehende Auslegungstradition und eigene Anmerkungen und Ansichten – zeichnen ihn als einen reichen Schatz für die klassischen Ansichten, die eine Brücke zwischen Tradition und jeweils aktueller Lebenswirklichkeit bauen können.

Der umfangreiche Korankommentar von Faḫr ad-Dīn ar-Rāzī (geb. 1149) mit dem Titel *Die Schlüssel zum Verborgenen* (*Mafātīḥ al-ġaib*) spiegelt die theologische Schultradition der Ašʿariten wider, während der Kommentar von Abū 'l-Qāsim Maḥmūd b. ʿUmar az-Zamaḫšarī (1075–1144) mit dem Namen *Darlegung der Wahrheiten der Offenbarung* (*al-Kaššāf ʿan ḥaqāʾiq at-tanzīl*) sich auf die Theologieschule der Muʿtazila bezieht. Es kennzeichnet diese Werke eine große Vielfalt von Verstehensmöglichkeiten, in denen der Reichtum aus Verstehen, Denken, Argumentieren und Schlussfolgern sichtbar wird. Die Offenheit, abweichende Ansichten zu kennen, sie zu kommentieren, ihnen zuzustimmen bzw. sie argumentativ abzulehnen, ist in den klassischen Werken ein Grundsatz der Exegese.

> In der Buntheit der Erklärungsmöglichkeiten, in dieser *foecunditas sensus* erblicken die Theologen des Islams geradezu einen Vorzug des heiligen Buches selbst, einen Beweis seines inneren Reichtums, der ihm innewohnenden Ergiebigkeit. Der Koran sei *ḏū wuǧūh*, d. i. vieldeutig, wörtlich: er zeigt mehrere *Gesichter*, das heißt Auffassungsarten. […] Mit der Zulassung verschiedener traditioneller Deutungsmöglichkeiten verband man die Anschauung, dass es geradezu als löblicher Vorzug des Gottesgelehrten zu würdigen sei, dass er derselben Stelle verschiedene Erklärungsarten (*wuǧūh*) abgewinne. »Du hast die Stufe vollkommenen Wissens nicht erreicht, bis du nicht im Koran verschiedene Weisen siehst.«[24]

23 Vgl. Shabestari, *Hermeneutik, Buch und Tradition*, S. 236 f.
24 Ignaz Goldziher, *Die Richtungen der islamischen Koranauslegung*, Leiden 1920, S. 84 f.

10 Rezeption im Lichte der Tradition und neuer wissenschaftlicher Erkenntnisse

In der koranischen Exegesetradition gibt es einige Gedankenanstöße, die weiterentwickelt werden können und müssen.

Sadr ad-Dīn Šīrāzī, bekannt als Mulla Ṣadrā (1571–1640), ein Gelehrter und Philosoph des 16./17. Jahrhundert, beschreibt die Offenbarung wie folgt:

> Offenbarung ist ein kompliziertes und metaphysisches Phänomen und durchläuft einige Stadien, bis sie zu Koran wird. Als der Prophet mit seiner Seele und seinem Herz die materielle Welt hinter sich ließ und bei der Entfernung von Zeit und Raum die Zeichen Gottes und das Reich Gottes anschaute, empfing er ein Licht der Erkenntnis, das er in der Gestalt Gabriels wahrnahm. Alsdann nahm er die Worte Gottes, die man nicht mit äußerlichem Ohr hören kann, entgegen. Dann kam er in die materielle und sinnliche Welt zurück, erst dort wandelten sich metaphysische Worte in die menschlichen Buchstaben und Worte, die von Menschen gehört und später gelesen werden konnten.[25]

Mulla Ṣadrā setzte sich für eine reflektierte und rationale Rezeption des Koran ein und war der Auffassung, dass das Handeln im Geiste der Lehre des Islam nur möglich ist, wenn die Sinnhaftigkeit der Lehre und Inhalte des Koran erschlossen werden. Er hielt Hermeneutik als unverzichtbar für das Verstehen, ein Verstehen, das nur durch Vernunft begründet werden kann. In seinem Werk *Uṣūl al-Kafi*, eine klassische schiitische Überlieferungssammlung, definiert er die Vernunft als eine Gabe, durch die der Mensch sich von Tieren unterscheidet, eine von Gott gegebene Gabe, die den Menschen befähigt, Wissen und Erkenntnis zu erlangen. Sie ist die bewegende Kraft, etwas zu tun oder zu unterlassen.[26]

Schließlich definieren zahlreiche Theologen die Vernunft als innerliche Offenbarung und die Schrift als äußerliche Offenbarung durch die Gesandten. Dadurch, dass Gott die Ursache beider Offenbarungen ist, können sie sich nicht widersprechen, sie ergänzen sich und sind beide rationale und notwendige Wegweiser für die Menschen.

Der Koran ist fundamental für die prinzipiellen, spirituellen, ethischen und normativen Überzeugungen, Haltungen und Handlungsweisen der Muslime. Dennoch können seine Inhalte nicht als praktische Verhaltensregulierung verstanden werden, die wörtlich die Frage ›was zu tun ist‹ beantworten. Der Koran wird missverständlich als ›Gesetzesbuch‹ bezeichnet, der autoritativ für die sozialen und politischen Fragen und Konflikte für alle Zeiten ›islamische‹ Lösungen anbietet. Auch wenn der Koran formal als Quelle für Gesetze gilt, liegt keineswegs die Aufgabe der Koranexegese darin, ausschließlich die juristischen

25 Mulla Ṣadrā, *Hermeneutik wa fahme kalame ilahi*, zit. im gleichnamigen Buch von Ayatollah Seyyed Muhammad Khamenei, Teheran 2006, S. 49 ff.

26 Vgl. Gh. H. Ebrahimi Dinani, *Das Licht der Vernunft (partowe khirad)*, Teheran 2006, S. 230.

Normen herauszuarbeiten. Die Sprache des Koran lässt vielfältigen Interpretationen Raum:

> Die Propheten bedienen sich einer anschaulichen Sprache, weil sie sich an die Gemeinschaft wenden und weil sie der Auffassungsgabe des Weisen vertrauen, der sie verstehen wird. Wenn sie bildhaft sprechen, so der Allgemeinheit zuliebe, und weil sie den Grad der Intuition der wahrhaft Verständigen kennen.[27]

Der Koran nennt die Bibel *inǧīl* und Thora als ›Rechtleitung und Licht‹ (Koran 5:46; 5:44), und auch der Koran wird als Licht bezeichnet, das in klarer Schrift zum Prophet Muhammad gekommen ist (Koran 5:16).

11 Ausblick

Für einen Text – auch mit göttlichem Ursprung – sind Ort, Zeit und Anlass der Entstehung nicht unerheblich. Infolge der Begegnung mit dem Westen nahm aus unterschiedlichen Beweggründen seit dem 19. Jahrhundert das Interesse an neuen Auslegungen und Deutungen des Koran zu. Der Rückgriff auf das goldene Zeitalter des Islam (750–1250) rief in Erinnerung, dass ein dynamischer, philosophischer und theologischer Austausch über den Koran und die Lehre des Islam eine innovative Glaubensvorstellung in dieser Zeit ermöglicht. Das 20. Jahrhundert brachte – nicht nur aufgrund der weltpolitischen Lage – neue Fragen und Anfragen mit sich. Die Kommentare aus dieser Zeit, wie Kommentare von Muhammad Abu (1849–1905) und Allāmeh Tabātabāʾī (1904–1981), nehmen philosophische und auch gesellschaftspolitische Fragestellungen auf. Ihre Kommentare sind im Gespräch und Diskurs mit den Studierenden entstanden: Bei Abdu durch seine Vorlesungen in der Al-Azhar-Bibliothek in Kairo und bei Tabātabāʾī in den schiitischen theologischen Hochschulen in Qom und Teheran. Der Kommentar von Sayyid Qutb (1906–1966), ein ägyptischer Muslim, bietet aufgrund seiner einfachen Lesbarkeit und seiner Ausrichtung Möglichkeiten, im Koran zu religiös-sozialen Problemen des 20. Jahrhundert Antworten zu finden, die Einfluss auf fundamentalistisch-politische Interpretationen des Koran ausüben können. Abu Zaid (1943–2010), ein ägyptischer Literaturwissenschaftler, der in Ägypten für sein Koranverständnis der Apostasie beschuldigt wurde, bezeichnete ähnlich wie Shabestari und Soroush den Koran als literarisches Werk. Die Hauptanliegen Abu Zaids bestanden darin, eine Annäherung zwischen Überlieferung und Vernunft hervorzuheben und die Idee eines koranischen *Interpretationspluralismus* zu beleben und voranzutreiben. Er versteht die

27 Muhyiddin Ibn Arabi, *Fusus al-Hikam: nach der Übertragung von Titus Burckhardt. Die Weisheit der Propheten*, Zürich 2005, S. 133; Nicolai Sinai, *Fortschreibung und Auslegung: Studien zur frühen Koraninterpretation*, Wiesbaden 2009, S. 1–22.

menschliche Rationalität als das *einzige* Mittel zum Verstehen schlechthin und als einziges Unterscheidungskriterium, um den Glauben von Fabeln und Aberglauben unterscheiden zu können. Daher plädiert er kompromisslos für das Lesen der religiösen Texte gemäß der Methoden der menschlichen, geschichtlichen Vernunft.[28] Damit stellt er die Vernunft über die Überlieferung, wie einst die Muʿtaziliten in den Anfängen der Koranexegese.

Diesen Ansichten wird durch Ansichten derjenigen Muslime widersprochen, die die Übersetzung und Interpretation des Koran als unzulässig bis ketzerisch bezeichnen. Sie halten die ›autoritative Verbindlichkeit‹ jedes Wortes im Koran fest, das wörtlich ausschließlich von Gott gesprochen und für alle Zeiten so anzunehmen ist. Es gibt keine Wahrheit, die größer ist als die göttliche Wahrheit, und der Koran ist die göttliche Wahrheit. Auch wenn der Mensch den Sinn der göttlichen Wahrheit nicht erfassen kann, muss er sich ohne Zweifel daranhalten.

Die Koranexegese befindet sich in dieser Spannung, die durch Vernunft, Diskurs, Forschung und Wertschätzung der Tradition zu tragbaren Ergebnissen kommen kann. Hierfür ist *ǧihād* in seiner Bedeutung ›sich bis zum Äußersten anzustrengen‹ erforderlich; ein *ǧihād,* der die Kernbotschaft des Koran, nämlich dass der Mensch in Demut mit sich selbst und mit der Welt und Schöpfung maßvoll umgeht und in Demut seine Verantwortung vor Gott erfüllt, zum Tragen bringt.

Der Vers 8:2 kann auf diesem Weg impulsgebend sein:

> Die Gläubigen, das sind jene, deren Herzen von Ehrfurcht erfüllt wird, wenn Gott genannt wird, und deren Glaube zunimmt, wenn ihnen seine Verse [Zeichen] vorgetragen werden, und die auf ihren Schöpfer und Erhalter vertrauen.

28 Vgl. Nasr Hamid Abu Zaid, *Islam und Politik*, Fulda 1992, S. 195.

Jürgen Werbick

Offenbarung in offenbarender Rede. Zur Hermeneutik der Offenbarung im Anschluss an Paul Ricœur

1 Offenbarung als Selbst-Mitteilung

Es galt zu Recht als epochale Er-Neuerung des katholischen Offenbarungsverständnisses, als das Zweite Vatikanische Konzil in seiner *Dogmatischen Konstitution über die göttliche Offenbarung Dei Verbum* (*DV*) die Abkehr von einem Offenbarungsverständnis besiegelte, das die katholische Neuscholastik des 19. und 20. Jahrhunderts und so auch das Erste Vatikanum theologisch beherrschte. Es war nach der Logik der Instruktion bzw. autoritativen Information entworfen und modellierte den Offenbarungsvorgang als göttliche Belehrung über Heilswahrheiten, die die Menschen sich nicht selbst erschließen konnten, für ihren Glauben aber entscheidende Bedeutung hatten. Danach war es höchst angemessen, dass Gott selbst sie durch Offenbarungsmittler den Menschen kundgab und ihnen so mitteilte, was sie zur Erlangung ihres ewigen Heils zu glauben hätten. Das Erste Vatikanum formulierte in diesem Sinne, es habe Gott gefallen, dem Menschengeschlecht »sich selbst und die ewigen Ratschlüsse seines Willens« zu offenbaren [*se ipsum ac aeterna voluntatis suae decreta humano generi revelare, Dekret über die Religionsfreiheit* (*Dignitatis Humanae*) *DH* 3004]. Die ewigen Dekrete, über die Gott die Menschen durch übernatürliche Offenbarung in Kenntnis setzt und weit an Wichtigkeit überragen, was den Menschen durch natürliche Gotteserkenntnis zugänglich wird, beziehen sich auf das »übernatürliche Ziel«, zu dem Gott die Menschen in seiner Liebe berufen hat, und auf den Weg dahin bzw. die Heilsmittel, von denen sie auf ihrem Weg Gebrauch machen müssen, um ihr Ziel erreichen zu können. Die Menschen werden durch Gottes übernatürliche Offenbarung darüber instruiert, was Gott als den allein zielführenden Weg zum Heil angeordnet und welche Dekrete er dazu durch den neuen Moses Jesus Christus erlassen hat.[1] So ist den Menschen, denen diese Informa-

1 Max Seckler nennt dieses neuscholastische Offenbarungsverständnis deshalb instruktionstheoretisch; vgl. ders., »*Der Begriff der Offenbarung*«, in: *Handbuch der Fundamentaltheo-*

tion zuteilwird, nun die strenge Verpflichtung auferlegt, ihr Leben an dem ihnen so zur Kenntnis Gegebenen und von der Kirche geltend Gemachten auszurichten.

Das Zweite Vatikanum spielt eine andere Tonart an. Es nimmt eine Formulierung des Epheserbriefs (1,19) auf, spricht nicht mehr von den ewigen Dekreten – *aeterna decreta* –, sondern von Gottes ewigem Beschluss, in Jesus Christus den Menschen »das Geheimnis [sacramentum] seines Willens kundzutun« (*DV* 2). Mit der Ersetzung von *decreta* durch *sacramentum* erhält das Offenbarungsverständnis ein deutlich anderes Vorzeichen, das seine Prägnanz durch den originär biblischen Sinn von *sacramentum* (griechisch *mysterion*) gewinnt: *Mysterion* meint im Epheserbrief das heilsame *Geschehen* des göttlichen Heilswillens in Jesus Christus, wie es den Glaubenden von Christi Gefährten bezeugt wird und dann in den Schrift gewordenen Zeugnissen zur Sprache kommt. In ihnen wird Gottes guter Wille bezeugt, der Jesus Christus den Menschen zum Heils-Sakrament gemacht hat: indem er ihn als den menschgewordenen Logos in die Welt sandte, Gottes Herrschaft anzukündigen und sie mit den Menschen anzufangen, indem er ihn noch am Kreuz zum Zeichen der erneuerten, gnädigen Gottesgegenwart werden ließ und ins göttliche Leben auferweckte.

Dei Verbum verschiebt den Akzent des christlichen Offenbarungsverständnisses deutlich: Gott offenbart nicht eigentlich einen *göttlichen Text*, den die Hagiographen – die Autoren der in den biblischen Kanon aufgenommenen Schriften – dann zuverlässig, weil inspiriert, in menschliche Sprache übersetzten. Gott offenbart vielmehr im Entscheidenden *sich selbst, das Geschehen seiner versöhnend-befreienden Welt-Präsenz den Menschen zugute.* Zuletzt bezeugt er sich selbst im treuen Zeugen Jesus Christus, dem »Erstgeborene[n] der Toten« (Offb 1,5), und im Heiligen Geist, dem Parakleten, der die Jünger(innen) in alle Wahrheit einführt (vgl. Joh 16,13), sie am Geschehen dieser Wahrheit teilhaben lässt. Diese Akzentverschiebung ist in *Dei Verbum* nicht konsequent ausformuliert und durchgehalten; der Zwang zum Konsens mit der kirchlichen Überlieferung ist noch spürbar. Aber die wichtigsten Textsignale weisen in diese Richtung: Zentralkategorie ist das Geschehen der *Selbstoffenbarung* bzw. Selbstmitteilung Gottes. Und damit wird die menschliche Wirklichkeit, in der sich Gottes Selbstoffenbarung mitteilt, als Zeugnis qualifiziert. Im Zeugnis ruft das hier Bezeugte durch das Wirken des inspirierenden Gottesgeistes die ihm entsprechende *Resonanz* auf Seiten der menschlichen Zeugen hervor.

Die Kategorie des Zeugnisses weist die theologische Reflexion nun ihrerseits in zwei Richtungen. *Zum einen* öffnet sie den Blick auf eine Vielfalt von Zeugnisgestalten. Es sind ganz unterschiedliche Weisen des Sprechens und Schreibens, in denen das Bezeugte »idiomatisch« zur Sprache kommt. Aber zuvor und

logie 2: Traktat Offenbarung, hrsg. von Walter Kern, Hermann J. Pottmeyer und Max Seckler, Tübingen/Basel ^{2}2000, S. 41–61, hier S. 45–47.

in alldem bezeugt es sich in einer Weise des Lebens, in der originär ausgedrückt wird, wovon der Zeuge ergriffen ist, wovon er so ergriffen ist, dass er nicht nur zum Sprachrohr, sondern gleichsam zum lebendigen Instrument der Selbst-Mitteilung Gottes in der Welt wird. Höchste Verwirklichung eines Zeugnisses, in dem das Bezeugte als es selbst gegenwärtig wird, ist nach christlicher Überzeugung die gottmenschliche Wirklichkeit Jesu Christi. Sein Gottes-Zeugnis ist die Offenbarung des göttlichen Wesenswortes in einem Menschenleben, das dieses Wort im geistgewirkten Leben und Sprechen *aus Gott* zusagen konnte und im Wirken des Gottesgeistes immer wieder neu zusagt.

Zum anderen aber erscheint das Zeugnis als Vorgang des Überzeugtwerdens, so wenig dieses *Überzeugtwerden* im konkreten Fall als rational-diskursiver Überzeugungs-Prozess erlebt werden und gestaltet sein muss. Das Zeugnis gewinnt seine mitmenschliche Bedeutung darin, dass dem Zeugen zu trauen ist und dass er deshalb das Vertrauen derer gewinnen kann, denen er Zeugnis ablegt. Hier ist die forensische Wurzel des Zeugnis-Ablegens noch greifbar. Der Zeuge muss zeigen können, dass er auf nachvollziehbare Weise zu seinem Zeugnis gekommen ist, sodass sich auch seine Adressaten von ihm überzeugen (lassen) können. Und auch die von den Erstzeugen Überzeugten sind in ihrem eigenen Zeugnis gehalten, Rechenschaft zu geben von der Hoffnung, die in ihnen ist (1 Petr 3,15), weil sich in ihr anvertrauenswürdig der bezeugt, der das Erhoffte Wirklichkeit werden lässt. Die autoritäre Prägung des Offenbarungs- und Glaubensverständnisses, wie sie die Texte des Ersten Vatikanum durchzieht, ist damit im Ansatz überwunden. Wenn das Erste Vatikanum den heilsamen Glauben so bestimmt, dass »dem offenbarenden Gott im Glauben voller Gehorsam des Verstandes und des Willens zu leisten« ist, »nicht (etwa) wegen der vom natürlichen Licht der Vernunft durchschauten inneren Wahrheit der Dinge, sondern wegen der Autorität des offenbarenden Gottes selbst« (*DH* 3008), so unterbietet es das biblische Reden von Glauben und Offenbarung erheblich. Mit den Abschiedsreden des Johannesevangeliums dürfte ja gesagt werden, dass der offenbarende Gott selbst die Menschen wie Freunde und Freundinnen ins Vertrauen zieht,[2] damit sie aus innerster Überzeugung mitwollen und mittun können, was er ihnen mitteilt, zugedacht und in seinem Christus *gezeigt* hat.

Es käme christlich-theologisch entscheidend darauf an, die Verschiebung des Offenbarungsverständnisses in die genannten Richtungen genauer zu durchdenken und deutlich zu machen, dass sie von elementarer theologischer Bedeutung ist, weil sie zu einer neuen, biblisch dimensionierten und fundamentaltheologisch verantworteten Hermeneutik der Gottes-Offenbarung führt. Dafür

2 Vgl. Joh 15,15: »Ich nenne euch nicht mehr Knechte; denn der Knecht weiß nicht, was sein Herr tut. Vielmehr habe ich euch Freunde genannt; denn ich habe euch alles mitgeteilt, was ich von meinem Vater gehört habe.«

will ich Paul Ricœur, den großen Hermeneutiker und Phänomenologen, ins Gespräch ziehen, der zur *Hermeneutik der Idee der Offenbarung* wie zur *Hermeneutik des Zeugnisses* ausführliche philosophische Studien vorgelegt hat.[3] Dieses Vorhaben ist nicht unproblematisch, weil Ricœur selbst der Systematischen Theologie hier nicht viel zutraut. Sie formalisiere – so wohl sein Vorbehalt – die komplexen Zusammenhänge und bringe sie auf einen einheitlichen dogmatischen Begriff, statt sie mit hermeneutischer Differenziertheit wahrzunehmen. Ich will versuchen, seinen Vorbehalt nicht zu bestätigen, auch wenn es in der gebotenen Kürze nicht gelingen wird, Ricœurs Gedankengang im Einzelnen zu folgen.

2 Hermeneutik der Offenbarungsgestalten

Die oben angesprochenen Verschiebungen im Offenbarungsverständnis habe ich schon mit der Brille Ricœurscher Hermeneutik als solche wahrgenommen und entsprechend benannt. Zunächst zur *Vielfalt der Bezeugungsgestalten*, die in die Bibel Eingang fanden und in einer biblisch orientierten ›Idee‹ der Offenbarung vorkommen müssten: Diese Vielfalt sollte – so Ricœur – in einer *Hermeneutik der Idee der Offenbarung* nicht zu schnell auf einen theologischen Allgemeinbegriff von Offenbarung gebracht, sondern im Sinne einer *First-order-theology* in ihren ursprünglichen Sprechweisen und Sprachformen[4] gewürdigt werden. Man wird dabei zuerst auf die *prophetische Rede* rekurrieren, in der vom Sprechen des Propheten tatsächlich Gottes eigenes Wort in Anspruch genommen wird – freilich in dem Sinne, dass der Prophet sich durch dieses Wort bis an die Grenzen seiner Möglichkeiten und seiner Existenz in Anspruch genommen weiß. Es ist ihm zugemutet, gegen die Selbstgewissheit der Menschen, der Herrschenden vor allem, aber auch gegen die Verzweiflung des Volkes angesichts des hereinbrechenden Unheils Gottes Perspektive auf das jetzt – und in naher Zukunft Geschehende – zur Sprache zu bringen, aufzudecken, was darin *wirklich* geschieht, was sich darin als das Geschehen des strafend-vergeltenden wie heilsam zurechtbringenden, rettenden Gotteswillens abzeichnet und erfüllen wird. Die prophetische Sprech-Initiative will den Lauf der Dinge unterbrechen, auch wenn

3 In deutscher Übersetzung und herausgegeben von Veronika Hoffmann: Paul Ricœur, *An den Grenzen der Hermeneutik: Philosophische Reflexionen über die Religion*, Freiburg/München 2008, S. 41–83 bzw. S. 7–40; vgl. Veronika Hoffmanns eigene, höchst instruktive Monographie zum Thema: dies., *Vermittelte Offenbarung: Paul Ricœurs Philosophie als Herausforderung der Theologie*, Ostfildern 2007.

4 Geoffrey Wainwright sprach – gewiss nicht ohne Bezug auf Wittgensteins Sprachspieltheorie – von der *first order language*; vgl. ders., *Doxology: The Praise of God in Worship, Doctrine and Life*, London 1980.

sie ihn womöglich nicht aufhalten kann – wenn es etwa nach den Verhängnisworten des Jeremia für die Umkehr zu spät ist. Der Prophet interveniert in die ›Diskurse‹ darüber, was das jetzt und bald Geschehende im Letzten zu bedeuten hat. Gottes Darin-Sein soll zutreffend zur Sprache kommen, damit sich die wahrhaft Gottesgläubigen in rechter Weise darauf ausrichten können.

Was der Prophet *jetzt* ansagt und aufdeckt, das zeichnen die *narrativen Texte* gleichsam ›nach rückwärts‹ als Gründungsereignisse des Volkes Israel nach, als Erwählungs- und Bundesgeschichte, in der JHWH sein Dasein für die Seinen geschehen ließ und zu erkennen gibt. Narrative Offenbarungs-Texte erzählen »die Spur Gottes im [jeweiligen] Ereignis«[5] und sind in diesem Sinne Prophetie im Blick zurück auf die Gründungsgeschichte Israels, auf eine Vergangenheit, in der JHWH sein Dasein für sein Volk auf je seine Weise bewährte, sich ihm gerade so zu erkennen gab. Aber es gilt auch umgekehrt: Die prophetische Intervention wird selbst zur Erzählung, ist vielfach selbst schon in narrativen Zusammenhängen lokalisiert, in denen sie als sich bewährend erzählt wird. Und sie wird noch in ihrem Verstummen erzählt, da sich die Spuren Gottes im Geschehen nicht mehr wahrnehmen lassen und auch die prophetisch erzählte Verheißung der Gründungsereignisse verblasst. Prophetie wird schließlich zur *Apokalyptik*, zum Vorauswissen der endzeitlichen Ereignisse, in denen Gottes erlösend-zurechtbringendes Dasein die Geschichte abbricht, statt sich in ihr als machtvoll zu beweisen.

Aber ist Gott nicht elementar-aufdeckend in seiner Tora offenbar, in der Weisung, in der er dem Volk seinen guten Willen offenbart, damit er mit-gewollt werde und dem Volk die Freiheit bewahre, zu der JHWH es befreit hat? »Der Dekalog ist das Gesetz eines befreiten Volkes«. So wird die Gabe des Gesetzes in der Geschichte seiner Befreiung miterzählt. So ist es »die Außenseite einer [freilich] viel konkreteren und umfassenderen Beziehung als derjenigen zwischen Befehlen und Gehorchen«, weit mehr als ein heteronomer Imperativ.[6] Es ist Bundes-Urkunde, Gründungs-Urkunde einer Solidarität, in der sich das Volk eingeborgen wissen darf, der es sich aber verbindlich zu öffnen hat. Dass diese Urkunde unendlich mehr bedeutet als ein auferlegtes, »gemusstes« Gesetz wird mit der Erneuerung des Bundes offenbar werden, die Jeremia und Ezechiel ankündigen.[7] Dann wird sich JHWH in seiner Ru^{a}ch jedem Einzelnen und jeder Einzelnen, selbst noch den unmündigen Kindern, die noch nicht in die Schule der Gesetzeslehrer gehen können, so mitteilen, dass ihnen sein Bundes-Wille zu einer

5 Ricœur, *An den Grenzen der Hermeneutik*, S. 47.
6 Vgl. Ricœur, *An den Grenzen der Hermeneutik*, S. 50.
7 Vgl. Jer 31,31–34; Ez 36,22–32.

Herzens-Angelegenheit wird,[8] er sich ihnen gewissermaßen unmittelbar in der Neigung ihres Herzens zum Guten offenbart; freilich mit der dann bei Paulus geltend gemachten ›Kehrseite‹, dass das Herz – als Gewissen – unmittelbar gegen den Sünder zeugt und ihn im Innersten der Sünde überführt.

Dass das Leben nach der so verinnerlichten Tora die tiefste Verlässlichkeit eines Lebens mit JHWH gewährt, erschließt sich den Frommen als Lebens-*Weisheit*, die auch da noch trägt, wo der Lauf der Dinge das Tora-gemäße Gutsein nicht mit Wohlergehen lohnt. Wenn »Kosmos und Ethos« auseinanderklaffen und der Gerechte vom Geschehen der Welt nicht als solchem bestätigt wird, gerät eine »Schönwetter-Religiosität« in die Krise, die sich an einen Gott halten will, der in dieser Welt einen Tun-Ergehens-Zusammenhang garantiert. In der Krise einer pragmatisch-erfolgsorientierten Lebensweisheit offenbart sich dem leidenden Gerechten, der sich in Ijob wiedererkennen kann, »die [Glaubens-]Möglichkeit zu hoffen ›trotz‹«.[9] Sie offenbart sich im *Anglauben* gegen das Offensichtliche: indem sie in äußerster Anfechtung in Anspruch genommen und eingeklagt wird. Sie offenbart sich jenseits eines Sich-geborgen-Wissens in einem umfassend von Gott selbst geordneten Weltenplan.

Dass auch dieses Anglauben gegen die ›Wirklichkeit‹ noch wie bei Ijob seinen Ausdruck finden kann im *hymnischen Lobpreis* Gottes, mag sich einer Kraft, ja einem Fühlen verdanken, dessen die Lobpreisenden sich nicht aus sich selbst mächtig wissen. Die Lieder sind ihnen geschenkt, in denen ihnen die Kraft zuwächst, sich an diesem Gott festzuhalten, *ihm* zuletzt noch die Rettung zuzutrauen, die ja tatsächlich nur ihm zugetraut werden dürfte: ihm, der seinen guten Willen so oft bewiesen hat und mächtig werden ließ; *ihm*, den auch der höchste menschliche Lobpreis nicht angemessen rühmen würde.

3 Offenbarende Rede im Zusammenklang, in der Dissonanz?

Ein »polysemisches, polyphones Konzept«[10], wie Ricœur es entfaltet, sperrt sich gegen die Dominanz des Allgemeinbegriffs ›Offenbarung‹. Es nennt verschiedene Weisen der Bezeugung einer (sich) offenbarenden Gottes-Gegenwart, die nur im spannungsreichen Miteinander Gottes Dasein für die Seinen normativ zur Sprache bringen können; *normativ:* als Verkündigungs-Norm, die vorgibt, wie man sein polyphones Wort aus den Beanspruchungen dieses Wortes durch

8 Als diese Herzensangelegenheit wird die Tora freilich auch in dem Gesetzestext Dtn 6,5 f. angesprochen, als die Herausforderung des Herzens zur Gottesliebe, die »auf deinem Herzen geschrieben stehen« soll; vgl. Ricœur, *An den Grenzen der Hermeneutik*, S. 51.

9 Ricœur, *An den Grenzen der Hermeneutik*, S. 54.

10 Ricœur, *An den Grenzen der Hermeneutik*, S. 58.

Ausleger, ›Dolmetscher‹ mit den verschiedenen Absichten, Weiter-Sager in den verschiedensten Sprachen und Dialekten heraushören kann.

Gerade die Spannungen zwischen diesen Sprechweisen und Beanspruchungen eines im Geschehen der Welt sich kundgebenden Daseins Gottes halten die Bezeugungsweisen zueinander in einer Schwebe, die es nicht zu Überzeichnungen und falscher Eindeutigkeit kommen lässt. Der ›erzählte‹ Prophet ist nicht das bloße Sprachrohr oder der Empfänger eines Diktates Gottes, sondern dem ganz-*menschlichen* Wagnis ausgesetzt, Gehör zu fordern für das was er als Gottes Darin-Sein in Katastrophe und Rettung begriffen und erlitten hat, was ihn daraufhin als Gottes ›Inspiration‹ ergriffen hat, die Dinge in *seinem* Sinn und deshalb ›tiefer‹ zu sehen. Die narrativen Gestaltungen einer Gottesgeschichte *in* der Menschengeschichte verstehen sich als prophetische Schau, die nicht weniger sein will als die Herausforderung zu Gottesgehorsam und Gottvertrauen *jetzt.* Die Weisungen ordnen den Gottesgehorsam narrativ und prophetisch hin auf die Geisterfülltheit eines Lebens mit Gott, in der nicht mehr eine heteronome Unterwerfung gefordert ist, sondern das sorgsame Hören und Sich-Ausrichten auf die Verheißung eines Gott-erfüllten Lebens. Die Weisheit will Gott in der wahrnehmbaren Ordnung des Lebens und der Welt (wieder-)erkennen und erfährt sein Offenbarwerden doch gerade da, wo er sich als der unendlich Größere solchem Sichtbarwerden entzieht und in Hymnen oder Gebeten gepriesen wird.

So wird im Zusammenklang der im Kanon aneinander gebundenen Zeugnisse sichtbar, hörbar, dass sie auch miteinander darum ringen, treffend auszusagen, wie Gott da ist, *darin ist* – und wie er von dem, was ist, was geschieht, unterschieden werden muss. Sie wagen es, dieses Darin-Sein aufzudecken. Und sie relativieren sich gegenseitig, sodass – in der Weisheit ganz ausdrücklich – eingestanden werden muss, wie wenig ihre aufdeckend-offenbarende Rede, so sehr sie von Gott selbst initiiert und ›beauftragt‹ sein mag, Gottes Verborgenheit aufhebt. Dieses Verborgen-Bleiben Gottes drängt dazu, immer wieder neu und anders von seinem Dasein und Darin-Sein zu sprechen, nie erschöpfend und definitiv ›richtig‹. Er ist da, wie *er* da sein will. Man erkennt ihn je neu als Vorübergegangenen, allein im Versuch, seiner Spur zu folgen, sie immer wieder neu aufzunehmen; in der Nötigung, angesichts neuer Glaubens-Herausforderungen immer wieder neu zurückzuschauen und zu prüfen, ob die fast schon zugewehten Spuren wirklich dahin führen, wo ›wir‹ heute die Spur aufzunehmen hätten.

Exemplarisch mag man sich das am Ur-Trauma Israels, dem babylonischen Exil und seiner ›Verarbeitung‹ im Glauben, deutlich machen. Hat man es, wie die prophetische Verkündigung es im Namen JHWHs geltend machte, als ›verdiente‹ Strafe für den Götzendienst des Volkes und der in ihm Mächtigen anzusehen? Ist diese prophetische Beschuldigung nicht maßlos, weil sie Gott angesichts der Maßlosigkeit der Katastrophe entschuldigen will? Klagelieder führen darin, was sie an unendlicher, untröstlicher Trauer vor Gott bringen, bis an die Grenze dieses Verdachts. Sie flehen zu JHWH, doch endlich zu einer nachvollziehbaren Verhältnismäßigkeit zurückzukehren und seinen maßlos gewordenen Zorn zu mäßigen. Vielleicht werfen sie schon die dann in der Weisheit ausgesprochene und im Buch Ijob dramatisierte Frage auf, ob es mit der Beschuldigung des so katastrophal Gequälten überhaupt seine Richtigkeit habe – oder ob sie nur eine theologische Ausflucht ist angesichts einer Schöpfung und eines Weltlaufs, der das ordnende Handeln des Alleingottes JHWH nicht mehr erkennen lässt.

Die tiefe Menschlichkeit der Weisheit und des Gebets holt die Gottesoffenbarung, die mit der offenbarenden Rede etwa der Exils-Propheten so unmittelbar als Gottes eigenes Wort vorgestellt war, ins Menschliche zurück und vermenschlicht sie doch nicht. Sie stellt sie vielmehr unter das jede selbstgewisse Rede von Gottes Reden und Handeln zutiefst irritierende Vorzeichen des je größeren und anderen Gottes, dessen *auf seine Weise* geschehendes Dasein und dessen je neue Anrede nicht zum angeeigneten Glaubens- und Wissensbestand werden können.[11] Sie bleiben Herausforderung, wollen wahrgenommen und gehört werden als Ruf in das Zutrauen, es sei schlechthin gut und Lebens-erfüllend, mit diesem Gott zusammenzuleben und an seinem guten Willen teilzunehmen, damit er in dieser Welt – *endlich* – geschieht.

4 Der fleischgewordene Logos legt Gott menschlich aus

Auf die nach christlicher Überzeugung in Christus geschehene, eschatologisch-endgültige Gottesoffenbarung geht Ricœur nicht in seinem großen Offenbarungsaufsatz ein, sondern – vor allem mit Bezug auf das Johannesevangelium – in seiner Arbeit zur Hermeneutik der Zeugnisse. Vom »treuen Zeugen« Jesus Christus her erscheint das Thema Offenbarung insgesamt unter dem Vorzeichen des Zeugnisses (vgl. Offb 1,2.5); ich habe dieses Vorzeichen schon beim Blick auf

11 Paul Ricœur sagt es so: Die Analogie, in der sich die verschiedenen Weisen offenbarender Rede ineinander spiegeln, bringt zur Geltung, »dass die Offenbarung sich unter keiner ihrer Modalitäten in ein Wissen einbegreifen und von ihm beherrschen lässt. Unter dieser Rücksicht ist die Idee des Geheimnisses [secret] ihre Grenzidee. Die Idee der Offenbarung ist eine doppelgesichtige Idee. Der Gott, der sich zeigt, ist ein verborgener Gott und ein Gott, dem die verborgenen Dinge vorbehalten sind [...]. Was sich offenbart, ist zugleich das, was entzogen bleibt.« (Ricœur, *An den Grenzen der Hermeneutik*, S. 60). Das Jonabuch macht exemplarisch deutlich, wie wenig sich JHWH dem prophetischen Zugriff fügt. Der Prophet hat zu lernen, dass seine Verkündigung zugleich im Sinne des ihn Sendenden sein kann und eben doch fehlgeht, wenn sie sich nicht auf JHWHs Größer-Sein einlässt. In diesem Sinne ist das Jonabuch so etwas wie eine ›Brücke‹ zwischen Prophetie und Weisheit, eher noch Beispiel für die Austragung der Spannungen, die sich zwischen beiden Genera aufbauen; vgl. Peter Weimar, *Jona*, Freiburg/Basel/Wien 2017.

alttestamentliche Offenbarungsgestalten zu beachten versucht. Jesus Christus ist der treue Gotteszeuge, da sein Leben und Sprechen aus Gottes Geist Gott, den Vater, den niemand je gesehen hat, gültig auslegt, ihn *exegesiert* (so wörtlich Joh 1,18), sodass seine Gottes-Exegese die Lebens- und Liebesgemeinschaft mit diesem Gott eröffnen und verbürgen kann. Darin liegt die Wahrheit seines Zeugnisses.[12] Diese Wahrheit wird vom Vater beglaubigt, der sich in seinem Sohn bezeugt und über ihn – mit letzter Entschiedenheit und Klarheit in der Auferweckung des Gekreuzigten – seinerseits Zeugnis ablegt (vgl. Joh 5,36 f.).

Im Sinne der johanneischen *Theologie* dürfte mit Ricœur, auch über das von ihm selbst Dargelegte hinaus, gesagt werden: Das Zeugnis des Sohnes bezeugt den Vater, der in seinem Sohn durch den Heiligen Geist seinen guten Willen geschehen lässt und seine Herrschaft in der Welt zugänglich macht, damit die Menschen in ihr gerettet werden und zu ihrer Vollendung finden können. Das Zeugnis für den Vater ist das Zeugnis für die Zugänglichkeit der Gottesherrschaft, das Zeugnis dafür, dass die Umkehr zum Glauben alle diejenigen, die sich auf dem Weg Jesu Christi zum Vater, der der Weg in die Gottesherrschaft ist, mitnehmen und von der Lebensnot ihrer Mitmenschen berühren lassen, ins Gott-erfüllte Leben eingehen, nicht verlorengehen (vgl. Lk 19,10; Joh 17,12; Joh 18,9). Der Vater aber bezeugt seinen Christus als sein eigenes, Mensch gewordenes Zusagewort. Er bezeugt, dass dieses Wort wahrhaft und verlässlich ist, dass es auch am Kreuz nicht widerlegt oder zum Schweigen gebracht ist. Er bezeugt seinen Christus noch am Kreuz als den Weg, der in Wahrheit zum Leben führt (vgl. Joh 14,6), da er ihn in sein göttliches Leben erweckt. Und so lässt er – wenn auch in der Verborgenheit des Kreuzes – die Wahrheit der »Erhöhung« zur Gottesgemeinschaft geschehen: am Gekreuzigten und all denen, die er »an sich ziehen« wird (vgl. Joh 12,32).

In christlich-theologischer Perspektive wird man aufzuzeigen versuchen, dass die spannungsreich-unterschiedlichen Bezeugungsweisen, die alttestamentlich zu Wort kommen, im treuen Zeugen Jesus Christus konvergieren und dass sie in den Offenbarungsschriften des Neuen Testaments eine entsprechende Resonanz finden. Offensichtlich ist der *prophetische Offenbarungsgestus* der Reich-Gottes-Verkündigung und der Reich-Gottes-Praxis Jesu, der in den Evangelien mit einer eher impliziten Propheten-Christologie aufgenommen wurde: Jesus kündigt ein neues »Hineinkommen« Gottes in diese Welt an, das Kommen seiner Herrschaft. Und er deckt in seiner Verkündigung wie mit seinem prophetischen Handeln auf, wie dieses Hineinkommen jetzt schon geschieht, wie es die Glaubenden in Anspruch nimmt und ihre »Umkehr« ermöglicht, wie es sie zu einem Leben in dem Glauben daran provoziert und inspiriert, dass die eschatologische Wende schon

12 Vgl. Joh 18,37: »Ich bin dazu geboren und dazu in die Welt gekommen, dass ich für die Wahrheit Zeugnis ablege«.

geschehen ist.[13] Die Evangelien vergegenwärtigen dieses Hineinkommen Gottes in Jesu Sendung *narrativ:* Sie erzählen an seiner ›Geschichte‹ den Weg in die Gottesherrschaft als den von ihm angeführten, endzeitlichen Exodus aus der Beherrschung durch die Mächte und ihren obersten Herrn, den Satan, der nun aus seiner Machtposition vertrieben ist und so das Ankommen der Gottesherrschaft nicht mehr vereiteln kann (vgl. Lk 10,18). In der Bergpredigt wird Jesus Christus als der neue Mose gezeichnet, der mit seiner *Weisung* aufdeckt, wie die neue Freiheit der Gottesherrschaft das Leben jetzt schon bestimmen will. Das vertrauensvolle *Gebet* Jesu um das Kommen der Gottesherrschaft vertraut das Leben der Jünger(innen) in den Nöten dieser Welt dem Vater an, der seinen guten Willen wie schon »im Himmel« so unfehlbar auch auf der Erde geschehen lassen wird und das Gebet um sein rettendes Dasein nicht vergeblich sein lässt. Dass dieses Gebet den Vater in der Gottlosigkeit des Kreuzes nicht mehr zu finden scheint, macht den gekreuzigten Christus zum endzeitlichen leidenden Gerechten. In ihm erfüllt sich gleichsam die Dramatik dieser Figur an der Grenze der alttestamentlichen *Weisheit*, die darauf setzen muss, dass Gott seinen Gerechten ins Recht setzen wird, ihn als den wahrhaft Gerechten und durch seine Gerechtigkeit den Brüdern und Schwestern zu Hilfe Kommenden *offenbaren* wird. Der Vater offenbart den Gekreuzigten als seinen Sohn. An ihm und durch ihn wird Gottes Weisheit offenbar; sie überführt die Weisheit dieser Welt der Torheit. Am Kreuz zeigt sich eine Weisheit und Kraft, die in der Liebe bis zum Letzten gehen: in die Schwäche und Dummheit Gottes, die im Zeugnis der Verkündigung freilich als seine Welt-überwindende und die Sünder rettende *Dynamis* aufscheint (vgl. 1 Kor 1,20–25). Durch seinen Heiligen Geist erweckt er den Gekreuzigten aus dem Tod zum Türöffner und ›Hineinführer ins Leben‹ (*archegos*; vgl. Apg 3,15; 5,30 f.), in die endzeitlich-endgültige Vollendung (vgl. Hebr 2,10).

Jesu Christi offenbarende Rede hat neutestamentlich ihren Ort in seinem offenbarenden Dasein, mit dem nach dem Johannesprolog das im Gottesgeist in die Welt hineingesprochene Zusage-Wort Gottes Fleisch geworden ist, eine mitmenschliche Kommunikationswirklichkeit in all ihren Dimensionen. So ist er selbst – die Offenbarungskonstitution *Dei Verbum* des Zweiten Vatikanums hat das herausgestellt – das *mysterion* (Eph 1,19), in dem zu geschehen anfängt, was offenbart wird: Gottes guter Wille, in dem er sich den Seinen öffnet und sie ›rettet‹, sodass sie nicht verlorengehen. Es ist als das Geschehen zu begreifen, über das hinaus – wie Schelling es sagt – »schlechterdings nichts Größeres ge-

13 Das geschieht in besonderer Zuspitzung mit der Verkündigung der ›Seligpreisungen‹ nach dem Lukasevangelium, in denen der ›eschatologische Status‹ der Armen, Trauernden, Hungernden, um ihres Gerecht-Seins willen Verfolgten ihnen *jetzt schon zugesagt* (vgl. Lk 6,20–22) und in den anschließenden Wehe-Rufen den jetzt Privilegierten die eschatologische Umkehrung der Verhältnisse angekündigt wird.

schehen kann«, das »absolut-Erstaunenswerthe«, das mit seiner göttlichen Selbst-Verständlichkeit keiner externen Plausibilisierung bedürfte und insofern – nach Schelling – »die langwierige Unruhe des menschlichen Geistes zur Ruhe« bringt.[14] So ist dieses Geschehen, »dieser Actus, diese That [...] selbst die Hauptsache der Offenbarung«, die als Geschehenes, »als Geschichtliches zu begreifen« ist.[15] Im Blick auf das darin gründende Christliche wäre nach Schelling nicht zu »fragen, wie habe ich es zu deuten, um es mit irgendeiner Philosophie in Uebereinstimmung zu setzen, sondern umgekehrt, von welcher Art muß die Philosophie seyn, um auch das Christenthum in sich aufnehmen und begreifen zu können?«[16]

Ich habe einen Umweg über Schellings *Philosophie der Offenbarung* genommen, um mich doch auf möglichst direktem Weg im »nervösen Zentrum« der Hermeneutik der Offenbarung einzufinden, die Ricœur *als Philosoph* entwickelt. Als Philosoph treibt ihn die Frage um, wie eine Philosophie aussähe, die sich dazu bereitfände, sich von offenbarender Rede etwas sagen zu lassen – und ob sich Philosophie nicht gerade aus inneren Gründen genauso verstehen muss. Komplementär dazu wäre philosophisch noch einmal zu fragen, von *welcher Art* offenbarender Rede Philosophie sich etwas sagen lassen dürfte. Es geht bei diesen Fragen offenkundig um nicht weniger als um die Problematisierung des neuzeitlich-vernünftigen Autonomie-Ideals; um eine Problematisierung freilich, die ihm nicht eine Heteronomie-Behauptung entgegensetzt, sondern mit guten Gründen hinter die Selbst-Verständlichkeit des Autonomiegedankens, hinter die *Aus-sich-selbst-Verständlichkeit* autonomer Vernunft zurückfragt.

5 Offenbarende Rede: die vernünftige Herausforderung zu einem Menschsein in Fülle

Mit welcher Art von *Anspruch* hätte sich eine Philosophie zuständigkeitshalber auseinanderzusetzen, wenn sie es nicht ausschließt, sich von offenbarender Rede etwas sagen zu lassen? Offenkundig nicht mit einem Anspruch, den sie als »eine unberechtigte und inakzeptable Forderung« verstehen müsste; allenfalls mit

14 Friedrich Wilhelm Joseph Schelling, *Philosophie der Offenbarung, Zweiter Band, Ausgewählte Werke*, Darmstadt 1974, S. 27. Es ist klar, dass Schelling sich hier in pointierter Um-Schreibung auf Anselm von Canterbury (ders., *Proslogion, Lateinisch-deutsche Ausgabe*, hrsg. von P. Franciscus Salesius Schmitt OSB, Stuttgart/Bad Cannstatt ²1984) bezieht, das in Kap. 2 Gott als den anruft, worüber Größeres nicht gedacht werden kann (Anselm von Canterbury, *Proslogion*, S. 85).

15 Schelling, *Philosophie der Offenbarung*, S. 28, 33.

16 Schelling, *Philosophie der Offenbarung*, S. 34.

einem »Anruf, der seine Annahme nicht erzwingt.«[17] Sie wird sich freilich nur zu sich selbst gerufen wissen können; dazu, das ihr Gegebene, sich ihr darin Öffnende, Manifestierende, so entgegenzunehmen, dass sie sich selbst darin zu ihrer höchsten Realisierung herausgefordert und mit ihr beschenkt wissen könnte. Abschied zu nehmen wäre von der cartesianischen Illusion der Selbst-Begründung, einer Letzt-Begründung der Vernunft in sich selbst. Vernunft entdeckt sich in dem, was sie ihr öffnet und als Wahrheit zeigt, in diesem Sinne *offenbarend* ist. Wahrheit meint hier – so Ricœur – »nicht mehr Verifikation, sondern Manifestation, d.h. Seinlassen dessen, was sich zeigt. Was sich zeigt, das ist [in den Texten, die als offenbarend angesehen werden dürften] jedes Mal ein Entwurf von Welt, einer Welt, wie ich sie bewohnen kann, um in ihr eine meiner ureigensten Möglichkeiten zu entwerfen.«[18]

Das ihr sich öffnende neue In-der-Welt-Sein fordert die Vernunft heraus zu prüfen, ob sie es »bewohnen« kann, ohne sich zu verleugnen, ja, ob sie vielleicht gerade so in eine Weite geführt wird, in der sie vor sich sieht, was ihr am tiefsten einleuchtet und so zu denken gibt, dass sie daran lernt, was zuletzt und im Entscheidenden zu denken ist. Das setzt beim denkenden Selbst voraus, »sich dem [offenbarenden] Text auszusetzen und von ihm ein größeres Selbst zu empfangen, das der Entwurf einer Existenz wäre, die auf die angemessenste Weise auf den Entwurf der Welt antwortet«[19], wie er ihr in diesem Text zugänglich wird.

Damit käme in philosophisch-hermeneutischer *Selbst*-Reflexion so etwas wie eine *Idee* der Offenbarung in den Blick, die mit der Möglichkeit rechnen ließe, von offenbarender Rede zu sich selbst herausgefordert zu werden. Aber von Offenbarung sprechen heißt ja nicht nur vom Entwurf einer Möglichkeit zu sprechen, aus der man sein In-der-Welt-Sein so oder anders verstehen könnte, sondern von der Wirklichkeit eines Geschehens, in dem das Selbst sich neu gegeben wird und Rettung findet, von dem Geschehen, »quo majus nil fieri potest, worüber schlechterdings nichts Größeres geschehen kann« (Schelling). Für Ricœur ist es das Geschehen, das dem Selbst einen Grund und einen Zugang zur »Urbejahung« (Jean Nabert[20]) des eigenen Daseins und des Daseins im Ganzen öffnen würde. Diesen Grund kann das Selbst sich nicht selbst geben und verbürgen. »Nur Ereignisse, Handlungen, Personen, die bezeugen würden, dass das nicht zu Rechtfertigende [das rettungslose Verlorensein; J.W.] hier und jetzt überwunden ist, könnten aufs Neue den Weg zur Urbejahung öffnen.«[21]

Biblisch-christliche Offenbarungsrede bezeugt, dass das Kreuz der tiefsten Menschenmissachtung das Geschehen der Rettung ist: dass noch im Kreuz seines

17 Ricœur, *An den Grenzen der Hermeneutik*, S. 61.
18 Ricœur, *An den Grenzen der Hermeneutik*, S. 68 f.
19 Ricœur, *An den Grenzen der Hermeneutik*, S. 74.
20 Ricœur bezieht sich immer wieder auf Jean Nabert, *Essai sur le mal*, Paris 1997.
21 Ricœur, *An den Grenzen der Hermeneutik*, S. 77.

Sohnes der göttliche Vater gegenwärtig wird, der niemanden der Verachtung preisgegeben sein lässt und verloren gibt. Das Auferstehungszeugnis behauptet, bezeugt nichts weniger als dies: Das nicht zu Rechtfertigende ist überwunden. Das Versprechen des Menschseins, nicht in absoluter Bedeutungslosigkeit verloren zu gehen – dem zu begegnen, der das nicht zulassen wird –, findet seine Erfüllung durch den und bei dem, der seinen Sohn nicht verloren gab. Ob diesem Zeugnis zu trauen ist? Das ist zuletzt nicht mehr historisch-kritisch oder philosophisch zu entscheiden. Der Weg der Vernunft kann christlich nicht hinter das Zeugnis des ›treuen Zeugen‹ zurückführen – und hinter die Zeugnisse, die es spannungsreich-menschlich zur Sprache bringen. Aber es gibt Wege der Vernunft, mit diesem Zeugnis anzufangen, es denkend zu erproben, ob es verlässlich, in diesem Sinne *wahrhaft* ist, den Weg in ein erfülltes Leben führt, in ein Gott-erfülltes Leben.

Dazu wäre die Vernunft ja da, Kriterien zu ermitteln, um wahres Zeugnis vom falschen unterscheiden zu können. Immer schon ist sie auf dem Weg dazu; was sie erreicht, sind *Zwischenbescheide*. Wie könnte es auch anders sein! Aber es ist aller Anstrengung wert, sie zu erreichen und der großen *Selbst-Entsprechung* auf der Spur zu bleiben, in der das Selbst sich vernünftigerweise den Offenbarungszeugnissen überantworten dürfte. Die Zeugnisse eines Geschehens, worüber Größeres nicht geschehen kann, können sich nur in einer Auslegung als verlässlich erweisen, die das Selbst dahin führt, sich in der Auslegung der Zeugnisse selbst gültig ausgelegt zu erfahren; mit Ricœur gesprochen in einem »doppelte[n] Akt« der Auslegung: »ein Akt des Selbstbewusstseins im Blick auf sich selbst und ein Akt des historischen Verstehens im Blick auf die Zeichen, die das Absolute von sich gibt« und als solche bezeugt werden, entsprechen sich hier. So sind »[d]iese Zeichen […] zugleich die Zeichen, in denen das Bewusstsein sich erkennt.«[22] Zeugnisse werden glaubwürdig, wenn sie in diesem Sinne *offenbarend* sind: als Gottes Selbstbezeugung – philosophisch: als Zeichen des Absoluten – lesbar werden, da sie das Selbst herausfordern, sich als Versprechen zu begreifen, als sich gegeben und aufgegeben zu ergreifen. Das Selbst als Gottes Gabe, als verheißungsvolle Herausforderung, zu ergreifen im Angesicht der Anderen, als die gemeinsame Berufung zu einem unverlierbaren Bedeutsamwerden füreinander, als Berufung zu einem Gott-erfüllten Leben in Seiner Herrschaft.

22 Ricœur, *An den Grenzen der Hermeneutik*, S. 30.

6 Gottes Wort in Menschen-Sprache, in der Sprache des Fleisches

Für die Christen ist Jesus Christus Gottes Zusage-Wort in Person, das Versprechen Gottes, das noch am Kreuz gehalten, hier gerade erneuert wird, »[I]n ihm ist das *Ja* verwirklicht. Denn er ist das *Ja* zu allem, was Gott verheißen hat« (2 Kor 1,19–20). Wer darauf im Heiligen Geist das *Amen* spricht, glaubt dem Wort Gottes, das der Christus auf zutiefst menschliche Weise lebt, das in seinem Zeugnis menschlich gesprochen wird, das in den Zeugnissen vom offenbarenden Wort-Sein Jesu Christi vielfältig in das Menschenleben damals und heute hineingesprochen wird. Der Glaube wagt sich in die Verlässlichkeit dieses Zusage-Wortes hinein, da sich in ihm das »neue Sein« (Paul Tillich) öffnet, das neutestamentlich Gottesherrschaft heißt. Diese Öffnung des Lebens für das *mysterion* (Eph 1,19), für das Geschehen des guten Willens Gottes in Jesus Christus und durch den Heiligen Geist im Leben der Glaubenden, ist in *christlich-theologischem* Verständnis Offenbarung, da sich in ihr Gott selbst für die Menschen öffnet, ihnen der gute Ort zu sein, an dem sie gerettet und unverlierbar lebendig sind.

Philosophisch gesehen ist dieses Zusage-Wort Behauptung, diskursiv und im Lebensvollzug auf die Probe zu stellen, indem man es immer wieder neu darauf ankommen lässt, ob das Gottes-Versprechen Christus in die Fülle des Lebens hineinführt und sich so als offenbarend-öffnend erweist. Immer wieder neu: Das *experimentum crucis* ist niemals abgeschlossen; es führt nur zu Zwischenergebnissen, die immer wieder neu Widerspruch hervorrufen. Die Glaubenden glauben dem Wort im mehr oder weniger ausdrücklich vollzogenen Wissen darum, dass sie damit philosophisch gesehen »voreilig« sind; aber eben auch in dem Wissen darum, dass man nicht auf Probe leben und glauben kann, dass man es *wagen* muss, in die Verlässlichkeit des Gottes-Versprechens hineinzuglauben – ohne die letzte Sicherheit, nicht doch ins Leere hineinzuglauben. Ihr Glaube spricht sich schon neutestamentlich in Christus-Bekenntnissen aus, die das Offenbarwerden Gottes und seines guten Willens in die Herausforderungen eines von den »Mächten« bedrängten Lebens hineinsprechen; exemplarisch in dem von Paulus selbst schon vorgefundenen Glaubensbekenntnis in Röm 8,38–39:

> Ich bin gewiss: Weder Tod noch Leben, weder Engel noch Mächte, weder Gegenwärtiges noch Zukünftiges noch Gewalten weder [der] Höhe noch [der] Tiefe noch irgendeine andere Kreatur können uns scheiden von der Liebe Gottes, die in Christus Jesus ist [geschieht], unserem Herrn.

Neutestamentlich kommt Offenbarung – die Offenbarung von Gottes *Ja* – in diesem *Amen* zum Ziel: in der Zustimmung der Glaubenden zu dem ihnen im Logos Christus Aufgedeckten, das den »Vätern« zuvor schon »vielfältig und auf vielerlei Weise« zugesprochen wurde, nun aber »am Ende dieser Tage [...] zu uns gesprochen [ist] durch den Sohn« (Hebr 1,1). Die Vielfalt des Zugesprochenseins wird im Logos Christus nicht aufgehoben, sondern gebündelt; er wird als das eine Zusagewort Gottes verstanden, das den Glaubenden in vielfältiger Weise aufdeckt, wie sie sich in Gottes *Ja* einfinden dürfen und was ihr Amen bejaht, wenn es authentisch gesprochen ist: das Sich-Verlassen auf Gottes *Ja*, in dem unbedingt eingeschlossen ist, dass die Glaubenden ihrerseits dieses *Ja* mitsprechen, mithandeln, damit es für alle wahr – verlässlich – werde. Gottes Wort kommt vielfältig zur Sprache und ins Leben. Es sind die Zeugen, es ist schließlich der *treue Zeuge*; es ist ihre, *seine* Zeugnis-Antwort, in der wir das Wort haben[23], es auf ganzmenschliche Weise in den verschiedensten Lebens-Herausforderungen haben.

Aber wie *haben* wir das Wort? Das Glaubensbekenntnis könnte den Eindruck erwecken, wir hätten im *Amen* umfasst, begriffen, in die Glaubens-Gewissheit hereingeholt und so vollumfänglich gültig beantwortet, was das Wort sagt. So können wir das Wort nicht haben, sondern nur so, *dass es uns hat:* verwandelt, aufschließt, ins Ungeahnte hineinführt, damit wir immer wieder neu verstehen, was es – uns – bedeutet. Die Neigung ist groß, das Wort haben zu wollen. Wenn man ihr nachgibt, wird es christlich und mit Paulus gesprochen zum Gesetz, das heteronom, theonom vorschreibt, wie zu leben ist, weil Gott es so und nicht anders will. Damit ist es menschlich verfügbar geworden, eingesperrt ins Müssen, ins Glauben-Müssen. Die Forderung ist nicht mehr eingebunden in die Offenheit der Gottes-Herausforderung, die biblisch so vielfältig bezeugt wird. Wo es dazu kommt, wird das – so noch einmal Paul Ricœur – wohl daran liegen, »dass wir [offenbarungstheologisch; J. W.] zu sehr an einen Willen denken, der sich unterwirft, und nicht genügend an eine Einbildungskraft, die sich öffnet«.[24]

Gottes Wort spricht vielstimmig. So *rührt* es an unsere Einbildungskraft, damit sie sich öffne und sich dem Geschenk über*antworte*, das ihr den Horizont des Vorstellens, Fühlens, Denkens, Lebens aufmacht für das, »was kein Auge gesehen und gehört hat, was in keines Menschen Herz gedrungen ist, was Gott denen bereitet hat, die ihn lieben [vgl. Jes 52,15; 64,3]«, uns aber von Gott »enthüllt [wurde] durch den Geist«, der »nämlich alles [ergründet], auch die Tiefen Gottes« (1 Kor 2,9–10).

---

23 Hans Urs von Balthasar, *Verbum caro. Skizzen zur Theologie I*, Einsiedeln 1960, S. 98: »Ja, Gott sendet seinen Sohn, damit er den Vater auslege in menschlichen Gebärden: wir hören den Vater in seinem menschlichen Echo: im menschlichen Gehorsam bis zum Tode erfahren wir, wer der Befehlende ist: *an der Antwort haben wir das Wort.*«

24 Ricœur, *An den Grenzen der Hermeneutik*, S. 83.

Margareta Gruber

Verwandelndes Verstehen. Exegese und Schrifthermeneutik nach dem Zweiten Vatikanum

Einleitende Bemerkungen

Dieser Text hat eine Vorgeschichte: er entstand im Rahmen eines inter-theologischen Lehrprojekts zwischen der Universität Paderborn und der University of Religions and Denominations in Qom/Iran. Ziel dieses Projekts ist es, Lehrmaterial zu christlicher (in meinem Fall: katholischer) und islamischer (schwerpunktmäßig: schiitischer) Theologie zu entwickeln, diese in Kursen vor Ort auszuprobieren und so gemeinsam ein Curriculum zu entwickeln, mit dem Studierende in religiös gemischten oder auch homogenen Gruppen arbeiten können. Das Interesse der iranischen Seite war es, insbesondere die Position der Katholischen Kirche im Blick auf die Rezeption moderner Schriftexegese und -hermeneutik kennenzulernen. Deshalb spielt in meinem Text das 1993 erschienene Dokument der Päpstlichen Bibelkommission *Die Interpretation der Bibel in der Kirche*[1] eine große Rolle. Dieses Dokument, das in Deutschland kaum rezipiert wurde,[2] ist in mehrerer Hinsicht interessant. Es gibt für die Katholische Kirche weltweit einen sehr guten Überblick über den Stand der Exegese 40 Jahre nach dem Zweiten Vatikanum und rezipiert darin u. a. breit die neueren literaturwissenschaftlichen Ansätze. Außerdem bietet es eine kritische Würdigung sowohl der befreiungstheologischen als auch der feministischen Exegese, was angesichts der Konfliktgeschichte beider Themen mit dem römischen Lehramt bemerkenswert ist. Interessant ist im ganzen Dokument ferner das Bemühen der Kommission, die kirchliche Tradition der Schriftauslegung in Beziehung zu bringen mit zeitgenössischen Ansätzen der Exegese, insbesondere aus der lebendigen Rezeption der Bibel im globalen Kontext. Nach eigenen Aussagen will das Dokument »die Wege aufzeigen, die zu einer dem menschlichen und zugleich

1 Päpstliche Bibelkommission, *Die Interpretation der Bibel in der Kirche*, 23. April 1993, hrsg. vom Sekretariat der Deutschen Bischofskonferenz, Bonn ^{2}1996, URL: www.theologie.uni-wuerzburg.de/fileadmin/01010100/_temp_/vas115.pdf (letzter Zugriff 05. 01. 2020).

2 Das lag vielleicht auch an der mangelhaften Übersetzung, die ich in den folgenden Zitaten leider nicht korrigieren kann.

göttlichen Charakter der Bibel möglichst getreuen Auslegung führen«.[3] Die Spannungen, die vermutlich auch innerhalb der Kommission vertreten waren, sind im Dokument zuweilen spürbar, aber auch das macht es interessant. Diese Aufgabe der Vermittlung zwischen Wissenschaft und Glaubensgemeinschaft verbindet die Päpstliche Bibelkommission meines Erachtens mit der islamischen Theologie im deutschen Sprachraum,[4] die ebenso die Brücke zu schlagen hat zwischen einer traditionellen Koranexegese und den wissenschaftlichen Ansprüchen der Gegenwart.

1 Kurze Geschichte der christlichen Exegese[5]

Biblische Interpretation im Christentum geht auf eine lange Tradition zurück: Sie beginnt bereits innerhalb der Bibel, die sich immer wieder selbst interpretiert. So interpretieren die Propheten die Tora des Mose entsprechend ihrer Situation, und das Neue Testament interpretiert das Alte Testament im Lichte des Christusereignisses: Das prominenteste Beispiel ist Jesaja 7,14, das von Matthäus (Mt 1,23) auf die Empfängnis Jesu durch die Jungfrau Maria gedeutet wird. Die Kirchenväter (2. bis 7. Jahrhundert) haben mit ihren Kommentaren und Predigten die Grundlagen für die klassische traditionelle christliche Exegese gelegt. Sie sind nach wie vor die wichtigste Autorität in den Orthodoxen Kirchen und den Kirchen des Ostens. Die großen Theologen des Mittelalters (11. bis 13. Jahrhundert) lasen und interpretierten die Bibel im Kontext der Glaubenslehre der Kirche.[6] Die Reformation und die Rezeption des Humanismus mit der Entdeckung der ursprünglichen biblischen Sprachen (Hebräisch und Griechisch, nicht Latein) und den großen Übersetzungen in die Nationalsprachen (Luther, King James-Version) bedeutete eine entscheidende Wende zur Entwicklung einer eigenständigen exegetischen Disziplin. Die Aufklärung (18. Jahrhundert) brachte die Historisch-Kritische Methode und damit eine kritische Haltung gegenüber dem Dogma und der Kirche. Im 19. Jahrhundert war der historische Zugang zur Bibel der dominierende; die Exegese erzielte bedeutende wissenschaftliche Erfolge, insbesondere auf dem Gebiet der Exegese des Alten Testaments. Die Ka-

3 Päpstliche Bibelkommission, *Die Interpretation der Bibel in der Kirche*, S. 29.
4 Über die internationale Situation kann ich mir kein fundiertes Urteil erlauben.
5 Vgl. zur Geschichte der Schriftauslegung das vierbändige Werk von Henning Graf Reventlow, *Epochen der Bibelauslegung*, München 1990–2001.
6 Das magistrale Werk zur Exegese der Väter und des Mittelalters stammt von Henri de Lubac, *Exégèse Médiévale: Les quatre sens de l'Écriture*, Aubier 1959–1964. Wichtige Texte in deutscher Übersetzung finden sich in dem von Rudolf Voderholzer verantworteten Band: Henri de Lubac, *Typologie: Allegorie: Geistiger Sinn: Studien zur christlichen Schriftauslegung*, Einsiedeln 1999.

tholische Kirche lehnte die Historisch-Kritische Methode lange Zeit ab aufgrund ihrer rationalistischen und dogmenkritischen Tendenz, weswegen die großen Gründergestalten der wissenschaftlichen Exegese (D. F. Strauß, F. Chr. Baur, H. J. Holtzmann, J. Wellhausen, H. Gunkel, W. Bousset, J. Weiß, K. Barth, R. Bultmann) fast ausschließlich in der protestantischen Kirche zu finden sind. Erst im 20. Jahrhundert, beim Zweiten Vatikanischen Konzil (1961–65), kam der Durchbruch auch in der Katholischen Kirche: Mit dem Konzilsdokument *Dei Verbum* wurde die Historisch-Kritische Methode der Exegese offiziell als Methode der Schriftauslegung akzeptiert.[7] Dies führte in der Folge zu einer fruchtbaren Wiederbelebung der katholischen Exegese, einer neuen Ökumene auf der Grundlage des gemeinsamen Bezugs zur Bibel und zu einer Erneuerung des Glaubens aus den Quellen der Heiligen Schrift. Gleichzeitig verstummten die kritischen Stimmen der Historisch-Kritischen Methode gegenüber nie, die ihr theologische Sterilität, Weltfremdheit und Ideologieanfälligkeit vorwarfen.[8] Die Entwicklung blieb jedoch nicht bei der Historisch-Kritischen Methode stehen, denn die Wissenschaft entwickelte sich weiter. Vor allem die Sprachphilosophie (M. Heidegger, L. Wittgenstein), die Sprach- und Literaturwissenschaft und die moderne Hermeneutik (H.-G. Gadamer, P. Ricœur) wurden in der Exegese rezipiert. Ein weiterer wichtiger Impuls kam aus den Kirchen des globalen Südens, die mit ihren vielfältigen Zugängen zur Schriftinterpretation das Monopol des eurozentrischen Zugangs zur Schrift in Frage stellten. Als jüngere Entwicklung muss außerdem eine in allen christlichen Kirchen stärker werdende fundamentalistische Tendenz genannt werden, die mit einer emphatischen Betonung des subjektiven Zugangs zur Bibel, einer Wissenschaftsfeindlichkeit und einem neuen Verbalismus einhergeht. Vor diesem Hintergrund erschien 1993 das genannte richtungsweisende Dokument der Päpstlichen Bibelkommission im Auftrag von Papst Johannes Paul II.: *Die Interpretation der Bibel in der Kirche*. Es fasst den Stand der katholischen Exegese zusammen und betont eine positive Verbindung zwischen Wissenschaft und Glauben, Wissenschaft und Kirche. Vom 5. bis 23. Oktober 2008 fand in Rom eine außerordentliche Bischofssynode statt, das sich mit dem »Wort Gottes in Leben und Sendung der Kirche« befasste. Papst Benedikt XVI. veröffentlichte dazu am 11. November 2018 das nachsynodale Schreiben *Verbum Domini*, in dem er die Wichtigkeit einer Neuentdeckung des Wortes Gottes für das Leben der Gläubigen betont und für eine erneuerte, bib-

7 Vgl. Zweites Vatikanisches Konzil, *Dogmatische Konstitution über die Göttliche Offenbarung Dei Verbum (DV)*, 18. November 1965, URL: www.vatican.va/archive/hist_councils/ii_vatican_council/documents/vat-ii_const_19651118_dei-verbum_ge.html (letzter Zugriff 05. 01. 2020).
8 Vgl. Joseph Ratzinger (Hg.), *Schriftauslegung im Widerstreit*, Freiburg i. Br./Basel/Wien 1989.

lisch begründete Pastoral wirbt.[9] Das Jahr 2020 schließlich ist sowohl von der weltweiten Evangelischen Allianz als auch von der Katholische Bibelföderation zum ›Jahr der Bibel‹ erklärt worden; es sollen vermehrt und auch ökumenisch bibelpastorale Projekte durchgeführt werden und dabei auch alte Schätze des Schriftumgangs wie zum Beispiel die *Lectio Divina* neu in die Praxis der Gläubigen gehoben werden.

2 Gottes Wort in Menschenwort. Das Zweite Vatikanische Konzil[10]

Ausgangspunkt der heutigen katholischen Exegese ist das Zweite Vatikanische Konzil. Es definierte die göttliche Offenbarung nicht als eine Mitteilung von ›etwas‹ (Gesetze, Wahrheiten, Fakten), sondern als Gottes Selbstmitteilung (Selbstoffenbarung), durch die er die Menschheit zur Gemeinschaft mit seinem göttlichen Leben einlädt.[11] Der offenbarungstheologische Kernsatz des Johannesevangeliums, Joh 1,14, bedeutet: Das ewig-lebendige Wort Gottes (*logos*), der Sohn des Vaters, wird Mensch und tritt neuschaffend und rettend in die Geschichte ein.

Die zentralen Passagen in der dogmatischen Konstitution über die göttliche Offenbarung *Dei Verbum* (1965) lauten:

> 11. Das von Gott Geoffenbarte, das in der Heiligen Schrift enthalten ist und vorliegt, ist unter dem Anhauch des Heiligen Geistes aufgezeichnet worden; denn aufgrund apostolischen Glaubens gelten unserer heiligen Mutter, der Kirche, die Bücher des Alten wie des Neuen Testamentes in ihrer Ganzheit mit allen ihren Teilen als heilig und kanonisch, weil sie, unter der Einwirkung des Heiligen Geistes geschrieben (vgl. Joh 20,31; 2 Tim 3,16; 2 Petr 1,19–21; 3,15–16), Gott zum Urheber haben und als solche der Kirche übergeben sind (1). Zur Abfassung der Heiligen Bücher hat Gott Menschen erwählt, die ihm durch den Gebrauch ihrer eigenen Fähigkeiten und Kräfte dazu dienen sollten (2), all das und nur das, was er – in ihnen und durch sie wirksam (3) – geschrieben haben wollte, als echte Verfasser schriftlich zu überliefern (4).
>
> 12. Da Gott in der Heiligen Schrift durch Menschen nach Menschenart gesprochen hat (6), muß der Schrifterklärer, um zu erfassen, was Gott uns mitteilen wollte, sorgfältig erforschen, was die heiligen Schriftsteller wirklich zu sagen beabsichtigten und was Gott mit ihren Worten kundtun wollte.

9 Papst Benedikt XVI., *Nachsynodales Apostolisches Schreiben Verbum Domini (VD)* (30. 09. 2010), URL: www.vatican.va/content/benedict-xvi/de/apost_exhortations/documents/hf_ben-xvi_exh_20100930_verbum-domini.html (letzter Zugriff 20. 04. 2020).

10 Vgl. Aus der Fülle der Literatur: Karl Lehmann/Ralf Rothenbusch (Hgg.), *Gottes Wort in Menschenwort: Die eine Bibel als Fundament der Theologie*, Freiburg i. Br. 2014.

11 Vgl. Zweites Vatikanisches Konzil, *Dei Verbum.*

Das Ergebnis für die Interpretation der Heiligen Schrift war, dass die göttliche Urheberschaft nicht mehr wie in der traditionellen Exegese als Verbalinspiration zu verstehen war, sondern als die Erwählung und Indienstnahme menschlicher Autoren durch Gott. Das hält auch der Text der Bibelkommission fest:

> Die katholische Exegese unterscheidet sich nicht durch eine besondere wissenschaftliche Methode. Sie stimmt der Erkenntnis zu, daß die biblischen Texte das Werk menschlicher Autoren sind, die sich ihrer eigenen Ausdrucksmöglichkeiten bedient haben und mit den Mitteln arbeiteten, die ihnen je nach Zeit und Milieu zur Verfügung standen. Daher benützt sie ohne Vorbehalte alle wissenschaftlichen Methoden und Zugänge, die den Sinn der Texte in ihrem sprachlichen, literarischen, soziokulturellen, religiösen und historischen Umfeld erschließen [...].[12]

3 Von der traditionellen zur modernen Exegese

3.1 Vom ahistorischen, literarischen Verständnis zum Verständnis eines historischen, literarischen Textes[13]

Der Bibeltext ist kein Geschichtsbuch mit historischen Fakten. Es ist auch kein Lehrbuch über dogmatische Überzeugungen, kein Buch über Rechtswissenschaft oder Kosmologie. Die Texte der Bibel können nicht als Steinbruch verwendet werden, aus dem einzelne Sätze herausgebrochen werden, um Glaubensbekenntnisse zu beweisen. Vielmehr ist die Bibel eine Sammlung verschiedener Schriften unterschiedlichen Alters und literarischen Genres. Die historische Forschung kann ihren historischen Inhalt beurteilen. Fruchtbar ist insbesondere die sprachliche und literarische Analyse, die zwischen verschiedenen Gattungen unterscheidet (Gebet, Bekenntnis, Ermahnung, Trost, Vision, ...) und die Intention (Pragmatik) der Sprache (historisch, prophetisch, poetisch, symbolisch, apokalyptisch, pädagogisch, paränetisch, polemisch, visionär, fiktiv, ...) bestimmen kann.[14]

12 Päpstliche Bibelkommission, *Die Interpretation der Bibel in der Kirche*, S. 75.

13 Wieder aus der Fülle der Literatur nur ein Hinweis auf eine neuere unkonventionellere Art der ›Einleitung‹, geeignet vor allem für Einsteiger und Neugierige: Egbert Ballhorn/Georg Steins/Regina Wildgruber et al. (Hgg.), *73 Ouvertüren: Die Buchanfänge der Bibel und ihre Botschaft*, Gütersloh 2018.

14 Vgl. dazu Klaus Berger, *Formgeschichte des Neuen Testaments*, Heidelberg 1984.

3.2 Von der Semantik des Begriffs zur Semantik des Textes[15]

Die Exegese kann sich nicht damit zufriedengeben, Begriffe im Text so zu erklären, als ob ihre Bedeutung ein für alle Mal festgelegt wäre. Die Bedeutung eines Textes ist mehr als die Summe seiner Begriffe. Die Bedeutung ist nicht in der Enzyklopädie zu finden, sondern ist ein Zusammenspiel der sinnvollen Elemente eines Textes. Deshalb ist der Kontext der erste und wichtigste Bezugspunkt für die Bedeutung: Dieser Bezugspunkt ist der Kontext des Kapitels, der jeweiligen biblischen Schrift, des gesamten Alten oder Neuen Testaments und auch des Bibelkanons (die Sammlung aller alt- und neutestamentlichen Schriften), ja sogar der jeweilige kulturelle Kontext der Zeit, in der die Schrift geschrieben wurde.

3.3 Von festen theologischen Voraussetzungen zu einer offenen biblischen Hermeneutik[16]

Das Dokument der Bibelkommission weist jedoch über die rein historische und literarische Analyse hinaus auf einen offenen Prozess des Verstehens:

> Die Methoden der literarischen und geschichtlichen Analyse sind somit für die Interpretation notwendig. Der Sinn eines Textes kann jedoch nur dann voll erfasst werden, wenn er im Erleben der Leser aktualisiert wird, die ihn sich aneignen. Diese sind aufgerufen, aus ihrer Situation heraus neue Bedeutungen in der Perspektive des grundlegenden Sinnes, wie er vom Text ausgeht, freizusetzen. Die Kenntnis der Bibel darf nicht etwa an der Sprache hängenbleiben. Sie muss vielmehr bis zur Realität vordringen, von der der Text spricht. Die religiöse Sprache der Bibel ist eine symbolische Sprache, die zu denken gibt, eine Sprache, deren Sinnreichtum sich nie erschöpft. Es ist eine Sprache, die eine transzendente Realität meint und auf sie verweist und zugleich im Menschen den Sinn für die Tiefendimension seines Seins weckt.[17]

Daher zieht das Dokument einige Schlussfolgerungen, was das Verhältnis zwischen Kontinuität und Weiterentwicklung im Blick auf die Tradition betrifft:

> Der Dialog mit der Heiligen Schrift in ihrer Gesamtheit, also auch mit dem Verständnis des Glaubens, das früheren Epochen eigen war, geht notwendigerweise mit dem Dialog mit der zeitgenössischen Generation einher. Dies hat zur Folge, daß sich die Herstellung

15 Vgl. dazu die kompakte Einführung in: Wilhelm Egger/Peter Wick, *Methodenlehre zum Neuen Testament*, Freiburg i. Br. 2011.

16 Zur biblischen Hermeneutik vgl. Oda Wischmeyer (Hg.), *Lexikon der Bibelhermeneutik: Begriffe – Methoden – Theorien – Konzepte*, Berlin/Boston 2013; Susanne Luther/Ruben Zimmermann (Hgg.), *Studienbuch Hermeneutik: Bibelauslegung durch die Jahrhunderte als Lernfeld der Textinterpretation, Porträts – Modelle – Quellentexte*, Gütersloh 2014.

17 Päpstliche Bibelkommission, *Die Interpretation der Bibel in der Kirche*, S. 65 f.

einer Beziehung von Kontinuität, aber auch die Feststellung von Verschiedenheiten ergibt. Daraus folgt, daß die Interpretation der Heiligen Schrift in Überprüfung und Auswahl besteht: sie bleibt in Kontinuität mit früheren exegetischen Traditionen, von denen sie viele Elemente beibehält und sich zu eigen macht; in gewissen Punkten aber befreit sie sich davon, um fortschreiten zu können.[18]

4 Die Bibel: Eine Welt, die man bewohnen kann

Diese Voraussetzungen der gegenwärtigen Exegese habe ich zwar mit Blick auf die katholische Kirche erläutert; sie gelten jedoch für die gegenwärtige evangelische Kirche in gleichem Maß.[19] Davon ausgehend möchte ich nun ein Modell vorstellen, in dem die verschiedenen Methoden und Ansätze zur Interpretation der Heiligen Schrift in ihrem Zusammenhang gesehen werden können.

Biblische Interpretation kann heute einen Text nicht mehr nach einer festen Methode analysieren. Vielmehr beginnt Verstehen damit, dass ich eine Frage zum Text habe und dann über die Methodologie und die einzelnen Methoden nachdenke, die ich zur Beantwortung meiner Frage wählen muss. Diese Frage kann unterschiedlich sein und deshalb unterschiedliche Methoden erfordern:

- Historisch: Was sagt die Bibel über bestimmte historische Ereignisse?
- Religionsgeschichtlich: Welche Einflüsse der altorientalischen und antiken Religionen und Gottesvorstellungen haben meinen Text beeinflusst?
- Literarisch: Wie ist ein Text aufgebaut, wie poetisch ist seine Sprache, wie kunstvoll seine Struktur?
- Ist der Text kohärent oder haben vielleicht verschiedene Hände daran gearbeitet?
- In welchem Verhältnis steht er zu anderen Texten der Bibel (Altes Testament oder andere neutestamentliche Texte)?
- Theologisch: Was sagt der Text über Gott, über den Menschen, über die Beziehung zwischen Mensch und Gott, über das Ziel des menschlichen Lebens, ...?
- Ethisch: Was kann ich aus einem alten Text herausholen, der behauptet, für die heutigen Fragen maßgebend zu sein (Fragen der Bioethik, von Krieg und Frieden, Verantwortung für die Schöpfung, ...)?

18 Päpstliche Bibelkommission, *Die Interpretation der Bibel in der Kirche*, S. 80.

19 Das kann man etwa am Beispiel der ökumenischen Kommentarprojekte ÖTK (*Ökumenischer Taschenbuchkommentar zum Neuen Testament*, Gütersloh/Würzburg) und EKK (*Evangelisch-Katholischer Kommentar zum Neuen Testament*, Neukirchen-Vluyn/Ostfildern) sehr schön sehen.

- Existentiell, spirituell: Welche Kraft hat der biblische Text für die konkrete Gestaltung des Lebens eines gläubigen Menschen, für seine Beziehung zu Gott, …?

Im Gegensatz zur Alltagssprache oder Wissenschaftssprache ist die religiöse und biblische Sprache eine symbolische, metaphorische oder poetische Sprache. Sie hat die Kraft, eine Welt nicht nur zu beschreiben, sondern auch zu erschließen. Deshalb spricht der französische Philosoph Paul Ricœur (1913–2005) von der Bibel als einer »Welt«. Ricœur nennt diese Welt, die der Text öffnet, die »Welt des Textes« – »le monde du text«:[20] »Die Welt des Textes regt den Leser, den Hörer an, sich selbst angesichts des Textes zu verstehen und, in Imagination und Sympathie, das *Selbst*, das fähig ist, diese Welt zu bewohnen, indem es darin seine eigensten Möglichkeiten entfaltet, zu entwickeln.«[21] Dies geschieht für Ricœur auch dann, wenn biblische Texte auf ihre Weise »Gott nennen«, »wenn sie auf dichterische Weise aufzeigen und so eine Welt enthüllen, die wir bewohnen könnten.«[22] Diese Welt ist nicht die Welt, die die Evangelien entwerfen, also nicht das – weil es ja von den Evangelien erzählend geformt wird – fiktionale Galiläa oder Jerusalem des ersten Jahrhunderts als Schauplatz des Lebens Jesu, und auch nicht meine Alltagswelt, sondern »was sich zeigt, das ist jedes Mal das Angebot einer Welt, […] die so beschaffen ist, dass ich meine eigensten Möglichkeiten in sie hinein entwerfen kann.«[23] »Die Textwelt der Bibel ist ein umfassender Horizont, eine Sinntotalität, die neben den personalen Aspekten auch kosmische, soziale und historisch-kulturelle Aspekte aufweist.«[24] Theologisch ist dies »das Angebot der ›Welt Gottes‹ für uns, die sich in Jesus, dem Christus, erschlossen hat.«[25] In die Welt einzutreten, die der Text eröffnet und in die er einlädt, bedeutet für den Leser und die Leserin Wandlung; Ziel der Schriftauslegung ist deshalb, so Sandra Schneiders, eine verwandelnde Interpretation.[26] Für Ricœur kommt der Prozess der Interpretation erst dann zum Abschluss, wenn der Interpret sich die Sache des Textes, die Textwelt, angeeignet hat.

20 Paul Ricœur, *L'herméneutique biblique*, Paris 2001, S. 49–51; Vgl. Franz Prammer, *Die philosophische Hermeneutik Paul Ricœurs in ihrer Bedeutung für eine theologische Sprachtheorie*, Innsbruck 1988, S. 156 f.

21 Paul Ricœur, *»Gott nennen«*, in: *Gott nennen: Phänomenologische Zugänge*, hrsg. von Bernhard Casper, Freiburg i. Br./Basel/Wien 1981, S. 45–79, hier S. 56; Margit Eckholt, *Hermeneutik und Theologie bei Paul Ricœur: Denkanstöße für eine Theologie im Pluralismus der Kulturen*, München 2002, S. 34.

22 Ricœur, *Gott nennen*, S. 56; Eckholt, *Hermeneutik und Theologie bei Paul Ricœur*, S. 36.

23 Ricœur, *Gott nennen*, S. 56; Eckholt, *Hermeneutik und Theologie bei Paul Ricœur*, S. 36.

24 Franz Prammer, *Die philosophische Hermeneutik Paul Ricœurs in ihrer Bedeutung für eine theologische Sprachtheorie*, S. 157.

25 Eckholt, *Hermeneutik und Theologie bei Paul Ricœur*, S. 36.

26 Sandra M. Schneiders, *The Revelatory Text: Interpreting the New Testament as Sacred Scripture*, San Francisco 1991, S. 169–179.

Ricœur spricht allerdings von der Welt des Textes (*monde du texte*) im Singular. Und diese Welt ist bei ihm ursprünglich gerade nicht »etwas hinter dem Text Verborgenes, sondern etwas vor dem Text Erschlossenes.«[27] Sein Konzept der »semantischen Autonomie« eines Textes,[28] wonach mit der Verschriftlichung mündlicher Rede eine »Distanzierung«[29] vom ursprünglichen Verfasser, von der Ursprungssituation und den ursprünglichen Rezipienten eintritt, bricht mit der »Illusion«, der »eigentliche« Sinn eines Textes lasse sich hinter dem Text in der Intention des Autors finden.

Nun hieße das in letzter Konsequenz, dass die klassische und auch vom Konzil festgehaltene Frage der Exegese nach der Autorintention für das Verstehen der Bibel letztlich irrelevant ist. Befragt nach der Relevanz der Historisch-Kritischen Methode und ihrer Bedeutung für die Erforschung der Welt hinter dem Text, sagt Ricœur jedoch: »Ich glaube nicht, dass sie [die Historisch-Kritische Methode, M. G.] jemals ersetzt werden kann. [...] Warum kann sie nicht ersetzt werden? In der Hauptsache deshalb, weil die Texte, die wir lesen, im letzten nicht Texte über Texte sind, sondern *Texte über Zeugnisse, die ihrerseits Ereignisse meinen.*«[30]

Der Prozess der Lektüre geht den umgekehrten Weg: Er beginnt mit der *Perspektive des Lesers*. Er fragt weiter nach der Bedeutung des Textes (*Intention des Textes*). Er fragt im Text nach dem Zeugnis des Autors (*Intention des Autors*). Er fragt in ihrem Zeugnis nach dem Ereignis, das sie bezeugen (*historische Interpretation*). Er fragt schließlich danach, wie sich Gott in diesem Ereignis offenbart (*theologische Interpretation*).

---

27 Paul Ricœur, »*The Model of the Text: Meaningful Action Considered as a Text*«, in: *Social Research* 38 (1971), S. 529–562; zitiert nach der Übersetzung von Franz Prammer, *Die philosophische Hermeneutik Paul Ricœurs in ihrer Bedeutung für eine theologische Sprachtheorie*, Innsbrucker theologische Studien 22, hrsg. von Emerich Coreth, Walter Kern und Hans Rotter, Innsbruck 1988, S. 85.

28 Vgl. dazu Prammer, *Die philosophische Hermeneutik Paul Ricœurs*, S. 179–182.

29 Paul Ricœur, *Interpretation Theory: Discourse and the Surplus of Meaning*, Fort Worth, Texas 1976, S. 43 f.; vgl. Prammer, *Die philosophische Hermeneutik Paul Ricœurs*, S. 87 f.

30 Paul Ricœur, »*Skizze einer abschließenden Zusammenfassung*«, in: *Exegese im Methodenkonflikt: Zwischen Geschichte und Struktur*, hrsg. von Xavier León-Dufour, München 1971, S. 188–199, hier S. 194 [Hervorhebung von M. G.].

5 Drei Textwelten: in Lese- und Interpretationsmodell

Über den Begriff des Zeugnisses eröffnet sich bei Ricœur also ein Weg, das Anliegen der modernen Hermeneutik aufzugreifen und es mit dem klassischen Anliegen der Exegese, der Frage nach dem »was die heiligen Schriftsteller wirklich zu sagen beabsichtigten«[31] zu verbinden.[32] Sandra M. Schneiders entwickelt in dieser Intention ihr Interpretationskonzept der drei Textwelten; ich halte es für hilfreich und weiterführend, weil sich hier ein Weg auftut, hermeneutische Kategorien mit methodischen Erfordernissen konkreter Schriftauslegung zu verbinden.[33]

Das Ereignis, auf das sich die Texte des Neuen Testaments beziehen, ist Leben, Sterben und Auferstehen Jesu Christi, das von den Zeugen als endgültige Offenbarung Gottes bezeugt wird. Dieses Geschehen in der Geschichte ist bis heute aktuell. Nach der Überzeugung der christlichen Glaubensgemeinschaft ist es Gott, der sich in diesen Ereignissen den Menschen offenbart. Der biblische Text steht also zwischen dem Ereignis, auf den der Text sich als Zeugnis bezieht, und dem gegenwärtigen Leser, an den er sich richtet. Als Text ist er jedoch auch, zumindest in gewissem Maße, eine linguistische Einheit, die auf sich selbst bezogen ist.[34] So spricht Sandra Schneiders, indem sie Ricœurs Konzept des *monde du texte* aufgreift und es für das Anliegen der Schriftauslegung anwendet, von drei Textwelten, um die verschiedenen Brennpunkte exegetischen Interesses zu bezeichnen: die Welt hinter dem Text, die Welt des Textes und die Welt vor dem Text.[35]

In der *Welt hinter dem Text* stellen sich die Fragen nach dem Ereignis, vermittelt durch seine Bezeugung durch die neutestamentlichen Autoren und ihre Intention. Da wir zu diesen Personen keinen unmittelbaren Zugang haben, diese ihr Zeugnis jedoch in Sprache gefasst, verschriftlicht und insofern in eine semantische Autonomie freigegeben haben, wird in der *Welt des Textes* nach der Intention des Textes selbst gefragt. Der Text ›spricht‹ jedoch nicht selbst, sondern dadurch, dass er gelesen wird. Und er ›steuert‹ auf feine Weise diese seine Lektüre. Auch diesen durch Sprache vermittelten Strategien seiner Intention gilt es in der Welt des Textes nachzuspüren. Verwandeln wird der Text der Bibel aber erst

31 2. Vatikanisches Konzil, *DV* 12.

32 Vgl. dazu Prammer, *Die philosophische Hermeneutik Paul Ricœurs*, S. 182–186; Sandra M. Schneiders, *The Revelatory Text*, Collegeville, Minn. 1999, S. 133–138.

33 Schneiders, *The Revelatory Text*; vgl. dazu auch Margareta Gruber, »*Wandern und Wohnen in den Welten des Textes. Das Neue Testament als Heilige Schrift interpretieren*«, in: *Studien zum Neuen Testament und seiner Umwelt* 29 (2004), S. 41–65. Auf diesen Aufsatz greife ich im vorliegenden Beitrag immer wieder zurück.

34 Schneiders, *The Revelatory Text*, S. 113.

35 Schneiders, *The Revelatory Text*, S. 98–179.

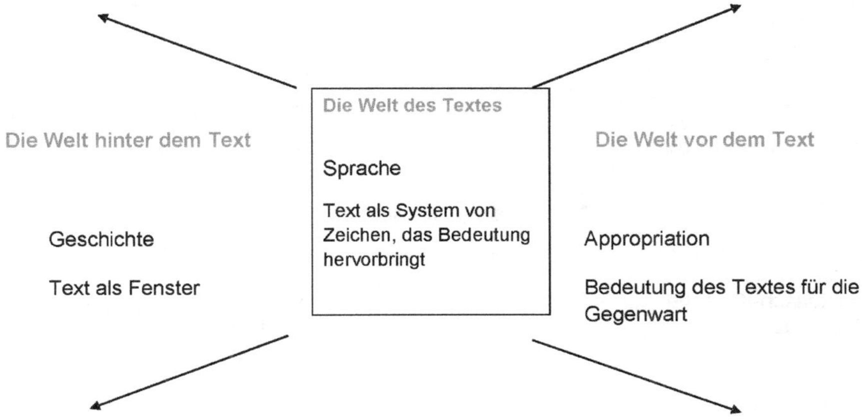

Grafik: Margareta Gruber

in dem Moment, wo sich ein realer Leser oder eine Leserin mit dieser Strategie auseinandersetzt, das Rollenangebot, das ihr oder ihm der Text macht, ergreift und es im Spannungsfeld von Identifikation und Distanzierung in ihrer oder seiner eigenen Lebenswelt umsetzt. Dann ist die Welt vor dem Text erschlossen, und der Leser oder die Leserin hat sie betreten, um sie zu bewohnen. Die Päpstliche Bibelkommission nennt als »eine der wichtigsten Aufgaben der Exegese«, die Identifikation des realen Lesers mit dem im Text der Schrift vorgezeichneten sogenannten impliziten Leser zu erleichtern.[36]

Aus diesem Konzept der drei »Welten« kann nun ein Interpretationsmodell abgeleitet werden. Die verschiedenen Methodologien und Methoden können den drei Perspektiven auf den Text zugeordnet werden:

36 Vgl. Päpstliche Bibelkommission, *Die Interpretation der Bibel in der Kirche*, S. 40.

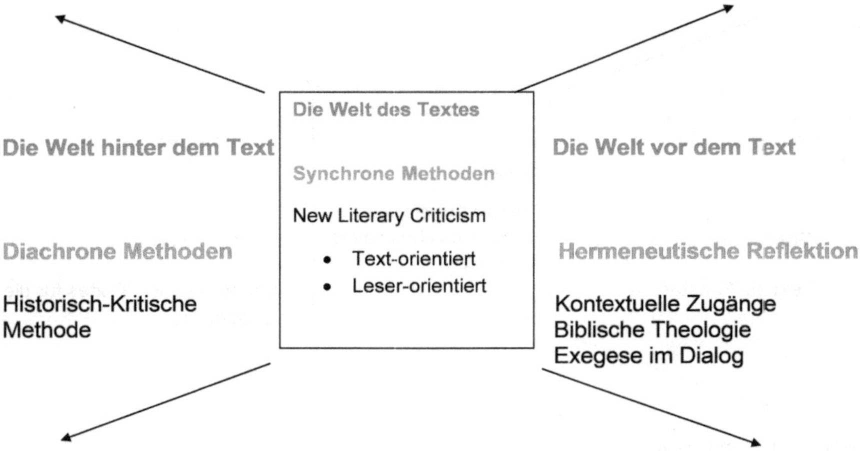

Grafik: Margareta Gruber

5.1 Die Welt hinter dem Text: die Historisch-Kritische Methode[37]

Das nach wie vor unverzichtbare Werkzeug des Exegeten[38] in der Welt hinter dem Text ist die Historisch-Kritische Methode mit ihren klassischen methodischen Schritten (Textkritik, Literarkritik, Religionsgeschichte, Traditionskritik, Redaktionskritik) und ihren Erweiterungen (Sozialgeschichte, Historische Psychologie, Archäologie, Wirkungsgeschichte, Klassische Philologie und Rhetorik).

Dank dieser Methode wurde das Fenster zur Welt hinter dem Text von diversen Schichten gereinigt, die sich im Lauf der Jahrhunderte angelagert hatten und die Sicht auf die historische Entstehungssituation des biblischen Textes wurde immer klarer. Primäres Ziel der Anwendung dieser Methode ist die Erhebung des Sinns, den ein Text zur Zeit seiner geschichtlichen Entstehungszeit hatte. Die ideale Vorstellung war, man könne auf diese Weise hören, was der historische Autor sagen wollte bzw. den Text so lesen, wie ihn die ersten Leser gelesen hatten. Dies ist auf Grund der historischen Distanz und der semantischen

37 Hier möchte ich auf die kompakte Darstellung dieser Methode durch Stefan Zorn verweisen, die er insbesondere im Blick auf eine muslimische Leserschaft verfasst hat, in: Mouhanad Khorchide, *Gottes Offenbarung in Menschenwort: Der Koran im Licht der Barmherzigkeit,* Freiburg i. Br. 2018, S. 231–291.

38 Das betont auch die Bibelkommission, vgl. Päpstliche Bibelkommission, *Die Interpretation der Bibel in der Kirche,* S. 30: »Die Historisch-Kritische Methode ist die unerlässliche Methode für die wissenschaftliche Erforschung des Sinnes alter Texte. Da die Heilige Schrift, als ›Wort Gottes in menschlicher Sprache‹, in all ihren Teilen und Quellen von menschlichen Autoren verfasst wurde, lässt ihr echtes Verständnis diese Methode nicht nur als legitim zu, sondern es erfordert auch ihre Anwendung.«

DIE HISTORISCH-KRITISCHE METHODE DER EXEGESE
(Margareta Gruber)

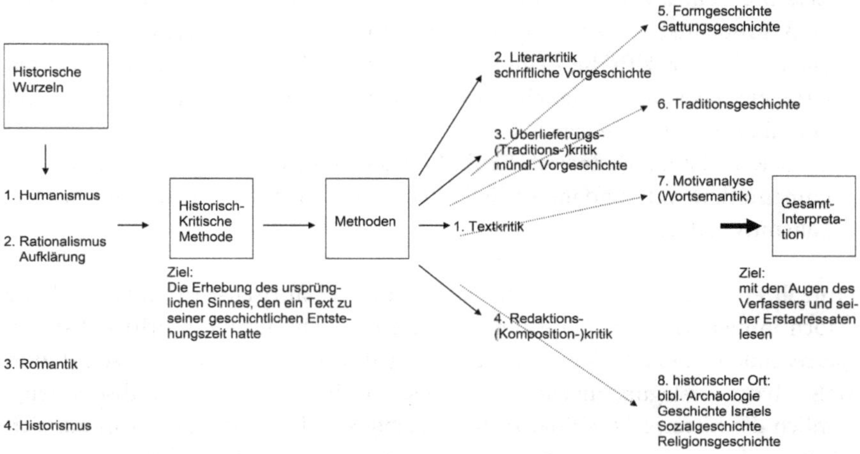

Lit.: M. Oeming, Biblische Hermeneutik. Eine Einführung, Darmstadt 1998

Autonomie des Textes nie vollständig realisierbar, aber dennoch ist die durch die historische Forschung erreichte Kontextualisierung des biblischen Textes für sein Verständnis grundlegend. Auch in der traditionellen Exegese nach den vier Schriftsinnen galt der so genannte Literalsinn im Verhältnis zum allegorischen, dem moralischen und dem anagogischen Sinn als der grundlegende. Wo die Kirchenväter und die Exegeten des Mittelalters jedoch den Weg über die Allegorie gehen mussten, um schwierige Passagen zu erklären stellt die Historisch-Kritische Methode ein wissenschaftliches Instrumentarium zur Verfügung, wie folgende prominente und leider nicht überall überwundene Problemfelder zeigen:

- Es ist für die modernen Menschen schwierig, mit den Ergebnissen der Naturwissenschaften zu leben und gleichzeitig buchstäblich an die Erschaffung der Welt in sieben Tagen zu glauben, wie es der biblische Schöpfungsbericht erzählt. Das Wissen um die Geschichtlichkeit des Heiligen Textes, um seinen religionsgeschichtlichen Hintergrund und seine literarische Gattung als Mythos ist hier eine Hilfe für die Gläubigen: Sie sind nicht gezwungen, in zwei Welten zu leben, die sich widersprechen, sondern erkennen das theologische Zeugnis des Textes, dass nämlich alles, was existiert, gut ist und unzerstörbar mit seinem Schöpfer verbunden.
- Eines der größten Probleme vieler Menschen mit der Bibel ist die Tatsache, dass in der Heiligen Schrift Gewalt gerechtfertigt oder sogar von Gott dazu aufgerufen wird. Die kritischen Texte sind die Erzählungen von der gewaltsamen Eroberung des Landes Kanaan mit der Vernichtung der Feinde, aber auch

manche Psalmen und prophetische Texte, in denen Gott selbst als Rächer und Zerstörer seines Volkes oder seiner Feinde erscheint. Der Blick auf die Gattung (z. B. prophetische Gerichtsrede), die historische Entstehungssituation, aber auch auf die spezifische Ästhetik eines Gewalttextes führt zu differenzierten Urteilen; das kann in manchen Fällen auch zu einer berechtigten Sachkritik am biblischen Text führen.[39]
- Schließlich ist die Historisch-Kritische Exegese eine wichtige Hilfe in der Argumentation mit fundamentalistischen Strömungen, die einen neuen Verbalismus vertreten.

Trotz ihrer unbestreitbaren Verdienste wird der Historisch-Kritischen Methode jedoch immer wieder vorgeworfen, dass sie die Sicht auf die Schrift selbst versperre, indem sie nicht den Text der Heiligen Schrift, sondern sich selbst zum Maßstab der Auslegung mache. Dabei wende sie ihr eigentliches Handwerkszeug, nämlich die historische Kritik, zwar ausgiebig auf den Text, aber nicht auf sich selbst an. In einer scharfsichtigen, nicht immer von Polemik freien geistesgeschichtlichen Analyse der modernen Exegese forderte Joseph Ratzinger deshalb eine historisch-kritische Selbstkritik der Historisch-Kritischen Methode.[40]

Das folgende Diagramm fasst die Entwicklung der letzten Jahrzehnte im Überblick zusammen. Insbesondere sind drei Dinge zu nennen, die die gesuchte Synthese von historischem Erklären und ganzheitlichem Verstehen vorangebracht haben: Die Entdeckung der Sprache, die Entdeckung des Lesers und die (Wieder)Entdeckung der mystagogischen Dynamik der Schrift. Doch damit betreten wir schon die nächste Textwelt, die Welt des Textes.

39 Vgl. Hamideh Mohagheghi/Klaus von Stosch (Hgg.), *Gewalt in den heiligen Schriften von Islam und Christentum*, Paderborn 2014, und darin den Beitrag von Margareta Gruber, *»Verbale Gewalt in Johannes 8,43–44: Theologische Sachkritik am Johannesevangelium als intentio des Textes der Heiligen Schrift«*, S. 63–71.

40 Vgl. Joseph Ratzinger, *»Schriftauslegung im Widerstreit: Zur Frage nach Grundlagen und Weg der Exegese heute«*, in: *Schriftauslegung im Widerstreit*, hrsg. von dems., Freiburg i. Br./Basel/Wien 1989, S. 15–44; vgl. dazu auch die sehr differenzierte Analyse von Karl Lehmann, *»Der hermeneutische Horizont der Historisch-Kritischen Exegese«*, in: *Gegenwart des Glaubens*, hrsg. von dems., Mainz 1994, S. 54–93. Ein scharfer Kritiker der einseitig historisch-kritischen Schriftauslegung ist ferner Marius Reiser, vgl. ders. (Hg.), *Bibelkritik und Auslegung der Heiligen Schrift: Beiträge zur Exegese und Geschichte der Hermeneutik*, Tübingen 2007. Eine ökumenische Perspektive bietet Susanne Hausammann, *Gottes Wort und unsere Wörter: Der Umgang mit dem Wort Gottes in den Kirchen östlicher und westlicher Tradition*, Neukirchen-Vluyn 2013.

KRISE UND WEITERENTWICKLUNG DER HISTORISCH-KRITISCHEN EXEGESE (M. Gruber)

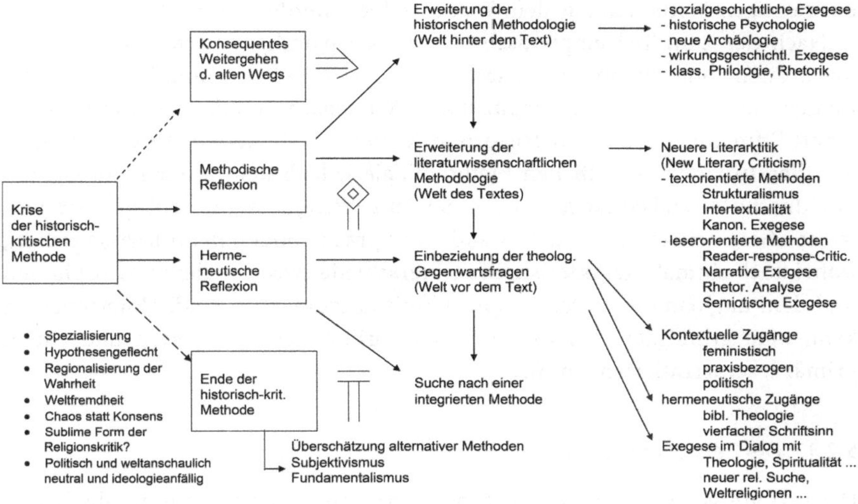

5.2 Die Welt des Textes: der Text und sein Leser

Vom 18. bis Mitte des 20. Jahrhunderts fragte die Exegese vor allem nach der ›Welt hinter dem Text‹. In der zweiten Hälfte des 20. Jahrhunderts wandte sich das Interesse immer mehr dem Text selbst zu, der ›Welt des Textes‹. Der philosophische Hintergrund dafür liegt in der Rezeption der Sprachphilosophie von Martin Heidegger (1889–1976) und Ludwig Wittgenstein (1889–1961) und in den letzten Jahrzehnten des 20. Jahrhunderts der hermeneutischen Philosophie von Hans-Georg Gadamer (1900–2002) und Paul Ricœur (1913–2005).

Die Entdeckung der Welt des Textes bedeutete vor allem: Der biblische Text ist zunächst einmal Sprache.[41] Dies erforderte nicht nur die Einführung einer neuen literaturwissenschaftlichen Methodologie mit einer Vielzahl von Methoden in das exegetische Geschäft, sondern ermöglichte auch ein neues Grundverständnis von Sprache als Medium der Offenbarung. Die Exegese verabschiedet sich damit endgültig von der Illusion, dass jeder Text eine eindeutige Bedeutung habe, die

41 Für die Exegese besonders inspirierend war die Entdeckung der metaphorischen Dimension religiöser Sprache, vgl. Paul Ricœur/Eberhard Jüngel, *Metapher: Zur Hermeneutik religiöser Sprache*, München 1974; Paul Ricœur, *Interpretation Theory*, Fort Worth, Texas 1976; Ruben Zimmermann (Hg.), *Bildersprache verstehen: Zur Hermeneutik der Metapher und anderer bildlicher Sprachformen*, München 2000; Schneiders, *The Revelatory Text*, S. 138–151. Aus religionsphilosophischer Perspektive vgl. Bernhard Casper, *Sprache und Theologie*, Freiburg 1975.

mit der Absicht des Autors übereinstimme und die durch den richtigen Einsatz der richtigen Methoden aus dem Text extrahiert werden könne.[42]

Nach der zum Teil emphatisch vertretenen paradigmatischen Wende vom diachronen zum synchronen Ansatz verstand sich Exegese zunächst mehr oder weniger ausschließlich als linguistische Wissenschaft oder Literaturwissenschaft.[43] Im Unterschied zur Historisch-Kritischen Methode hat sich innerhalb der literaturwissenschaftlichen Methodologie jedoch kein fester Methodenkanon durchgesetzt. Die exegetische Szene der letzten Jahrzehnte spiegelt jeweils – meist etwas zeitversetzt – den Stand der Sprach- oder Literaturwissenschaft, wobei noch einmal charakteristische Unterschiede zwischen dem frankophonen und dem angloamerikanischen Sprachkreis auszumachen sind. Unterscheiden kann man grundsätzlich zwischen einem primär textorientierten und einem primär leserorientierten Ansatz.

5.2.1 Der Text als Struktur

Der textbezogene Ansatz begegnet in der strukturalen oder strukturalistischen Exegese, die in Deutschland vor allem durch die Rezeption des französischen Strukturalismus geprägt ist. Der strukturalistische Ansatz betrachtet jeden einzelnen Text als geschlossenes System miteinander verbundener Zeichen, die Bedeutung hervorbringen, und als isolierbare Interpretationseinheit. Strukturale Exegese sucht nun diese Beziehungen zwischen den Bedeutungselementen möglichst textnah, exakt und objektiv zu beschreiben. Die Welt des Textes bleibt sozusagen geschlossen.[44]

Ausgeblendet bleibt dadurch die Beziehung zwischen dem Text und dem Leser; Lektüre ist jedoch nicht nur die Wahrnehmung einer im Text enthaltenen Struktur, sondern immer ein aktualisierender Akt. Deshalb ist die Exegese von rein textbezogenen Auslegungen weitergegangen zu Auslegungen, die den Leser und den Lesevorgang selbst in den Mittelpunkt stellen. Zunächst geschah und geschieht dies vielfach mit dem aus der Textlinguistik entwickelten hilfreichen Dreischritt von Syntax, Semantik und Pragmatik,[45] wobei jedoch die methodische Erfahrung immer deutlicher die Grenzen dieser Vorgehensweise zeigt. Semantik und Pragmatik sind auf Dauer innerhalb eines einzigen Interpretationsvorgangs

---

42 Vgl. Schneiders, *The Revelatory Text*, S. 140.

43 Vgl. den programmatischen Titel von Wolfgang Richter, *Exegese als Literaturwissenschaft: Entwurf einer alttestamentlichen Literaturtheorie und Methodologie*, Göttingen 1971; exemplarisch für die exegetische Diskussion dieser Zeit vgl. Xavier Léon-Dufour (Hg.), *Exegese im Methodenkonflikt: Zwischen Geschichte und Struktur*, München 1973.

44 Zum Text als strukturiertem Beziehungsgeflecht vgl. Egger/Wick, *Methodenlehre*, S. 43–49.

45 Sehr klar und praktisch ausgearbeitet in der ersten Auflage des Methodenbuches von Wilhelm Egger, *Methodenlehre*, Freiburg 1987.

nicht eindeutig voneinander zu trennen und auch nicht einfach zu addieren. Außerdem haben sich beide inzwischen aus dem Status einer einzelnen Methode unter anderen herausentwickelt und beanspruchen etwa als *Narrative Criticism*,[46] als Semiotik oder Pragmatische Exegese[47] jede für sich den Status eines integrativen Gesamtzuganges.

5.2.2 Auf der Suche nach dem Leser

In der Konzilskonstitution *Dei Verbum* wird als Ziel der Exegese genannt, zu »erfassen, was Gott uns mitteilen wollte«[48], also, womit er mit der Menschenwelt in Beziehung treten wollte. Hier ist also außer der Perspektive des (göttlichen) Autors und der des Textes als Medium der Kommunikation noch eine weitere genannt: die des Adressaten, des Lesers.[49] Welcher Leser ist aber gemeint?

Die Leser, die die Verfasser des Neuen Testaments konkret vor Augen hatten, ihre Gemeinden, bewohnen sozusagen die Welt hinter dem Text. Um sie geht es etwa in einer sozialgeschichtlichen Exegese. Diese Erstleser[50] wie alle Leser durch die Jahrhunderte[51] bis heute sind reale Personen; sie alle wurden und werden durch die Lektüre des Textes eingeladen, die Welt des Textes zu bewohnen, sich vom Anspruch und Zuspruch des Textes verändern zu lassen. Gibt es jedoch auch einen Leser, der die Welt des Textes bewohnt?

---

46 Zur Narratologie in der deutschsprachigen Exegese etwa Uta Poplutz, *Erzählte Welt: Narratologische Studien zum Matthäusevangelium*, Neukirchen-Vluyn 2008. Einführend vgl. Matias Martinez/Michael Scheffel, *Einführung in die Erzähltheorie*, München ^{6}2005.

47 Rainer Dillmann/Massimo Grilli/César Mira Paz, *Vom Text zum Leser: Theorie und Praxis einer handlungsorientierten Bibelauslegung*, Stuttgart 2002, S. 7; vgl. ferner Rainer Dillmann, *»Autor – Text – Leser: Grundfragen der Pragmatik und ihre Relevanz für die Interpretation biblischer Texte«*, in: *Theologie und Glaube* 87 (1997), S. 81–96.

48 Zweites Vatikanisches Konzil, *DV* 12.

49 Vgl. zur ›Entdeckung des Lesers‹ in der Exegese: Christoph Dohmen, *»Rezeptionsforschung und Glaubensgeschichte: Anstöße für eine neue Annäherung von Exegese und Systematischer Theologe«*, in: *Trierer Theologische Zeitschrift* 96 (1987), S. 123–134; Ulrich Heinz Jürgen Körtner, *Der inspirierte Leser: Zentrale Aspekte biblischer Hermeneutik*, Göttingen 1994; Jörg Frey, *»Der implizite Leser und die biblischen Texte«*, in: *Theologische Beiträge* 23 (1992), S. 266–290; Knut Backhaus, *»›Die göttlichen Worte wachsen mit dem Leser‹: Exegese und Rezeptionsästhetik«*, in: *Predigt als offenes Kunstwerk*, hrsg. von Erich Garhammer und Heinz-Günther Schöttler, München 1998, S. 149–167; Georg Schmuttermayr, *»Der Leser als ›Mitarbeiter des Wortes‹: Rezeptionsästhetische Perspektive und Inspirationstheologie«*, in: *Im Spannungsfeld von Tradition und Innovation. Festschrift Joseph Kardinal Ratzinger*, hrsg. von dems. et al., Regensburg 1997, S. 25–62.

50 Der Matthäus-Kommentar von Hubert Frankemölle ist aus der Perspektive der ersten Leser geschrieben, vgl. *»Exegese aus der Perspektive des Lesers«*, in: *Matthäus. Kommentar*, 2 Bde., hrsg. von dems., Düsseldorf 1994, Bd. 1, S. 37–45.

51 Sie werden im Rahmen einer Wirkungsgeschichte einbezogen im großen Kommentarwerk des *Evangelisch-Katholischen Kommentars* (EKK).

Ja. Denn im Fall einer schriftlichen Kommunikation ist zu beachten, dass eine antike oder heutige Leserin oder ein Leser mit dem Autor als Kommunikationspartner nicht direkt, sondern nur über den Text kommunizieren kann. In der modernen Rezeptionstheorie des *Reader-Response-Criticism* und in der Semiotik[52] wird deshalb noch eine weitere Differenzierung eingeführt. Es gibt eine im Text enthaltene implizite Kommunikationsebene, die von der Kommunikationsebene zwischen dem realen Autor und seinem realen Leser noch einmal unterschieden werden kann: Der reale Autor (Evangelist) kommuniziert über den Text mit dem realen Leser (von der urchristlichen Gemeinde bis zu mir); der implizite Autor (Eco: Modell-Autor) kommuniziert im Text mit dem impliziten Leser (Modell-Leser).

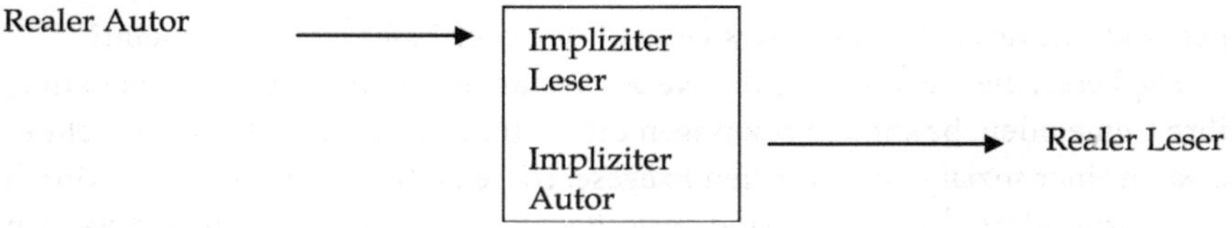

Leseprozesse spielen sich im Text ab. Um diesen zu beschreiben, greifen die Interpreten in der Regel zur metaphorischen Vorstellung vom Dialog, den ein Text mit seinem Leser oder seiner Leserin führt. Ein Leser wird vom Autor oder vom Text, der dann im Grunde eine Metapher für den Autor ist, geführt, getäuscht, belehrt, in Spannung versetzt, zum Glauben geführt etc. Die Schwierigkeit jedoch ist, dass sich dabei fast automatisch die Vorstellung realer Personen einstellt.[53]

Die narratologischen Kommentare z. B. von Francis J. Moloney[54] und L. Schenke[55] etwa heften sich auf die Spur eines Lesers, der das Evangelium Seite für Seite liest und verfolgen mit dessen Augen das Geschehen. Dieser Leser spiegelt

52 Die Bibelkommission behandelt unter diesem Titel den Strukturalismus der Pariser Schule (Algirdas Julien Greimas u. a.), vgl. dazu etwa Jean Zumstein, *»Narrative Analyse und neutestamentliche Exegese in der frankophonen Welt«*, in: *Verkündigung und Forschung* 41 (1996), S. 5–27. Ich beziehe mich hier jedoch auf die Semiotik, wie sie von Umberto Eco entwickelt wurde. Als hervorragende Einführung in diese semiotische Theorie ist die Arbeit von Silvia Pellegrini zu nennen: *Elia – Wegbereiter des Gottessohnes: Eine textsemiotische Untersuchung im Markusevangelium*, Freiburg 2000, die gleichzeitig das gelungene Beispiel einer semiotischen Markusexegese liefert. Diesen Ansatz halte ich für vielversprechend, weil er die u. a. von der Bibelkommission kritisierte ahistorische und formalistische Engführung des Strukturalismus überwindet und in der Durchführung auch die Anknüpfung an die historische Exegese leistet.

53 Dies ist auch im Dokument der Päpstlichen Bibelkommission zu beobachten, vgl. *Die Interpretation der Bibel in der Kirche*, S. 39 f.

54 Francis J. Moloney, *Sacra Pagina: The Gospel of John: Text and Context*, Collegeville, Minn. 1989.

55 Ludger Schenke, *Johannes-Kommentar*, Düsseldorf 1998.

sich in den Personen der Erzählung und wird durch deren Glaubensantworten zu einer eigenen Antwort herausgefordert. Die Grenze dieses narratologischen Ansatzes liegt darin, dass er im Wesentlichen nur die lineare Leserichtung ›von vorn nach hinten‹ kennt. In diesem Punkt geht die Narratologie nicht über die klassischen, Vers für Vers interpretierenden Kommentare hinaus. Der ›implizite Leser‹ weiß immer nur so viel, wie er bisher gelesen hat. In dieser Leseperspektive sind bestimmte Textphänomene des biblischen Textes schwer zu integrieren. So hinterlassen Stellen, an denen die Erzählung auf den weiteren Verlauf des Evangeliums vorausgreift wie etwa das Tempel-Logion in Joh 2,19, im Leser nur Fragen, auf die er keine Antwort findet. Er muss warten, bis sich im linearen Textverlauf der Schleier Stück für Stück lüftet. Mit einer wiederholten Lektüre des Textes durch diesen Leser rechnet diese Rekonstruktion des Leseprozesses nicht. Das ist wohl gemerkt nicht als historische Aussage zu verstehen, denn natürlich stellt man sich die biblische Gemeinde als Menschen vor, die das Evangelium mehrfach zu hören – wohl eher als zu lesen – bekamen. Die Frage ist vielmehr rezeptionsorientiert zu stellen: Handelt es sich bei einem biblischen Text um einen Text, der seinen Leser als Erstleser einer Erzählung konzipiert oder um einen Text, der auch oder sogar von vornherein andere Leseprozesse im Auge hat?

Der »implizite Leser« Isers ist deshalb keine Metapher für einen idealen Leser in der Vorstellung eines Autors, sondern eine »Textstruktur, durch die der Empfänger immer schon vorgedacht ist.«[56] Noch konsequenter ist Umberto Eco, der seinen »Modell-Leser« als Modell für den Prozess des Lesens definiert. Damit »wird jene zögernde Haltung durchbrochen und der Leser, der immer dem Text auf den Leib gerückt oder ihm auf den Fersen war, ist nunmehr im Text selbst untergebracht. Eine Art, dem Leser Glaubwürdigkeit zuzugestehen, aber ihn zugleich einzuschränken und zu kontrollieren.«[57]

Ecos Unterscheidung der beiden streng textinternen Konzepte von Modell-Autor (MA) und Modell-Leser (ML) ist hoch abstrakt. Sie fordert die Ausleger dazu heraus, den ›Dialog‹ zwischen (implizitem oder Modell-) Autor und (implizitem oder Modell-) Leser im Text noch konsequenter als metaphorische Rede für eine Text*struktur* zu verstehen. Der Modell-Leser ist die im Text niedergelegte intentionale Kooperation des Lesers mit dem Text, der im Text als Strategie vorgezeichnete Leseprozess. Das bedeutet: Ein ML ist immer eine konstruierte Größe und keinesfalls die Abbildung eines empirischen Lesers,[58] denn das, was

56 Wolfgang Iser, *Der Akt des Lesens: Theorie ästhetischer Wirkung*, München [3]1990, S. 61.

57 Umberto Eco, *Lector in fabula: Die Mitarbeit der Interpretation in erzählenden Texten*, München 1998, S. 14.

58 Das zu suggerieren ist die Versuchung jedes wissenschaftlichen »realen« Lesers (sprich: Exegeten), der den ML »wie eine Tarnkappe dazu benutzt, persönliche Textinterpretationen als textadäquat festzuschreiben und damit möglicher Kritik zu entziehen«, so Peter Stocker,

geschieht, wenn ein Leser sich über ein offenes Buch beugt, ist immer unendlich viel komplexer und lebendiger als jeder nachgezeichnete Lektüreprozess es je sein könnte.[59] Ohne die theoretische Abstraktion jedoch geriete jeder postulierte Modell-Leser in die Gefahr, entweder zur »Tarnkappe« seines akademischen Schöpfers oder zur anthropomorphen Metapher des Wissensuniversums schlechthin zu werden und damit zu einer Art »Super-Leser«[60], der er *qua definitionem* eigentlich gerade nicht ist, im Gegenteil: Im Grunde, »gleicht er weit mehr einem auf seinen Text spezialisierten Fachidioten«, so Stocker, der aber entscheidend hinzufügt: »Theoretisch brauchbar ist er gerade deswegen.«[61]

5.3 Die Welt vor dem Text

Die Schrift ist Wort Gottes von verwandelnder Kraft, Zuspruch und Anspruch, ein »Wort wie Feuer« (Jer 23,29). Dieses kann nicht in ein Buch »gefesselt« (vgl. 2 Tim 2,9) bleiben, sondern muss ständig neu in lebendige Beziehung mit der Situation und den Fragen der Menschen kommen. Die Bibelkommission betont die Notwendigkeit der Aktualisierung und ständig neuen Inkulturation der Heiligen Schrift.[62]

In den letzten Jahren wurden verschiedene Wege gesucht und begangen, um die verändernde Kraft des Wortes Gottes freizulegen. So vielfältig die Lebenskontexte der Bibelleser und -leserinnen sind, so vielfältig sind die Zugänge (*ap-*

Theorie der intertextuellen Lektüre: Modelle und Fallstudien, Paderborn 1998, S. 97. Deshalb gilt mit Stocker: Der ML hat immer Recht, jede Aussage *über* ihn unterliegt jedoch den üblichen Falsifikationsverfahren (ebd.)!

59 Vgl. Stocker, *Theorie der intertextuellen Lektüre*, S. 104. Als Beispiel für eine Textauslegung auf den Spuren des Modell-Lesers vgl. Margareta Gruber, *»Der Quelle zu trinken geben: Eine intratextuelle Lektüre von Joh 4,1–42, Joh 7,37–39 und Joh 19,28–37, verbunden mit einer methodischen Überlegung zum Modell-Leser«*, in: *Der Bibelkanon in der Bibelauslegung: Beispielexegesen und Methodenreflexion*, hrsg. von Georg Steins und Egbert Ballhorn, Stuttgart 2007, S. 314–330; ferner dies., *»Abba – im Geist des Sohnes beten: Die Krise der Auferstehung und der Gebetsglaube Jesu«*, in: *Sakramentale Feier und theologia prima: Der Vollzug der Liturgie als Anfang und Mitte der Theologie. Klosterneuburger Symposion 2018*, hrsg. von Andreas Redtenbacher und Markus Schulze, Freiburg i. Br. 2019, S. 125–140.

60 Joachim Schmiedl, *Kontroverse Diskussion über die Sakramente auf dem Zweiten Vatikanischen Konzil*, in: *Sakramentale Feier und theologia prima*, hrsg. von Andreas Redtenbacher und Markus Schulze, Freiburg i. Br. 2019, S. 91–102, hier S. 97. Die quantitativ anwachsenden Kommentare zeugen von der immer schwieriger zu bewältigenden Menge an *enzyklopädischem* Wissen, das vom Leser in seinen *inferentiellen Spaziergängen* (Eco, *Lector in fabula*, S. 148–151) gesammelt und im Text untergebracht werden soll.

61 Stocker, *Theorie der intertextuellen Lektüre*, S. 98. Als Beispiele für eine konkrete Anwendung semiotischer Exegese vgl. Gruber, *»Abba – im Geist des Sohnes beten«*, S. 125–140; dies., *»Der Quelle zu trinken geben«*, S. 314–330.

62 Vgl. Päpstliche Bibelkommission, *Die Interpretation der Bibel in der Kirche*, S. 100 ff.

proaches) zur Schrift.[63] Ich möchte an dieser Stelle nur zwei herausgreifen, die auch von der Bibelkommission behandelt werden:

Die Befreiungstheologische Exegese hat seit ihrem Beginn in den frühen 70er Jahren einen langen Prozess von der Ablehnung bis zur Anerkennung in der katholischen Kirche durchlaufen. Im vatikanischen Dokument heißt es:

> Zusammen mit den wirtschaftlichen, sozialen und politischen Gegebenheiten der lateinamerikanischen Länder waren es zwei große kirchliche Ereignisse, die sie hervorbrachten: das 2. Vatikanische Konzil mit seinem ausgesprochenen Willen zum aggiornamento und zur Ausrichtung der kirchlichen Seelsorge auf die Bedürfnisse der heutigen Welt; die 2. Vollversammlung des CELAM 1968 in Medellín, die die Lehre des Konzils den Bedürfnissen Lateinamerikas anpaßte. Diese Bewegung hat sich dann in anderen Ländern und Erdteilen verbreitet (Afrika,[64] Asien, farbige Bevölkerung der USA).[65]

Das Dokument nennt die Hauptprinzipien der befreiungstheologischen Exegese: Gott ergreift Partei für die Armen und Unterdrückten; die Exegese kann deshalb nicht neutral bleiben, sondern muss sich wie Gott im Kampf für die Befreiung engagieren. In diesem Engagement erschließt sich der Sinngehalt der Schrift auf neue Weise. Wichtig ist ferner die Entdeckung, dass die Bibel für Gemeinschaften geschrieben wurde und die Überzeugung, dass es in erster Linie Gemeinschaften sind, denen die Bibellesung anvertraut ist.[66]

Inspiriert von der Theologie der Befreiung ist die *pragmatische Exegese* (auch: *Pragmalinguistik*) als eine Methode, die auf die Welt vor dem Text zielt und den Anspruch erhebt, eine integrierende Methode zu sein.[67] Es geht um das »Zusammenspiel von Bibelstudium, Theologie und Pastoralarbeit«. Theologisch ist das Projekt der handlungsorientierten Bibelinterpretation interkulturell orientiert, genauer gesagt als Dialogprojekt mit der Theologie der Länder des globalen Südens. Deshalb ist der pastorale Impetus von der Befreiungstheologie inspiriert. »Eine pragmatische Exegese kann sich nicht damit begnügen, vom Autor beabsichtigte Veränderungen aufzuzeigen. Sie hat diesen Dialog mit dem Text selbst zu führen, den Prozess der Veränderung einzuleiten und muss entsprechend Stellung beziehen.«[68] »Pragmatischer Exegese geht es um eine Neuformulierung des Evangeliums in Krisen- und Umbruchssituationen mit dem Ziel, das Ei-

---

63 Eine gute Einführung mit Beispielen gibt Horst Klaus Berg, *Ein Wort wie Feuer: Wege lebendiger Bibelauslegung*, München/Stuttgart 1991; vgl. ferner Päpstliche Bibelkommission, *Die Interpretation der Bibel in der Kirche*, S. 64–74.

64 Die befreiungstheologische Lektüre der Bibel spielte auch eine wichtige Rolle bei der Überwindung der Apartheid in Südafrika, Anm. der Verf.

65 Päpstliche Bibelkommission, *Die Interpretation der Bibel in der Kirche*, S. 55 f.

66 Vgl. Päpstliche Bibelkommission, *Die Interpretation der Bibel in der Kirche*, S. 56f.

67 Vgl. Dillmann/Grilli/Mira Paz, *Vom Text zum Leser*, S. 7; vgl. ferner Rainer Dillmann, *»Autor – Text – Leser«*, in: *ThGl* 87 (1997), S. 81–96.

68 Dillmann/Grilli/Mira Paz, *Vom Text zum Leser*, S. 71.

gentliche der Botschaft Jesu zu bewahren. Sie leistet damit einen Beitrag zur Aktualisierung und Inkulturation des Evangeliums in einer veränderten Welt.«[69] Damit greift sie die hermeneutische Wende des Zweiten Vatikanums auf, die nicht von der Theologie her auf die Welt, sondern von den Fragen der Welt her auf die Theologie zu denkt. Die Pragmatik macht deutlich, dass die wissenschaftliche Exegese letztlich zu einem Standpunkt in Kirche, Gesellschaft und Welt führen muss. Es zeigt auch, dass die transformierende Kraft des Textes nicht nur den einzelnen Leser, sondern auch die Gemeinschaft derjenigen betrifft, die lesen.[70]

Die feministische biblische Hermeneutik geht bis zum Ende des 19. Jahrhunderts zurück, als Frauen begannen, für ihre Rechte zu kämpfen. Sie hatte ab den 1970er Jahren eine zweite große Zeit und etablierte sich als wissenschaftliche Disziplin in der Theologie. Wenn ich an dieser Stelle die feministische Exegese im Spiegel des vatikanischen Dokumentes zeige, soll das die unhintergehbaren Erkenntnisse dieser Forschung ins Bewusstsein rufen:[71]

> Die feministische Hermeneutik hat keine eigene neue Methode ausgearbeitet. Sie bedient sich gängiger Methoden der Exegese, speziell der Historisch-Kritischen. Sie fügt aber zwei Forschungskriterien hinzu. Das erste ist das feministische Kriterium, das der Frauen-Emanzipation entnommen ist und sich auf der Linie der allgemeineren Bewegung der Befreiungstheologie bewegt. Es benützt eine Hermeneutik des Verdachtes: da die Geschichte regelmäßig durch die Sieger geschrieben wird, kann man nur zur Wahrheit gelangen, wenn man sich nicht einfachhin auf die Texte verlässt, sondern in ihnen nach Indizien sucht, die andere Sachverhalte durchblicken lassen. Das zweite Kriterium ist soziologischer Art. Es stützt sich auf die Erforschung der Gesellschaft der biblischen Epoche, ihrer sozialen Schichten und der Stellung der Frau. Was die neutestamentlichen Texte anbelangt, so ist letzten Endes das Forschungsziel nicht die Auffassung von der Frau, wie sie im Neuen Testament erscheint, sondern die geschichtliche Rekonstruktion von zwei verschiedenen Situationen der Frau im 1. Jahrhundert: die gewöhnliche in der jüdischen und griechisch-römischen Welt und die schöpferisch neue, die in der Bewegung Jesu und in den paulinischen Gemeinden aufgekommen war, wo alle, Männer und Frauen, eine ›Gemeinschaft von Jüngern und

69 Dillmann/Grilli/Mira Paz, *Vom Text zum Leser*, S. 72.

70 Erwähnen möchte ich hier das internationale Löwener Projekt *Normativity of the Future* von Reimund Bieringer. Es verbindet historische Exegese mit dem Anliegen, die normative Kraft des Bibeltextes für die (globale und ökologisch verantwortete) Zukunft freizusetzen; vgl. *Normativity of the Future: Reading Bible and Other Authoritative Texts in an Eschatological Perspective*, hrsg. von Reimund Bieringer und Mary Elsbernd, Leuven 2010.

71 Ich nenne an dieser Stelle lediglich grundlegende Werke der wichtigsten deutschsprachigen Exegetinnen: Luise Schottroff/Marie-Theres Wacker (Hgg.), *Kompendium Feministische Bibelauslegung*, Gütersloh ^{2}1999; Luise Schottroff/Silvia Schroer/Marie-Theres Wacker (Hgg.), *Feministische Exegese: Forschungserträge zur Bibel aus der Perspektive von Frauen*, Darmstadt 1995; vgl. ferner das internationale Projekt: Irmtraud Fischer/Mercedes Navarro/Adriana Valerio et al. (Hgg.), *Die Bibel und die Frauen: Eine exegetisch-kulturgeschichtliche Enzyklopädie*, Stuttgart, vgl. URL: www.bibleandwomen.org/DE/ (letzter Zugriff 05.01.2020).

Jüngerinnen Jesu‹ geformt hätten, die ›alle gleich‹ waren. Man beruft sich für diese Ansicht auf den Text von Gal 3,28. Es geht darum, für die heutige Zeit die vergessene Geschichte der Rolle der Frau in der Urkirche wieder zu entdecken.[72]

Das vatikanische Dokument verschweigt nicht, dass die feministische Exegese »Fragen der Macht innerhalb der Kirche« aufwirft, »die, wie offensichtlich, Diskussions- und sogar Konfrontationsfragen sind«.[73]

Die zeitgenössische feministische Theologie beschränkt sich nicht mehr allein auf Frauenfragen, sondern greift die Ergebnisse der *Genderstudies*[74] und der *Postcolonial Studies*[75] auf. Sie führt weiter zu globalen Fragen im Zusammenhang mit einer neuen Vision für einen Lebensstil, der die nichtmenschliche Umwelt nicht zerstört. So verbinden sich ökologische Fragen mit feministischer Analyse (Öko-Feminismus).[76]

6 Schluss: Die Schrift wächst zusammen mit denen, die sie lesen

Vom berühmten Kirchenvater des lateinischen Westens, Papst Gregor dem Großen (Rom 540–604), kommt die Maxime: »Die Schrift wächst mit denen, die sie lesen«.[77] De Lubac verwendet mit Blick auf Origenes und Gregor die Metapher von der Schrift als Welt und schlägt damit eine Brücke von der Hermeneutik der Väter zur heutigen biblisch-theologischen Hermeneutik:

> Man darf sich den heiligen Text nicht so vorstellen, als trüge er einfach ganze Serien von schon geprägten Bedeutungen in sich, die man dann mehr oder weniger bloß aufdecken müsste. Vielmehr teilt ihm der Geist eine grenzenlose innere Kraft mit: und so birgt er unbegrenzt mögliche Grade an Tiefe. Ebenso wenig wie die Welt ist auch die Schrift, diese andere Welt, ein für alle Mal geschaffen: der Geist ›erschafft‹ sie noch immer, sozusagen täglich, und zwar in dem Maße, als er sie ›erschließt‹.[78]

72 Vgl. Päpstliche Bibelkommission, *Die Interpretation der Bibel in der Kirche*, S. 58 f.

73 Päpstliche Bibelkommission, *Die Interpretation der Bibel in der Kirche*, S. 24.

74 Ulrike Auga/Sigríður Guðmarsdóttir/Stefanie Knauss/Silvia Martìnez Cano (Hgg.), »*Widerstand und Visionen – der Beitrag postkolonialer, postsäkularer und queerer Theorie zu Theologie und Religionswissenschaften*«, in: *Journal of the European Society of Women in Theological Research* 22 (2014), S. 5–30.

75 Pui-Lan Kwok, *Postcolonial Imagination and Feminist Theology*, Louisville 2005.

76 Einen Überblick über aktuelle globale Entwicklungen feministischer Theologien bietet das 2012 von Sheila Briggs und Mary McClintock Fulkerson herausgegebene *Oxford Handbook of Feminist Theology*. Vgl. auch Julia O'Brien (Hg.), *The Oxford Encyclopedia of the Bible and Gender Studies*, Oxford 2015.

77 Vgl. Henry de Lubac, *Typologie. Allegorie. Geistiger Sinn: Studien zur christlichen Schriftauslegung*, Freiburg i. Br. 1999, S. 251.

78 Lubac, *Typologie. Allegorie. Geistiger Sinn*, S. 252. Vgl. zur mystagogischen Dimension des Bibeltextes bei den Vätern ferner Marguerite Harl, »*Le langage de l'expérience religieuse chez*

Das Zweite Vatikanische Konzil bezieht sich auf diese reiche Tradition, wenn es die Hermeneutik einer Schriftauslegung in der Kirche ins Wort bringt: Sie muss »in dem Geist gelesen und ausgelegt werden […], in dem sie geschrieben wurde«; das bedeutet die Achtung der Einheit der Schrift »unter Berücksichtigung der lebendigen Überlieferung der Gesamtkirche und der Analogie des Glaubens«[79]. Deshalb ist nicht zuletzt die Liturgie ein wichtiger Ort der Schriftinterpretation; Schriftexegese muss begleitet sein von Gebet um den Heiligen Geist, von geistlicher Schriftlesung und -meditation, von Austausch über das gelebte Wort in einer Glaubensgemeinschaft.

Der gesamte Prozess der Interpretation der Schrift in der Kirche ist also ein Lebensprozess, in dem der Exegese zwar ein wichtiger Part zukommt, aber eben nur ein Part unter anderen. Das mag ernüchtern, aber vor allem entlasten; das Wort Gottes lebendig zu halten ist nicht allein die Aufgabe der Exegese.

Wenn nach Gregor »die Worte der heiligen Schrift zusammen mit dem Geist des Lesenden« wachsen,[80] kann Exegese dieses Wachstum anstoßen und kritisch begleiten; sie kann die forschende Neugier auf den Sinn der Schrift wecken, die Sinne schärfen, um ihn zu sehen, und das Handwerkszeug bereitstellen, um ihn zu beschreiben. Sie kann das erste fragende Lesen in ein wissenschaftlich reflektiert fragendes Lesen verwandeln und so Antworten ermöglichen; sie kann die Welt, die sich vor dem Text erschließt, aufzeigen und an sie heranführen. Betreten und bewohnen wird sie jeder und jede Lesende auf freie und persönliche Weise in der Gemeinschaft anderer, die darin wohnen. Das einheitsstiftende Moment in der Vielfalt derer, die lesen, ist die Dynamik des Geistes in den Lesenden.

Bei Gregor dem Großen ist dies meisterlich ausgedrückt: Er legt die Theophanie der – im Symbol der Räder gezeigten – mitgehenden Herrlichkeit Jahwes (Ez 1,20f.) allegorisch auf das geistgeführte verwandelnde Verstehen der Heiligen Schrift aus:

> Somit wachsen also die Worte der heiligen Schrift zusammen mit dem Geist des Lesenden […]. Sehen wir zu, wie die Räder dem Geist nachfolgen, der der Geist des Lebens genannt wird, und von dem es heißt, er sei in den Rädern. In dem Maße, als einer zu Höherem fortschreitet, reden auch die Heiligen Schriften Höheres zu ihm. […] Die Schrift ist uns in den Dunkelheiten des gegenwärtigen Lebens zu einer Leuchte auf dem Weg geworden […]. Wir wissen nur zu gut, dass unsere eigene Leuchte für uns dunkel ist, wenn sie nicht vom ungeschaffenen Licht erhellt wird. Sofern also der allmächtige

les pères grecs«, in: dies., *Le déchiffrement du sens: Études sur l'herméneutique chrétienne d'Origéne á Grégoire de Nysse*, Paris 1993, S. 29–59.

79 Zweites Vatikanisches Konzil, *DV* 12.

80 Gregor der Große, *Homiliae in Ezechielem* I hom 7 (PL 76, 844–848), zit. nach Lubac, *Typologie. Allegorie. Geistiger Sinn*, S. 255 f.

Gott die Worte der heiligen Testamente zu unserem Heil selbst geschaffen und deren Sinn selbst geöffnet hat, war der Geist des Lebens in den Rädern.[81]

81 Lubac, *Typologie. Allegorie. Geistiger Sinn*, S. 256.

Margit Eckholt

Glaubenssprache und die ›bewohnbare Welt‹ der Bibel. Anmerkungen zum Offenbarungsverständnis aus katholisch-theologischer Perspektive

1 Einführung: Wort – Sprache – Schrift und Offenbarung

Der Offenbarungsbegriff ist in der katholischen Theologie des 20. Jahrhunderts zu einem »Schlüsselbegriff für die Selbstauslegung des Christentums« geworden. Er ist der »fundamentalste Begriff des Christentums«, so der katholische Fundamentaltheologe Karl Rahner (1904–1984), der für die deutschsprachige systematische Theologie diesen neuen Zugang zur Reflexion auf den Offenbarungsbegriff vorgelegt hat.[1] Offenbarung ist der »Grundbegriff für die Erfassung des letzten Grundes und eigentlichen Fundamentes und darin auch der zentralen Botschaft des *Christentums*«.[2] Das Heilsgeschehen im Ganzen ist als Offenbarung denkbar, es wird als »Selbstentäußerung und Selbstmitteilung Gottes«[3] verstanden, wie es in der Offenbarungskonstitution *Dei Verbum* des Zweiten Vatikanischen Konzils grundgelegt worden ist.

> Der Offenbarungsbegriff ist also der hermeneutische Schlüsselbegriff, der die ganze Vielgestaltigkeit der biblisch-christlichen Erfahrungswelt auf einen Nenner bringt. Er verdeutlicht zugleich, daß das Fundament des Christentums nicht nur *aus* Offenbarung stammt (Ursprungsrelation), sondern seiner bleibenden innersten Wesensbewandtnis

1 Max Seckler, *»Der Begriff der Offenbarung«*, in: *Handbuch der Fundamentaltheologie 2: Traktat Offenbarung*, hrsg. von Walter Kern, Hermann Josef Pottmeyer und Max Seckler, Freiburg/Basel/Wien 1985, S. 60–83, hier S. 61. – Als Einführung zum Offenbarungsverständnis sei auch verwiesen auf den Aufsatz von Eva-Maria Faber, *»Unbegreiflichkeit und Selbstoffenbarung Gottes«*, in: *Gott nennen und erkennen: Theologische und philosophische Einsichten*, hrsg. von Reinhold Boschki, Eva-Maria Faber, Daniel Krochmalnik et al., Freiburg i. Br. 2010, S. 136–175. Im Blick auf den Begriff der Offenbarung wird beim theologischen Verständnis von Offenbarung als »Reflexionsbegriff« angesetzt, nicht beim »Erfahrungsbegriff«, der von einer Pluralität von Offenbarungserfahrungen ausgeht. Max Seckler hat diese zentrale Unterscheidung zwischen Erfahrungs- und Reflexionsbegriff in seinem Aufsatz zum Begriff der Offenbarung getroffen (S. 67–71).

2 Seckler, *»Der Begriff der Offenbarung«*, S. 61.

3 Seckler, *»Der Begriff der Offenbarung«*, S. 70.

nach dynamisch *als* Offenbarung zu denken ist, d. h. als eine bleibend unverfügbare Gabe, die nicht aufhört, neu zu sein.[4]

Dieses neue, kommunikationstheoretische Verständnis von Offenbarung wird in der Offenbarungskonstitution in der Rede des »unsichtbaren Gottes« (vgl. Kol 1,15; 1 Tim 1,17) an den Menschen ausgedrückt, eine Anrede »aus überströmender Liebe«, in der die Menschen »wie Freunde« (vgl. Ex 33,11; Joh 15,14–15) angesprochen werden und in der Gott mit den Menschen »verkehrt« (vgl. Bar 3,38), »um sie in seine Gemeinschaft einzuladen und aufzunehmen« (vgl. *DV* 2). Bezeugt ist das Offenbarungswort Gottes in der »Heiligen Überlieferung« und der »Heiligen Schrift beider Testamente« (*DV* 7), die »gleichsam ein Spiegel« sind, »in dem die Kirche Gott, von dem sie alles empfängt, auf ihrer irdischen Pilgerschaft anschaut, bis sie hingeführt wird, ihn von Angesicht zu Angesicht zu sehen, so wie er ist« (vgl. 1 Joh 3,2) (*DV* 7). Für die systematische Theologie hat das Zweite Vatikanische Konzil damit einen neuen Dialog mit der biblischen Theologie und der Exegese eröffnet. Ohne die Rückbindung an die biblischen Texte und die »geistliche, das heißt vom Geist selbst bewirkte Auslegungsgeschichte der Schrift«[5], mit der der Traditionsbildungsprozess neu verbunden wird, ist die Frage nach der Struktur und den Grundgehalten christlicher Offenbarung nicht zu klären.

Diese mit dem Konzil eröffnete Perspektive hat das Feld für sprachphilosophische und hermeneutisch-theologische Überlegungen eröffnet, die in der Durchführung der folgenden Überlegungen in einer – sicher höchst rudimentären und einleitenden – Weise vorgestellt werden mit dem Ziel, auf diesem Weg ein Gespräch mit der islamischen Theologie und neuen Zugängen zur Koranhermeneutik zu eröffnen. Auch der Koran, so der Paderborner Fundamentaltheologe Klaus von Stosch, ist »in seiner dialogischen Form Wort Gottes«[6], »nicht nur die Anrede Gottes an mich ist Gottes Wort, sondern auch das Ringen der Menschen um dieses Wort, das im Koran bezeugt wird«.[7] Wenn Gott die Menschen als »Freunde« anspricht, so die Offenbarungskonstitution des Zweiten Vatikanischen Konzils, wenn die Schriften des Alten und Neuen Testaments

4 Seckler, »*Der Begriff der Offenbarung*«, S. 72. – Die Offenbarungskonstitution *Dei Verbum* ist ausführlich kommentiert worden von: Helmut Hoping, »*Theologischer Kommentar zur Dogmatischen Konstitution über die göttliche Offenbarung Dei Verbum*«, in: *Herders Theologischer Kommentar zum Zweiten Vatikanischen Konzil* 3, hrsg. von Peter Hünermann und Bernd Jochen Hilberath, Freiburg/Basel/Wien 2005, S. 695–831.

5 Walter Kasper, »*Prolegomena zur Erneuerung der geistlichen Schriftauslegung*«, in: ders., *Theologie und Kirche*, Mainz 1999, S. 84–100, hier S. 99. Vgl. das Dokument der Päpstlichen Bibelkommission, *Die Interpretation der Bibel in der Kirche. Verlautbarungen des Apostolischen Stuhls Nr. 115*, Bonn 1993; dazu v. a. die große Studie von Henri de Lubac, *Exégèse médiévale: Les quatre sens de l'Écriture*, Bd. I.2, Paris 1959; Bd. II.1, Paris 1961.

6 Klaus von Stosch, *Herausforderung Islam: Christliche Annäherungen*, Paderborn 2016, S. 35.

7 Ebd.

Zeugnis dieser freundschaftlichen Beziehung Gottes zum Menschen und der Menschen zu Gott sind, so bekunden sie das lebendige Wirken des Geistes Gottes in der Geschichte des Volkes Israel und im Christusereignis, das im Prozess der geistlichen Schriftlektüre und der vertieften Auseinandersetzung mit diesen Traditionen »wächst« (*DV* 8), wie es *Dei Verbum* sagt, d.h. im »Nachsinnen und Studium der Gläubigen«, die die »überlieferten Dinge und Worte« »in ihrem Herzen erwägen«, »durch die innere Einsicht, die aus geistlicher Erfahrung stammt, durch die Verkündigung derer, die mit der Nachfolge im Bischofsamt das sichere Charisma der Wahrheit empfangen haben« (*DV* 8). Genau das bedeutet, so die Begriffsbestimmung von Offenbarung, die der Tübinger Fundamentaltheologe Max Seckler auf dem Hintergrund des Rahnerschen Konzepts der »Selbstmitteilung« vorgelegt hat, dass das »Fundament des Christentums nicht nur *aus* Offenbarung stammt (Ursprungsrelation)«, sondern Offenbarung dynamisch zu finden ist, weil ihr Fundament eine »bleibend unverfügbare Gabe« ist, »die nicht aufhört, neu zu sein«.[8]

In den letzten 50 Jahren sind in der katholischen systematischen Theologie unterschiedliche theologische Ansätze vorgelegt worden, die auf das Verhältnis zwischen Wort Gottes, Sprache, Schrift und Offenbarung reflektieren. In einem ersten Schritt der folgenden Ausführungen wird mit dem Tübinger Dogmatiker Peter Hünermann und seinen vor allem an Richard Schaeffler anknüpfenden sprachphilosophischen Überlegungen ein Zugang zur Glaubenssprache vorgestellt, der bei der kommunikativen Struktur christlicher Offenbarung ansetzt und der die Glaubenssprache als konkrete Gestalt von Sprache vorstellt, in die die Umkehr des Menschen auf Gott hin eingezeichnet ist und die dabei dem Wort einen Raum gibt, das transzendentaler Grund dieser Glaubenssprache ist. In einem zweiten Schritt werden diese Überlegungen durch den Rückgriff auf den hermeneutisch-philosophischen Ansatz von Paul Ricœur weiter entfaltet, und es wird die »Poetik« des Textes der Heiligen Schrift erschlossen, die eine geistgewirkte Geschichte der Offenbarung freisetzt. Die Schrifttexte sind die grundlegende und nicht überbietbare Offenbarungsquelle – in der katholischen Fundamentaltheologie werden sie als *norma normans non normata* bezeichnet, als »inspirierte« Texte[9] –, in deren unterschiedlichen Sprachgestalten bezeugt wird, wie Gott den Menschen anspricht. Sie eröffnen einen Raum, in dem das Wort selbst »Wohnung« nimmt, und sie sind selbst eine »bewohnbare Welt«, so Paul Ricœur, die eine lebendige und geistgewirkte Geschichte der Interpretation freisetzt. Das ist die Geschichte der Traditionsbildung, in der – in je neuer Re-

8 Seckler, *»Der Begriff der Offenbarung«*, S. 72.

9 Vgl. zu diesen Fragen die Publikation: Ralf Rothenbusch/Karlheinz Ruhstorfer (Hgg.), *Eingegeben von Gott: Zur Inspiration der Bibel und ihrer Geltung heute*, Freiburg/Basel/Wien 2019, darin vor allem: Johanna Rahner, *Zwischen Wahrheit und Ambiguität: Irrtumslosigkeit und Suffizienz der Schrift – noch zeitgemäß?*, S. 185–204.

ferenz auf das Schriftzeugnis – Gott die Menschen auch heute als Freunde anspricht. In diesem Sinn ist der Offenbarungsbegriff »Schlüsselbegriff« christlichen Glaubens, »der zugleich den *einmaligen Ursprung*, das *bleibende Fundament* und das *innerste Wesen* des christlichen Glaubens bezeichnen will«.[10] Wort, Sprache, Schrift und die Wirklichkeit von Mensch und Welt, die von Beginn an von Gott Angesprochene – ins Leben Gerufene – sind, sind aufs engste miteinander verwoben, und so muss sich ein Zugang zum Offenbarungsbegriff mit wissenschaftlichen Reflexionen zu dem, was Sprache und was Schrift sind, auseinandersetzen. Dabei ist eine solche theologische Reflexion in den Lebenshorizont eingebettet, der sich für den Menschen in der Gottbegegnung erschließt. Im Text aus dem Propheten Jesaja (Jes 60,1–6), der am Fest der »Erscheinung des Herrn« – dem Offenbarwerden Gottes in unserer Menschenwirklichkeit – in der katholischen Liturgie einer der Lesungstexte ist, heißt es: »Auf, werde Licht, Jerusalem, denn es kommt dein Licht, und die Herrlichkeit des Herrn geht leuchtend auf über dir.« (V. 1) Jerusalem wird angesprochen, ›licht‹ zu werden, angesichts der Finsternis, die die Erde bedeckt, angesichts von Unheil unter Menschen und Völkern; diese Aufforderung hat mit der Verheißung des Kommens Gottes zu tun, sein Licht, die »Herrlichkeit des Herrn« wird aufgehen. Und mit Jerusalem werden alle Völker eingeladen, sich auf den Weg zu diesem Licht zu machen.

> Sie alle versammeln sich und kommen zu dir. Deine Söhne kommen von fern, deine Töchter trägt man auf den Armen herbei. Denn der Reichtum des Meeres strömt dir zu, die Schätze der Völker kommen zu dir. Sie alle kommen von Saba, bringen Weihrauch und Gold und verkünden die ruhmreichen Taten des Herrn. (V. 4–6)

Der Weg der Menschen zu diesem Licht ist von Bedeutung, das ist in der katholischen Volksfrömmigkeit symbolisiert in den drei Königen, die von »fern« kommen und sich auf die Suche nach dem Kind machen.[11] Von Bedeutung ist ihr Aufbruch, ist ihre Sehnsucht nach Gott, die – so die Verheißung des Evangeliums – mit dem Blick auf das Kind in der Krippe und darin der Anbetung Gottes erfüllt wird. Offenbarung, das wird an diesen beiden Texten, die beim liturgischen Fest Epiphanias im Zentrum stehen, deutlich, ist ein Prozess des Offenbarwerdens und ist mit Suche, mit Sehnsucht nach Gott und einem eschatologischen Erfülltwerden verbunden. Dies drückt der Prophetentext in futurischer Form aus: »Du wirst es sehen, und du wirst strahlen, dein Herz bebt vor Freude und öffnet sich weit.« (Jes 60,5), und der Evangelist Lukas bringt es mit der eschatologischen Erfüllung im Jetzt des greisen Simeon zum Ausdruck (Lk 2,28–

10 Seckler, *»Der Begriff der Offenbarung«*, S. 65.

11 Vgl. hier den Text von Karl Rahner zum Fest »Epiphanias«: *»Von der seligen Reise eines gottsuchenden Menschen: Gedanken zum Fest der Erscheinung des Herrn«*, in: *Geist und Leben* 22 (1949), S. 405–409.

32), der in dem Moment, in dem der Knabe Gott »dargebracht« wird - nach jüdischem Brauch beschnitten wird –, Gott mit folgenden Worten lobt: »Nun lässt du, Herr, deinen Knecht, wie du gesagt hast, in Frieden scheiden. Denn meine Augen haben das Heil gesehen, das du vor allen Völkern bereitet hast.« (Lk 2,29–31) Aber auch hier ist die eschatologische Dimension präsent, denn »Sehen«, so Michel de Certeau in seiner gleichnishaften Annäherung an diesen Text,[12] hat mit »Sterben« zu tun. Das bedeutet: Gott selbst ist immer ›größer‹, und das verdichtet sich im tiefsten Punkt der Begegnung von Gott und Mensch und der ›Entäußerung‹ Gottes in der Verletzlichkeit des Kindes in der Krippe. Jeder begriffliche Weg einer Annäherung an das, was ›Offenbarung‹ ist, ist von dieser Paradoxalität gezeichnet und steht unter dem eschatologischen Vorbehalt, dass ›Sehen‹ sterben bedeutet.

2 Die Qualität der Glaubenssprache – Offenbarwerden Gottes als Weg der ›Umkehr‹

Glaube ist »wesentlich sprachlich«, das ist der Ausgangspunkt der von Peter Hünermann vorgelegten *Dogmatischen Prinzipienlehre* (2003), und hier orientiert er sich an der der Offenbarung eigenen »Wortstruktur«, wie sie die Offenbarungskonstitution *Dei Verbum* charakterisiert: Offenbarung »ereignet sich in Taten und Worten, die innerlich miteinander verknüpft sind, so dass die Werke, die in der Heilsgeschichte von Gott vollbracht wurden, die Lehre und die durch die Worte bezeichneten Dinge offenbaren und bekräftigen, die Worte aber die Werke verkündigen und das in ihnen enthaltene Geheimnis ans Licht treten lassen« (*DV* 2).[13] Unter Rückbezug auf die Sprachphilosophie Richard Schaefflers legt Peter Hünermann ein Konzept dogmatischer Prinzipienlehre vor, das bei der Bestimmung der Glaubenssprache ansetzt. Glaubenssprache ist eine »autonome, aber nicht autarke Sprache. Ihre Pragmatik, ihre grammatischen Formen und ihre Semantik sind gekennzeichnet durch die Umkehr. Gott, der in ihr zu Wort kommt, erschließt sich nur im einstimmenden Vollzug ihrer Strukturen«.[14] Dabei

12 Michel de Certeau, *La faiblesse de croire: Texte établi et présenté par Luce Giard*, Paris 1987, S. 317 f: Certeau spricht von der *eschatologie blanche:* »So schleicht sich ein Verstehen dessen ein, was ohne uns *ist*, das Weiße, das alle Trennung übersteigt, die Extase, die das Bewußtsein tötet und alle Spektakel auslöscht, ein erleuchteter Tod – ein ›glücklicher Schiffbruch‹, sagen die Alten.« Das Lichteste, das Hellste ist, wenn wir nicht sind, es ist ohne uns. Sehen ist etwas »Schreckliches«.

13 Peter Hünermann, *Dogmatische Prinzipienlehre: Glaube – Überlieferung – Theologie als Sprach- und Wahrheitsgeschehen*, Münster 2003, S. 18.

14 Hünermann, *Dogmatische Prinzipienlehre*, S. 33. – Hünermann geht es um die »Relevanz religiöser bzw. gläubiger Sprache« (33), er spricht in der Durchführung konsequent von

ist diese Sprache, wie auch die Alltagssprache, von einer Vielfalt von Sprachgestalten geprägt, und sie steht auch in Bezug zu dieser wie auch der Wissenschaftssprache. Die Frage nach dem »Einheitsgrund« beantwortet Hünermann mit dem Rückbezug auf die Ausführungen von Thomas von Aquin zum Glauben; es ist der

> Aufgang Gottes als der prima veritas, die den Menschen in eine radikale Umkehr hineinführt, die alle vom Menschen ausgehenden Möglichkeiten übersteigt und sich zugleich als Weg in die Vollendung aller menschlichen Möglichkeiten erweist. Es ist ein ›wegloser‹ Weg, der durch das – Leben und Tod umspannende – Nichts des ›maius quam cogitare possit‹ gekennzeichnet ist. Dieser Aufgang Gottes in der Heilsökonomie aber wird bezeugt in der Glaubenssprache, die eine Sprache neben anderen ist[.][15]

Anhand alttestamentlicher Texte und der Pragmatik, Grammatik und Semantik der in ihnen zum Ausdruck kommenden Glaubenssprache zeigt Hünermann auf, dass Glaubenssprache »zwar eine in-sich-stehende ist, aber keine abgeschlossene«[16], und das macht er daran fest, dass in dieser Sprache »Gott zu Wort kommt«.[17] Gott spricht den Menschen an, was in den Prophetenberufungen, so z. B. des jungen Samuel deutlich wird (1 Sam 3,1–21), und der Mensch spricht Gott an wie in den Psalmen, in Lob und Dank, aber auch angesichts von Krankheit und Unheil mit der Bitte um Heilung und Befreiung. Auch Paul Ricœur – auf den im folgenden Kapitel eingegangen wird – arbeitet als zentrales und verbindendes Moment der biblischen Texte »Gott nennen«[18] heraus. Auch in den Gebetstraditionen im Christentum wird zunächst Gott angerufen, mit der Formel »Im Namen des Vaters und des Sohnes und des Heiligen Geistes« wird ein Gebet eröffnet, und mit dem »Amen« ein Gebet bekräftigt und in den Gottesraum gestellt. Diese Nennung Gottes ist die Grundqualität der Glaubenssprache, von der her sich ein anderer Blick auf die Geschichte eröffnet:

> Der Beter erkennt seinen Gott wieder in den vielgestaltigen Situationen seines Lebens, wenn er sich hier und jetzt an ihn wendet, seinen Namen ruft. Zugleich weiß er nicht nur sich, sein Leben, seinen Erfahrungskontext von daher umfasst, sondern das Gedächtnis dieses Namens währt von Geschlecht zu Geschlecht. Es umgreift die vielen Erfahrungen und die Erinnerungen der Generationen. Gott ist der, dem Vergangenheit, Gegenwart und Zukunft zugeeignet werden können. In der Anrufung des Namens eröffnet sich die Wirklichkeit einer zeitenüberspannenden Gemeinschaft des Sprechens, des Lobens und

---

»Glaubenssprache«. Diese ist durch die Ausrichtung am Gottesbegriff charakterisiert und ist in spezifische Sprachformen einer Glaubenstradition eingebettet.

15 Hünermann, *Dogmatische Prinzipienlehre*, S. 29.

16 Hünermann, *Dogmatische Prinzipienlehre*, S. 34.

17 Ebd.

18 Vgl. Paul Ricœur, »*Gott nennen*«, in: *Gott nennen: Phänomenologische Zugänge*, hrsg. von Bernhard Casper, Freiburg/München 1981, S. 45–79 (»*Entre philosophie et théologie II: Nommer Dieu*«, in: ders., *Lectures 3. Aux frontières de la philosophie*, Paris 1994, S. 281–305).

> Dankens, und damit zugleich auch eine bei allen Unverständlichkeiten und Dunkelheiten ermöglichte Welt- und Lebensorientierung.[19]

Daraus resultiert eine ganz spezifische »Konstitution von Selbstsein bzw. Subjektivität, von Miteinandersein bzw. Intersubjektivität, von In-der-Zeit- und In-der-Welt-sein.«[20] Das ist der Grundzug »glaubenssprachlicher Pragmatik«, der von Religionsphilosophen wie Hermann Cohen, Ernst Cassirer und Franz Rosenzweig aufgezeigt worden ist.

Das macht Peter Hünermann in einem nächsten Schritt an der Grammatik der Psalmen deutlich, es kann aber in ähnlicher Weise auf die Gleichnisse Jesu bezogen werden. Die Glaubenssprache erwächst aus und in den konkreten Situationen des Lebens des Menschen, sie zeichnet ein besonderes Verhältnis des Menschen zu den alltäglichen Situationen seines Lebens und erwächst aus der Vielfalt der Begegnungen. Die Gefahr heute besteht, darauf weist Hünermann hin, in einer Degeneration der Glaubenssprache, einem »Sprachverfall«, wenn biblische Texte und Gebete wiederholt werden, ohne dass die Worte den Menschen mehr ansprechen und aus seiner konkreten Lebenssituation herausrufen. Dann aber wird der Mensch, der Sprechende, »zum ›dröhnenden Erze und zur gellenden Schelle‹ (1 Kor 13,1)«[21] und der Sprache gelingt es nicht mehr, das hör- und sichtbar zu machen, was sie in ihrer Ursprünglichkeit auszeichnet: die »Umkehr-Pragmatik«:[22]

> Die Glaubenssprache verliert ihre Sprachkompetenz, ihre Sage-Kraft, wo der Sprechende meint, es genüge, die geschichtlichen Bezeugungen in ihrem Wortlaut zu wiederholen. So sehr Glaubenssprache angewiesen ist auf die geschichtlichen Bezeugungen der Glaubenstradition, so sehr gilt, dass diese Bezeugungen in ihrer Wiederholung nur zum lebendigen Glaubenszeugnis werden, in dem sie aktuell in ihrer Umkehr-Pragmatik und kontextuell, d. h. in der jeweiligen Lebenswelt vollzogen werden.[23]

Die besondere Qualität der Glaubenssprache macht Hünermann in einem weiteren Schritt an der Semantik dieser Sprache im Vergleich mit der Wissenschaftssprache deutlich. Auch in der Wissenschaft wird die Welt, wird die Vielfalt ihrer Subjekte in den Blick genommen; in der Glaubenssprache tauchen dieselben Phänomene auf, die Glaubenssprache öffnet eine andere semantische Ebene. In wissenschaftlicher Hinsicht ist die Welt – mit Wittgenstein gesprochen – »das, was der Fall ist«.

19 Hünermann, *Dogmatische Prinzipienlehre*, S. 35.
20 Ebd.
21 Peter Hünermann, *Sprache des Glaubens, Sprache des Lehramts, Sprache der Theologie: Eine geschichtliche Orientierung*, Freiburg/Basel/Wien 2016, S. 72.
22 Hünermann, *Sprache des Glaubens*, S. 73.
23 Ebd.

> Die Fälle und Sachverhalte liegen gleichsam gleichgewichtig vor. Von dieser Einheit als der Gesamtheit dessen, was der Fall ist, ausgehend, klärt die Wissenschaft die Zusammenhänge zwischen den Sachverhalten auf, in dem sie ein Ordnungssystem allgemeiner Gesetzlichkeit und Beziehungen entwickelt.«[24] In der Glaubenssprache gibt es einen Fluchtpunkt, der diesen Zusammenhängen eine andere Ordnung gibt: »Einheit und Sinn der Welt sind von Gott getragen, von ihm verbürgt.[25]

Während die Sprache der Wissenschaft »von allem Individuellen und allen persönlichen Beimischungen«[26] absieht und es um Beobachtung geht, das Subjekt in gewisser Weise austauschbar ist, erfährt sich der Mensch in der Glaubenssprache »als Ermächtigter, dem sein Wort in den Mund gelegt ist. Er ist Hörer, Empfangender, Zeuge dessen, was Gott an ihm getan hat«[27]. Und so fasst Peter Hünermann dann sein Fazit im Blick auf die Glaubenssprache in ihrer Pragmatik, ihrer Grammatik und ihrer Semantik, dass diese eine »grundlegend ermächtigte Sprache« ist: »Sie ist eine Sprache der ›Umkehr‹. Der Mensch als Sprecher ist der Zweite. Diese Sprache antwortet dem Aufgang Gottes, sie entspricht dem Ereignis seiner Nähe. Gott ist der Erste, auch in seinem Ansprechen. Dies wird in der Sprache des Glaubens bezeugt.«[28] Dies ist dann auch die Grundstruktur von Offenbarung:

> Offenbarung, nicht einfach im Sinne eines vorgestellten, gegenüberstehenden Gottes, eines mirakulösen Ereignisses irgendwo und irgendwann, lokalisierbar in der Geschichte, Offenbarung vielmehr als das Offenbarwerden Gottes, als Ereignis seiner Nähe in der Stiftung von Identität des Menschen und der Einheit der Welt. Glaubenssprache ist in diesem Sinn jenes Sprechen, das aus göttlicher Ansprache spricht.[29]

Darum ist die Struktur der Glaubenssprache von Umkehr geprägt, denn die Gegenwart Gottes »ereignet sich nur in der Umkehr, im Einstimmen in das Glaubenszeugnis, im Mitvollzug, durch den der Mensch sich selbst, seine Situation, seine Lebenswelt von Gott her empfängt, als von Gott getragene und ermächtigte bejaht«.[30] So führt die Glaubenssprache dann an die Grenze, »wo anderes sich ereignen kann: die Erlösung des Menschen durch Gott selbst«.[31]

Insofern ist in die Glaubenssprache die Offenbarungsstruktur eingezeichnet, die Pragmatik der Glaubenssprache, so Peter Hünermann, »ist bestimmt vom göttlichen Gott: Das bedeutet, es ist eine Bewegung, die, vom sich erschließenden Gott hervorgerufen, zu einem unbedingten, in keiner Weise konditionierten Ja

24 Hünermann, *Sprache des Glaubens,* S. 41.
25 Hünermann, *Sprache des Glaubens,* S. 40.
26 Hünermann, *Sprache des Glaubens,* S. 42.
27 Hünermann, *Sprache des Glaubens,* S. 41.
28 Hünermann, *Sprache des Glaubens,* S. 43.
29 Ebd.
30 Ebd.
31 Hünermann, *Sprache des Glaubens,* S. 44.

ermächtigt ist: ein Ja, das alles übersteigt und alles umgreift«.[32] Und dieser Gott »kommt zu Wort in einem geschichtlichen Sprachgeschehen«. Das zeigen Texte wie die Offenbarung des Namens, die Szene, in der Moses am Dornbusch vor den Herrn tritt (Ex 3,1–15), oder die Berufung des jungen Samuel, der in der Nacht mehrfach angesprochen wird, er meint, es ist sein Lehrer, der Prophet Eli, doch dieser rät ihm dann zu sprechen, »Rede, HERR; denn dein Diener hört« (1 Sam 3,9), und Samuel wächst in seinen Weg der Berufung als Prophet hinein. Glaubenssprache ist wie die Alltagssprache mit dem Leben des Menschen verknüpft, weil aber »zur Pragmatik der Glaubenssprache das Intendieren des göttlichen Gottes gehört, der sich in der Sprache erschlossen hat, deswegen entstehen hier Worte von unbedingtem Anspruch und Zuspruch«.[33] Auch wenn diese Offenbarungsstruktur in die Glaubenssprache eingeschrieben ist, so unterscheidet sich das Sprachgeschehen aber von Gott selbst.

> Weil Gott selbst in einem geschichtlichen Sprachgeschehen zu Wort kommt, ist dieses Sprachgeschehen von Gott selbst nochmals zu unterscheiden. Es ist sein Wort und er spricht sich in ihm aus, und doch ist dieses Wort Geschöpf. Es ist endlich, begrenzt und zeitlich, damit ist es von ihm radikal unterschieden. Der sich mitteilende Gott ist größer als dieses geschichtliche Wort. Das geschichtliche Sprachgeschehen ist in diesem Sinn die Niedrigkeitsgestalt des Wortes Gottes. Das ›id quod dicitur‹ ist das Wort Gottes, der ›modus quo dicitur‹ ist ein menschliches Wort.[34]

Diese Grundstruktur und offenbarungstheologische Qualität der Glaubenssprache zeigt Peter Hünermann an den Texten des Alten Testaments, es ist aber eine Grundstruktur, die auch in anderen Religionen zu finden ist. Das macht Peter Hünermann am Glaubensbegriff fest, den er unter Bezugnahme auf Thomas von Aquin als »Konversion« bestimmt, als

> freie Einstimmung des Menschen in die von Gott selbst ermöglichte Hinwendung zum göttlichen Gott. Der Glaubensbegriff wird von Gott als *prima veritas* her konzipiert. In der Intentionalität des Glaubensaktes ist der wahre Gott überall dort angezielt, wo das Wahre und Gute um seiner selbst willen bejaht wird. Ermöglicht ist dieser Glaubensakt durch den ›instinctus fidei‹, den übernatürlich gewirkten, im allgemeinen Heilswillen Gottes gründenden inneren Instinkt ›als Organ der Berufung, in dem sich Natur und Gnade zu einer unlösbaren Einheit verbinden‹. Die Möglichkeit der heilsnotwendigen, übernatürlichen Affirmatio Gottes ist mithin nicht auf den expliziten Glauben innerhalb der geschichtlich ergangenen Offenbarung mit einer Glaubensgemeinschaft und einer korrespondierenden Glaubenssprache beschränkt. Vielmehr bezeichnet Glauben

32 Hünermann, *Sprache des Glaubens*, S. 47.

33 Ebd.

34 Hünermann, *Sprache des Glaubens*, S. 47 f.

eine analoge Wirklichkeit, welche in verschiedenen geschichtlichen Realisationsformen und verschiedenen Graden begegnet.[35]

Im Blick auf den Dialog der Religionen – und hier im Besonderen den Dialog mit dem Islam – ist dies die zentrale Grundstruktur, in der Vielfalt der Ausprägungen von Religion vom Glauben an den einen Gott zu sprechen, der Ursprung und Ziel von Mensch und Welt ist. Aus einer christlichen Perspektive entbindet dies selbstverständlich nicht von einer Bestimmung des eschatologischen Charakters der Offenbarung, die sich in Jesu Christi Leben, Sterben und Auferstehen ereignet hat. Peter Hünermann wird in der weiteren Durchführung seiner *Dogmatischen Prinzipienlehre* das Christusereignis als Sprachereignis bestimmen, in dem in der vollendeten Antwort Jesu auf die Anrede Gottes die Wahrheit des Glaubens in christlicher Perspektive aufgeht: In seinem ganzen Leben, seinem Sterben und seiner Auferstehung ereignet sich die »Nennung Gottes« in einer vollendeten Gestalt: »In der Pragmatik, Grammatik und Semantik des Lebens dieses Zeugen und seines Sterbens ist dann der eine Name Gottes vollbracht, sein Name geheiligt, so dass hier in der Geschichte das Eschaton in diesem einen angebrochen ist.«[36]

Der Zugang zur Sprache des Glaubens, an sprachphilosophischen Überlegungen von Wittgenstein und Schaeffler angelehnt, ist für Peter Hünermann Grundlage seiner Bestimmung der Dogmatik als »Sprach- und Wahrheitsgeschehen in einem besonderen Sinn«.[37] Dogmatik bezieht sich »in einem rationalen Kommunikationsprozess auf die großen geschichtlichen Instanzen der Glaubensbezeugung« und verbindet dies mit dem Prozess der »rationalen Kommunikation mit den maßgeblichen Autoritäten menschlichen Daseins«, mit Kultur, Wissenschaften, Philosophien und Religionen,[38] und gerade darin verantwortet sich die Analyse der Offenbarungsqualität der Glaubenssprache mit der Vernunft. Der *intellectus fidei*, den die Dogmatik erarbeitet, »ist menschliches Verstehen, das zum Wort Gottes gehört, von ihm getragen und ermöglicht wird«, und gerade darum kann sie, so Peter Hünermann am Schluss seiner *Dogmatischen Prinzipienlehre* »die Wahrheit des Glaubens aufleuchten« lassen, sie kann den »Sinn von Sprache und von Wahrheit« aufdecken und thematisieren.[39]

35 Hünermann, *Sprache des Glaubens,* S. 51 f., unter Rückbezug auf den in der *Theologischen Quartalsschrift* 1960 erschienenen Aufsatz von Max Seckler *»Das Heil der Nichtevangelisierten in thomistischer Sicht«* (S. 38–69) und dessen Studie *Instinkt und Glaubenswille nach Thomas von Aquin* (Mainz 1961).

36 Hünermann, *Sprache des Glaubens*, S. 73. – Diese Überlegungen können und *sollen* an dieser Stelle nicht nachgezeichnet werden.

37 Hünermann, *Sprache des Glaubens*, S. 284.

38 Ebd., S. 284.

39 Hünermann, *Sprache des Glaubens*, S. 284 f.

3 Die poetische Qualität der biblischen Texte – Offenbare Verborgenheit Gottes in der verdichteten Form des Gott-Nennens

Auch der französische Philosoph Paul Ricœur (1913–2013) legt eine Analyse der unterschiedlichen Sprachgestalten der biblischen Texte vor, diese Analyse ist dabei in den Kontext einer *Hermeneutik der Idee der Offenbarung*[40] und damit einer Philosophie der Offenbarung eingebettet, die aus seinem in der phänomenologischen Tradition Edmund Husserls und der französischen Subjektphilosophie stehenden Denkansatzes erwächst. Ricœur nimmt die Offenbarung »als ein Ge-Gebenes«, so der Frankfurter Fundamentaltheologe Knut Wenzel in seiner Annäherung an Ricœur, »das nun aber, im menschlichen Diskurs, thematisierbar nur ist innerhalb der Grenzen vernünftiger Rede«.[41] Ricœur nähert sich Texten an, in deren narrativer Struktur und poetischer Gestalt er aufdeckt, wie der Mensch in der schwierigen Suche nach Identität in Zeiten des »gebrochenen Cogito« - Ricœur ist geprägt von den Schrecken des 2. Weltkriegs und des NS-Regimes - die Möglichkeiten wieder entdecken kann, überhaupt leben zu können. *Homme capable* – ›fähiger Mensch‹, eine Formulierung, die er im Anschluss an Jean Nabert trifft - zu werden bedeutet für ihn, in den Tiefenschichten der Kultur einen ›ethischen Kern‹ zu entdecken, das bedeutet für ihn, die »Fülle der Worte« wiederzufinden, d. h. die poetische und damit die Offenbarungsqualität des Wortes.

> Ja, wir sind geboren im Licht der Rede und wir müssen sie uns unaufhörlich wiederaneignen. Sinn und Un-Sinn bekämpfen sich letzten Endes auf der Ebene der Sprache; in dieser Tiefe wurzelt auch die Perspektive der Prospektive. [...] Indem wir die Fülle der Worte wiederfinden, die bereits gesagt worden sind, können wir eine ganz neue Existenzdichte gewinnen in einer Welt, die im Übrigen leer und eitel wird. Wir müssen progressiv in der Politik und regressiv in der Poetik sein.[42]

Dass die in der Sprache gesammelten Möglichkeiten des Menschen »aktiviert« werden können, macht die »poetische« und kreative Dimension der Sprache aus, an die über den Akt der Interpretation immer wieder gerührt werden kann. Gerade die Interpretation stellt das »Instrument« dar, »das uns heute zu glauben

40 Vgl. Paul Ricœur, »*Hermeneutik der Idee der Offenbarung*«, in: ders., *An den Grenzen der Hermeneutik*, S. 41–83. Vgl. zu den folgenden Überlegungen: Margit Eckholt, *Poetik der Kultur: Bausteine einer interkulturellen dogmatischen Methodenlehre*, Freiburg 2002, S. 503–572.

41 Knut Wenzel, *Offenbarung - Text - Subjekt: Grundlegungen der Fundamentaltheologie*, Freiburg/Basel/Wien 2016, S. 58.

42 Paul Ricœur, *Geschichte und Wahrheit*, München 1974, S. 311 f. (*Histoire et Vérité*, Paris 1955, S. 316).

erlaubt«[43], ermöglicht sie es doch, in der Sprache die »Sprache wiederzufinden, die die Möglichkeiten eröffnet«[44], die poetische Dimension, und das heißt den Zugang zum »Offenbaren«, zum »Ereignis«. Bei dieser Suche nach der »Fülle des Wortes« macht der Mensch so die Erfahrung, dass er selbst in einer Sprache steht, die nicht so sehr »von ihm« gesprochen ist, als dass sie »zu ihm« gesprochen wird.[45] Dies ist für ihn als Philosophen der Ausgangspunkt, sich den biblischen Texten anzunähern und in ihnen über die Pluralität des biblischen Sprachgeschehens im prophetischen, narrativen und weisheitlichen Diskurs einen Begriff der Offenbarung zu erschließen, dessen Fluchtpunkt das *Nommer Dieu* – das Gott-Nennen – ist.

Die religiöse Dimension ist philosophisch nicht mitzuvollziehen, aber die Plausibilität eines philosophisch erreichbaren Kerns des Begriffs von Offenbarung kann auch der Struktur der biblischen Texte und ihrer ›Poetik‹ nicht abgesprochen werden, und insofern kann auch der religiöse Begriff von Offenbarung »als nicht unvernünftig anerkannt werden«.[46] »Die Welt des Textes«, so Paul Ricœur,

> regt den Leser, den Hörer an, sich selbst angesichts des Textes zu verstehen und, in Imagination und Sympathie, das *Selbst*, das fähig ist, diese Welt zu bewohnen, indem es darin seine eigensten Möglichkeiten entfaltet, zu entwickeln. In *diesem* Sinne ist die religiöse Sprache eine dichterische Sprache. Hier bezeichnet das Wort ›dichterisch‹ nicht ein ›literarisches Genus‹, das sich zur Erzählung, zur Prophetie usw. hinzufügen würde, sondern die umfassende Weise, wie alle diese Genera funktionieren, insofern sie der Sitz der semantischen Erneuerung, der Vorlage einer Welt, der Anregung eines neuen Selbstverständnisses sind.[47]

Dass sich der Mensch wieder neu finden und ›erfinden‹ kann und dass eine Suche nach dem schöpferischen Wort überhaupt möglich ist, muss beim Hören auf das schöpferische Wort Gottes ansetzen, von dem der Mensch nur Zeugnis ablegen kann.[48] Die Sprachformen der biblischen Texte weisen diese Zeugnisqualität auf, in ihnen hat in diesem Sinn Gottes Wort »Wohnung« genommen, sie werden selbst von Ricœur als eine »bewohnbare Welt«[49] verstanden, in die Leser und

43 Paul Ricœur, »*La crítica de la religión y el lenguaje de la fe*«, in: ders., *El lenguaje de la fe*, Buenos Aires 1978, S. 13–48, hier S. 28.

44 Ebd.

45 Ricœur, »*La crítica de la religión y el lenguaje de la fe*«, S. 48.

46 Wenzel, *Offenbarung – Text – Subjekt*, S. 105.

47 Ricœur, »*Gott nennen*«, S. 73 (*Nommer Dieu*, S. 300 f.).

48 Vgl. die Arbeit Ricœurs zum Zeugnis: »*L'herméneutique du témoignage*«, in: Paul Ricœur, *Lectures* 3, S. 107–139.

49 Vgl. Ricœur, »*Gott nennen*«, S. 56 (*Nommer Dieu*, S. 289). Zur Metapher der »bewohnbaren Welt«: Paul Ricœur, »*La fonction herméneutique de la distanciation*«, in: *Exegesis: Problèmes de méthode et exercices de lecture*, hrsg. von François Boven und Gilles Rouiller, Neuchâtel 1975, S. 201–215.

Leserinnen eintreten können, und wenn sie aus ihnen austreten, sind sie verwandelt und ziehen das schöpferische Wort, das sie in den Texten angesprochen hat, in ihren unterschiedlichen Lebensformen weiter aus.

Die Schrifttexte sind – das ist ein fundamentaltheologisches Grundaxiom – die *norma normans non normata.* Das Hören auf das Wort Gottes bleibt immer an den Text der heiligen Schrift zurückgebunden. Sie ist der Ort der *manifestation* – der »Offenbarung« – des Wortes, sie ist »Leib« des Wortes, die »Spur«, die das Wort, das sie begründet, gelassen hat:

> [D]ie jüdische Religion und die christliche Religion bezeichnen sich als auf ein Wort gegründet, das als Wort Gottes empfangen wird; aber dieses Wort ist nirgendwo zugänglich, außer in den Schriften, die für heilig gehalten werden, in dem Sinn, daß sie vom ganzen Rest der Literatur abgetrennt sind. Nun erscheint der Bezug zwischen Wort Gottes und heiligen Schriften als zirkulär in dem Maße, als das Wort für die die Schrift begründende Instanz gehalten wird und die Schrift für den Ort der Offenbarung des Wortes; anders gesagt, das Wort kann seine Grundlegungsfunktion nicht ohne den Rückbezug auf die Schriften bezeugen, die ihm so etwas wie einen Leib geben (der Vergleich mit der Inkarnation ist in den Konzilsdokumenten der katholischen Kirche häufig); aber die Schrift kann sich nur als Offenbarung zur Geltung bringen, indem sie die Spur ist, die von dem Wort zurückgelassen wird, das sie begründet. Es ist folglich ein Zirkel von lebendigem Wort und der Spur der Schrift.[50]

Dabei ist das Wort, das seine Spur auslegt, selbst noch einmal »Spur«, die dem »Ereignen« Gottes in der Geschichte folgt. Die Spur Gottes ist in der Geschichte, bevor sie im Wort ist. So ist das Wort in der Weise »zweitrangig«, insofern es die Spur Gottes im Ereignis bezeugt.[51] Jede Gestalt des »Gott-Nennens«, die in den verschiedenen biblischen Sprachgestalten zum Ausdruck kommt, ist in diesen Horizont eingeschrieben. »Auf diese Weise Gott zu nennen, noch bevor dies ein Akt ist, dessen ich fähig bin, das ist es, was die Texte meiner Vorliebe tun [...] – wenn sie ihre Welt entfalten – wenn sie auf dichterische Weise aufzeigen und so eine Welt enthüllen, die wir bewohnen könnten.«[52]

Der Fluchtpunkt, die letzte Referenz der biblischen Texte ist »Gott« selbst – ohne dass er darin zum Objekt dieser Texte wird oder in ihnen aufgeht. So sind die Texte der Bibel mehr als bloße poetische Texte und ihre Poetik ist Ausdruck einer »Ökonomie der Gabe«, wie Ricœur das Offenbarungsgeschehen immer wieder charakterisiert.[53] Gott selbst ist *référent ultime* bzw. *archi-référent* der

50 Paul Ricœur, »*Phénoménologie de la religion*«, in: ders., *Lectures* 3, S. 263–279, hier S. 268.

51 Ricœur, *Nommer Dieu*, S. 291: »Dans la mesure où le genre narratif est premier, la marque de Dieu est dans l'histoire avant d'être dans la parole. La parole est seconde, en tant qu'elle confesse la trace de Dieu dans l'événement.«

52 Ricœur, *Gott nennen*, S. 56 (*Nommer Dieu*, S. 289).

53 Dieser Gabe-Gedanke ist in der Ricœur-Studie von Veronika Hoffmann entfaltet: *Vermittelte Offenbarung: Paul Ricœurs Philosophie als Herausforderung der Theologie*, Ostfildern 2007; dies. (Hg.), *Die Gabe: Ein »Urwort« der Theologie?*, Frankfurt a. M. 2009.

biblischen Texte, »der die Texte zugleich koordiniert und sich ihnen entzieht. Berührt durch den ›Namen‹ Gottes, erfährt die dichterische Sprache eine Sinnverwandlung, auf deren Einkreisung es ankommt«.[54] Gerade durch diesen »Letztbezug« auf den immer größeren Gott kann es in den biblischen Texten zu immer neuen Prozessen der Entgrenzung kommen. Und weil Gott in gewisser Weise in der »Sache« des Textes, zwar als diese je entgrenzende, »inbegriffen« ist – in der Welt, die die Texte entfalten –, haben diese Texte offenbarenden Charakter.[55] Die Poetik, die in der Struktur der Texte angelegt ist, steht im Horizont eines Offenbarungsgeschehens, für das der ›Name‹ Gottes steht.

Ricœur weist diesen Weg vor allem in seinem Beitrag *Nommer Dieu* auf, aber auch die im dritten Band der *Lectures* gesammelten Texte stehen für seinen hermeneutischen Zugang zur Offenbarungsqualität der biblischen Texte. Er setzt, gerade unter Voraussetzung der Eigenständigkeit und des Werkcharakters des Textes, beim Prozess der Poetik in den Texten selbst an. Dieser Prozess, die »Arbeit« des Textes, ist auf verschiedenen Ebenen angelegt und führt von der kleinsten Ebene der Metapher – bei der die *poiesis* in Gestalt des ›Wie‹ ansetzt – zur Ebene der Intertextualität, auf der sich über die erstellten Bezüge zwischen Texten neue Sinndimensionen ergeben können.[56] Die Metapher als eine »›seltsame‹ Prädikation, die die semantischen und kulturellen Codes einer sprechenden Gemeinschaft überschreitet«[57] ist auf die narrative Struktur des Textes bezogen. Durch den »ineinander verwickelten zweifachen Prozess der Metaphorisierung des Narrativen und der Narrativisierung des Metaphorischen« wird ein Bedeutungspotential in der Sprache freigesetzt.[58] In der narrativen Struktur der Texte wirkt aber in der Tiefe ein Metaphorisierungsprozess, der sich von bestimmten »Grenzausdrücken« wie ›Reich Gottes‹ leiten lässt, die sich auf Gott selbst als letzten – aber als »Fluchtpunkt« unerreichbaren – Referenten des Textes beziehen.[59] »Grenzausdrücke« funktionieren für Ricœur auf dem Grund einer

54 Ricœur, *Gott nennen*, S. 74 (*Nommer Dieu*, S. 301).

55 Vgl. Ricœur, *Nommer Dieu*, S. 286: »Il est en quelque manière impliqué par la ›chose‹ de ces textes, par le monde – le monde biblique! – que ces textes déploient [...]. Si le mot ›révélation‹ veut dire quelque chose, son sens est à chercher du côté de la ›chose‹ que disent les textes, comme un certain trait du monde biblique.«

56 Auf Ricœurs Metapherntheorie kann hier nur verwiesen werden: Paul Ricœur, *La Métaphore vive*, Paris 1975; ebenso auf seine Studien zur Intertextualität: ders., *Essays on Biblical Interpretation. Edited with an introduction by Lewis S. Mudge*, Philadelphia 1980.

57 Ricœur, *Essays on Biblical Interpretation*, S. 160 f.; vgl. auch S. 144: Die Metapher als »odd predication« hat die »power of redescribing reality«.

58 Ricœur, *Essays on Biblical Interpretation*, S. 159.

59 Vgl. Ricœur, *Essays on Biblical Interpretation*, S. 147: »[T]he metaphorization process of a simple narrative is contained in the text itself by virtue of its literary form. To put it another way, the narrative-parable is itself an itinerary of meaning, a signifying dynamism, which transforms a narrative structure into a metaphorical process, in the direction of an enigma-expression [...], the kingdom of God, an expression that orients the whole process of trans-

analogischen oder metaphorischen Sprache, die auf Schemata bzw. Modelle zurückgreift als Regeln, um Figuren des Göttlichen zu »produzieren«. Sie qualifizieren und modifizieren die Sprache, um der Gefahr einer in der Metapher oder der Analogie liegenden Idolisierung der spezifischen Figur des Göttlichen zu wehren. Die Grenzausdrücke sind vom Gottesnamen her zu verstehen, den Ricœur im Sinne der Kantischen Idee bestimmt, die Bild und Begriff übersteigt und die verlangt, »mehr zu denken«.[60] Aus diesem *penser plus* speist sich die Dynamik der Poetik des Gottesnamens; die »Arbeit der Modelle« wie z. B. Vater, Sohn, Mutter usw. wird durch Paradoxa oder Grenzausdrücke intensiviert und dann noch einmal auf der *via negativa* überboten. So kann dann ein vielschichtiger Metaphorisierungsprozess in Gang kommen, der für Ricœur einem »Prozeß um die Wahrheit«[61] gleichkommt, in dem sich der Text auf verschiedenen Ebenen als Zeugnis der Wahrheit Gottes bewährt.

In seinen Anmerkungen zur biblischen Hermeneutik weist Ricœur auf die Vielfalt und Unterschiedlichkeit der Gottesrede, der *nomination de Dieu*, in den alttestamentlichen Texten hin. Im Anschluss an Exegeten wie Paul Beauchamp[62] unterscheidet er vor allem die prophetische Rede, das Gesetz und die weisheitlichen Texte, wobei jede Gattung einerseits Gottesrede, andererseits Menschenrede bzw. Anrede des Menschen ist und in je unterschiedlicher Gestalt die Komplexität der Beziehungen zwischen Gott und Mensch aufweist. In der Prophetensendung und im Erlass des Gesetzes ist der Mensch *Du* für Gott, während in den späteren Texten des Alten Testamentes, den Weisheitstraditionen, auch Gott zum *Du* für den Menschen wird.

> So wird Gott in verschiedener Weise genannt in der Erzählung, die Ihn erzählt, in der Prophetie, die in Seinem Namen spricht, in der Weisung, die Ihn als Ursprung des Imperativs anzeigt, in der Weisheit, die Ihn sucht als Sinn des Sinnes, im Hymnus, der Ihn in der zweiten Person anruft. Deswegen läßt sich das Wort ›Gott‹ nicht begreifen als ein philosophischer Begriff, sei es der Begriff des Seins im Sinne der mittelalterlichen Philosophie oder im Sinne Heideggers. Das Wort ›Gott‹ sagt mehr als das Wort ›Sein‹,

---

gression beyond the narrative framework while at the same time receiving in return a constant of provisory meaning from the narrative structure.« Oder auch: »If we may still speak of parabolization with regard to such limit-expressions, it is to the extent that a limit-expression's meaning, without being signified by any action or personage in a narrative, is signified by the movement of transgression that transports the narrative outside the customary logic of narratives. In this sense, the kingdom of God is not what the parables tell about, but what happens in parables.« Den Gedanken der Grenzausdrücke (wie ›Reich Gottes‹) entfaltet Ricœur in Auseinandersetzung mit Jan Ramsey und Max Black. Vgl. dazu auch: Paul Ricœur, *Die lebendige Metapher*, München ^{2}1991, z. B. S. 10; ders., *Nommer Dieu*, S. 301 f.

60 Vgl. Ricœur, *Gott nennen*, S. 75 (*Nommer Dieu*, S. 302).

61 Ricœur, *Essays on Biblical Interpretation*, S. 43.

62 Vgl. z. B. Paul Beauchamp, *L'Un et l'Autre Testament: Essai de lecture*, Paris 1977; ders., *L'Un et l'Autre Testament: Accomplir les Écritures, Broché*, Paris 1990; ders., *Le récit, la lettre et le corps: Essais bibliques*, Paris 1992.

> denn es setzt den ganzen Kontext der Erzählungen, Prophetien, Gesetze, Weisheitsschriften, Psalmen usw. voraus. Der Bezugspunkt ›Gott‹ ist so durch die Konvergenz aller dieser partiellen Redeweisen angezielt. Er drückt das Kreisen des Sinnes in allen Formen der Rede, in denen Gott genannt wird, aus.[63]

In der Polyphonie des Gott-Nennens ist Gott »unendlicher Fluchtpunkt«, der jedem Text eine Dynamik verleiht und gerade in der Aufeinanderbezogenheit der unterschiedlichen Texte und ihrer jeweiligen Art des Gott-Nennens je neue Interpretationen und Verstehensprozesse möglich macht. Gott ist die *visée commune* der Texte, gleichzeitig entzieht er sich jedem Text wieder.[64]

Diese Dynamik des Gott-Nennens, die zunächst von den alttestamentlichen Texten ausgeht, setzt sich in den Texten des Neuen Testamentes fort. Die Autoren der neutestamentlichen Texte knüpfen an die alttestamentliche Poetik des Gott-Nennens an, um ihrem Glauben Ausdruck zu geben, dass das Heil Gottes in Jesus von Nazareth leibhaftig geworden ist. Prophetische, narrative und weisheitliche Rede finden sich in den neutestamentlichen Texten wieder. Der sich darin ausdrückende Metaphorisierungsprozess verdichtet sich in besonderer Weise in den Gleichnissen Jesu.

> Wenn der Fall des Gleichnisses exemplarisch ist, so deswegen, weil es narrative Struktur, metaphorischen Prozess und Grenz-Ausdruck vereinigt. Dadurch stellt es eine Kurzfassung der Nennung Gottes dar. Durch seine narrative Struktur erinnert es an die allererste Verwurzelung der Sprache des Glaubens in der Erzählung. Durch seinen metaphorischen Prozess macht es den (im oben erwähnten Sinne) dichterischen Charakter der Sprache des Glaubens in ihrer Gesamtheit sichtbar. Schließlich, indem es Metapher und Grenz-Ausdruck verbindet, liefert es die Matrize der theologischen Sprache selbst, insofern diese die Analogie und die Negation in der *via eminentiae* (Gott ist wie …, Gott ist nicht …) verbindet.[65]

In diesen verschiedenen Redeformen äußert sich das Zeugnis, dass Jesus der Christus ist, dass er von Gott her bestimmt ist und sich selbst in seinem ganzen Lebensvollzug auf ihn hin orientiert. Die in den verschiedenen Gattungen des Alten Testamentes vielfältig gestaltete Beziehung Gottes zum Menschen sowie die Beziehung des Menschen zu Gott verdichtet sich in Jesus von Nazareth. Gott ist in der liebenden Beziehung seines Sohnes zu ihm bis an das Kreuz und in die Todeseinsamkeit hinein der Gott des Heils, der als liebender Vater dieses Sohnes diese in den Tod hineinführende Beziehung noch einmal mit seinem Leben umfängt. Jesus selbst sagt Gott in seiner Rede, seinen Gleichnissen, in seiner

---

63 Ricœur, *Gott nennen*, S. 64 f. (*Nommer Dieu*, S. 294/295).

64 Ricœur, *Nommer Dieu*, S. 295. Vgl. auch Paul Ricœur/André LaCocque, *Penser la Bible*, Paris 1998, S. 165: Gott ist der »Überschuß«: »[C]omme si la nomination de Dieu ne se bornait pas à circuler entre les genres, mais échappait à tous et visait Dieu à la façon d'un point de fuite à l'horizon de tous.«

65 Ricœur, *Essays on Biblical Interpretation*, S. 69 (*Nommer Dieu*, S. 297).

Praxis aus; analog zu den Metaphorisierungsprozessen in der alttestamentlichen Gottesrede ist auch sein Gott-Nennen auf Gott als *point de fuite* bezogen. Nur in der Bezugnahme auf den je größeren Gott in der in Jesus leibhaftig gewordenen Gottesrede, die sich für die Jünger auf dem Weg nach Emmaus im Teilen des Schmerzes über den Tod des Freundes und in der neuen Begegnung mit dem Geliebten im Sprechen seiner Worte und im Brechen des Brotes ausdrückt, kann nach dem Tod Jesu in den Jüngern und Jüngerinnen der Glaube wachsen, dass der Freund lebt, dass er »auferstanden« ist. Gott selbst erweist sich in dieser Erinnerung als die »Einheit von Leben und Tod zugunsten des Lebens«[66], als der Gott, der seinen Sohn, Jesus Christus, vom Tod erweckt hat und der »uns durch Christus mit sich versöhnt und uns den Dienst der Versöhnung aufgetragen hat« (2 Kor 5,18).

Anliegen Ricœurs in seinen Aufsätzen zur biblischen Hermeneutik ist, über die Vielfalt der *nomination de Dieu*, die ihre Dynamik aus Gott selbst als ›Fluchtpunkt‹ jeder Gottesrede erhält, die Verbindung von alttestamentlicher und neutestamentlicher Rede von Gott aufzuzeigen. Er versucht vor allem, eine Brücke zwischen der ausgezeichneten Gottesrede im Alten Testament in Ex 3,14 – die Gottesvorstellung an Mose »Eyeh asher eyeh« (»Ich bin der ›Ich-bin-da‹«) – und im Neuen Testament in 1 Joh 4,8 – Gott als die Liebe – zu schlagen. Die Gottesvorstellung in Ex 3,14 sieht Ricœur im Zusammenhang einer weiteren Dynamik von Selbstvorstellungen Gottes, in denen Gott sich als der »Einzige« bezeugt, als der Gott, der Israel aus Ägypten befreit hat und der Israel aufträgt, keinen anderen Gott neben ihm zu verehren (vgl. z. B. Dtn 6,4: »Höre Israel, unser Gott ist ein Einziger«). Im engeren Sinn steht Ex 3,14 im Kontext einer Prophetenberufung, Moses geht aus der Begegnung mit Gott als Führer und Prophet seines Volkes hervor. Gott selbst begegnet Moses als der »Ich bin der ›Ich-bin-da‹«, eine Aussage, die, wie auch die Vielfalt an Interpretationen in ihrer Wirkungsgeschichte zeigt, von größter Unbestimmtheit ist. »[D]ie Antwort Jahwes ist eine Nicht-Antwort, in der das Inkognito Gottes bewahrt wird – die Formulierung hat den Wert eines Rätsels inmitten einer einfachen Erzählung.«[67] Indem Ricœur sie mit der johanneischen Aussage, Gott ist die Liebe, in Verbindung bringt, kommt es zu einer *augmentation iconique* und damit auch zu einer näheren »Bestimmung« beider Weisen, Gott zu nennen. Die Kontinuität der alttestamentlichen Gottesrede in der neutestamentlichen weist Ricœur in drei Schritten auf: Wird Gott als ›Liebe‹ bezeichnet, so ist dies zunächst eine metaphorische Aussage, durch die sowohl im Blick auf Gott als auch im Blick auf die Liebe eine Horizonterweiterung stattfindet; wir »denken mehr«, was Gott und

66 Vgl. Paul Ricœur, »*D'un testament à l'autre*«, in: ders., *Lectures* 3, S. 361.
67 Ricœur, »*D'un testament à l'autre*«, S. 358.

was die Liebe angeht.[68] Die ausschließliche und unbedingte Liebe, die im Gebot des Alten Testaments (z. B. Dtn 10,12.13) vom Menschen Gott gegenüber verlangt wird, ist – und diese *augmentation iconique* ermöglicht der Bezug auf 1 Joh 4,8 – Gott selbst:

> [D]ieser Gott, den Sie bereits kennen als den Gott Israels, der von Ihnen eine ausschließliche Liebe verlangt, ist selbst diese ausschließliche Liebe. Diese gegenseitige Bedeutungssteigerung zwischen Gott und der Liebe bevollmächtigt uns zu sagen, dass die Verkündigung des *Shema*, ›Gott ist ein einziger‹, weit davon entfernt, durch den Satz ›Gott ist die Liebe‹ abgeschafft zu werden, zugunsten dieser *bildlichen Steigerung* der beiden Begriffe durch einander wieder aufgegriffen wird. Am Ende dieser ersten Etappe bewahrt die metaphorische Interpretation des Ausdrucks ›Gott ist die Liebe‹ den Gott des »Ich bin der ›Ich-bin-da‹« inmitten des metaphorischen Prozesses selbst.[69]

In einem zweiten Schritt setzt Ricœur sein in Anlehnung an Eberhard Jüngel entfaltetes dialektisches Verständnis von Liebe in Beziehung zur Gottesrede. Liebe ist Entäußerung seiner selbst in ein anderes und darin ein Zugewinn für das Selbst, den es aus sich selbst heraus nie erreicht hätte. In der Liebe wird so an eine »Logik der Überfülle« gerührt, die – auf Gott bezogen – ein Ereignis der Einheit von Tod und Leben zugunsten des Lebens darstellt.

> Allein wegen der metaphorischen Attribution ›Gott ist Liebe‹ wird die dialektische Bewegung der Liebe Gott so zugeschrieben, daß Gott – formal gesprochen – diese Umkehrung der Beziehung zu sich in ein Von-sich-Lassen ist mit dem Ziel einer engeren Beziehung zu sich, und – material gesprochen – diese Einheit von Leben und Tod zugunsten des Lebens ist.[70]

Als Gott der Liebe ist er im Leiden und Sterben seines Sohnes anwesend und umfängt mit seiner Liebe nochmals dieses Leiden und Sterben. Der dritte Schritt entfaltet diese Einheit von Leben und Tod zugunsten des Lebens narrativ im »historischen Ereignis des Kreuzes«.[71] Liebe will erzählt werden, und genau in dieser Erzählung wird die Gottesrede auch zur Geschichte der Menschen, die auf vielfältige Weise in diese Gottesgeschichte verwickelt sind. »In diesem Sinn läßt Gott sich erzählen: was eine der Art und Weisen ist zu sagen, daß er offenbart ist, daß er offenbar ist und nicht völlig unbekannt, sondern gut bekannt ist in den Geschichten, in die er selbst verwickelt ist [...].«[72] In der Erzählung wird die Aussage, Gott ist Liebe, entfaltet, wobei metaphorische und dialektische Interpretation in der Erzählung weiterwirken. Wenn Gott die letzte Referenz der biblischen Texte ist, so speist sich sein *semper maior* genau aus dieser »Einheit

68 Vgl. Ricœur, »*D'un testament à l'autre*«, S. 359.
69 Ricœur, »*D'un testament à l'autre*«, S. 360.
70 Ricœur, »*D'un testament à l'autre*«, S. 361.
71 Ricœur, »*D'un testament à l'autre*«, S. 362.
72 Ricœur, »*D'un testament à l'autre*«, S. 362 f.

von Leben und Tod zugunsten des Lebens«, daraus, dass die Liebe stärker ist als der Tod. In Jesus Christus als dem »erzählten Gleichnis Gottes« wird dieses *semper maior* konkret, geht es in die Geschichte ein und verwandelt die Geschichten der Welt. In ihm kommt es zu einem Ereignen der Wahrheit Gottes als Wahrheit und Neuwerden der Welt.[73]

Ricœur führt in seiner philosophischen Annäherung an die biblischen Texte und ihre poetische Gestalt und Offenbarungsqualität in den Kern christlicher Offenbarung. Eine dogmatisch-theologische wird im Anschluss an Ricœurs *Hermeneutik der Idee der Offenbarung* entfalten, wie Gott selbst in seiner Geschichte mit Jesus von Nazareth zur Sprache gebracht wird. Für einen solchen theologischen Offenbarungsbegriff wird dabei auch die von Ricœur aufgewiesene Pluralität von Sprach- und Zeugnisgestaltung von Relevanz sein. Es liegen verschiedene Evangelien, die Apostelgeschichte und die Briefliteratur vor, die sich je neu auf die Geschichte Jesu, seine Lehre und Praxis beziehen, auf die Vielgestalt der Gottesrede Jesu selbst, und genau in dieser Pluralität wird er als der Christus entdeckt, als der, der sich in engster Beziehung zu Gott, seinem Vater, verstanden hat und seinen Weg bis an das Kreuz in Gehorsam und Liebe, im Vertrauen auf die Liebe des Vaters gegangen ist. In dieser Hingabe ereignet sich die Wahrheit Gottes als die Gabe des Vaters, die die Hingabe des Sohnes umfängt und die doch die Radikalität des Bruchs, den das Kreuz bedeutet, nicht begreifen können. Die Schriften sind die Spur dieses Weges Jesu, hinein in den Tod, in die Radikalität der dort erfahrenen ›Nacht‹; ihre poetische und offenbarende Kraft erwächst aus der Rückbindung an Jesu Glauben und den Glauben der Freunde und Freundinnen Jesu an die Auferstehung, in der die ›Nacht des Todes‹ durchbrochen wird. So wird diese Spur zum Zeugnis der Hoffnung auf das verheißene Reich Gottes, in dem die ganze Welt und Menschheit in die Gemeinschaft mit Gott aufgenommen werden, aber die Spur selbst bleibt gezeichnet vom Bruch, den das Kreuz bedeutet und von der Verborgenheit Gottes, die die erfahren, die in dieser Spur gehen und denken. Denn Gott sehen, das bedeutet sterben.

73 Die Metapherntheorie steht im Zusammenhang einer erweiterten Wahrheitstheorie, die vor allem für die Gotteslehre Bedeutung gewonnen hat: Der katholische Fundamentaltheologe Jürgen Werbick (z. B. *Bilder sind Wege: Eine Gotteslehre*, München 1992) und der protestantische Dogmatiker Eberhard Jüngel (*»Metaphorische Wahrheit: Erwägungen zur theologischen Relevanz der Metapher als Beitrag zur Hermeneutik einer narrativen Theologie«*, in: ders., *Entsprechungen: Gott – Wahrheit – Mensch. Theologische Erörterungen*, München 1986, S. 103–157) knüpfen hier an Ricœur an. Für Jüngel ist die Grundmetapher die Identifikation des Auferstandenen mit dem gekreuzigten Menschen Jesus (*»Metaphorische Wahrheit«*, S. 152).

4 »... und wir wohnen im Wort« – ein Ausblick

Auf dem Hintergrund einer sprachphilosophischen Annäherung an die Glaubenssprache oder einer hermeneutischen Annäherung an die biblischen Texte kann ein vor der Vernunft verantworteter Begriff von Offenbarung erarbeitet werden. Ein solcher Zugang löst dabei die Verborgenheit Gottes nicht auf, diese kommt vielmehr, das ist das Fazit der Überlegungen von Knut Wenzel zum Offenbarungsverständnis bei Ricœur, in der »irreduzible(n) Pluralität ihrer Diskurse zur Geltung«.[74] Die Offenbarung gibt Gott als den zu verstehen, »der letztlich nicht einholbar ist – auch nicht durch das Verstehen und auch nicht durch die Offenbarung«:[75]

> Wenn es eine Sache gibt, die univok von allen analogen Formen der Offenbarung ausgesagt werden kann, dann diese, dass die Offenbarung sich unter keiner ihrer Modalitäten in ein Wissen einbegreifen und von ihm beherrschen lässt. Unter dieser Rücksicht ist die Idee des *Geheimnisses* [secret] ihre Grenzidee. Die Idee der Offenbarung ist eine doppelgesichtige Idee. Der Gott, der sich zeigt, ist ein verborgener Gott und ein Gott, dem die verborgenen Dinge vorbehalten sind.[76]

Aber ein solcher sprachphilosophischer und hermeneutischer Zugang zu den biblischen Texten legt das offen, was mit dem Menschen zu tun hat: Die Texte bilden eine »bewohnbare Welt«, die den Menschen einladen, verschüttete Lebensmöglichkeiten zu entdecken, sich mit Trauer, Schuld, aber auch mit Freude, Glück und Hoffnung auseinanderzusetzen, um ein *homme capable* zu werden, wie Ricœur es nennt, ein Mensch, der in der letzten Tiefe von Gott befähigt ist, wirklich leben zu können. In diesem Sinn ist das Offenbarungsverständnis, das auf dem Hintergrund der beschriebenen Zugänge erarbeitet werden kann, ein dynamisches Geschehen, es ist, wie Max Seckler es formuliert hat, »eine bleibend unverfügbare Gabe, die nicht aufhört, neu zu sein«[77].

Paul Ricœur verweist auf dieses dynamische Geschehen, indem er neben der Interpretation der Texte auf den Verstehensprozess hinweist, der bei den einzelnen Lesern und Hörerinnen der Texte abläuft, der sie eine neue Praxis ausgestalten lässt und der zu einem neuen Selbst- und Weltverstehen führt.[78] Das

74 Wenzel, *Offenbarung – Text – Subjekt*, S. 106.

75 Ebd.

76 Ricœur, »*Hermeneutik der Idee der Offenbarung*«, S. 60.

77 Seckler, »*Der Begriff der Offenbarung*«, S. 72.

78 Knut Wenzel verweist in seiner Annäherung an den Offenbarungs-Begriff mit Ricœur auf die Bedeutung dieser Aufeinanderbezogenheit: »*Die Gegenwart des Verstehens: Hermeneutik im Schatten theologischer Rezeptionsdefizite*«, in: *Fundamentaltheologie: Fluchtlinien und gegenwärtige Herausforderungen*, hrsg. von Klaus Müller, Regensburg 1998, S. 151–175, hier S. 172: »Insofern bezeichnet der Begriff der Offenbarung eine Analogie einerseits zwischen der Dynamik des Verstehens, an deren Freilegung durch die hermeneutische Reflexion die theolo-

ist auch der Ursprungsgrund der Entstehung der Glaubensgemeinschaft, und das ist der Prozess der Ausgestaltung einer lebendigen Tradition, von der auch das Zweite Vatikanische Konzil in der Offenbarungskonstitution *Dei Verbum* als zentralem Moment für den Zugang zu dem, was Offenbarung ist, spricht.

> Diese Heilige Überlieferung und die Heilige Schrift beider Testamente sind gleichsam ein Spiegel, in dem Kirche Gott, von dem sie alles empfängt, auf ihrer irdischen Pilgerschaft anschaut, bis sie hingeführt wird, ihn von Angesicht zu Angesicht zu sehen, so wie er ist (vgl. 1 Joh 32). (*DV* 7)

In der Ausgestaltung der Tradition kommt es zur Erarbeitung weiterer für die Glaubensgemeinschaft relevanter Texte – wie Bekenntnisformeln, liturgische Texte, katechetische Unterweisungen, theologische Texte usw. –, die sich wiederum immer wieder an der Schrift zu orientieren haben. Auch sie können – den biblischen Texten ähnlich – in einen intertextuellen Interpretationsprozess gestellt werden, in dem sie ihr eigenes Verständnis aus der Beziehung mit dem anderen Text oder in einem neuen kulturellen Kontext gewinnen und vor allem in der Begegnung mit dem Anderen neue oder auch verloren gegangene Seiten des Eigenen entdecken. Auf diesem Hintergrund kommt es zu je neuen »Dekontextualisierungen« und »Kontextualisierungen« der verschiedenen Gestalten christlicher Überlieferung; die Tradition ist lebendig, wenn sie in den Prozessen der Rekonstruktion in diesem Sinn »ent-grenzt« wird und sie in der Begegnung mit Fremdem und Anderem ihren eigenen Ursprungsgrund neu ins Spiel bringen kann.[79] Die Grundstruktur dieser Entgrenzungen zeichnet Ricœur in den Schriften des Alten und Neuen Testaments nach; Israel findet zu seiner Identität in der je neuen Bezugnahme auf andere Völker, und auch die Interpretation des Christusereignisses, die die Evangelisten und Apostel wie Paulus vorgenommen haben, führt zu einer solchen Entgrenzung und damit der Universalisierung dessen, was Offenbarung ist. Das ist der Weg aller Völker zum Heil, die Vision des Jesaja von der Völkerwallfahrt zum Zion (Jes 2,1–5), das ist der Weg der heiligen drei Könige zur Krippe, das heißt, so deutet Karl Rahner dies, der Menschen, die

---

gische Beschreibung des Glaubensverstehens anknüpfen kann, und andererseits der die jüdisch-christliche Tradition bestimmenden Offenbarungsbotschaft als einer Zusage, mit der Gott sich nicht nur an die Menschen richtet, sondern in die er sich selbst einbezieht. Als solche Selbstmitteilung Gottes aber gibt sich die Offenbarungsbotschaft als Eröffnung und Erschließung neuer Perspektiven und Möglichkeiten menschlicher Existenz zu erkennen, so in der Bundes-, in der Exodus- und in der Sinaitradition, in der Verheißung des Gesalbten, schließlich in der Sendung des Sohns und in dessen Botschaft vom Kommen des Gottesreichs, und am Ende so, daß die Verheißung einer neuen Schöpfung wie ein Rezitativ die Schöpfung als das Urdatum der Selbstmitteilung Gottes wieder aufnimmt und die Vielstimmigkeit der zweitestamentlichen Schriften sich zu der einen bedeutungsvollen Schrift zusammenschließen.«

79 Genau hier liegt der biblisch-hermeneutische Ausgangspunkt für die kontextuell-theologischen Entwicklungen. Vgl. dazu auch Margit Eckholt, *Hermeneutik und Theologie bei Paul Ricœur: Denkanstöße für eine Theologie im Pluralismus der Kulturen*, München 2002.

»selbst in Bewegung geraten«, die zu dem gehen, »der zu ihnen gekommen ist«.[80] Es bleibt unbegreiflich, »was wir selbst meinen, wenn wir ›Gott‹ sagen«, er »wohnt in weiter Ferne«, aber Menschen können sich auf den Weg zu ihm machen, ein Weg, der »sich-wandeln« bedeutet, weil »noch alles Zukunft« ist.[81]

In genau diesem Sinn einer Suche, einer steten Wandlung und ›Umkehr‹ ist das Christusereignis die Referenz für die Bestimmung dessen, was Offenbarung ist. Das bedeutet, dass alle Gestalten auf dem Weg der Traditionsbildung in einen Prozess der Unterscheidung der Geister eingebunden sind. Sie haben sich zu orientieren an der Struktur der »Anerkennung der Anderen«,[82] die sich in Jesus Christus ereignet hat und die Leben in Fülle und Zukunft für den Menschen und die ganze Schöpfung bedeutet. Der Johannes-Prolog (Joh 1,1–18) hat diese Fülle der Verheißung mit dem Schöpfungswort verbunden, aus dem alles ist, was ist, das Leben bedeutet und das Wohnung unter uns nimmt. Das Offenbarwerden Gottes im Kind in der Krippe und im ganzen Christusereignis erinnert an die Weite des mit der Schöpfung verbundenen Offenbarungsraumes Gottes, bekräftigt ihn in einer solchen Anerkennung der Anderen, die jeglicher Form des Ausschlusses ein Ende setzt. Dazu gehören die radikale Offenheit für den Fremden, die Bereitschaft, vom Fremden und Anderen zu lernen, auf Neues hin aufzubrechen. Dazu gehört, in den Lebensformen und Praxisgestalten Leben zu fördern, erfülltes und wahres Leben für viele zu ermöglichen, die Kulturen so zu fördern, dass sie in ihrer je eigenen Identität so wachsen, dass in ihnen Gestalten der Liebe identifiziert werden können. Und es gehört auch dazu, vergangenes Leid nicht zu vergessen, es vielmehr in den Möglichkeitsraum Gottes zu stellen, so dass wieder neu – und dies ist die Erfahrung des Geistes – Zukunft eröffnet wird. Eine solche Praxis, die neu an die Sprache der Liebe rührt, erwächst aus dem Vertrauen und der Hoffnung auf den Morgen, der noch fern ist, dessen Erwartung aber, so auch das Bild der Mönche, die die Nacht durchbeten und mit allen Fasern ihres Wesens den Morgen erwarten – ein Bild, das der Historiker und Kulturwissenschaftler Michel de Certeau an mehreren Stellen seines Werkes

80 Rahner, *Von der seligen Reise des gottsuchenden Menschen*, S. 406.
81 Rahner, *Von der seligen Reise des gottsuchenden Menschen*, S. 407 f.
82 Auf dieses – auch für den philosophischen Ansatz von Paul Ricœur – zentrale Moment kann im Rahmen dieses Aufsatzes nicht mehr eingegangen werden: vgl. Paul Ricœur, *Wege der Anerkennung: Erkennen, Wiedererkennen, Anerkanntsein*, Frankfurt a. M. 2006. Zum Prozess der »Unterscheidung der Geister« und dem theologischen Moment der »Anerkennung« vgl. Margit Eckholt, *»Das Zu-Wort-Kommen des Gottes Jesu Christi und die ›bewohnbare Welt‹ der Bibel: Systematische Theologie als Kriteriologie der Lebensformen christlichen Glaubens«*, in: *Was den Glauben in Bewegung bringt: Fundamentaltheologie in der Spur Jesu Christi. Festschrift für Karl H. Neufeld SJ*, hrsg. von Andreas R. Batlogg, Mariano Delgado und Roman Siebenrock, Freiburg/Basel/Wien 2004, S. 264–278.

aufgreift[83] –, das Dunkel und Leid der Nacht aushalten lässt. Diese Erwartung und Hoffnung auf den je größeren Gott ist tiefster Grund des »Trostes« und Ausgangspunkt je neuer Aufbrüche, den zu finden, ohne den wir nicht sein können.

Genau in diesem Sinn ist von der Bibel als einer »bewohnbaren Welt«[84] die Rede, eine Welt, die immer wieder neu einlädt, in sie einzutreten, um in ihr – und mit ihr im Wort, das selbst unter uns Wohnung genommen hat – zu wohnen. In poetischer Weise hat Rose Ausländer dieses Wohnen verdichtet und darauf hingewiesen, dass dieses Wohnen mit Leben in Fülle zu tun hat:

Am Anfang
war das Wort
und das Wort
war bei Gott
Und Gott gab uns
das Wort
und wir wohnen
im Wort

Und das Wort ist
unser Traum
und der Traum ist
unser Leben.[85]

83 Vgl. Michel de Certeau, *L'Étranger ou l'union dans la différence*, Paris 1991, S. 3; ders., *La faiblesse de croire. Texte établi et présenté par Luce Giard, Seuil*, Paris 1987, S. 13–24 (Kapitel 1: *L'homme en prière, »cet arbre de gestes«*).

84 Vgl. Gregor den Großen, *Homiliae in Ezechielem* 1, hom. 7; PL 76, S. 840–853; zitiert in: Paul Ricœur/André LaCocque, *Penser la Bible*, Paris 1998, S. 9; ders., *»L'enchevêtrement de la voix et de l'écrit«*, in: ders., *Lectures* 3, S. 307–326, hier S. 325.

85 Rose Ausländer, *»Das Wort I«*, in: dies., *Hinter allen Worten*, Frankfurt ^{6}2005, S. 136.

Merdan Güneş

Tafsīr bi-l-išāra bzw. die Bedeutung der symbolischen Sprache als Zugang zur inneren Bedeutung des Koran für die muslimischen Mystiker

1 Einleitung

> Er ist der Erste und der Letzte, der Offenbare (*aẓ-ẓāhir*) und der Verborgene (*al-bāṭin*). Und Er weiß über alles Bescheid.[1]

Im Koran werden Allah unterschiedliche Namen zugesprochen, die gleichzeitig auf seine Eigenschaften hindeuten, so wie die im obigen Vers aufgeführten Namen *aẓ-ẓāhir* und *al-bāṭin*, die auf das Offensichtliche und das Verborgene an Allah hinweisen. In der islamischen Tradition sind vor allem die sogenannten 99 Namen Allahs bekannt, die auch als *al-asmāʾ al-ḥusnā*, ›die schönsten Namen‹, bezeichnet werden.[2] Diese beiden Namen, *aẓ-ẓāhir* und *al-bāṭin*, sind im Hinblick auf den Koran und die Koranwissenschaft ebenfalls von hoher Relevanz. Denn der Koran enthält bestimmte Ausdrücke, die neben ihrer äußeren bzw. offensichtlichen (*ẓāhir*) Bedeutung auch eine mystische bzw. verborgene (*bāṭin*) Bedeutung in sich tragen.

Die *ẓāhir*-Bedeutung meint aus exegetischer Sicht diejenige Bedeutung, die der Korantext all jenen vermittelt, die mit den sprachlichen Konventionen der antiken Mekkaner vertraut sind. Für die unmittelbare Umgebung des Gesandten war der Koran nämlich durch die Vertrautheit mit dieses sprachlichen Konventionen offenbar (*ẓāhir*). In der Koranexegese sind die wichtigsten Eigenschaften des *ẓāhir*-Wissens folgende: Es ist für alle zugänglich, basiert auf Verstand sowie Empirie und liefert bei Nachprüfungen stets dieselben Ergebnisse.[3] Das, was sich jedoch nicht allein durch die Vertrautheit mit den sprachlichen Konventionen und den Verstand aus dem Korantext erschließen lässt, aber dennoch von Gott

1 Koran 57:3, vgl. Frank Bubenheim/Nadeem Elyas, *Der edle Qur'an: Und die Übersetzung seiner Bedeutungen in die deutsche Sprache*, o. O. 2002, S. 537.

2 Vgl. Muḥammad b. Ismāʿīl b. Ibrāhīm b. al-Muġīra al-Buḫārī, *Ṣaḥīḥ al-Buḫārī*, Beirut o. J., S. 1366, Nr. 6410.

3 Refik Algan, »*Ezoterizme Genel Bir Giriş*«, in: *Cogito* 46 (2006), S. 128 f.

intendiert ist, wird *bāṭin* genannt. Diese Bedeutung ist zwar an den Text gebunden, zugleich jedoch verborgen und daher nicht allen gleichermaßen zugänglich.[4]

So heißt es im Koran auch diesbezüglich:

> Er ist es, der das Buch (als Offenbarung) auf dich herabgesandt hat. Dazu gehören eindeutige Verse – sie sind der Kern des Buches – und andere, mehrdeutige […].[5]

Das heißt, dass es bestimmte Ausdrücke im Koran gibt, die nicht eindeutig sind und eine innere Bedeutung in sich bergen. Diese innere (*bāṭin*-)Bedeutung eines Koranverses ist nur denjenigen zugänglich, die einen bestimmten Rang der Frömmigkeit durch ihre Bemühung zur inneren Reinigung der Seele erreicht haben.[6] Diese betreffen eine bestimmte Koranexegese, die man als *at-tafsīr al-išārī* (›mystische Koranexegese‹) bezeichnet. Jedoch muss diese Interpretation mit der *ẓāhir*-Bedeutung des Koran konform sein und darf ihr nicht widersprechen.[7]

Neben der wörtlichen Offenbarung Gottes, dem Koran, hat sich Gott auch durch die Schöpfung offenbart.[8] Die Vorstellung der Offenbarung Gottes in der Welt und als Text bietet viele Möglichkeiten, die Zeichen Gottes in ihren verschiedenen Formen im Kosmos zu erschließen und zu deuten. In diesem Zusammenhang stehen viele Koranverse, die an den Menschen appellieren, jegliche Naturerscheinungen in der Schöpfung und im Universum zu ergründen:

> In der Erschaffung der Himmel und der Erde, dem Wechsel von Tag und Nacht, den Schiffen, die die Meere mit Menschen und Gütern befahren, dem Wasser, das Gott vom Himmel herabsendet, um die tote Erde zu beleben, den verschiedenartigen Lebewesen, die die Erde bevölkern und den Winden, die ihre Ordnung haben, den Wolken, die zwischen Himmel und Erde schweben, in all diesem liegen Zeichen für Menschen, die sich des Verstandes bedienen.[9]

---

4 Kadir Özköse, »*Tasavvuf Kültüründe Bâtın ve Bâtınî/Ledünnî Bilgi Kavramlarının Referans Çerçevesi*«, in: *Kuranin Bâtinî ve İşârî Yorumu*, hrsg. von Mustafa Öztürk, Istanbul 2018, S. 59–84, hier S. 69 f. Vgl. Süleyman Ateş, *İşârî Tefsir Okulu*, İstanbul 1998, S. 111 f.

5 Koran 3:7.

6 Özköse, »*Tasavvuf Kültüründe Bâtın ve Bâtınî*«, S. 68; Süleyman Ateş, *İşârî Tefsîr Okulu*, Istanbul 1998, S. 19; Pierre Lory, *Kaşânî'ye Göre Kur'ân'ın Tasavvufi Tefsiri*, İstanbul 2001, S. 8.

7 Vgl. Muḥammad ʿAlī aṣ-Ṣābūnī, *At-Tibyān fī ʿUlūm al-Qurʾān*, Tehran 2003, S. 120.

8 Muḥammad ʿAbduh (gest. 1905) erklärt dieses Phänomen folgendermaßen: »Gott hat zwei Bücher herabgesandt: ein erschaffenes, das ist die Natur, und ein geoffenbartes, das ist der Koran, der leitet uns, mit der uns verliehenen Vernunft in der Natur zu forschen.« Im gleichen Kontext sagt der islamische Mystiker Ibn al-ʿArabī (gest. 1240) ebenfalls Ähnliches: »Der Kosmos ist das große Offenbarungsbuch, das Gott uns vorliest, eine Vorlesung durch die Erscheinung, so wie der Koran eine Vorlesung durch die Rede ist. Auch der Kosmos besteht aus geschriebenen, auf das ausgebreitete Pergament des Seins gezeichneten Buchstaben; diese Schrift wird an ihm ewiglich und endlos bestehen.« Zit. nach Ignaz Goldziher, *Die Richtungen der islamischen Koranauslegung*, Leiden 1920, S. 353.

9 Koran 2:164.

Der Mensch nimmt also im koranischen Offenbarungsverständnis eine wichtige Rolle ein. Als die Krone der Schöpfung hat der Mensch eine innere (Seele und Herz) und eine äußere (Leib und Verstand) Dimension. Der Mensch weist also als geschaffenes Abbild des unerschaffenen Koran die beiden Aspekte des Offenbaren (*ẓāhir*) und Verborgenen (*bāṭin*) auf, die dem Koran ebenfalls inhärent sind.[10] Somit wird im Koran eine kommunikative Beziehung zwischen Gott, Mensch, Koran und Schöpfung entfaltet. Der Prophet Muhammad gilt nach islamischer Tradition als der erste Kommentator des Koran (*mufassir*). Nach seinem Tod folgten seine Gefährten, sich dieser außerordentlichen Verantwortung bewusst, in seinen Fußstapfen. Angeregt durch diese kommunikative Beziehung sind zahlreiche elaborierte islamische Wissenschaftsdisziplinen entstanden.

Auch die Interpretationsmöglichkeiten des Koran werden mit den zwei Bedeutungsebenen *ẓāhir* und *bāṭin* in einen Zusammenhang gebracht. Da aber Gott den Menschen damit beauftragt hat, beide Dimensionen der Offenbarung im Rahmen seiner individuellen Kapazitäten zu verstehen, muss eine geeignete Interpretationsmethode gefunden werden. An dieser Stelle entwickelte sich neben zwei wichtigen Methoden der Koranexegese, nämlich dem *tafsīr bi-r-riwāya* (Auslegung durch die Überlieferung) und dem *tafsīr bi-d-dirāya* (Auslegung durch die Überlieferung und Vernunft), eine weitere, mystische bzw. sufische Auslegungsmethode des Koran. Diese Deutungsmethode der Sufis wird als *at-tafsīr al-išārī* bezeichnet. Bei dieser Auslegung wird der Koran durch Hinweise und Zeichen (*išārāt*), die dem eingeweihten Mystiker beim Gottesgedenken (*ḏikr*) oder im normalen Leben eingegeben werden (*ilhām*), ausgelegt.[11]

Somit sind Koranverse also entweder allein durch Vernunft (*ʿaql*) und sprachliche Analyse nachvollziehbar (*ẓāhir*) oder ihre Bedeutungen gehen über den menschlichen Verstand hinaus und können nur durch Eingebung (*kašf*)

---

10 Ibn ʿArabī zufolge sei der Kosmos der *große Koran*, während der Mensch, dessen Äußeres dem Weltlichen und dessen Inneres dem Jenseitigen entsprechen, den *kleinen Koran* darstellt. Vgl. Muḥyīddīn Ibn ʿArabī, *Al-Futūḥāt al-Makkiyya*, kritische Edition (*taḥqīq*) von ʿUṯmān Yaḥyā 2, al-Qāhira 1972, S. 133.

11 Vgl. Süleyman Ateş, *Sülemi ve tasavvufi tefsiri*, Istanbul 1969, S. 13; Annemarie Schimmel, »*Der Sufismus*«, in: *Der Islam: Eine Einführung durch Experten*, hrsg. von C. Burgmer, Mainz 1998, S. 68–81, hier S. 68–72; siehe weiterhin den Gesprächsbeitrag von Annemarie Schimmel zum Vortrag von Adel Theodor Khoury, »*Der Koran: das endgültige Wort Gottes in menschlicher Sprache*«, in: *Der Islam als Anfrage an christliche Theologie und Philosophie: Erste Religionstheologische Akademie St. Gabriel*, hrsg. von Andreas Bsteh, Mödling 1994, S. 277–288: »*Anfragen und Gesprächsbeiträge*«, S. 289–343, wo Schimmel die mystische Koranexegese gut umreißt (vgl. Annemarie Schimmel, »*Anfragen und Gesprächsbeiträge*«, hier S. 306–310). Siehe dazu auch H. Ali Akash, *Die sufische Koranauslegung: Semantik und Deutungsmechanismen der išārī-Exegese*, Berlin 2006.

erfasst werden.[12] Aus diesem Grund wird die Unterscheidung zwischen *ẓāhir* und *bāṭin* auch der Unterscheidung zwischen dem Verstand (*ʿaql*) und der unmittelbar von Gott gegebenen Erkenntnis (*kašf*) gleichgesetzt.

Zwischen den Vertretern der *ẓāhir*-Richtung und der *bāṭin*-Richtung herrschte ein Diskurs, der sich vor allem auf die Hermeneutik bezieht. Trotzdem gab es zwischen beiden Richtungen des Öfteren Annäherungsversuche. So haben diese sich nämlich nicht als reiner Gegensatz, sondern eher gleichermaßen als Teile der sufischen Koranexegese (*tafsīr išārī*) verstanden, da die eine Richtung nicht ohne die andere bestehen könne. Die Versöhnungsbestrebungen, die mit Gelehrten wie Ḥasan al-Baṣrī (gest. 728), as-Sarrāǧ (gest. 988) und al-Qušayrī (gest. 1074) begannen, wurden schließlich mit al-Ġazālī (gest. 1111) abgeschlossen. Durch die Schriften und das Wirken des Letzteren wurde ein für alle Mal demonstriert, dass der *taṣawwuf* mit der Scharia konform ist. Allerdings bedeutete dieser Umstand noch lange nicht, dass die schöpferische Auseinandersetzung damit tatsächlich beendet war. Trotz des fortbestehendes Diskurses erkennen die *bāṭin*-Gelehrten das *ẓāhir*-Wissen an, wie auch die *ẓāhir*-Gelehrten das *bāṭin*-Wissen anerkennen.[13] Bekannte Gelehrte aus der sufischen Koranexegese (*at-tafsīr al-išārī*) sind beispielsweise Ḥasan al-Baṣrī, Ǧaʿfar aṣ-Ṣādiq (gest. 777) und ʿAbdullāh b. Mubārak (gest. 797). In der Entwicklung dieser Exegese-Gattung haben Sahl at-Tustarī (gest. 896), Ǧunayd al-Baġdādī (gest. 909) und Abū Bakr Muḥammad b. Mūsā al-Wāsiṭī (gest. 942) eine große Rolle gespielt.[14]

Einer der wichtigsten Themenbereiche der islamischen Exegese ist die koranische Symbolik. Aufgrund der linguistischen Einzigartigkeit des Koran (*iʿǧāz al-Qurʿān*) haben es sich viele Exegeten zur Aufgabe gemacht, die Symbolik im Koran zu erforschen. In diesem Artikel wird der Fokus auch auf die rhetorischen Mittel und hermeneutischen Bedeutungsebenen gelegt. In diesem Zusammenhang etwa ist die Ambiguität einiger koranischer Passagen zu erwähnen, welche für einige Meinungsverschiedenheiten innerhalb der muslimischen Gelehrsamkeit sorgte. In diesem Artikel werden einige bedeutende Literaten, besonders der *Ẓāhiriyya* und *Bāṭiniyya*, sowie die sufische Koranexegese (*at-tafsīr al-išārī*) in Hinblick auf ihre Auseinandersetzung mit der koranischen Symbolik untersucht. Im zweiten Teil dieses Artikels wird anhand vierer Beispielstellen auf die koranische Symbolik eingegangen. Im letzten Kapitel schließlich wird die Symbolik innerhalb der islamischen Mystik thematisiert.

12 Özköse, »*Tasavvuf Kültüründe Bâtın ve Bâtınî*«, S. 63. Mustafa Tahralı, »*Fusûsu'l Hikem Şerhi ve Vahdeti Vücud ile Alakalı Bazı Meseleler*«, in: *Marmara Üniversitesi Ilahiyat Fakültesi Vakfı Yayınları* I (1994), S. 33 f.

13 Süleyman Uludağ, »*Başlangıçtan Günümüze Tasavvufta Usûl Meselesi*«, in: *İslami İlimlerde Metodoloji (Usûl) Meselesi* II, hrsg. von İSAV Tartışmalı İlmi İhtisas Toplantısı, Istanbul 2005, S. 1045–1048.

14 Ateş, *İşârî Tefsîr Okulu*, S. 64.

2 Die Sprache des Koran

Der Koran stellt nach muslimischer Auffassung buchstäblich das unverfälschte *Wort Gottes* dar und gilt als das abschließende Glied einer Reihe von Offenbarungen, die von Gott durch den Engel Gabriel (*Ǧibrīl*) an die jeweiligen Propheten herabgesandt wurden.[15] Da der Koran diese besondere Bedeutung für Muslime einnimmt, haben die muslimischen Gelehrten sich dementsprechend bemüht, den Offenbarungstext so gut wie möglich und in der von Gott intendierten Weise zu verstehen. Dies geschah z. B. auf rein sprachlicher Ebene in den Disziplinen der Syntax (*naḥw*), Morphologie (*ṣarf*) und Rhetorik (*balāġa*), auf hermeneutischer Ebene im Hinblick auf die Normderivation in der Disziplin der *uṣūl al-fiqh* (islamische Rechtmethodologie) und in den verschiedenen Subdisziplinen innerhalb der Koranexegese im Allgemeinen. Grundsätzlich spielen in der arabischen Sprache Symbole und Metaphern eine zentrale Rolle. Auch der koranische Sprachstil lässt sich als sehr bildhaft und illustrativ beschreiben. So wie in anderen Sprachen auch, werden in der arabischen Sprache symbolhafte Ausdrücke verwendet, um auf Bedeutungen hinzuweisen, die entweder mit einfachen Worten nicht ausgedrückt werden können oder auf diesem Wege eine stärkere Wirkung beim Hörer erzielen.

Darüber hinaus wurde die Symbolik insbesondere in der sufischen Literatur zu einem wichtigen Stilmittel.

2.1 Rhetorische Mittel

Zu den wichtigsten rhetorischen Mitteln der arabischen Sprache zählen Metaphern (*maǧāz*), übertragene Wortgebräuche (*istiʿāra*) und Metonymien (*kināya*). Allerdings ist darauf hinzuweisen, dass Übersetzungen arabischer Stilmittel ins Deutsche nur in begrenztem Umfang möglich sind, da sich die klassisch-arabische Rhetorik unabhängig von abendländischen Ausprägungen der Rhetorik entwickelte und hierdurch keine allzu große Deckung vorliegt.

Unter *maǧāz* sind Ausdrücke zu verstehen, die außerhalb ihrer wörtlichen Bedeutung verwendet werden, wobei es einerseits einen Zusammenhang zwischen der wortwörtlichen und der übertragenen Bedeutung gibt und andererseits

15 Al-Ǧurǧānī (gest. 1414) definiert den Begriff ›Koran‹ in seinem bekannten Werk *Kitāb at-taʿrīfāt* als »das, was auf den Gesandten herabgesandt, was in den Kodizes (*maṣāḥif*) aufgeschrieben, und das, was vom Gesandten durch eine ununterbrochene Kette ohne Zweifel überliefert wurde. Der Koran ist laut den Leuten der Wahrheit (*ahl al-ḥaqq*) das allgemeine Wissen, das von Gott kommt, und welches alle Wahrheiten beinhaltet.« al-Ǧurǧānī, *Kitāb at-taʿrīfāt*, hrsg. von Muḥammad ʿAbdurraḥmān al-Marʿašlī, Beirut 2007, S. 253.

ein Indiz darauf hinweist, dass die übertragene Bedeutung die intendierte ist.[16] Ein in der Poetik besonders häufig anzutreffender metaphorischer Ausdruck ist etwa der Begriff *asad* (wörtl. ›Löwe‹) als Bezeichnung für eine besonders mutige Person (*raǧul šuǧāʿ*).

Eine wichtige Form des *maǧāz* ist die *istiʿāra*. Die *istiʿāra* wird definiert als ein Vergleich (*tašbīh*), bei dem eines der Vergleichsobjekte nicht direkt genannt wird.[17] Allerdings existieren hier auch unterschiedliche Definitionen.

Als Beispiel hierfür lässt sich etwa folgender Koranvers anführen: »[Dies ist] ein Buch, das wir auf dich hinabsandten, auf dass du die Menschen aus den Finsternissen ins Licht führen mögest.«[18] Da im Vers die Finsternisse (*ẓulumāt*) für den Irrweg (*ḍalāl*) und das Licht (*nūr*) für die Rechtleitung (*hudā*) stehen, wurden die Begriffe hier metaphorisch verwendet.

Die *kināya* (Metonymie) wird definiert als eine Aussage, mit der eigentlich etwas damit Verbundenes (*lāzim*) gemeint ist, wobei aber theoretisch auch die wortwörtliche Bedeutung gemeint sein könnte.[19] Hierfür lässt sich die Redewendung ›jemand hat viel Asche‹ (*fulān kaṯīr ar-ramād*) als metaphorischer Ausdruck für Freigiebigkeit anführen.

2.2 Hermeneutische Bedeutungsebenen

Beim Thema der koranischen Symbolik und Metaphern sowie bei anderen Texten aus der islamischen Tradition stellt sich stets die Frage, wie wörtlich eine Aussage genommen werden muss und wie weit der Interpretationsfreiraum reicht. Sind z. B. die Erzählungen über die Propheten und Ereignisse aus der Geschichte im Koran nur Allegorien zur Vermittlung bestimmter Werte oder wird auf tatsächliche Begebenheiten abgehoben?

Nach dem klassischen Verständnis der Sunniten wird der Sprache in den Offenbarungstexten ein zentraler Grundsatz vorausgelegt: Der Grundsatz bei einer Aussage ist die wortwörtliche Bedeutung (*al-aṣl fī al-kalām al-ḥaqīqa*).[20] Dies bedeutet: Solange kein Hinweis darauf deutet, dass die wortwörtliche Bedeutung nicht intendiert ist, muss von der wortwörtlichen Bedeutung ausge-

16 Vgl. ʿAlī Ǧārim/Muṣṭafā Amīn, *Al-Balāġa al-Wāḍiḥa*, Kairo 1988, S. 71.

17 Vgl. Ǧārim/Amīn, *al-Balāġa al-wāḍiḥa*, S. 77.

18 Koran 14:1.

19 Vgl. Ǧalāl ad-Dīn Muḥammad b. ʿAbd ar-Raḥmān al-Qazwīnī, *Talḫīṣ al-Miftāḥ*, Bagdad 1967, S. 75.

20 *12. Maxime von Maǧalla* (osman. *Mecelle-'i Aḥkām-ı ʿAdlīye*, ›Buch der gesetzlichen Bestimmungen‹), Istanbul 1300. Dieser ›Gesetzeskodex‹ war das in den Jahren 1869 bis 1876 maßgeblich unter der Federführung Ahmed Cevdet Paschas entstandene Zivilgesetzbuch des Osmanischen Reiches. Vgl. Mehmet Akif Aydin, *Mecelle-i Ahkâm-ı Adliyye*, in: *TDV İslâm Ansiklopedisi* 28 (2003), S. 231–235.

gangen werden. Die Hinweise, die für eine Umdeutung sprechen, können sprachlicher, rationaler oder textlicher Natur sein und werden in den entsprechenden Werken detailliert erläutert.

Daraus ergibt sich, dass eine Erzählung im Koran als ein tatsächliches Ereignis gewertet wird, sofern kein Hinweis dagegen spricht. Auch Erzählungen von übernatürlichen Ereignissen und Wundertaten gehören dazu, da diese nach der klassisch islamischen Theologie in rationaler Hinsicht (*ʿaqlan*) bzw. theoretisch gesehen nicht unmöglich sind, sondern lediglich der Norm (*ʿāda*) der erlebten Realität widersprechen.

Das bedeutet allerdings keineswegs, dass die wortwörtliche Bedeutung eines Textes die *einzig* intendierte Bedeutungsebene sei. In den Werken der Hermeneutik wurde beispielsweise festgehalten, dass eine Aussage gleichzeitig auf mehreren Ebenen verstanden werden kann. In der hanafitischen Rechtsschule setzte sich vor allem ein Modell mit folgenden vier Ebenen durch: Wortlaut des Textes (*ʿibāra an-naṣṣ*), Hinweis des Textes (*išāra an-nass*), Implikation des Textes (*dalāla an-naṣṣ*) und Erschließung durch propositionale Vervollständigung im Text (*iqtiḍāʾ an-naṣṣ*).[21] Auch wenn diese Einteilung zunächst auf normative Aussagen angewendet wurde, lässt sie sich auch allgemein in exegetischen Analysen anwenden.

Um den Grad der Ein- bzw. Mehrdeutigkeit von Texten zu definieren, verwendeten die Hanafiten außerdem ein Modell mit acht Stufen, die von ›sehr unklar‹ bis ›sehr klar‹ folgendermaßen aufgelistet werden können: *muḥkam* (eindeutig), *mufassar* (erläutert), *naṣṣ* (explizit), *ẓāhir* (evident), *ḫafī* (verborgen), *muškil* (schwierig), *muǧmal* (unbestimmt), *mutašābih* (mehrdeutig).[22]

Durch diese multidimensionale Herangehensweise gelang es den Sunniten, eine Zwischenposition zwischen den *Ẓāhiriyya* (Literalisten) und den *Bāṭiniyya* (Esoterikern) einzunehmen.

2.3 Literaristen (*Ẓāhiriyya*) vs. Esoteriker (*Bāṭiniyya*)

An dieser Stelle bietet es sich an, auf die Existenz unterschiedlicher Schulen im Hinblick auf die Bedeutungsebenen der Offenbarung hinzuweisen, ohne hierbei jedoch auf zu weit führende Details ihrer historischen Genese einzugehen. Während die *Bāṭiniyya* die wortwörtliche Bedeutung der Offenbarung zurückweisen und stattdessen nach tieferliegenden Bedeutungen und Hinweisen su-

21 Vgl. Hakki Arslan, »*Sprachspiele in den klassisch-hanafitischen uṣūl al-fiqh-Werken*«, in: *Hikma – Zeitschrift für Islamische Theologie und Religionspädagogik* 4.6 (2013), S. 18.

22 Vgl. Arslan, »*Sprachspiele in den klassisch-hanafitischen uṣūl al-fiqh-Werken*«, S. 17.

chen, lehnen die *Ẓāhiriyya* diese tiefere Bedeutungsebene der Texte ab und beschränken sich folglich auf die wortwörtliche Bedeutung.

Bāṭiniyya	*ahl as-sunna*	*Ẓāhiriyya*
verborgene Ebene	Verbindung beider Ebenen	wortwörtliche Ebene

Die Haltung der unterschiedlichen Schulen zu den erwähnten Bedeutungsebenen gehört zu ihren fundamentalen Unterschieden im Verständnis der Texte. Daher entspringen aus diesem Meinungsunterschied zahlreiche unterschiedliche Auffassungen, sei es in der Koranexegese, dem religiösen Recht oder auch der Mystik.

Zu den Quellen der *Bāṭiniyya* gehört die Aussage Abū Hurayras, in der es heißt:

> Ich habe vom Gesandten Allahs zwei Gefäße [an Wissen] auswendiggelernt. Das eine habe ich [unter den Menschen] verbreitet. Wenn ich das andere verbreitet hätte, hätte man mir den Hals abgetrennt.[23]

2.4 Sufische Koranexegese (*at-tafsīr al-išārī*)

Die sufische Koranexegese (*tafsīr išārī* bzw. *tafsīr bi-l-išāra*) ist eine Art der Exegese, die nicht auf den Wortlaut des Textes fokussiert ist, sondern sich auf mystische Erkenntnisse und Grundsätze konzentriert, die mit bestimmten Koranversen in irgendeiner Weise in Verbindung stehen.[24]

Während die anderen beiden Formen der klassischen Exegese, nämlich die Exegese durch Anführen von Überlieferungen (*tafsīr bi-r-riwāya*)[25] und Exegese mittels Textanalyse und der Ratio (*tafsīr bi-d-dirāya*)[26], prinzipiell von jedem

23 Vgl. al-Buḫārī, *Ṣaḥīḥ al-Buḫārī*, S. 43, Nr. 120.

24 Vgl. Hüseyin İlker Çınar, *Koranwissenschaften und Koranexegese*, Mannheim 2017, S. 379; Ahmad von Denffer, *Ulum al-Qur'an Einführung in die Koranwissenschaften*, o. O. 2007, S. 156.

25 Vgl. Çınar, *Koranwissenschaften und Koranexegese*, S. 241. Unter *tafsīr bi-r-riwāya* verstehen die Koranexegeten eine Art der Auslegung, die auf der Basis von Überlieferungen betrieben wird. Dabei wird man anhand von weiteren Aussagen des Koran selbst sowie der für die Auslegung relevanten Überlieferungen des Propheten, der Prophetengefährten und ihrer Nachfolger den Koranvers interpretieren. Diese Art der Koranauslegung wird auch *at-tafsīr bi-l-ma'ṯūr* (›Auslegung durch Berichtetes‹), *at-tafsīr bi-l-manqūl* (›Auslegung durch Tradiertes‹), und *at-tafsīr an-naqlī* (›traditionelle Auslegung‹) bezeichnet. Vgl. auch von Denffer, *Ulum al-Qur'an Einführung in die Koranwissenschaften*, S. 147; Davut Aydüz, *Tefsir Tarihi, Çeşitleri ve Konulu Tefsir*, İzmir 2013, S. 83.

26 Vgl. Çınar, *Koranwissenschaften und Koranexegese*, S. 295. Diese Art der Auslegung wird auch als *at-tafsīr bi-r-ra'y* (›Auslegung durch Meinung‹), *at-tafsīr bi-l-maʿqūl* (›Auslegung durch

durchgeführt werden können, der die einzelnen Disziplinen der Koranwissenschaften beherrscht, kommt es bei der sufischen Exegese zusätzlich auch auf die Person und das Herz (*qalb*) des Exegeten selbst an. Denn diese Art der Exegese versteht sich als Exegese durch göttliche Eingebungen (*ilhāmāt*, Sg. *ilhām*), die nur jenen zuteilwerden, deren ›innere Sicht‹ (*baṣīra*) durch die Beschreitung des spirituellen Weges (*sulūk*) und Erziehung der Triebseele (*muǧāhada*) erleuchtet wurden.[27] Während bei der Exegese mit Überlieferungen (*tafsīr bi-r-riwāya*) alle relevanten Hadithe und andere Überlieferungen zu den jeweiligen Koranversen angeführt werden, kommt bei der Exegese mittels Textanalyse und der Ratio (*tafsīr bi-d-dirāya*) die eigene wissenschaftliche Position des Exegeten in Form von sprachlichen Analysen und Abhandlungen zu verwandten Themen hinzu. Dagegen gelangt der Sufi aufgrund seines spirituellen Werdegangs beim Lesen der Verse auf solche Erkenntnisse, die den anderen Lesern verborgen bleiben.[28]

Allerdings stellt sich hier berechtigt die Frage, ob dies nicht zu einem Relativismus führen könne, da letztlich jede Person den Anspruch erheben kann, geheime Erkenntnisse erhalten zu haben. Vor diesem Relativismus hat man sich historisch in gewisser Weise dadurch geschützt, indem Bedingungen für die Akzeptanz solcher Interpretationen auf zwei Ebenen gesetzt wurden: Einerseits wurden in den Büchern der Sufis Kriterien zur Frage festgehalten, wer überhaupt als Sufi bezeichnet werden könne. Abgesehen von Meinungsunterschieden in Bezug auf bestimmte Details wurde hier im Allgemeinen das Bild einer Person gezeichnet, die sich voll und ganz den Bestimmungen der Offenbarung (*šarīʿa*) unterordnet, die Religion in bester Weise auszuleben versucht und bereits eine hohe Stufe an Frömmigkeit erreicht hat. Sollte also eine vermeintlich sufische Interpretation von einer Person überliefert werden, die diese Kriterien nicht erfüllt, wäre sie innerhalb der Tradition der islamischen Gelehrsamkeit nicht anerkannt worden. Allerdings besteht trotz dieser Kriterien nach wie vor eine gewisse Relativität, da auch eine sehr fromme Person falsche Gedanken und Eingebungen zu Koranversen erhalten kann. Daher wurde in den Werken der Methodenlehre zur Koranexegese festgehalten, dass eine mystische Exegese nur unter bestimmten Voraussetzungen akzeptiert wird. Zu den wichtigsten Bedingungen gehört es, dass die sufische Exegese der Vernunft (*ʿaql*) oder dem äuße-

Vernunft‹), oder *at-tafsīr al-ʿaqlī* (›rationale Auslegung‹) bezeichnet. Vgl. auch von Denffer, *Ulum al-Qur'an Einführung in die Koranwissenschaften*, S. 154.

27 Vgl. aṣ-Ṣābūnī, *At-Tibyān fī ʿUlūm al-Qurʾān*, S. 115.

28 Vgl. Çınar, *Koranwissenschaften und Koranexegese*, S. 295; von Denffer, *Ulum al-Qur'an. Einführung in die Koranwissenschaften*, S. 154; Johanna Pink, *Sunnitischer Tafsir in der modernen islamischen Welt: Akademische Traditionen, Popularisierung und Nationalstaatliche Interessen*, Leiden/Boston 2011.

ren Wortlaut (*ẓāhir*) des Koran und anderen grundlegenden Quellen nicht widersprechen darf.[29]

3 Beispiele aus dem Koran

3.1 Versteinerung der Herzen

Zu den bildhaften Ausdrücken im Koran gehört die Darstellung des Herzens bestimmter Menschen in verhärteter bzw. versteinerter Form:

> Sodann verhärteten sich eure Herzen, sodass sie wie Steine wurden oder noch härter. Und es gibt wahrlich Steine, aus denen Bäche hervorsprudeln, und es gibt wahrlich welche, die bersten und aus denen Wasser hervorkommt, und es gibt wahrlich welche, die aus Gottesfurcht niederstürzen. Und Allah ist nicht achtlos gegenüber dem, was ihr tut.[30]

Mit dem Herzen ist hier nicht das materielle Organ gemeint, sondern vielmehr eine seelische Instanz, durch die der Mensch Dinge versteht. Diese Tatsache wird aus anderen Koranversen wie z. B. aus folgendem ersichtlich: »Sie haben Herzen, mit denen sie nicht begreifen, Augen, mit denen sie nicht sehen und Ohren, mit denen sie nicht hören.«[31]

Die weiteren Beschreibungen nach dem ersten Satz werden als eine Verstärkung des Tadels verstanden. Laut den Exegeten bedeuten diese Beschreibungen, dass sogar Steine nachgebender seien als die Herzen dieser Menschen. Formuliert man die implizierte Bedeutung aus, so heißt es: »Eure Herzen sind wie Steine und sogar noch härter, denn selbst Steine geben nach und bringen Wasser hervor, eure Herzen jedoch nicht.«

Auf spiritueller Ebene werden aus den näheren Beschreibungen der Steine allerdings andere Bedeutungen abgeleitet. Statt einer Verstärkung der Kritik wird hier eher eine hoffnungsspendende Perspektive aufgegriffen. Demnach bedeute der Vers, dass auch wenn die Herzen wie Steine geworden sind, es dennoch Hoffnung gibt, da selbst Steine durch den Willen Gottes nachgeben und Wasser, was als Zeichen des Lebens verstanden werden kann, hervorbringen. Die einzige Bedingung für diese »Wiederbelebung« ist die Rückkehr (*tawba*) und Zuwendung (*ināba*) zu Gott.[32]

Im Vers heißt es also, dass die Herzen mancher Menschen gleich Steinen erhärtet sind und dass sie folglich nicht mehr in der Lage sind, Dinge zu begreifen

29 Vgl. aṣ-Ṣābūnī, *At-Tibyān fī ʿUlūm al-Qurʾān*, S. 120.
30 Koran 2:74.
31 Koran 7:179.
32 Vgl. Ibn ʿAǧība, *Al-Baḥr al-Madīd* 1, S. 122.

oder Lehren aus Erlebnissen und Ermahnungen zu ziehen. Das rhetorische Mittel, dessen sich hier bedient wurde, ist die »ausformulierte *istiʿāra*« (*istiʿāra taṣrīḥiyya*).[33]

Laut vielen Koranexegeten geht es an dieser Stelle um eine bestimmte Gruppe unter den Juden bzw. Kindern Israels (*banū isrāʾīl*), die bereits in den vorherigen Versen erwähnt wurden. Dementsprechend würden in diesem Vers diese Juden dafür kritisiert, dass sie trotz zahlreicher Wunder, die sie bezeugt haben, sich Gott nicht untergeben hätten.[34] Allerdings bedeutet das nicht, dass das Bild der erhärteten Herzen nur auf eine bestimmte jüdische Gruppe in der koranischen Erzählung zu übertragen sei. Die koranische Herangehensweise besteht darin, bestimmte Ereignisse oder Völker aus der Geschichte als Beispiel zu nehmen, um allgemeingültige Prinzipien aufzuzeigen. Dementsprechend bezieht sich dieses Bild auf alle Personen, die sich trotz vieler Zeichen Gott nicht zuwenden.

Aus mystischer Perspektive werden hier Hinweise (*išārāt*) auf Konsequenzen durch den Umgang (*adab*) mit dem Lehrer bzw. spirituellen Meister entnommen. So sei aus dem Vers zu entnehmen, dass der schlechte Umgang mit dem Lehrer zu einer Verhärtung des Herzens führe. So wie es typisch für die mystische Koranexegese ist, befindet sich im Wortlaut des Verses kein direkter Hinweis darauf, dass es hier um den Umgang mit dem Lehrer geht. So wird davon ausgegangen, dass diese Bedeutung nur durch göttliche Eingebung (*ilhām*) erfahren werden kann. Dabei darf die spirituelle Exegese neben bestimmten Bedingungen vor allem dem offensichtlichen Wortlaut (*ẓāhir*) nicht widersprechen.[35]

Ferner werden folgende Anzeichen für die Verhärtung des Herzens angeführt: Ein trockenes Auge (*ǧumūd al-ʿayn*) [d. h. man weint nie oder nur selten], lange Lebenserwartung (*ṭūl al-amal*), kein Bedauern über verpasste Wohltaten oder begangene Sünden sowie keine Freude über verrichtete Wohltaten.

In der islamischen Mystik wurde die koranische Darstellung des Herzens als spirituelles Organ der Wahrnehmung aufgegriffen und weiter ausgearbeitet. Es gibt nur wenige Themen in der islamischen Mystik, die so ausführlich behandelt wurden wie das Thema des Herzens. So beschreibt al-Ġazālī beispielsweise, dass das Herz im Verstehen der Dinge ähnlich wie ein Spiegel funktioniere. Wenn ein Spiegel richtig verarbeitet und sauber sei, korrekt zu einem bestimmten Objekt ausgerichtet wurde und sich kein Schleier zwischen dem Spiegel und dem Objekt befinde, werden die Dinge ihrer Wirklichkeit entsprechend im Spiegel dargestellt. Laut al-Ġazālī sei es beim Herzen nicht anders: Wenn das Herz [durch das Erreichen der Pubertät] ausgereift sei, Sünden das Herz nicht verdunkelten, die

33 Vgl. Muḥammad ʿAlī aṣ-Ṣābūnī, *Ṣafwat at-Tafāsīr* 1, Qatar 1981, S. 69.

34 Vgl. Ibn ʿAǧība, *Al-Baḥr al-Madīd* 1, S. 121.

35 Vgl. aṣ-Ṣābūnī, *At-Tibyān fī ʿUlūm al-Qurʾān*, S. 120.

Person sich nicht mit anderen Dingen ablenke sowie Neigungen und Gelüste es nicht trübten, dann sei das Herz in der Lage, die Wirklichkeit zu erkennen.[36]

3.2 Licht und Dunkelheit

Ein weiterer bildhafter Ausdruck, der im Koran an zahlreichen Stellen Verwendung findet, ist die Darstellung des Glaubens (*īmān*) als »Licht« (*nūr*) und des Unglaubens (*kufr*) als »Finsternisse« (*ẓulumāt*). Als Beispiel lässt sich folgender Vers anführen:

> Er ist es, der klare Zeichen auf Seine Diener hinabsendet, auf dass Er euch aus den Finsternissen ins Licht führe. Und wahrlich, Allah ist mit euch gnädig und barmherzig.[37]

Unter den »klaren Zeichen« (*āyāt bayyināt*) sind in erster Linie die Verse des Koran zu verstehen, die Muhammad, dem »Diener Gottes«, offenbart wurden. Allerdings können auch seine Wunderzeichen (*muʿǧizāt*) gemeint sein oder aber Ereignisse in der Schöpfung im Allgemeinen.[38] Letztere werden auch *āyāt kawniyya* genannt.[39]

In den meisten Korankommentaren werden die Finsternisse als Unglaube und das Licht als Glaube interpretiert. Al-Qušayrī hingegen interpretiert die Begriffe allgemeiner und meint, dass auch Unwissenheit (*ǧahl*) und Wissen (*ʿilm*) bzw. Zweifel (*šakk*) und Gewissheit (*yaqīn*) gemeint sein könnten.[40]

Als Grund, weshalb der Glaube mit dem Licht verglichen wird, führt ar-Rāzī an, dass genauso, wie Licht den Weg beleuchte und dadurch vor Verwirrung (*ḥayra*) schütze, auch der Glaube den Weg zum Nutzen (*manfaʿa*) bzw. Heil aufzeige. Dementsprechend wird der Unglaube mit Finsternissen verglichen, da eine Person, die sich in der Dunkelheit befindet, den Weg verloren hat und nicht weiß, wohin sie gehen soll.[41] Der zeitgenössische Koranexeget aš-Šaʿrāwī erwähnt zudem, dass man sich in der Dunkelheit aufgrund der Orientierungslosigkeit an Dingen stoße und sich verletze, wobei dies in der Anwesenheit von Licht nicht geschehe. Außerdem betont er, dass die Dunkelheit einen negativen Charakter habe, da sie im Grunde die Abwesenheit von Licht darstelle.[42]

---

36 Vgl. Abū Ḥamid al-Ġazālī, *Iḥyāʾ ʿUlūm ad-Dīn* 5, S. 48–50.
37 Koran 57:9.
38 Vgl. aṣ-Ṣābūnī, *Ṣafwat at-Tafāsīr* 3, S. 322.
39 Vgl. aš-Šaʿrāwī, *Tafsīr aš-Šaʿrāwī* 24, S. 14917.
40 Vgl. al-Qušayrī, *Laṭāʾif al-Išārāt* 3, S. 535.
41 Vgl. ar-Rāzī, *At-Tafsīr al-kabīr* 2, S. 82.
42 Vgl. aš-Šaʿrāwī, *Tafsīr aš-Šaʿrāwī* 24, S. 14917.

3.3 Der *Lichtvers*

> Allah ist das Licht der Himmel und der Erde. Sein Licht ist gleich einer Nische, in der sich eine Lampe befindet: Die Lampe ist in einem Glas, das Glas gleicht einem funkelnden Stern. Angezündet (wird die Lampe) von einem gesegneten Ölbaum, der weder östlich noch westlich ist, dessen Öl beinahe leuchten würde, auch wenn das Feuer es nicht berührte. Licht über Licht. Allah leitet zu Seinem Licht, wen Er will. Und Allah prägt Gleichnisse für die Menschen, und Allah weiß über alles Bescheid.[43]

Dieser Vers ist aufgrund seines Aufbaus und seiner Bedeutungen von zahlreichen Exegeten und Mystikern aufgenommen und verarbeitet worden. Al-Ġazālī verfasste zum Vers sogar eine eigene Abhandlung mit dem Titel *Die Nische der Lichter* (*Miškāt al-Anwār*).[44]

In vielen Kommentaren wird über diesen Vers zunächst angeführt, dass es im Vers zwar wörtlich heißt, dass Allah das Licht (*nūr*) der Himmel und der Erde sei, damit jedoch gemeint sei, dass Allah der Erleuchter (*munawwir*) der Himmel und der Erde ist.[45] Diese Interpretation rührt daher, dass bei einer wortwörtlichen Interpretation Gott in anthropomorphistischer Weise verstanden würde, was den islamischen Grundsätzen jedoch widerspricht.

Die im Vers erwähnte Erleuchtung kann sowohl im physischen als auch im übertragenen Sinn verstanden werden. Physisch meint hier, dass Gott leuchtende Himmelskörper wie Sterne, Sonnen und Monde erschaffen und hierdurch Himmel und Erde beleuchtet hat. Im übertragenen Sinn wiederum verstanden hat Gott den Menschen Offenbarungen hinabgesandt und Propheten entsendet, mit denen er die Menschheit zum ›Licht‹ der Wahrheit leitete.[46] Die Ansicht, dass mit dem Ausdruck »Allah ist das Licht der Himmel und der Erde« eigentlich »Allah ist der Rechtleiter (*hādī*) der Himmel und der Erde« gemeint sei, schreibt ar-Rāzī dem Prophetengefährten Ibn ʿAbbās zu.[47] Als Grund, weshalb ausgerechnet das Licht als Metapher für Rechtleitung erwählt wurde, wird angeführt, dass die Hinweise (*dalāʾil*) und klaren Beweise (*āyāt bayyināt*) der Rechtleitung Gottes so offenkundig und klar seien wie Licht.[48]

Im Allgemeinen wird das hier vermittelte Bild der Komposition von Licht, Nische, Lampe, Öl und Feuer als das Herz des Gläubigen verstanden, in dem das Licht der Gotteserkenntnis brenne. Die Aussage »Licht über Licht« sei hier ein

---

43 Koran 24:35.

44 Al-Ġazālīs Abhandlung *Miškāt al-Anwār* wurde mit dem Titel *Die Nische der Lichter* von ʿAbd-Elsamad ʿAbd-Elhamid Elschazli ins Deutsche übersetzt (Hamburg 1987); vgl. auch die Übersetzung ins Türkische von Mahmut Kaya mit dem Titel *Varlık-Bilgi-Hakikat Mişkâtü'l-Envâr*, Istanbul 2017.

45 Vgl. aṣ-Ṣābūnī, *Ṣafwat at-Tafāsīr* 2, S. 340.

46 Vgl. ebd.

47 Vgl. ar-Rāzī, *At-Tafsīr al-Kabīr* 23, S. 225.

48 Vgl. ar-Rāzī, *At-Tafsīr al-Kabīr* 23, S. 232 f.

Ausdruck für die Mannigfaltigkeit und Überlagerung von verschiedenen Lichtern im Gläubigen. So ist seine Rede Licht, seine Tat Licht, sein Inneres Licht, sein Äußeres Licht und am jüngsten Tag wird er zum Licht gelangen.[49]

Der gesegnete Ölbaum, der weder östlich noch westlich ist, sei nach vielen Exegeten ein Ausdruck dafür, dass der Baum sowohl beim Sonnenaufgang als auch beim Sonnenuntergang, und somit ständig, dem Sonnenlicht ausgesetzt sei, wodurch das Öl eine bessere Qualität und eine stärkere Brennkraft habe. Nach Ḥasan al-Baṣrī dagegen sei der Ausspruch ein Ausdruck dafür, dass der gesegnete Ölbaum kein irdischer Baum sei, denn jeder irdische Baum sei im Verhältnis zu etwas Irdischem entweder östlich oder westlich. Daher sei hiermit ein Baum aus dem Paradies gemeint.[50]

Der zeitgenössische Koranexeget Muḥammad ʿAlī aṣ-Ṣābūnī führt an dieser Stelle einen Aphorismus des Sufis Ibn ʿAṭāʾillāh as-Sakandarī an und verweist dadurch auf eine mystische Bedeutungsebene: »Der Kosmos ist ganz Finsternis. Nur das Aufscheinen des Wahren [d. h. Gottes] in ihm erleuchtet ihn.«[51]

Dieser Aphorismus kann als eine mystische Verarbeitung des Lichtverses verstanden werden. Aus ihm ist zu verstehen, dass der Kosmos für sich betrachtet die Nichtexistenz (*ʿadam*) als Natur hat und nur durch die göttliche Manifestation des Befehls ›Sei!‹ (*kun*) in die Existenz trat.[52] Die Dunkelheit (*ẓulma*) wird in vielen mystischen Werken als Symbol für die Nichtexistenz (*ʿadam*), das Licht (*nūr*) wiederum als Symbol für die Existenz (*wuǧūd*) betrachtet.[53]

Nach der mystischen Exegese Ibn ʿAǧības steckt im Vers eine Anspielung auf den Zustand der Entwerdung in Gott (*fanāʾ*). Demnach könnten nur diejenigen, die diese Stufe erreicht haben, Gott als das Licht der Schöpfung erkennen. Die Aussage im Vers »auch wenn das Feuer es nicht berührte«, heißt in diesem Sinne, dass die gewöhnlichen Regeln für jemanden auf dieser Stufe nicht länger gelten, sodass die betreffende Person nicht länger an die Mittel (*wasāʾiṭ*) gebunden sei. Diese Stufe könne allerdings nur als Geschenk Gottes erlangt werden, so Gott spricht: »*Allah leitet zu Seinem Licht, wen Er will.*«[54]

49 Vgl. ar-Rāzī, *At-Tafsīr al-Kabīr* 23, S. 238.
50 Vgl. ar-Rāzī, *At-Tafsīr al-Kabīr* 23, S. 237 f.
51 Vgl. as-Sakandarī, *Al-Ḥikam al-ʿAṭāʾiyya*, Nr. 14.
52 Vgl. aš-Šarnūbī, *Šarḥ Ḥikam al-Imām Ibn ʿAṭāʾillāh as-Sakandarī*, S. 79.
53 Vgl. ʿAlī Bā Rās, *Šarḥ al-Ḥikam al-ʿAṭāʾiyya*, S. 173.
54 Vgl. Ibn ʿAǧība, *Al-Baḥr al-Madīd* 4, S. 43.

3.4 Das gute Wort als Baum

Siehst du nicht, wie Allah das Gleichnis eines guten Wortes prägt? (Es ist) wie ein guter Baum, dessen Wurzeln fest sind und dessen Zweige bis zum Himmel (ragen). Er bringt seine Frucht zu jeder Zeit mit der Erlaubnis seines Herrn hervor. Und Allah prägt Gleichnisse für die Menschen, auf dass sie nachdenken mögen. Und das Gleichnis eines schlechten Wortes aber ist wie ein schlechter Baum, der aus der Erde entwurzelt ist und keinen Halt im Boden hat.[55]

Der Prophetengefährte Ibn ʿAbbās, der als besonders bewandert in der Koranexegese gilt, interpretierte das »gute Wort« als den Ausspruch: »Es gibt keinen Gott außer Allah« (*lā ilāha illa Llāh*) und den »guten Baum« als den Gläubigen (*muʾmin*).[56] Auf der anderen Seite wird das »schlechte Wort« als das Wort des Unglaubens (*kufr*) interpretiert.

Einige Koranexegeten haben auch versucht zu ermitteln, welcher Baum genau gemeint sein könnte. Während einige die Dattelpalme (*naḫla*) als zutreffend betrachteten, gingen andere von der Kokosnusspalme (*ǧawza al-hind*) aus. Der »schlechte Baum« wurde von manchen Exegeten als die Koloquinte (*ḥanẓala*) ermittelt.[57]

Allerdings ist al-Bayḍāwī der Ansicht, dass die Interpretationen sowohl für das »gute Wort« und den »guten Baum« als auch für das »schlechte Wort« und den »schlechten Baum« zu spezifisch und eng gefasst sein könnten und dass die eigentliche Bedeutung wahrscheinlich weiter zu fassen sei. So könne das »gute Wort« auch für jegliche Aussagen über Wahrheit (*ḥaqq*) und Recht (*ṣalāḥ*) stehen und das »schlechte Wort« im Umkehrschluss für Falschheit und Übel.[58]

Das Bild, das in diesen Versen vermittelt wird, ist, dass der Glaube fest im Herzen der Gläubigen verwurzelt ist und somit die Zweige, welche als die guten Taten interpretiert werden, in den Himmel steigen können. Dies wiederum ist ein metaphorischer Ausdruck dafür, dass die guten Werke des Gläubigen bei Gott akzeptiert werden. Dagegen bietet der Unglaube keinen festen Halt und ermöglicht auch kein Emporsteigen der Zweige.[59] Der Vers: »Er bringt seine Frucht zu jeder Zeit mit der Erlaubnis seines Herrn hervor«, verdeutlicht, dass der ideale Gläubige (*al-muʾmin al-kāmil*) nützlich für seine Umgebung ist und beständig einen positiven Beitrag leistet.[60]

55 Koran 14:24–26.
56 Vgl. aṣ-Ṣābūnī, *Ṣafwa at-Tafāsīr* 2, S. 96.
57 Vgl. Ibn ʿAǧība, *Al-Baḥr al-Madīd* 3, S. 58 f.
58 Vgl. Ibn ʿAǧība, *Al-Baḥr al-Madīd* 3, S. 59.
59 Vgl. aṣ-Ṣābūnī, *Ṣafwa at-Tafāsīr* 2, S. 96 f.
60 Vgl. Ibn ʿAǧība, *Al-Baḥr al-Madīd* 3, S. 58.

3.5 »So lege deine Sandalen ab!«

In der koranischen Erzählung über die Offenbarung des Propheten Moses heißt es, dass sich Moses auf dem Weg nach Ägypten gemeinsam mit seiner Frau verirrte und ihm hierauf ein Feuer im Tal erschien. Als er sich dem Feuer näherte, sah er, dass es ein grüner Baum[61] war, der von weißen Flammen umhüllt wurde.[62] Da hörte er den Ruf Gottes: »Wahrlich, Ich bin dein Herr! So lege deine Sandalen ab, (denn) du befindest dich im geheiligten Tal Ṭuwā.«[63]

Das Ablegen der Sandalen wird zunächst als eine Form des richtigen Benehmens (*adab*) verstanden. Geht man jedoch eine Ebene tiefer, so sieht man in den mystischen Exegesen, dass das Ablegen der Sandalen auch eine spirituelle Bedeutung annehmen kann. Die Mystiker verstanden nämlich die beiden Sandalen als Symbol für die beiden Welten (*kawnayn*): das Diesseits und das Jenseits.[64] Demnach muss ein »Gottessucher« (*murīd*) erst sein Herz davon befreien, nach Genüssen des Diesseits oder Jenseits zu streben, bevor er in die Gegenwart (*ḥaḍra*) Gottes kommt. Manche Mystiker fügten hinzu, dass es sich beim Ablegen der Sandalen auch um ein Symbol für den Zustand der Entwerdung (*fanāʾ*) handeln könne. In diesem Sinne würde der Befehl Gottes lauten: »Lege das Bezeugen (*šuhūd*) der Welten (*kawnayn*) ab, wenn du den Former der Welten (*mukawwin*) bezeugen willst.«[65]

Die mystischen Exegesen der Sufis sind nicht nur für die Koranwissenschaften relevant, sondern werden auch allgemein in islamischen Kulturen und Künsten aufgegriffen sowie verarbeitet. Die Interpretation der Sandalen als das Diesseits und das Jenseits erweist sich hierfür als ein gutes Beispiel. So heißt es in einem Gedicht, das aus der Perspektive Gottes geschrieben wurde:

> Lege die beiden Sandalen ab, wenn du kommst
> in jenen Bezirk, denn dort ist unsere Heiligkeit
> Und von beiden Welten sei im Herzen frei,
> so werde ich entfernen, was uns voneinander trennt

واخلعِ النعلين إن جئت إلى   ذلك الحي ففيه قُدسنا
وعن الكونين كن منخلِعا   وأزِلْ ما بيننا من بيننا

---

61 Laut den Exegeten handelt es sich hierbei entweder um den Bocksdorn (*ʿawsağ*) oder den *Samura*-Baum.

62 Vgl. Ibn ʿAğība, *Al-Baḥr al-Madīd* 3, S. 377.

63 Koran 20:12.

64 Vgl. Ibn ʿAğība, *Al-Baḥr al-Madīd* 3, S. 377.

65 Vgl. Ibn ʿAğība, *Al-Baḥr al-Madīd* 3, S. 378 f. Für weitere Beispiele der mystischen Koranexegese siehe Çınar, *Koranwissenschaften und Koranexegese*, S. 391–458.

4 Symbolik in der mystischen Literatur

Neben der mystischen Koranexegese, die bereits angesprochen wurde, beinhaltet die islamische Mystik noch viele weitere Literaturgattungen. Dazu gehören vor allem theoretische Abhandlungen zur Mystik einerseits sowie anderseits der Versuch, mystische Wahrnehmungen und Erlebnisse in Form von Poesie auszudrücken. Das Hauptproblem dieses Versuches ist der Versuch selbst: Erlebte Erfahrungen können bekannterweise nie vollständig in Worten vermittelt werden. An dieser Stelle gelangt die Sprache an ihre Grenzen. Daher heißt es auch in einem Ausspruch der Mystiker: »Wer nicht gekostet hat, der versteht auch nicht« (*man lam yaḏuq lam yaʿrif*).

Was kann also die Lösung für dieses Problem sein? Auch wenn es keine vollständige Lösung des Problems darstellt, haben die Mystiker auf das rhetorische Mittel der Symbolik zurückgegriffen, um das, was über die eigene Erfahrung des Lesers hinausgeht, mit Bildern zu vergleichen, die ihm bereits vertraut sind und hierdurch einen Hauch des eigentlich Gemeinten erahnen zu können. Anders formuliert ›verpackt‹ der Sufi die spirituellen Erkenntnisse, die er auf seiner höheren Bewusstseinsebene erfährt, in symbolische Lyrik, um damit einem Leser, der nicht dieselbe Stufe wie er erlangt hat, einen gewissen Zugang zu seinen Erfahrungen zu bieten.

Die Methode, Dinge, die über die Wahrnehmung hinausgehen, in Form von Symbolen und Metaphern anzudeuten, haben die Mystiker dem Koran selbst entnommen. Wie bereits dargestellt wurde, gibt es im Koran zahlreiche Gleichnisse und Metaphern, die diese Funktion vertreten.

Eine weitere Seite des Problems der sprachlichen Begrenztheit besteht in der Gefahr, missverstanden zu werden. »Sei vorsichtig mit dem Geheimnis der Liebe. Sprich nicht mit jenen, die nicht verstehen können«, sagte etwa al-Ǧunayd zu seinem Schüler al-Ḥallāǧ und machte ihn so auf diese Gefahr aufmerksam.[66] Dies vermittelt den Gedanken, dass nicht jede Person bereit für jede Art der Information ist. In einem arabischen Sprichwort heißt es daher: »Die Mahlzeit der Erwachsenen ist Gift für Säuglinge« (*ṭaʿām al-kibār ṣumm aṣ-ṣiġār*). Dadurch ist die Sprache der Mystiker stets von einer paradoxen Haltung geprägt, nicht zu viel und ebenso nicht zu wenig verraten zu wollen.

Zu den weit verbreiteten Symbolen in der mystischen Dichtung gehört auch der Wein als Symbol für die sinnesberaubende Liebe.[67] Während der Wein in manchen Gedichten eine beiläufige Erwähnung findet, gibt es auch Gedichte, die

66 Vgl. Priya Hemenway, *Östliche Weisheit*, Köln 2007, S. 36; Reza Aslan, *Kein Gott außer Gott: Der Glaube der Muslime von Muhammad bis zu Gegenwart*, München 2006, S. 227.

67 Vgl. ʿAbdullāh Bā Sawdān, *Maṭāliʿ al-Anwār Šarḥ Rašafāt as-Sādāt al-Abrār*, Tarim o. J., S. 53.

ihn als Hauptthema behandeln. So auch das Gedicht des hadramitischen Mystikers ʿAbd ar-Raḥmān Balfaqīh, das den Titel *Rašafāt ahl al-kamāl* (wörtl. ›kleine Schlucke vom Trunk der Vollkommenen‹) trägt. So heißt es in einer Passage des Gedichts:

Die Becher vom Wein der Liebe machten ihre Runden,
und die Seelen wurden von ihren Makeln geheilt.
Von Rost und Trauer werden sie entbunden,
entnommen ist er aus des Paradieses süßem Brunnen.
Er ist Heilung für alle Krankheiten und Sünden und er
kommt von der Freigiebigkeit des Freigiebigen, nicht von Trauben.
Nein, aus Rechtleitung, Wissen und Weisheiten,
mit ihm vergehen alle Zweifel und Sorgen.
Mit dem Trunk kommen Seelen und Herzen zum Leben,
und mit ihm kostet man den reinen Glauben.

وَدِيْرَ مِنْ خَمْرِ الهُدَى كُؤُوسُ   تُشفَى بِهَا مِنَ الرَّدَى النُّفُوسُ
وَيَنْجَلِي عَنْهَا الصَّدَى وَالبُوسُ   مِزَاجُهَا مِنْ سَلْسَبِيلِ حَالِ
شِفَاء لِكُلِّ عِلَّةٍ وَإِثْم   مِنْ كَرَمِ الكَرِيْمِ لَا مِنْ كَرْمِ
بَلْ مِنْ هُدًى وَحِكْمَةٍ وَعِلْمِ   تُزِيلُ كُلَّ الشَّكِّ وَالإِشْكَالِ
بِهَا حَيَاةُ الرُّوحِ والجَنَانِ   بِهَا تُذاقُ صَفوةُ الإِيْمَانِ

Während manche Mystiker ohne nähere Erläuterungen über den Wein dichteten, sahen andere Mystiker darin eine Gefahr, missverstanden zu werden und erwähnten daher explizit, dass sie nicht den weltlich-materiellen Wein meinen, sondern auf eine spirituelle Ebene abzielen. Daher sagt ʿAbd ar-Raḥmān Balfaqīh: »[Er] kommt von der Freigiebigkeit des Freigiebigen, nicht von Trauben.« Im Arabischen befindet sich in diesem Vers eine besondere Form der Wortharmonie (*ǧinās tāmm*) zwischen den Begriffen Freigiebigkeit (*karam*), Freigiebigen (*karīm*) und Trauben (*karam*).

Neben dem Wein erscheint auch die Frau als Symbol für Schönheit und Liebe in den Gedichten der Mystiker. Als ʿAbdullāh b. ʿAlawī al-Ḥaddād, der gleichzeitig Lehrer und spiritueller Meister des bereits zitierten Mystikers ʿAbd ar-Raḥmān Balfaqīh war, über das Erscheinen von weiblichen Körperteilen wie Wangen, Hüfte und Haar in den Gedichten der Mystikern befragt wurde, antwortete er:

Sie [d. h. die Sufis] meinen damit nicht die Geliebten (*maʿšūqāt*), die in den Dichtungen der [vorislamischen] Araber vorkommen, sondern Zustände (*aḥwāl*), die sie überkamen und wieder verließen, wodurch sie starke Sehnsucht verspürten und Gazelen (*taġazzulāt*) dichteten.[68]

68 Vgl. Sawdān, *Maṭāliʿ al-Anwār Šarḥ Rašafāt as-Sādāt al-Abrār*, S. 67.

5 Fazit

Der Koran als Offenbarung Gottes beinhaltet also eine Menge an bildhaften und symbolischen Ausdrücken, die nicht von jedem gleichermaßen verstanden werden können. Doch sind diejenigen, denen es vergönnt war, eine bestimmte Stufe der Frömmigkeit zu erreichen, auch dafür verantwortlich, Interpretationsmuster für diese Ausdrücke zu entwickeln und die Bedeutung dieser Verse zu entschlüsseln. Um einen möglichen Relativismus zu vermeiden, wurden daher einige Kriterien entwickelt, die im ersten Kapitel ausführlich behandelt wurden. Die Symbolik im Koran bezweckt einerseits die realitätsnahe Beschreibung von Inhalten, da sich Menschen anhand von Gleichnissen, Metaphern und Symbolen Ereignisse wie Inhalte besser vorstellen können, was in derselben Effektivität nicht allein durch eine bloße Beschreibung erreicht werden könnte. Andererseits bewirkt diese Symbolik auch den ständigen Austausch sowie eine fortwährende Bemühung, die Bedeutung dieser Symbole zu entschlüsseln. Gleichzeitig verbleibt die wahre Bedeutung stets bei Gott, da über diese keine Aussage in absoluter Gewissheit getroffen werden kann.

Zusammenfassend lässt sich also feststellen, dass die Symbolik im Koran eine einerseits herausfordernde, aber auch bereichernde Aufgabe für die Koranwissenschaft darstellt, welche verschiedene Interpretationsmuster zulässt und gleichzeitig eine realitätsnahe Beschreibung ermöglicht.

Andreas Knapp

Der erdichtete Gott. Gedanken zur poetischen Gottesrede

1 Der unersättliche Mensch

Eine Preußin und ein Bayer sitzen beim Oktoberfest nebeneinander. Der Bayer hat seine sechste Maß, Radi, Steckerlfisch, Emmentaler und Ochsenfleisch verdrückt. In der gleichen Zeit hat seine Nachbarin die Hälfte einer Maß getrunken und eine mitgebrachte Vollkornbutterstulle verzehrt. Als der Bayer sie merkwürdig ansieht, erklärt sie, sie esse nur so viel, wie sie Hunger habe. »Und drinken tust auch nur, wann du einen Durscht hast?« fragt der Bayer ungläubig nach. Seine Nachbarin nickt stolz. »Wia's Viech!« schüttelt ihr Gegenüber das bayerische Haupt ...

Der Mensch unterscheidet sich dadurch vom Tier, dass er einen über den Durst trinken kann. In der Evolutionsgeschichte wächst mit Volumen und Ausdifferenzierung des Gehirns die Fähigkeit des Menschen, sich über das naturgegebene Maß hinwegzusetzen. Er akzeptiert die Grenzen nicht mehr, die ihm von der Natur gesetzt wurden. Der Mensch streckt sich aus nach dem Übermenschlichen. Sein Maß ist die Maßlosigkeit.

In dieser Entgrenzung liegt die Ursache für die *Größe* des Menschen. Wir bleiben nicht stehen beim jeweiligen Stand unseres Wissens und Könnens. Eine innere Unruhe treibt uns an, die Grenzen des Erreichten immer wieder zu überschreiten. Der Fortschritt in Wissenschaft und Technik verdankt sich diesem Stachel ebenso wie alle Kunst und Kultur. Der Mensch wächst ständig über sich selbst hinaus. In der Entgrenzung des Menschen liegt der Ursprung des Gottesglaubens: Religion kann gedeutet werden als Versuch, die Sehnsucht des Menschen nach ›immer mehr‹ in eine spirituelle Dynamik zu verwandeln. Die Maßlosigkeit des Menschen macht den Menschen ›Gottes-fähig‹, *capax Dei.* Der Mensch ist ein Wesen, das über alles hinausdenken kann. Diese ›Gott-Begabung‹ hat ein abgrundtiefes Bedürfnis aufgerissen. Weil Menschen eine Ahnung von göttlicher Fülle haben, geben sie sich mit dem Begrenzten nicht mehr zufrieden. Für Glaubende ist ›Gott‹ die Chiffre für das, was Menschen auch dann noch fehlt, wenn sie alles haben. Denn der Mensch ist eben nicht in sich abgerundet, sondern gleicht einer Parabel, die nach oben offen ist.

Der Drang nach immer mehr wird zum Hinweis, dass der Mensch auf Gott hin geschaffen ist und sein Herz erst in Gott zur Ruhe kommt, wie das bereits Aurelius Augustinus gedeutet hat. Der Priester und Dichter Ernesto Cardenal beschreibt diese Erfahrung mit folgenden Worten:

> In den Augen aller Menschen wohnt eine unstillbare Sehnsucht. In den Pupillen der Menschen aller Rassen, in den Blicken der Kinder und Greise, der Mütter und liebenden Frauen, in den Augen des Polizisten und des Angestellten, des Abenteurers und des Mörders, der Revolutionärs und des Diktators und in denen des Heiligen: In allen wohnt der gleiche Funke unstillbaren Verlangens, das gleiche heimliche Feuer, der gleiche unendliche Durst nach Glück und Freude und Besitz ohne Ende.[1]

Um dieses Durstes willen werden Berge bestiegen und die Tiefen der Meere erforscht, für ihn wird geherrscht und intrigiert, gebaut und geschrieben, gesungen, geweint und geliebt – und dieser Durst ist nach Cardenal im Tiefsten die Sehnsucht nach der Liebe zu Gott, der immer größer und letztlich grenzenlos ist. Ein anderer christlicher Dichter, Paul Claudel, bringt dies auf den Punkt: »Das Unersättliche kann sich nur ans Unerschöpfliche wenden.«[2]

Unendliches

die zeit zerrinnt
die sterne sterben
die sonne verglüht
die wüste wächst

nur der mensch
führt sich auf
als wäre die welt
unbegrenzt

unendlich aber
nur sein hunger
und vielleicht
was ihm wirklich entspricht

2 Zum Schweigen verurteilt?

Am Ursprung des Gottesglaubens steht die Erfahrung, dass sich die endliche Welt einem Unendlichen verdankt. Der Mensch in seinem unersättlichen Durst nach immer mehr kann sich letztlich nur an eine unfassbare Quelle wenden, die er ›Gott‹ nennt. Den unermesslichen Gott aber fassen zu wollen wäre vermessen.

1 Zitiert nach: gebete-und-gedichte.de/203.html (letzter Zugriff 7.11.2020).
2 Zitiert nach: www.zitate.eu/autor/paul-claudel-zitate/97270 (letzter Zugriff 7.11.2020).

Daher bekennen Christen und Muslime, dass Gott immer größer ist: *Deus semper maior! – Allahu akbar!*

Das Bilderverbot des Alten Testaments bringt dies zum Ausdruck: Dass wir uns von Gott keine Bilder und auch keine Sprachbilder machen können. Angesichts Gottes bleibt der Mensch sprachlos. Gott ist der Namenlose, der Unaussprechliche. Diese Einsicht hat in der christlichen Theologie schon früh zur Ausbildung der sogenannten ›negativen Theologie‹ geführt. ›Negativ‹ meint in diesem Zusammenhang nichts Abfälliges, sondern eine kritische Läuterung der menschlichen Sprache und Bilder in Bezug auf Gott: Wir wissen von Gott nicht, was er ist, sondern vielmehr, was er nicht ist. Hilarius von Poitiers schrieb: »Das vollkommene Wissen ist dieses, Gott zwar nicht als den Unerkennbaren, wohl aber als den Unaussprechlichen zu wissen.«[3] Augustinus sprach dann von jenem höchsten Gott, der besser im Nichtwissen gewusst wird (*qui scitur melius nesciendo*). Und weiter: *Si enim comprehendis, non est Deus* (›Wenn du ihn begriffen hast – ist es nicht Gott‹).[4]

Gott ist immer größer als unsere Gedanken oder Worte. Er ist unfassbar wie das Meer, das man nie auszuschöpfen vermag. Man kann sich ihm nur überlassen, durch einen Sprung ins Wasser. Es ist wie bei der Schönheit oder der Liebe. Man muss sich hingeben, sich loslassen, vertrauen. Dann kann es geschehen, dass ich erlebe: Ich bin geheimnisvoll getragen, geborgen, gehalten in einem größeren Ganzen.

Das Geheimnis Gottes übersteigt alle menschlichen Begriffe und Kategorien wie die von ›Raum‹ und ›Zeit‹ – und selbst die von ›Einheit‹ und ›Vielheit‹. Gott ist ausgesprochen unaussprechlich. Diese Einsicht verbindet die Mystiker aller Religionen, die nach einer Erfahrung oder Ahnung von Gottes überwältigender Größe verstummen.

In Israel durfte der Name Gottes nicht ausgesprochen werden. Nur einmal im Jahr war es dem Hohepriester am Versöhnungstag erlaubt, den Gottesnamen im Allerheiligsten des Tempels, wo er ganz allein war, auszusprechen – und auch das nur flüsternd. Im Alten Testament findet sich die rührende Geschichte, wie Salomo Gott ein Haus bauen will. Und dann wird im Tempelweihgebet formuliert: »Die Himmel der Himmel fassen dich nicht. Wie viel weniger dieses Haus.« (vgl. 2 Chr 6,18);

salomos tempel

vermessenes raumangebot
für den unfasslichen
flüsterhalle des unaussprechlichen

3 Hilarius von Poitiers, *Zwölf Bücher über die Dreieinigkeit (De Trinitate). Zweites Buch*, zitiert nach: https://bkv.unifr.ch/ (letzter Zugriff 7.11.2020).

4 Augustinus, *Sermo* CXVII 3,5.

zerstörung ist
vorprogrammiert als
richtfest des gottesbildes

nur die leerstelle
nie zu besetzen
Sein thron

3 Wie zeigt sich Gott?

Trotz dieser radikalen Betonung der Transzendenz Gottes bleibt es nicht beim Verstummen. Denn Gott selbst ergreift die Initiative, um sich dem Menschen zu zeigen. Nach christlicher Überzeugung hat sich der unbegreifliche Gott dem Menschen begreiflich gemacht, wie das Leo der Große genial auf den Punkt gebracht hat: *Incomprehensibilis voluit compredi.* (*DH* 294) Gott hat sich geoffenbart.

Das Wort ›Offen-barung‹ besagt schon, dass etwas Verborgenes offen-sichtlich wird, dass es veröffentlicht, bekannt gemacht wird. Wenn wir sagen, dass ein Mensch sich offenbart, etwa im Offenbarungs-Eid, so bedeutet das, dass jemand sein Inneres, seine Gedanken und Gefühle offenlegt und äußert.

Denn für jeden Menschen gilt, dass nur er selbst um sein Innerstes, um seine Gedanken und Gefühle weiß. Wenn ich kurz vor meinem Vortrag über *Die Unbegreiflichkeit Gottes* zu schwitzen beginne, so kann dies verschiedene Ursachen haben. Vielleicht habe ich Lampenfieber und bin nervös. Vielleicht habe ich aber auch einen grippalen Infekt und leide an Fieberschüben.

Wenn die Moderatorin sich besorgt über die Schweißperlen auf meiner Stirn äußert, so kann ich mich *offenbaren* und ihr erklären, dass ich kerngesund bin, aber dass ich vor einem Vortrag immer sehr nervös werde und zu schwitzen beginne. Das ist Offenbarung: Ich drücke aus, drücke heraus, was an Gedanken oder Gefühlen in mir ist. Ich bringe mich ins Wort und teile mich anderen mit.

Hier wird die Analogie deutlich, was ›Offenbarung‹ im religiösen Kontext bedeutet: Der uns prinzipiell entzogene Gott bringt sich ins Wort, um dem Menschen etwas mitzuteilen. Aber durch welches Wort?

In ein paar holzschnittartigen Linien könnte man vereinfacht sagen, dass sich Gott für das Judentum vor allem im *Wort der Geschichte* offenbart. Israel liest seine Geschichte, etwa Gefangenschaft und Befreiung aus Ägypten und deutet diese Erfahrung als Wundertat Gottes, der sein Volk befreien will.

Für Christen drückt sich Gott in einmaliger Weise in einem Menschen aus: In Jesus von Nazareth. In seiner Person wird deutlich, wer Gott für den Menschen ist. Darum schreibt der Evangelist Johannes: In Jesus Christus ist das göttliche

Wort Mensch geworden. Durch diese radikale Nähe Gottes in Jesus von Nazareth will Gott nicht nur *etwas*, sondern *sich selbst* offenbaren.

Im Islam kommt den Worten, die Mohammed als Offenbarung empfangen hat, eine besondere Dignität zu: Sie gelten als *ursprüngliche Worte Gottes*, die dem Menschen eine Rechtleitung, eine Anweisung für sein Leben, geben sollen.

Der Offenbarungsglaube staunt darüber, dass sich der unfassliche Gott dem Menschen auf eine diesem fassbare Weise geoffenbart hat. Zugleich steht jeder Offenbarungsglaube in Gefahr, die irdischen Formen, in denen sich Gott gezeigt hat, derart zu überhöhen, dass die bleibende Entzogenheit Gottes zu wenig geachtet wird. Denn Gott ist und bleibt der Fels, an dem alle Schiffe menschlicher Begriffe zerschellen.

hörsturz des höchsten

zu grell zu laut das geschreie geläute von muezzinen und mönchen
jetzt hört er nur noch
unser schweigen

4 Eine Gott angemessene Sprache?

Unsere Gegenwartssprache orientiert sich immer mehr am Modell der technischen Sprache. Die Sprache der Naturwissenschaft und der Verwaltung versucht, möglichst eindeutig zu sein. Das Modell dafür ist die Information. Aber das Eindeutige bleibt *per definitionem* immer auf einer Ebene und hat keine weiterreichenden Bedeutungen. Es will ›definieren‹, und das heißt wörtlich: begrenzen.

Wenn es aber um die Bedeutung unseres Lebens geht, so gibt es keine Information. Man stelle sich eine Frau vor, die ihren Mann fragt: »Schatz, liebst du mich?« Und der antwortet: »Wieso fragst du? Ich habe es dir doch letztes Jahr schon gesagt!« Dieser Mann hatte die Frage seiner Frau nicht verstanden. Sie wollte keine kühle Sach-Information, sondern ein heißes Bekenntnis.

Und genau darum geht es auch in der religiösen Sprache: Sie will nicht informieren, sondern performieren. Sie will beglücken, erschüttern, bekehren. Das Wort Gott will uns nicht über einen Sachverhalt informieren, sondern dazu bringen, dass wir in die Knie gehen und anbeten oder aufspringen und tanzen.

Das Wort Gott ist ein sakramentales Wort – wie alle religiösen Worte. Doch leider versucht man, etwa in den Katechismen, Informationen über Gott zu vermitteln: Wer Gott sei, welche Eigenschaften und Attribute er habe usw. Die in einer solchen Sprachform vermittelten ›Informationen‹ können in die Irre führen, denn sie suggerieren, dass man Gott definieren könnte. Über Gott zu reden in einer Sprache, die der Vermessung der Welt dient, ist freilich vermessen. Denn es gibt keine Sprache, die Gott angemessen wäre.

Vielleicht ist das einer der Hintergründe, warum Theologen/innen oder Prediger/innen Gefahr laufen, inflationär immer mehr Worte zu machen – weil man Gott eben sprachlich nicht fassen kann. Heinrich Böll schrieb: »Ich habe den Eindruck, dass die Theologie viel Sprache verbraucht und nicht viel sagt. Sie ist ungeheuer wortreich und ausschweifend. Wenn sie formelhaft würde, auch im Sinne von Poesie, könnte sie sich vielleicht eher mitteilen.«

Nicht die Sprachform der Information, sondern das Sprachspiel der Lyrik ist am ehesten geeignet, religiöse Erfahrung in Worte zu fassen. Denn Lyrik verzichtet auf das Eindeutige und ist keine Fest-Stellung. Sie will im Gegenteil vieldeutig sein und spielt damit, Worte in ihren unterschiedlichen Bedeutungen anklingen zu lassen. Poesie will nicht definieren, sondern im Gegenteil entgrenzen, indem sie durch Bilder Horizonte öffnet, in denen Assoziationen und persönliche Erfahrungen des Lesers/der Leserin einfließen können. Es geht ihr nicht um objektive und sachliche Präzision, sondern um subjektive Bedeutung und die Erfahrung von Sinn.

Dazu kommt, dass Lyrik oft auch verfremdet. Sie durchbricht die gewohnten Sprachregeln und lässt aufhorchen. Damit kann sie auch religiöse Dimensionen ins Spiel bringen: Gott ist der ganz andere, der sich eben nicht in den normalen Sprachregeln zum Ausdruck bringen lässt. Mit den Worten von Erich Garhammer:

> Poesie ist die gestaltete Leerstelle für eine Wirklichkeit jenseits aller sichtbaren Wirklichkeit.
> Poesie ist mehr als sich sagen lässt, sie schafft einen Ausdruck für das Unaussprechliche, sie gibt der Sprache die Chance, für Unsagbares Wörter zu finden, die mehr dem Verschweigen zuneigen als eilfertiger Rede. Poesie ist die Kunst, mit Worten ein Geheimnis zu wahren, ihm eine Gestalt zu geben durch Sprache, ohne es sprachlich zu verraten.[5]

krippe

im gedroschenen stroh
des leeren geredes
kein körnchen wahrheit mehr

täglich wächst der hunger
dass ein wort geboren werde
nahrhaft wie ein weizenkorn

5 Erich Garhammer, *Erzähl mir Gott. Theologie und Literatur auf Augenhöhe*, Würzburg 2018, zitiert in: Johann Pock, Erzähl mit Gott, in: feinschwarz (20. September 2018), in: www.feinschwarz.net/erzaehl-mir-gott (letzter Zugriff 7. 11. 2020).

5 An der Sprachgrenze

Am Ursprung und im Zentrum des christlichen Glaubens steht die Erfahrung von Tod und Auferstehung Jesu. Angesichts der zentralen Erfahrungen von Leben, Liebe und Tod aber zerschellen uns die Worte. Bereits nach dem letzten Schrei Jesu blieb nur stumme Finsternis. Und dann passierte das Unerwartete: Die Jüngerinnen und Jünger, die sich gerade noch entmutigt verkrochen hatten, verkündeten kurze Zeit später begeistert: »Gott hat Jesus von den Toten auferweckt«. (z. B. 1 Thess 1,10) Jesus ist zu neuem, unbegreiflichem Leben auferstanden und ganz in Gott angekommen. Diese umwerfende Erfahrung steht am Ursprung und in der Mitte des christlichen Glaubens.

Aber wie soll man sich die ›Auferstehung‹ vorstellen? Sicher ist die Auferstehung Jesu kein Comeback im Sinne einer Wiederbelebung seines Leichnams. Denn der Auferstandene ist irgendwie ganz anders als das bislang vertraute Erscheinungsbild Jesu. Zugleich erkennen die Jünger, dass es kein anderer ist als derjenige, der am Kreuz gehangen hat. Die Evangelien erzählen auch, dass die Jüngerinnen und Jünger das Grab Jesu leer vorgefunden haben. Das leere Grab als solches ist vieldeutig: Es könnte auch als Indiz für Grabraub oder Leichenschändung interpretiert werden. Umgekehrt wären die Erscheinungen Jesu unglaubwürdig, wenn der Gekreuzigte noch im Grab liegen würde. Der Glaube an die Auferstehung verträgt sich nicht mit einer Leiche im Keller. Entsprechend sind die Erzählungen von den Erscheinungen des Auferstandenen ausgesprochen körperbetont. Die Aussagen bleiben widersprüchlich: Er ist berührbar, kann aber nicht festgehalten werden. Er zeigt sich in vertrauten Gesten und ist zugleich ganz anders. Wie diese Erscheinungen zu deuten sind, bleibt für die Jünger eine Herausforderung. Glaube mischt sich mit Zweifel. Die Hoffnung, dass Gott Jesus wirklich vom Tod auferweckt hat, muss immer wieder neu geweckt werden.

Wie gerne würden wir mehr wissen über jene Begegnungen mit dem Auferstandenen! Aber wir müssen uns mit diesen eigentümlichen Zeugnissen begnügen. So sehen die Jünger Jesus, aber sie erkennen ihn nicht; und als sie ihn erkennen, brauchen sie ihn nicht mehr zu sehen. Diese Aussagen sind völlig paradox. Aber gerade das spricht für ihre Glaubwürdigkeit. Denn sie zeigen, dass es den Jüngerinnen und Jüngern die Sprache verschlagen hat. Die Zeugenberichte übersteigen die Logik des Gewöhnlichen, weil sie ein außergewöhnliches Ereignis zu vermitteln versuchen.

Das Ereignis der Auferstehung bleibt uns grundsätzlich entzogen, denn was jenseits des Todes geschieht, können wir nicht begreifen. Entsprechend bieten die Evangelien auch keine Darstellung im Stil eines Tatsachenberichtes. Was die Anhänger Jesu erfahren haben, wird in Geschichten festgehalten. Etwa: Jesus tritt in die Mitte seiner Jünger, die sich aus Angst eingeschlossen hatten. Mit dem

Wunsch: »Friede sei mit euch!« zeigt er ihnen seine Wunden (vgl. Joh 20,19–21). Den Jüngern geht auf, dass der am Kreuz Hingerichtete lebt. Und dass er Frieden und Versöhnung weiterschenkt – an sie selbst, die sie ihn in seinen letzten Stunden im Stich gelassen hatten – und an alle Menschen.

Im Licht der Auferstehung erkennen die Jünger Jesu: Wir sind keinem falschen Messias aufgesessen! Indem Gott Jesus von den Toten auferweckt, setzt er vielmehr seine Unterschrift unter dessen Leben und Botschaft: Jesus hat zu Recht im Namen Gottes gehandelt! Gott selbst beglaubigt ihn als seinen Messias, mit dem die neue Welt Gottes schon begonnen hat. Mit der Auferweckung Jesu unterläuft Gott den Lauf der Welt. Nicht das Unrecht wird siegen, sondern die Gerechtigkeit. Die Mörder werden nicht über ihre Opfer triumphieren. Hass und Tod sind das Vorletzte. Liebe und Leben werden das letzte Wort behalten.

Überwältigt treten die Anhängerinnen und Anhänger Jesu an die Öffentlichkeit. Allen Drohungen zum Trotz reden sie davon, was Jesus und ihnen passiert ist.

Unbeirrt treten sie für Jesu Vision von Gottes neuer Welt ein. Sie sind Feuer und Flamme für die Botschaft von seiner Auferstehung, die es wert ist, in allen Sprachen verkündet zu werden: Es gibt eine Hoffnung jenseits des Grabes. Selbst wenn ein Stein vor den Eingang des Grabes gerollt wurde.

grablegung

und wieder wird
ein stein gesät
auf den acker
des todes

doch
o wunder
es ist
ein samenkorn

6 Die Auferstehung des Wortes

Wo die Grenze des Todes überschritten wird, ist auch eine Grenze unserer Sprache erreicht. Die Jüngerinnen und Jünger haben nach dem Tod Jesu Erfahrungen gemacht, die ihnen die Sprache verschlagen haben. Die erste Reaktion ist daher das Verstummen. Die Frauen, die am Ende des Markusevangeliums die ersten Zeuginnen der Auferstehung werden, sagen kein Sterbenswort mehr. Ihnen wird zwar aufgetragen, dass sie den Jüngern von ihren Erfahrungen erzählen sollen, aber das Markusevangelium endet mit dem Schweigen der Frauen. Einerseits also finden die Frauen und die Jünger keine angemessenen Worte und

Bilder, um über ihre Erfahrungen zu reden. Andererseits wird später in der Apostelgeschichte formuliert: »Wir können unmöglich über das schweigen, was wir gehört und gesehen haben.« (Apg 4,20) Doch in welcher Sprache?

Sicher nicht in einer eindeutigen Sprache. Die Zeugnisse des Neuen Testamentes sind Erzählungen, keine Polizeiberichte. Weil die Auferstehung ein Geschehen ist, das die Grenzen dieser Welt überschreitet, kann davon nur in widersprüchlichen Bildern gesprochen werden. Nach einem Wort von Chesterton ist im Christentum das Paradoxe das Orthodoxe. Etwa: Jemand geht durch eine verschlossene Tür. Oder jemand ist bekannt und unbekannt zugleich. Die Jünger am See Gennesaret erkennen, dass es Jesus ist, aber sie trauen sich nicht zu fragen: Wer bist du? (vgl. Joh 20–21)

Jesus ist auferstanden in Gott hinein. Er gehört jetzt zur Welt Gottes. Für Gott aber haben wir keine angemessenen Bilder. Wenn mit der Auferstehung die Todesgrenze überschritten wurde, dann ist damit auch eine Sprachgrenze überschritten. Uns stehen keine Worte oder Begriffe zur Verfügung, um über diese andere Welt, über das Jenseits zu reden. Und doch wollen wir unserer Hoffnung Ausdruck geben. Der Hoffnung, dass unser Leben nicht in einen Abgrund fällt. Diese Hoffnung kann sich aber nur in einer lyrischen Sprache zum Ausdruck bringen.

Ostern

im anfang
war der tod
und der tod war alles
und alles war tot

doch dann das wort
liebeserklärung an das leben
und die tote materie
ist fleisch geworden

der tod aber
sitzt tief
und untergräbt
das leben

wenn ER aber
das wort ist
dann hält er wort
behält das letzte wort

Hermann Weber

Inspirierter Text als Übersetzung von Offenbarung. Die Spur religiöser Sprache in moderner Literatur

1 Zur Sprachdiagnose der Gegenwart

Peter Handke, nach dem verheerenden Brand von Notre-Dame de Paris im Feuilleton der *ZEIT* (25.04.2019) zur Situation in Frankreich, seiner Wahlheimat, befragt, bedenkt auch den Zustand der Sprache, in der sich die Ereignisse öffentlich (politisch) darstellen, und streut – fast nebenbei – kindlich-kryptisch ein: »Vielleicht ist Sprache aus.« Der Dichter sollte es wissen. Und der *homo religiosus*, den es in einer post-säkularen Welt möglicherweise wieder geben kann?

Entgegen oder mit Handkes Diagnose heute nach Offenbarung und Sprache oder besser nach Offenbarung in Sprache zu fragen, kann sich nicht auf das (interpretierende) Herüberretten heiliger Buchtexte aus großen Traditionen beschränken, es drängt weiter in der Hoffnung, dass auch inmitten einer vielleicht sprachlich verheerten Gegenwart so etwas wie ›inspirierte‹ oder gar ›heilige‹ Sprache noch erkannt, noch geschaffen werden kann. Zweifel an der Sprache – der sich zwangsläufig in Sprache artikuliert, wenn er nicht schweigend aussetzt – ist wie Sprachkritik seit der Antike Thema der Philosophie.[1] *Erkenntnistheoretisch* meint das den Zweifel, ob Sprache ›Realität‹ oder bestimmte Bereiche von Realität überhaupt erreichen und adäquat ausdrücken kann – bis hin zu der metaphysischen bzw. theologischen Frage, ob sie das *ens realissimum*, Gott, benennen, seine ›Sprache‹, die der Offenbarung, fassen, unterscheiden kann. Ein *ethischer* – und politisch-ideologiekritischer – Zweifel richtet seinen Blick auf die Korrumpierbarkeit des Menschen, der Sprache vernutzt, zu Lüge und Täuschung missbraucht, sich ihrer willkürlich bedient anstatt ihr – wie der Dichter dem Ideal einer ›reinen‹ Sprache, wie der Prophet dem Wort Gottes – zu dienen. Um unser Thema einer ›inspirierten‹ Sprache und damit von Sprache in ›über-setzender‹ Spannung zu Offenbarung – einer Sprache, die ja wohl am ehesten ›aus‹ sein

1 Vgl. zum ›modernen‹ Sprachzweifel seit der Frühromantik: Hermann Weber, *An der Grenze der Sprache: Religiöse Dimension der Sprache und biblisch-christliche Metaphorik im Werk Ingeborg Bachmanns*, Essen 1986, S. 79–91.

dürfte – in der globalisierten Gegenwart zu verorten und es dann in einer parallelen Reflexion auf religiöse Sprache in Literatur und in traditionellen heiligen Texten zu erörtern, sei eine kurze sprachkritische Diagnose vorangestellt.

Nimmt man ein Kompendium der Sprachkritik aus dem Jahr 1998 zur Hand und findet darin einen Querschnitt von »sprachkritischen Themen der Gegenwart«[2], dann mag daran deutlich werden, wie sehr und wie schnell seitdem die Proliferation des Internets und der Social Media in alle Lebensbereiche und die damit induzierten technologischen ›Sachzwänge‹ die Kommunikation und Sprachpraxis verändert und Sprachkritik vor neue Fragen gestellt haben. Jürgen Schiewe wehrt sich 1998 gegen die vorschnelle Rede vom ›Verfall‹ – mit den üblichen Verdächtigen: junge Generation, Medien, Fachsprachler als Verursacher – und setzt auf eine notwendige und letztlich gesunde Veränderung der Sprache. Problemanzeigen (im öffentlich-politischen Diskurs) sind für ihn vor allem die künstlichen, unendlich formbaren »Plastikwörter« (Uwe Pörksen) wie ›Globalisierung‹ oder ›Entwicklung‹, die sich international geradezu »diktatorisch«, oft als Anglizismen, durchsetzen,[3] und »Visiotype«, suggestiv-bildhafte Darstellungen, die für einen *iconic turn* (*turn* ist mittlerweile auch ein ›Plastikwort‹) stehen, in dem schließlich die Macht der Bilder die der Sprache sogar überholen könnte.[4]

Über zwanzig Jahre später seien aus sprachethischer Perspektive nur zwei Phänomene eingeblendet, die heute auch dichterische und religiöse Sprache konditionieren können. Ich möchte sie ›moralisch ausgerichtete Regulierung‹ und ›digital-kommunikative Auflösung‹ nennen. Das erscheint zunächst gegenläufig. Politische Normierung von Sprache ist bis heute primär eine Waffe des Autoritarismus. Unter demokratischen Vorzeichen erscheint sie aber auch durchaus weitreichend in der Durchsetzung von Formen ›gerechter‹ Sprache, die vor allem mit Gleichstellung (jeglicher Form von Minderheiten) einhergehen soll. Aus der Sprachbarrierenforschung und der feministischen Sprachkritik hervorgegangen, ist etwa die Vorgabe ›gender-gerechter‹ Sprache ein Beispiel für moralisch ausgerichtete Normierung und eventuelle Inkriminierung. Der ›Gerechtigkeits‹-Anspruch (hier im Sinne von konsequenter Gleich-behandlung) kann auch ohne Verrechtlichung leicht zu (impliziten) Diskurstabus führen.

›Digital-kommunikative Auflösung‹ von Sprache meint hier hingegen die Inflationierung und Hysterisierung sprachlicher Kommunikation infolge der (ökonomischen) Durchsetzung des Internets, der Social Media und ihrer Technologien. Verkürzung von Texten, ›stürmische‹ und oft aggressiv zugespitzte

2 Vgl. Jürgen Schiewe, *Die Macht der Sprache: Eine Geschichte der Sprachkritik von der Antike bis zur Gegenwart*, München 1998, S. 250–282.

3 Vgl. Schiewe, *Die Macht der Sprache*, S. 274.

4 Vgl. Schiewe, *Die Macht der Sprache*, S. 282.

Kürzestfristigkeit von Sprechakten gehen einher mit sprachersetzender Inflationierung der Kommunikation über Bilder/Icons samt entsprechend gesteigerter Möglichkeiten von Fälschung und Täuschung. Am Ende lauert sogar (wie in der ›Automatenangst‹ der Romantiker) mit der unabsehbaren und durchaus ›transhumanistisch‹ gemeinten Ausweitung von Künstlicher Intelligenz die Unsicherheit, ob Mensch oder Maschine spricht (Robotersprache kann geradezu ›zauberhaft‹ sein, siehe *Alexa* ...). Globalisierung und Digitalisierung begleitet zudem die standardisierende Durchsetzung von so etwas wie *Global English* als oft flache und allzu leichte Realisierungsform einer Utopie von der Einheit der Sprachen, *de facto* ein massiver Verlust sprachlicher ›Biodiversität‹.

In all diesen Entwicklungen liegen zweifellos auch Fortschritte, Erleichterungen, verbindende Nähe. Die Frage bleibt indes, ob angesichts ihrer Beschleunigung und suggerierten Alternativlosigkeit die sprachlichen Folgekosten überhaupt und hinreichend bedacht werden. Unsere Suche nach inspirierter Sprache in Literatur und Religion gleicht demgegenüber eher einer memorialen Rekonstruktion in widerständiger Absicht und soll zunächst eine weitere Rahmenbedingung in den Blick nehmen, die als Spannung zwischen Säkularisierung und Resakralisierung erscheint.

2 Religiöse Sprache zwischen Säkularisierung und Resakralisierung

Will man der Spur religiöser Sprache in moderner Literatur nachgehen (um dann weiter nach Inspiration als einem möglichen, beiden gemeinsamen Sprachgeschehen im Blick auf Offenbarung/offenbarende Sprache zu fragen), wäre nicht nur ›religiöse Sprache‹ näher zu charakterisieren, sondern auch jede ableitende Übergriffigkeit einer Theologie auf den Dialogpartner Literatur möglichst auszuschließen. Näherungsweise kann man es sich leicht machen und religiöse Sprache als überlieferte Texte, hier eingegrenzt auf den christlich geprägten Kulturraum, verstehen, allen voran den »Großen Code« (Northrop Frye) der Bibel, sowie dogmatische, liturgische und mystisch-spirituelle Texte. Dann wäre deren Intertextualität in literarisch-poetischen Werken nachzuweisen, möglichst noch mit quantitativen Methoden, um auf der sicheren Seite zu sein. Damit ist wenig gewonnen.

Um Literatur der Moderne und Offenbarungsreligionen (hier zunächst das Christentum) bzw. Literaturwissenschaft und Theologie ins Gespräch zu bringen, bedarf es der Sicherstellung der jeweiligen Autonomie beider »Systeme«[5].

5 Vgl. Claudia Stockinger, »*Desäkularisierung als sprachbildende Kraft: Zum Verhältnis von Gegenwartsliteratur und Religion am Beispiel von Andreas Maier (Ich, Sanssouci)*«, in: *Bildung*

Die (historische) Kategorie der ›Säkularisierung‹, ohne die wir in unseren Analysen zur (vorwiegend deutschsprachigen, aber auch französischen) Literatur nicht arbeiten können, verweist dabei auf einen möglicherweise radikalen Bruch, den Hans Blumenberg mit der Kategorie ›Selbstbehauptung‹ der säkularen Welt noch unterstreicht, um Philosophie und Literatur der Neuzeit vor vorschneller Kontinuität und Ableitung von theologischen Prämissen und Traditionen zu schützen.[6] In einer paradigmatischen Analyse hat 1973 die protestantische Theologin Dorothee Sölle diese Freisetzung der modernen Literatur »nach der Aufklärung« mit dem Begriff »Realisation« (so der Titel ihrer Habilitationsschrift) bestimmt. »Sie [sc. die religiöse Sprache] verleugnet sich nicht in ihrer Übersetzung in weltliche Sprache, sie kommt vielmehr darin zum Ziel.«[7] Die Theologie kann daher »andere, bessere Theologie bei den Schriftstellern«[8] suchen und finden. Säkularisierung wäre damit nicht nur Freisetzung, sondern auch Einlösung religiöser, geoffenbarter, inspirierter Sprache in der modernen Literatur, die sich damit geradezu utopisch auflädt; Sölle spricht auch von »Sakralisation« (als Kehrseite der ›Säkularisation‹) und verweist damit voraus auf all die Kategorien, mit denen – verstärkt seit etwa 2000 bzw. *9/11* – von einer ›Rückkehr‹ des Religiösen in alle Dimensionen säkularen Lebens, so auch die Literatur, die Rede ist.[9]

Anstatt von einer Auf- bzw. Einlösung von Theologie und Offenbarung in weltlich-literarischer Sprache zu reden, plädieren wir für ein autonomie-sensibles dialogisches Gegenüber der Sphären und Wissenschaften, bei dem allerdings Sölles (verbindende) Metapher der ›Übersetzung‹ hilfreich sein kann. So können und sollen sich Funktionsanalogien beider ›Systeme‹ und neue ›Allianzen‹ (wie Stockinger sie sucht) zeigen. Dafür ist allerdings eine gründliche Rekonstruktion des Selbstverständnisses der jeweiligen Autoren/innen unerlässlich, ebenso eine Kategorisierung der Stufenfolge von Begegnung und (Wieder-)Annäherung, schließlich ein erweiterter Begriff von ›religiöser Sprache‹, der sie als eine Dimension der Sprache insgesamt erfasst. All dies kann im Rahmen dieser Studie

und Wissenschaft im Horizont von Interkulturalität: Festschrift zum 60. Geburtstag von Hermann Weber, hrsg. von Heinrich Geiger, Nora Kalbarczyk, Thomas Krüggeler et al., Ostfildern 2019, S. 95.

6 Vgl. Hans Blumenberg, *Säkularisierung und Selbstbehauptung*, erw. und überarb. Neuausgabe von *Die Legitimität der Neuzeit* (erster und zweiter Teil), Frankfurt a. M. 1983 und Weber, *An der Grenze der Sprache*, S. 1–7.

7 Dorothee Sölle, *Realisation: Studien zum Verhältnis von Theologie und Dichtung nach der Aufklärung*, Darmstadt/Neuwied 1973, S. 19.

8 Sölle, *Realisation*, S. 13.

9 Vgl. das Spektrum dieser Kategorien bei Stockinger, *Desäkularisierung als sprachbildende Kraft*, S. 83; sie selbst entscheidet sich bei ihren Analysen für »Desäkularisierung« von Peter L. Berger.

allenfalls skizzenhaft geschehen und an Beispielen aus der Literatur näher illustriert werden.

Eine hilfreiche Kategorisierung stufenweiser Begegnungsstiftung weltlicher zu explizit religiöser Sprache findet sich beim Dominikaner Jean-Pierre Jossua, einem bedeutenden Vertreter einer *théologie littéraire* und eines Dialogs Theologie-Literatur in Frankreich. Im Blick auf den *retour* des Religiösen bleibt er aber skeptisch und spricht von einer *illusion complète*. Er sieht ihn als *amalgame* verschiedener innerhalb und außerhalb der Kirchen liegender Faktoren, wobei keineswegs ausgemacht scheint, ob das Phänomen letztlich für diese günstig sein wird, fasst man darunter doch leicht frei flottierenden Esoterismus genauso wie verengenden Fundamentalismus oder Konfessionalismus. Daraus versteht sich auch seine Insistenz auf der Unterscheidung verschiedener Stufen von Beziehungsstiftung zur religiösen Sphäre und von religiöser Sehnsucht, die keineswegs einfach ineinander übergehen, angefangen vom »Spirituellen« ohne Bezug zu einem Absoluten (1), weiter zum Bezug auf ein Absolutes (2), zum (persönlichen) *rapport* (3) mit diesem und schließlich zur explizit biblisch-christlichen Religiosität (4).[10] Der Dialog mit der zeitgenössischen Literatur bzw. dem Phänomen des Religiösen in ihr sollte solche Differenzierungen besonders sensibel wahrnehmen und ernstnehmen. Bemerkenswert erscheint mir die (über die Vierstufigkeit hinausgehende) Analogie zu einer zentralen Denk-Anforderung Heideggers aus dessen 1946 nach Paris an Jean Beaufret gerichteten Humanismusbrief: »Erst aus der Wahrheit des Seins läßt sich das Wesen des Heiligen denken. Erst aus dem Wesen des Heiligen ist das Wesen von Gottheit zu denken. Erst im Lichte des Wesens von Gottheit kann gedacht und gesagt werden, was das Wort ›Gott‹ nennen soll.«[11] Aus einer (im heutigen weiten Sinn) spirituellen, authentischen Offenheit für die Geheimnisdimension des Lebens (1) kann ein Sinn wachsen für etwas Absolutes, ein *ultimate concern* (Tillich) (2), der sich zur Sphäre des Religiösen in Beziehung setzt (3) und endlich in (biblisch-christlich) personalem Verständnis den Namen Gottes anrufen kann (4). Diese Bewegung hat nichts Zwingendes, sondern ist in jedem menschlichen Leben und auf jeder Stufe ein Freiheitsgeschehen.

Bei Diagnosen und Analysen religiöser Sprache in säkularer Literatur kann diese Kategorisierung orientieren. Sie kann auch davor bewahren, religiöses Sprechen bzw. Schreiben allzu kurzschlüssig an auftauchenden Einzelmetaphern oder Zitaten (etwa bei biblischer Intertextualität) bzw. an ›wiedererkannten‹ Inhalten festzumachen. Um die Dynamik religiöser Sprache nachzuvollziehen, ist vielmehr der jeweils ganze Text in den Blick zu nehmen und in seiner *meta-*

10 Vgl. Jean-Pierre Jossua, *La littérature et l'inquiétude de l'absolu*, Paris 2000, insbes. S. 8 f. und S. 49.

11 Martin Heidegger, *Über den Humanismus*, Frankfurt a. M. 1981, S. 41 f.

phorischen Qualität zu erkennen (dies gilt zunächst gleichermaßen für explizit religiöse wie literarische Texte).[12] ›Metapher‹ meint dabei als *métaphore vive* über die aristotelisch-rhetorische Funktion hinaus (Einzelwort mit bildhaftem Verweis, ›uneigentliches‹ Sprechen) die Realisierung der Innovationskraft der Sprache, die gerade in der Aufhebung von Abbild- und Verweisstruktur neue Möglichkeiten nicht nur des Sprechens, sondern auch der Weise, sich als Mensch in der Welt (und gegenüber Gott) zu verstehen, erschließt.[13] Bewegt sich so die Sprache als Ausdruck menschlicher Freiheit *insgesamt* (über Einzelworte, Aussagen, Texte) in neue Möglichkeits- und Sinnräume hinein, so wäre das Charakteristikum der religiösen Dimension von Sprache darüber hinaus ihre *Grenz*bewegung zwischen Immanenz und Transzendenz, sodass die Grenze des Sagbaren sie beständig durchzieht und sie so auf ihr ›Jenseits‹ – negativ, zeigend, nicht primär aussagend – gespannt ist. Auch wenn diese Bewegung immer wieder an Einzelmetaphern (›Grenzausdrücken‹, in der mystischen Literatur häufig Paradoxien) greifbar wird, gibt es für ein solches dimensionales Verständnis religiöser Sprache keine *per se* unreligiöse, ›unheilige‹ Sprache. Der Ernstfall dieser Bewegung ist die Nennung des Namens Gottes (s. o. Stufe 4), in dessen Magnetfeld sich ein Text begeben kann, auch wenn er dessen Anrufung nicht explizit vollzieht. Im Verständnis der abrahamitischen Religionen ist Gott bei all dem der zuerst und eigentlich ›Sprechende‹, sodass die menschliche Sprache in ihrer religiösen Dimension sich nur in ihren Ursprung – die wirkliche *lingua necessaria* – (zurück-)bewegen würde …

3 Inspiration: Das »andere Ohr« von Autor und Interpret

Der Spurensuche nach Formen eines ›inspirierten‹ poetologischen Selbstverständnisses und demzufolge inspirierter Sprache in Texten moderner Literatur sei eine kurze Vergewisserung des Begriffs in der (christlichen) Tradition vorausgeschickt. ›Inspiration‹ wird dabei als eine Brücken-Metapher verstanden, die Literaturwissenschaft und Theologien (neue) Dialogräume eröffnen kann, auch als ›Gegenwort‹ gegen eine in ›kreativer‹ Kultur- und Medienindustrie allzeit zuhandene, nutz- und vernutzbare Sprache. »Mit einem anderen Ohr hören« (*Entendre d'une autre oreille*), dieses metaphorische Leitmotiv der Studie des Philosophen Jean Greisch zur biblischen Hermeneutik (2006) evoziert jenen zunächst dem Autor widerfahrenden Umschlag, in dem er Sprache, seine eigene

12 Vgl. zum Folgenden Weber, *An der Grenze der Sprache*, S. 84 f., 123, 227–231, 265 f.

13 Vgl. hierzu die immer noch bedeutenden Studien von Paul Ricœur und Eberhard Jüngel, *Metapher: Zur Hermeneutik religiöser Sprache*, mit einer Einführung von Pierre Gisel, München 1974.

Sprache, als etwas ›Anderes‹, als ein überraschendes ›Mehr‹ empfängt, wo aus seinem vermeintlich autonomen Schaffen ein Mit-Schaffen mit einem ›Anderen‹ wird, ein Über-steigen in ein sprachliches Ursprungsgeschehen.[14] Diese ›solitäre Zelle‹ muss aber sofort erweitert gedacht werden in ein *carré*; denn zur Inspiration gehören neben dem (einem ›Anderen‹ ›hörigen‹) Autor (1) der Text (2), dessen Gegenstand (3) (nicht einfach im Sinne eines Abgebildeten, sondern von Inhalt und Gehalt) und vor allem auch der inspirierte Leser/Interpret (4), was natürlich auch eine Gemeinschaft/Gemeinde sein kann.[15] Der inspirierte Text, in der klassischen Lehre die Heilige Schrift, entfaltet vor diesem Hintergrund erst seinen Vollsinn (*sensus plenior*), indem er sich über dem Wortsinn in einen vierfachen, letztlich eschatologischen Sinn ›spirituell‹ erweitert (prägnant zusammengefasst etwa bei Augustin von Dacien 1260).[16]

Die Komplexität des Inspirationsgeschehens, über einen ›einsamen‹ Umschlagsmoment hin zu eingegebener Sprache hinausführend, überbietet jede literalistische oder skripturalistische Fixierung oder Engführung der Interpretation, auch wenn der heilige Text als vorgegebenes Maß, als letztlich unvordenkliche Sprache von Gott her ›stehen‹ bleibt. Vielleicht hilft hier eine an Lévinas angelehnte Unterscheidung zwischen *texte sacré* und *écriture sainte*[17], wobei letztere den vollen An-Spruch des Textes – in seiner religiösen, ja prophetischen Dimension – für ein lesendes Leben ›im Geist‹ bezeichnet, das sich von eines ›Anderen‹ Sprache her empfängt.

4 Inspiration und religiöse Dimension der Sprache am Beispiel literarischer Texte

Die folgenden vier Abschnitte sollen die Thesen zu religiöser Sprache in der Dynamik von säkularisierender Freisetzung und resakralisierender Wiederannäherung an ihre Weite und Tiefe am jeweiligen poetologischen Selbstverständnis (als ›inspiriert‹) und an (lyrischen, dramatischen, epischen) Textverkörperungen spiegeln und verlebendigen. Die Auswahl der Beispiele – die wiederum mit der Frühromantik beginnt, sich so einer schon geschichtlich fern

14 Vgl. Jean Greisch, *Entendre d'une autre orielle: les enjeux philosophiques de l'herméneutique biblique*, Paris 2006, S. 174.

15 Vgl. Greisch, *Entendre d'une autre orielle*, S. 155, 190.

16 Vgl. Greisch, *Entendre d'une autre orielle*, S. 145. Eine ganz neue Publikation zur Inspiration der Bibel – Ralf Rothenbusch/Karlheinz Ruhstorfer, *Eingegeben von Gott: Zur Inspiration der Bibel und ihrer Geltung heute*, Freiburg 2019 – vereinigt alt-, neutestamentliche und dogmatische Studien und macht vor allem diese Weite des christlichen Inspirationsverständnisses deutlich.

17 Vgl. Greisch, *Entendre d'une autre orielle*, S. 197.

scheinender Erinnerung vergewissernd – soll bei aller Subjektivität doch symptomatisch werden für eine begriffliche Artikulation der Beziehung von Offenbarung und Sprache in ›inspirierten‹ Texten.

4.1 »Worte wie Blitze aus weissagenden Träumen.« (Deutsche Romantik)

Mit einer Kurzcharakteristik der frühromantischen Kunst- und Weltauffassung gelangen wir an jenen geschichtlichen Moment zurück, den Sölle für die religiöse Sprache als ›Realisation‹, als deren Einlösung in und sakralisierende Aufladung der weltlichen Sphäre begriffen hat. Folgt man der Rekonstruktion dieser romantischen Weltanschauung, die – aus neuromantischem Geist – Ricarda Huch in ihrem großen und für das damalige Wissenschaftsumfeld innovativen Werk *Die Romantik* (1899) ihren biographischen und Textanalysen zugrunde legt und die vor allem die ›Blütezeit‹ (mit Jena als wichtigstem Ort und Novalis als Vordenker) umfasst, so erscheint diese Bewegung als der Versuch, in der Kunst ein *insgesamt* als religiös begriffenes Leben zu ›realisieren‹, es zur Anschauung zu bringen.[18] Aus dem Weg ›nach innen‹, auf dem Novalis vorauseilt, aus der Wieder-Verinnerlichung des Lebens und seiner geistlosen, da aufklärerisch und kommerziell entzauberten Sprache taucht diese in einer neugewonnenen religiösen Dimension geläutert wieder auf und geht ein in die Verkörperung des Kunstwerks. Die so sich vollziehende Poetisierung und »Romantisierung« der Welt ist Nachvollzug jener Durchgeistigung, mit der Gott das Universum romantisiert, ja wie ein Magnetiseur sein Medium durchdringt und in sich zieht.[19] Der aus dem Innern schöpfende romantische Dichter wird dabei selbst zum Magnetiseur oder Verzauberer nur, wenn er sich seiner Seelentiefe, seinem Abgrund (Huch verortet dies – zeitlich parallel zu Freud – in einem wieder-/neuentdeckten Unbewussten) stellt, sich von dorther inspirieren, magnetisieren lässt. Seine »Musen« sind »die höheren Mächte in uns«, die »Träume« eingeben als »Erinnerungen«, welche zugleich Antizipationen einer utopischen Wirklichkeit sind.[20] Der primäre Ort, in dem die resakralisierende Sprache aufgenommen werden kann, ist also der »Traum«, dem sich der Dichter »somnambul« anvertrauen kann wie die Äolsharfe dem Wind.[21] Beides – Somnambulismus und Äolsharfe – sind in der Romantik häufige Metaphern für diese die gestalterische

18 Vgl. Ricarda Huch, *Die Romantik*, Leipzig 1899, S. 668, wo Huch am Leitfaden einer Schrift von Johann Jakob Wagner von 1819 eine Synthese formuliert.

19 Huch, *Die Romantik*, S. 163, 407.

20 Vgl. das Novaliszitat bei Huch, *Die Romantik*, S. 294.

21 Man hüte sich, dies einfach mit Irrationalismus gleichzusetzen. Es war Huchs Verdienst, gerade das philosophisch innovative Potenzial und die Affinität vieler Protagonisten der Romantik zur zeitgenössischen Naturwissenschaft herausgearbeitet zu haben.

Kraft und Qual in einer ›Traumsicherheit‹ grundierende Haltung des Empfangens von (neuer) Sprache.

Die dem Gestaltungsprozess zugrundeliegende ›Sprache‹ der Träume, vor allem archetypische Bilder, in den Mythen der Völker wiedererkannt, wird gern als gemeinsame Ursprache der Menschheit im »Morgenland« verortet[22] oder kommt als »Offenbarung höherer Wahrheit«[23] der prophetischen Sprache jener heiligen Bücher, vor allem der hebräischen, nahe, die ihr Ohr am nächsten am schöpferischen Sprechen Gottes hatten.

Mit diesem skizzenhaften Umriss romantischen Dichtungs-Selbstverständnisses als ästhetischer Resakralisierung einer profanisierten Welt ist zugleich eine Inspirations-Haltung deutlich geworden, die sich gewissermaßen oberhalb tradierter Glaubensgemeinschaften und Kirchen zu stellen versucht, sich deren Sprache und heilige Texte frei aneignet und so eine religiöse Dimension der Sprache insgesamt wiedergewinnen will – paradigmatisch für ein säkulares Experiment, das in vielen Biographien dann allerdings in die verfassten Kirchen als Hüterinnen einer expliziten, ›verwalteten‹ religiösen Sprache zurückführte …

4.2 »Hätten wir das Wort, hätten wir Sprache, wir bräuchten die Waffen nicht.« (Ingeborg Bachmann)

Bevor wir die Spur der romantischen Sprachschöpfung im ›Traum‹ wiederaufnehmen und in den Kontext der unmittelbaren Gegenwart zurückführen, soll an die österreichische Poetin und Sprachdenkerin Ingeborg Bachmann als ein modellhaftes Beispiel für die Spannung zwischen säkularisierter Realisation und inspirierter Offenheit zu religiöser Sprache erinnert werden. Die Faszination für diese mittlerweile schon geradezu klassische Gestalt deutschsprachiger Poesie und Prosa hat seit ihren frühen Erfolgen in den 1950er Jahren, zumindest in der Wissenschaft, bis heute nicht nachgelassen. Die zeitweilige Dominanz feministisch orientierter Interpretationsansätze seit den 1980er Jahren, die Herausarbeitung der historischen und zeitkritischen Dimension ihres Werks, die textkritisch genaue Erfassung ihrer späten Prosa und die sukzessive Veröffentlichung des (gesperrten) Nachlasses mit Akzent auf ihren (persönlichen und literarischen) Beziehungen etwa zu Max Frisch, Paul Celan und Hans Magnus Enzensberger (bis hin zu einer großen neuen Gesamtausgabe, die ausgerechnet mit Texten aus ihrer Krankheitsphase startete, die sie sicherlich nie zur Veröffentlichung autorisiert hätte) haben in den Hintergrund treten lassen, dass Bachmann ihr Werk aus einer profunden

22 Vgl. Huch, *Die Romantik*, S. 448.

23 Nach Görres; hier auch das Motto dieses Abschnitts: Huch, *Die Romantik*, S. 645.

Kenntnis philosophischer Theoriebildung heraus schuf (u.a. Doktorarbeit über Heidegger, Essays zu Wittgenstein, Musil, Simone Weil), – im Blick auf eine religionswissenschaftlich-theologische Analyse – zudem biblisch-christliche Traditionen verinnerlicht und verarbeitet hat und – obwohl protestantischer Herkunft – in ihren römischen Jahren auch in der katholischen Kirche gut vernetzt war.

Dies bietet eine Grundlage, um ihr Werk, das sich in ihrem kurzen Leben bis 1973 von einem lyrischen Schwerpunkt – mit einer auch selbstkritischen Wendung – hin zu einer gesellschafts- und ideologiekritischen, traumabearbeitenden Prosa bewegt hat, insgesamt von seiner »Problem-konstante« (neue) Sprache her in den Blick zu nehmen.[24] Als erste Dozentin der bis heute fortgeführten Frankfurter Poetikvorlesungen hat sie 1959/60 die Grundkonstellation eines Schriftstellers entfaltet, der im radikalen Sprachzweifel die »Rechtfertigung« seines Schaffens wieder nur aus der Sprache selbst gewinnen kann und an ihrer Grenze je neu ein absolutes, ›richtendes‹ Maß erfährt, das sich zugleich entzieht und doch (»utopische«) Wirklichkeit schenkt, realisiert im Werk.[25] Nimmt man die Analyse der im gesamten Werk durchgängigen biblisch-christlichen Metaphorik hinzu, so erscheint diese Grenzbewegung zur religiösen Sprache in radikal zweifelnden, die tradierte Sprache frei parodierenden, weiter über diese »realisierend« umgestaltende, die säkulare Erfahrungswelt, insbesondere die Liebe, resakralisierende Formen, bis hin zu solchen Sprechweisen, die absoluten, »reinen Größen« in der dichterischen Sprache ent-sprechen wollen und (negativ) in das Magnetfeld des Namens Gottes gezogen werden.[26]

Eine für Bachmanns Poetologie und unsere Überlegungen zu Inspiration aufschlussreiche Metapher ist (auch in Verbindung mit ›Feuer‹) »Geist«, bis hin zu Anklängen an christliche Hymnen auf den Heiligen Geist.[27] Ein Gedichtstext und seine Lektüre sollen im Blick darauf diese skizzierenden Reflexionen unterbrechen:

Scherbenhügel

Vom Frost begattet die Gärten –
das Brot in den Öfen verbrannt –

24 Ich habe dies in dialogischem Interesse und als Baustein einer theologischen Sprachlehre für das gesamte zu ihren Lebzeiten publizierte Werk getan und mit Bezug zu wichtigen Nachlasstexten ergänzt, vgl. Weber, *An der Grenze der Sprache* und Hermann Weber, *»›Zerbrochene Gottesvorstellungen‹: Orient und Religion in Ingeborg Bachmanns Romanfragment ›Der Fall Franza‹«*, in: *Ingeborg Bachmann – Neue Beiträge zu ihrem Werk*, hrsg. von Dirk Göttsche und Hubert Ohl, Würzburg 1993, S. 105–127.

25 Vgl. Weber, *An der Grenze der Sprache,* S. 88–91.

26 Aus der Logik von Bachmanns Sprachdenken entfaltet diese Grenzbewegung an Einzelinterpretationen das Kapitel 3 in: Weber, *An der Grenze der Sprache,* S. 131–220.

27 Vgl. Weber, *An der Grenze der Sprache,* S. 187–191.

der Kranz aus den Erntelegenden
ist Zunder in deiner Hand.

Verstumm! Verwahr deinen Bettel,
die Worte, von Tränen bestürzt,
unter dem Hügel aus Scherben,
der immer die Furchen schürzt.

Wenn alle Krüge zerspringen,
was bleibt von den Tränen im Krug?
Unten sind Spalten voll Feuer,
sind Flammenzungen am Zug.

Erschaffen werden noch Dämpfe
beim Wasser- und Feuerlaut.
O Aufgang der Wolken, der Worte,
dem Scherbenberg anvertraut![28]

Bei diesem Gedicht aus der *Anrufung des Großen Bären* (1956 – auch das Titelgedicht zitiert eine religiöse *invocatio*) muss man nicht wissen, dass der römische Testaccio, ein Hügel aus zerbrochenen Amphorenscherben in der Nähe des kaiserzeitlichen Hafens (auf den Bachmann in ihrem Rom-Essay auch den »eigenen Kummer« hinzuwirft), seine Bildhälfte mitbestimmt. ›Agrarische‹ Metaphern-Polaritäten führen in den Ausdruck eines Sprachleids, einer Sprachnot, die (von ›unten‹ nach oben) in den ›Aufgang‹ neuer Worte gewendet wird. In einem Geschehen, wie aus einem *passivum divinum* heraus (»Erschaffen werden«), sind »Flammenzungen« (von unten her!) am Werk. Das Pfingstereignis wird damit für einen dichterischen Vollzug evoziert, der im Gedicht selbst eingelöst ist. Sein metaphorischer Assoziationsraum führt uns zu den Aposteln, die in »anderen Zungen« reden (vgl. Apg 2,1–13) – wohl, weil sie mit einem »anderen Ohr« hören konnten – und damit die Übersetzbarkeit des Wortes Gottes in alle menschlichen Sprachen bezeugen, indem sie zugleich die Not der Übersetzung aufheben.

Bachmanns Werk hilft dem theologischen wie dem gläubigen Leser, Erlösung und Rettung auch als sprachliches Geschehen zu verstehen, auch wenn es selbst, als literarisches, kein Glaubenszeugnis im explizit christlichen Sinn sein will und kann. Es führt aber je neu an eine Grenze, wo sich die dichterische Sprache in ihrer immer wieder scheiternden Ausrichtung auf Reinheit und Neuheit als inspiriert empfangene erfährt und eine heilende, weltverwandelnde Ankunft neuer Sprache herbeiruft: »Hätten wir das Wort, hätten wir Sprache, wir bräuchten die Waffen nicht.«[29]

---

28 Ingeborg Bachmann, *Werke 1: Gedichte/Hörspiele/Libretti/Übersetzungen*, hrsg. von Christine Koschel, München/Zürich ²2010, S. 111.

29 Ingeborg Bachmann, *Werke IV: Essays/Reden/Vermischte Schriften/Anhang*, hrsg. von Christine Koschel, München 1978, S. 185.

4.3 »Die ›soror mystica‹ des Opus: Du arbeitest nicht allein.« (Patrick Roth)

Der 1953 in Freiburg geborene Schriftsteller Patrick Roth scheint einem theologisch gebildeten Leser oder Wissenschaftler in Werk und Poetologie Steilvorlagen für eine diagnostizierte Wiederkehr christlicher Motivik und Gehalte zu bieten, literarisch vor allem in seiner Christus-Trilogie (1991–95) und 2012 erneut mit dem Roman *Sunrise: Das Buch Joseph.* Ein Interview in der *Herder Korrespondenz* (Oktober 2018) mit dem suggestiven Titel *Phase einer neuen Begegnung mit Gott* (dort auch das oben vorangestellte Motto) bündelt seine Poetologie und bestärkt die Nähe zu theologisch interpretierbaren Inspirationsvorstellungen. Auch zu solchen, wie wir sie am Beispiel der deutschen Romantik (mit Ricarda Huch und in Parallele zur Psychoanalyse; bei Roth C. G. Jung) charakterisiert haben. »Was mich an der Bibel fasziniert, sind ihre Bilder, die letztlich aus dem Unbewussten kommen und die sich heute in unseren Träumen, natürlich in Variation, wiederereignen.«[30] Eine ihn im Schreibprozess leitende Funktion dieser Träume (gerade auch als die »Stoff-Findung« initiierende, als »Quelltraum« oder »Ursprungstraum«) bezeugt er mehrfach im Interview, damit auch die Nähe zum biblischen ›Träumer‹ Joseph. Im bewussten Arbeiten setzt sich diese mitschwingende ›Fremdsteuerung‹ in den »Mikrosekunden«[31] fort, die mit einer – durchaus »störenden«, eigene Vorstellungen durchkreuzenden – »inneren Stimme« einsprechen, wie die einer *soror mystica* (die ›Schwester‹ steht im poetischen Latein auch für Muse; vielleicht wäre *sonus/sonor mysticus*, die mystische Stimme, allerdings maskulin, näherliegender). Inwiefern es bei dieser ›Begegnung‹ letztlich um einen persönlichen Gott als Gegenüber geht, bleibt offen, sicher aber um eine anhaltende Konfrontation der Literatur mit einem ›höchsten Wert‹, einem unendlich Transzendierenden.

Dass er sein Schreiben ursprünglich als inspiriert-empfangende Findung eines »Stoffs«, aber auch als Gewinnen eines »Namens« versteht, entfaltet Roth auch in seinen – über 40 Jahre nach Bachmann gehaltenen – Frankfurter Poetikvorlesungen *Ins Tal der Schatten* (2002). Was den »Namen Gottes« angeht, ist ein Jung-Zitat sprechend, das er einer der Vorlesungen voranstellt:

> Bis zu diesem Tage ist Gott der Name, mit dem ich alle Dinge bezeichne, die meine vorsätzlichen Wege gewalttätig und rücksichtslos durchkreuzen, alle Dinge, die meine subjektive Sicht, meine Pläne und Absichten umwerfen und die den Lauf meines Lebens zum Guten oder Schlechten ändern.[32]

30 Stefan Orth, »›*Phase einer neuen Begegnung mit Gott*‹: *Ein Gespräch mit dem Schriftsteller Patrick Roth über sein Werk*«, in: *Herder Korrespondenz* 10 (2018), S. 17–21, hier S. 17.

31 Orth, »*Phase einer neuen Begegnung mit Gott*«, S. 18.

32 C. G. Jung zitiert nach Patrick Roth, *Ins Tal der Schatten: Frankfurter Poetikvorlesungen*, Frankfurt a. M. [3]2012, S. 141.

Beim dozierenden Nachvollzug seiner Tauchgänge ins »Tal der Schatten«, das nicht nur den Brunnen der Träume, sondern auch die Filmleinwände von Los Angeles meint, wo Roth (auch als Regisseur) lange gelebt hat, stellt er immer wieder die zentrale und »durchkreuzende« Bedeutung jener »Mikrosekunden« oder »mikrokosmischen Schöpfungen« heraus, die Sinn-, Selbst-, »Namens«findung im Werkprozess allererst ermöglichen, mythisch-biblisch (und somit ›bildlich‹) anschaulich in der Orpheus-, Magdalena- oder »Thomassekunde«. Besonders in letzterer wird die poetologische Reichweite der Auferstehungserzählung und deren Metaphorik aus der Christus-Trilogie (vor allem *Corpus Christi*) evident. Wenn Schreiben für Roth »Totensuche« und endlich »Totenerweckung« ist, so wird das im Zweifler Thomas, der einen ihn durchkreuzenden, schon verdrängten ›Sprach-Corpus‹ wiedererkennt, sich ›eindringlich‹ in ihm verkörpert, emblematisch: »Ja, in diesem Moment – in dieser Thomassekunde, in der er seine Hand in die Seite des Auferstandenen hält (wie die Feder in Tintengrund) – schreibt sich das Gefundene, der gefundene Stoff, das gefundene Corpus, von selbst.«[33]

Die metaphorische Komplexität, mit der Roth das biblische Geschehen von Kreuz und Auferstehung Christi als ›Bild‹ (Traumbild) im er-innernden und über-setzenden Schreibprozess realisiert, zeigt schon das Hörspiel *John oder Vom Übersetzen im Traum* (im Sammelband *Riding with Mary*), das am 22. 6. 1990 (mit Bruno Ganz) gesendet wurde, vier Jahre vor einem großen Erdbeben in Los Angeles, das es ›apokalyptisch‹ antizipiert. Der monologisierende US-Amerikaner John (»Ich«) arbeitet an/in seinem Pool an einer Übersetzung von Hölderlins *Patmoshymne*, womit der sich zu seinem gekreuzigten und auferstandenen Erlöser (griechisch) ›durch=schreibende‹ Offenbarungsempfänger auf Patmos und der dies im Deutschen spiegelnde Dichter Hölderlin ins Spiel kommen. Der Vers »Hinüberzugehen und wiederzukehren« aus der Hymne wird zum Nukleus für die vielfältigen Über-setzungsvorgänge, deren Metaphernschichten sich im Hörspiel kreuzen und gleichzeitig werden. Auf der fiktiven Handlungsebene sieht sich John den wachsenden Verheerungen des Bebens ausgesetzt, wobei er immer tiefer den Verlust seiner deutschen Geliebten Lena erinnert und dies in Hölderlins Liebes- und Verlusterfahrungen gespiegelt sieht. Während die ohnehin schon surreale Szenerie in einen Traum gleitet (John schläft ein), verdichten sich gegen Ende die Metaphern um Kreuz, Grab und Auferstehung, wenn Ich in einer aufgerissenen Poolspalte in einen skelettierten Körper eintaucht, eindringt (wie Longinus oder Thomas).

Ich reiß mich los.
Durchlanz die Rippenwand.

33 Roth, *Ins Tal der Schatten*, S. 13.

Tauch in den Bau des
Körpers ein.
[...]
Ich bin am Anfang.
Aufgang.
John.[34]

Das Eintauchen in den Auferstehungsleib, damit der Nachvollzug, das Er-innern und Wahrhaben des Todes, der Abstieg führen zum ›Aufgang‹, zur Namensfindung, Selbstfindung: »John«. Als Sprachgeschehen werden so auch die ›Originale‹ Johannes und Hölderlin ›übersetzt‹ (vom Griechischen ins Deutsche ins Amerikanische). John arbeitet nicht allein (wie es in unserem Motto heißt), er hat seine inspirierten Mit-Autoren in diesem Übersetzungs-Traum. Das Selbst empfängt und schafft sich in ihm neu. Für den theologischen Interpreten bleibt allerdings ambivalent, inwiefern inmitten all dieser Spiegelungen die Erinnerung des biblischen ›Bildes‹ in dieser dichterisch-säkularen ›Einverleibung‹ dessen ursprüngliches Original im *sensus historicus* der Passion und Auferstehung Jesu finden will und kann ...

4.4 »Es gibt kein Original. Alles ist in Bewegung. Zwischen den Sprachen.« (Mathias Énard)

Der 1972 geborene, in Barcelona lebende französische Autor und Orientalist Mathias Énard hat mit seinem umfangreichen Roman *Boussole* (2015; deutsch *Kompass*) auch das deutsche (gelehrte) Publikum erreicht, bis hin zum Preis der Leipziger Buchmesse (2017). Als Roman ist das Werk zugleich ein weitverzweigter Essay, die Rollenprosa einer durchwachten Nacht des Wiener Musikwissenschaftlers und Orientalisten Franz Ritter, ein erinnertes Ineinander-spiralen der Zeiten seines Lebens im Angesicht der Grenze, die eine vielleicht tödliche Diagnose setzt. Der Gedankenstrom integriert eingehende Mails und frühere Texte der geliebten Sarah, einer erfolgreichen jüdischen Orientalistin, aber auch (Bild-) Dokumente und Quellen, darunter viele mit Bezug zur französischen und deutschen Romantik. Liest man *Kompass* als erzählte Wissenschaft, dann wäre die Kernthese (gegen E. Said), dass Orient und Okzident sich jeweils *gemeinsam* (als Selbst- und Fremdbilder) konstruieren und – auch in ihren je dominanten Religionen – so ineinander verwoben sind, dass ihre Andersheit nicht mehr ohne Zusammengehörigkeit denkbar ist. Daran wird erkennbar, dass Énards Werk für interreligiöse Dialogfundierungen ergiebig sein kann. In unserem besonderen

34 Roth, *Ins Tal der Schatten*, S. 318.

Horizont der Reflexion auf religiöse Sprache in säkularen Kontexten sei es daher paradigmatisch als letzte Station in den Blick genommen.

»Es gibt kein Original. Alles ist in Bewegung. Zwischen den Sprachen. Zwischen den Zeiten [...]. Die Übersetzung als metaphysische Praxis. Die Übersetzung als Meditation.«[35] – Was hier an Hafis-Übersetzungen – kongeniale Aufhebungen der Zeit – als Gedankenfigur durchgespielt wird, bekommt wenig später im Text eine nahezu ›katholisch‹-religiös gefärbte Wendung, wenn es vom heiligen Christophorus heißt: »[E]r ist der Heilige des Übersetzens, derjenige, der einem hilft, Flüsse zu überqueren, der den Christ von einem Ufer zum anderen getragen hat, der Schutzheilige der Reisenden und der Mystiker.«[36] Der Primat des ›Zwischen‹, der Bewegung des ›Über-setzens‹ gilt in Énards Text genauso zwischen den Religionen wie zwischen den Sprachen – gegen gewaltsame Fixierungen in ›Identitäten‹, gegen vorschnelle Verwurzelung in einer feststellbaren Herkunft. Der Roman, der mittels zahlreicher zitierter Quellen wie in fiktiven Erzählbewegungen auch ein mystisches Sprachgeschehen ›praktizieren‹ will, wird so zu einer Gestalt ›säkularer Inter-religiosität‹, die mit den Erinnerungen des individuellen Lebens (Ritters) und der Begegnungsgeschichte von Orient und Okzident auch die (Sprach-)Traditionen der Weltreligionen ineinander verflicht. Anschaulich schon früh im Text an der Donau, die zu einer fluiden Metapher wird, Katholizismus, Orthodoxie, Islam und Judentum miteinander verbindend und ineinander führend.[37] Katholizismus bzw. Christentum bleiben dabei in Énards Roman bzw. Ritters Reflexionen unterbelichtet (und damit auch die wichtige kulturelle Rolle der orientalischen Christen in dieser Region); die Taufe des Protagonisten erscheint nur wie eine verdrängte einstige Identitäts-Bezeichnung. Islamische Kunst, Musik und Literatur halten da eher mystische Erfahrungsräume bereit, so am eindrücklichsten in der Istanbuler Süleymaniye-Moschee.[38] Der Roman bewegt sich zum Ende hin mit Sarahs Forschungs- und Reise-Evasionen (Darjeeling, Vietnam) immer weiter in seine *Kompass*-Richtung Ost und integriert hinduistisches und buddhistisches Gedankengut. Mit der ursprünglich brahmanistischen Vorstellung von Sansara, dem Kreislauf der Wiedergeburten, ist es allerdings schon in der Eingangsszene präsent. Dieses Bild bewegten All-Zusammenhangs, der das individuelle Leben als Ganzes immer wieder in den »Traum eines Opiumsüchtigen« verflüchtigt,[39] steht nicht nur für sinnlose Kontingenz, das Prinzip Zufall, sondern als »Wollknäuel des Lebens-

35 Mathias Énard, *Kompass*, Berlin 2016, S. 368 f.
36 Énard, *Kompass*, S. 378.
37 Vgl. Énard, *Kompass*, S. 25.
38 Vgl. Énard, *Kompass*, S. 77 ff.
39 Énard, *Kompass*, S. 8.

rads«[40] in Sarahs ›Vision‹ in der Alhambra (vor deren Rosen!) gerade auch für grundlose, von Fixierungen befreite Vielfalt und Schönheit.

Die Freisetzung religiös-kultureller Sprachtraditionen im Gefolge der Säkularisierung zeigt sich in *Kompass* in einer weitausgreifenden, gesteigerten Form ›realisierender‹ Aneignung. Der ›Übersetzungs‹-Vorgang, den auch jeder Dialog zwischen den in Sprache gefassten Offenbarungen der großen Religionen darstellt, kommt ihnen hier gespiegelt entgegen als gewissermaßen ästhetisches Angebot einer fluiden Inter-Religiosität (ohne transzendenten Brennpunkt), das allerdings den Charakter eines monologisierenden Sprachexperiments und -spiels nicht aufbrechen kann und will.

5 *Transcending Words:*[41] Ausblick auf den Dialog der abrahamitischen Religionen

Wie kann in einer (politischen) Normierungen unterworfenen, zugleich sich (digital) inflationierenden, ja transhumanisierenden Sprache unserer Zeit, die säkulare Pluralität und *diversity* (als verordnetes Ideal) widerspiegelt, das offenbarende und geoffenbarte Wort Gottes gehört und nachgesprochen werden? Wie kann menschliche Sprache sich als von diesem Wort inspiriert, sich als von ihm her empfangene, zu ihm umschlagende und es übersetzende erfahren und verstehen? Wir haben uns dieser (fundamentaltheologischen) Fragestellung von der anderen Seite, der Sprache der Welt her, dem Selbstverständnis und dem Werk literarischer Zeuginnen und Zeugen, bis an die unmittelbare Zeitgenossenschaft heran genähert und hierbei – mit aller Vorsicht gegenüber Interpretationen, die die literarische und literaturwissenschaftliche Autonomie und die verschiedenen Stufen der Nähe vorschnell überspringen – Brücken- und Dialogkonstellationen aufgezeigt. Sie wären für eine theologische Sprachlehre, mit einer zentralen Metapher ›Inspiration‹, gangbar zu machen. Ergibt sich aus solchen Brückenschlägen auch ein Beitrag zur (begrifflichen) Fundierung des interreligiösen Dialogs?

Ein (theologischer) Dialog zwischen den abrahamitischen Religionen hat zunächst einmal von der Unvordenklichkeit und Unableitbarkeit ihrer jeweiligen Offenbarungen auszugehen. Insofern bietet ein säkulares, wurzellos zirkulierendes ›Übersetzen‹, wie es Énards Roman *Kompass* realisiert, zwar eine anregende

40 Énard, *Kompass*, S. 391.

41 In Anlehnung an den Sammelbandtitel der Herausgeber Görge K. Hasselhoff/Knut Martin Stünkel, *Transcending Words: The Language of Religious Contact Between Buddhists, Christians, Jews, and Muslims in Premodern Times*, Bochum 2015, der sprachliche Formen des Religionskontakts zwischen Buddhisten, Christen, Juden und Muslimen vor allem im Mittelalter analysiert und insbesondere (rationale) vermittelnde (*transcending*) Sprachbildungen im Blick auf eine differenz-überwindende *meta-language* herausarbeitet.

Kontrastfolie, nicht aber eine Grundlage für eine begriffliche Arbeit an einer (gemeinsamen) Dialogsprache. Judentum, Christentum und Islam setzen indes gleichermaßen als geoffenbart voraus, dass Gott ›spricht‹ und dass dies ein schöpferischer Akt ist. Woraus folgt, dass die menschliche Sprache als ganze und insbesondere in ihrer religiösen, Gott zugewandten Dimension geschaffene und ursprünglich somit ›metaphorische‹, die göttliche Sprache ›übersetzende‹ ist.[42] ›Inspiration‹ stünde dann für ein hörendes, die Schöpferkraft der Sprache reaktivierendes Geschehen, gewissermaßen die Rück-Übersetzung der (vernutzten, verdeckenden) menschlichen Sprache in ihren transzendenten Ursprung.

Dieser Rückbezug zum Sprach-Schöpfer Gott wäre so auch der gemeinsame und einende Ausgangspunkt für die drei abrahamitischen Religionen. Als Buch-Religionen öffnet sich ihnen aber zugleich der Spannungsbogen zwischen dem verborgenen, entzogenen Sprechen Gottes, das die menschliche Fassungskraft unendlich übersteigt, und seinem in den Büchern offenbaren und fest-stehenden Wort. Bekanntlich stellt sich diese Spannung vor allem im Vergleich von Neuem Testament und Koran unterschiedlich dar, mit Konsequenzen für das Verhältnis zu anderen inspirierten (bis hin zu säkular-literarischen) Texten. Für Muslime ist dabei (im Sinne von Sure 20,4) der Koran »Gottes ewiges, unmittelbares Wort«, allerdings für Menschen hörbar und fassbar, insofern »geschaffener Ausdruck der ungeschaffenen ewigen Rede Gottes«.[43] Da dieser in arabischer Sprache vorliegt, geschah in einem sprachlichen Schöpfungshandeln Gottes zugleich so etwas wie eine vollkommene, abschließende Offenbarung der arabischen Sprache selbst.[44] Im Gegensatz zu dieser Offenbarungs-›Inkorporation‹ in der sprachlichen Textgestalt kann eine trinitarische christliche Theologie Jesus Christus als Gottes Wort *in persona* inkarniert/inkorporiert begreifen, in der der unaussprechliche Name Gottes zur Sprache gekommen ist,[45] die Textgestalt übersteigend (vom *texte sacré* zur *écriture sainte*) und in eine unabsehbare, von Gottes Geist inspirierte Interpretationsgeschichte führend. Insofern eine islamische Theologie den Koran auch als inspirierten Text begreifen will, beinhaltet dies auch eine Entfaltung der Inspiration in das ›Viereck‹: Autor – Text – Inhalt/ Gehalt – Leser/Interpret (vgl. oben); die Rollen von Gabriel und Mohammed sind

42 Vgl. im Anschluss an Nikolaus von Kues: Günter Bader, »*Johannes 1,1 in den Sermones des Nikolaus von Kues*«, in: *Transcending Words*, hrsg. von Görge K. Hasselhoff und Knut Martin Stünkel, Bochum 2015, S. 182.

43 So fassen Zirker/Gharaibeh den ›Mainstream‹ der islamischen Theologie zusammen, vgl. Hans Zirker/Mohammad Gharaibeh, »*Gottes Wort in der Geschichte: Bibel und Koran*«, in: *Handbuch christlich-islamischer Dialog*, hrsg. von Volker Meißner, Martin Affolderbach, Hamideh Mohagheghi et al., Freiburg i. Br. 2014, S. 108.

44 Vgl. Gerhard Endress, »›*This is Clear Arabic Speech*‹: *God's Speech and Prophetic Language in Early Islamic Hermeneutics, Theology and Philosophie*«, in: *Transcending Words*, hrsg. von Görge K. Hasselhoff und Knut Martin Stünkel, Bochum 2015, S. 36.

45 Vgl. Bader, »*Johannes 1,1 in den Sermones des Nikolaus von Kues*«, S. 190 f.

dabei entscheidend.[46] Mohammed als erster Hörer des Gotteswortes ist auch (in den Hadithen) der maßgebende Interpret. Weitere gläubige Hörer mit neuen Erfahrungen und den entsprechenden Priorisierungen bestimmter Inhalte erweitern das Interpretationsgeschehen. Die im Koran angelegten typologischen Bezüge zu Gestalten der Bibel eröffnen das Gespräch mit den anderen Buchreligionen.[47] Dennoch wäre aus dialogischer Sicht für eine islamische Theologie die Weiterentwicklung einer Theologie der Übersetzung der ›himmlischen Vorlage‹ wünschenswert, heute unvermeidlich verbunden mit einer theologischen Durchdringung der Säkularisierung, um den Reichtum jener Literatur theologisch einzuholen, der sich analog zur Bibel aus dem ›Großen Code‹ des Koran, in mannigfaltigen Stufen der Nähe und Ferne, des Bruchs und der Wiederannäherung an Wort und Namen Gottes, historisch entfaltet hat.

46 Endress erinnert etwa im Anschluss an al-Fārābī an die Identifikation von Jibril mit dem *intellectus agens* der griechischen Philosophie und von Mohammed mit dem »wahren Philosophen«, vgl. Endress, *»This is Clear Arabic Speech«*, S. 41.

47 Vgl. Zirker/Gharaibeh, *»Gottes Wort in der Geschichte: Bibel und Koran«*, S. 112 f.

Martin Rohner

»... die Fragilität einer heutigen religiösen Existenz erkunden« (Christian Lehnert). Bausteine zur Hermeneutik der Glaubenssprache im säkularen Zeitalter

1 Fragilität und Transzendenz

In einem mit der Frage *Geht uns für den Glauben die Sprache aus?* überschriebenen Vortrag formulierte vor einigen Jahren der Schriftsteller und evangelische Theologe Christian Lehnert eine bemerkenswerte These: »Religiöse Rede wird dort überzeugend und kraftvoll, wo sie ihre eigene Unsicherheit zeigt.«[1] Nicht ohne Grund kann Paulus zu einem Kronzeugen für Lehnerts These werden, heißt es doch im 2. Korintherbrief programmatisch: »[W]enn ich schwach bin, dann bin ich stark« (2Kor 12,10). – In den höchst vielfältigen Formen von Religion geht es um eine existenzprägende kulturelle Praxis, die der Selbstverständigung des Menschen Artikulationsräume eröffnet für die Frage nach dem unverfügbaren Sinngrund der Wirklichkeit. Solche Sprachpraxis ringt daher um Ausdrucks- und Verständigungsmöglichkeiten für die Frage der Transzendenz, die gerade durch die Erfahrung existentieller Fragilität provoziert wird – und freilich im Schatten solcher Erfahrung selbst fragil bleibt. Ausdruckskraft und Unsicherheit, so ließe sich Lehnerts Gedanke aufnehmen, korrespondieren einander.

Nun ist mit dem Begriff der ›Fragilität‹, wie ein Blick ins Wörterbuch zeigen kann, nicht nur die Bedeutung der ›Zerbrechlichkeit‹ verbunden, sondern auch die der ›Zartheit‹: Der eher negativen Facette der Gefährdung menschlicher Existenz korrespondiert in der Sprachsuche, auf die sich Religion einlässt, gerade eine verheißungsvolle Spur, die der menschlichen Sehnsucht nach gelingendem Leben entgegenkommt. Glaubenssprache entfaltet Kraft als glaubwürdige Artikulation menschlicher Lebensdeutung also da, wo sie dem Ausdruck der Negativität Raum gibt und doch darin nach Spuren der Verheißung sucht, wo sie, mit anderen Worten, Fragilitätserfahrung in ihrer Mehrdeutigkeit erkundet, um gerade so die Frage der Transzendenz zur Sprache kommen zu lassen. Das gilt

1 Christian Lehnert, *Geht uns für den Glauben die Sprache aus?*, Vortrag Zürich, 23. Januar 2014, www.paulusakademie.ch/wp-content/uploads/2014/01/Referat-Dr.-Christian-Lehnert.pdf (letzter Zugriff 09. 09. 2019), S. 5.

gewiss in zugespitzter Weise für die ›säkulare‹ Situation der kulturellen Moderne mit all ihren Spannungen.

Allerdings dürfte Glaubenssprache faktisch oft weniger in diesem Sinne wahrgenommen werden: Die sehr ambivalenten Erscheinungsweisen von Religion(en) in Geschichte und Gegenwart legen nicht ohne Grund den Einwand nahe, ihre Sprachpraxis diene oft eher der Immunisierung gegenüber einem alle Glaubenssicherheit irritierenden Fragilitätsbewusstsein. Religiöse Sprachpraxis wird oft wohl eher mit dem Eindruck ›bekenntnishaft‹-selbstgewisser Behauptungen verbunden – gerade wenn sie als Faktor von öffentlicher Relevanz, ja politischer Brisanz in gegenwärtigen Kontexten wahrgenommen wird. Womöglich lässt sich also Lehnerts These auch *ex negativo* lesen: Dass religiöse Rede vielfach kraftlos und wenig überzeugend wirkt, dürfte damit zusammenhängen, dass sie oft ihre eigene Unsicherheit eben nicht zeigt. Und auch die elaborierten Denk- und Sprechversuche von Metaphysik und Theologie sind im Horizont der Moderne ja zunehmend unter den Verdacht geraten, gerade »die erfahrene Fragilität der konkreten Existenz« zu marginalisieren bzw. idealistisch zu überhöhen, anstatt die »Bedürftigkeit, Angewiesenheit und Verletzlichkeit« des Menschen wirklich radikal ernst zu nehmen und in ihrer humanen Dignität zu würdigen.[2] Eine fragilitätsorientierte Hermeneutik der Glaubenssprache scheint vor diesem Hintergrund in doppelter Hinsicht notwendig und möglich: Sie hätte sich selbst zum einen kritisch zu bewähren als originärer Beitrag zu einer »›Hermeneutik der kontingenten, konkreten Existenz des Menschen‹«, die hilft, »[v]on der Verletzlichkeit des Menschen her, auf seine Könnenschancen hin zu fragen«.[3] Dabei müsste sie aber jenes Fragilitätsbewusstsein in menschlicher Selbstverständigung unverkürzt ernst nehmen, um es überhaupt glaubwürdig auf die Frage der Transzendenz hin öffnen zu können. Zum anderen würde sie auf diese Weise helfen, tradierte (religiöse) Glaubenssprache im ›säkularen‹ Kontext neu in ihrer Ausdruckskraft verstehen zu lernen.

Kann sich aber angesichts des in der Moderne zweifellos gesteigerten Fragilitätsbewusstseins eine Glaubenssprache, die die menschliche Fragilität mit ›Transzendenz‹ in Beziehung bringt, überhaupt noch verständlich machen – und gar sprachmächtig-›kraftvoll‹ überzeugen, wenn sie mit Lehnert ausgerechnet die ihr eigene ›Unsicherheit‹ erkennbar werden lässt? Vor dem Hintergrund von Lehnerts These mag es sinnvoll sein, an den existenzphilosophischen Zugang von Karl Jaspers zu erinnern, der zu seiner Zeit emphatisch für einen »philosophi-

2 Vgl. Hans Bokelmann, *»Der Mensch – ein Chamaeleon: Anmerkungen zum Verhältnis von Erziehung und Würde«*, in: *Zeitschrift für Pädagogik* 46 (2000), S. 647–661, hier S. 657.

3 Vgl. Bokelmann, *»Der Mensch – ein Chamaeleon«*, S. 659 f.

schen Glauben« plädiert hat.[4] Eine »Berührung zur Transzendenz« lässt sich nach Jaspers' Überzeugung nur – jenseits der Grenzen menschlichen Wissens und Machens – durch die »existentielle Sprache« von »Chiffern« erreichen.[5] Nur in dieser eigentümlichen Sprachform »ist gegenwärtig, was auf keine andere Weise gegenwärtig werden kann«.[6] »Transzendenz ist uns gegenwärtig, wo die Welt nicht mehr als das aus sich selbst Bestehende [...], sondern als ein Übergang erfahren wird« und sich menschliche Freiheit gerade da als »sich geschenkt« erfährt.[7] Wir machen die Erfahrung, dass uns in der Welt etwas existentiell ›ansprechen‹ kann, was als Verweis auf Transzendenz zugleich ›vieldeutig‹ bleibt und »uns, so lang wir leben, in Unruhe halten« wird.[8] Oder, wie Jaspers einmal eindrücklich formuliert hat: Meine »Sehnsucht wächst, um sich allein in jenen Augenblicken zu erfüllen, für die kein Tod mehr ist«.[9]

Allerdings wird Jaspers gerade vor diesem Hintergrund zum Religions- bzw. Offenbarungskritiker – freilich zu einem, der aufrichtig einräumt, dass sein ›philosophischer Glaube‹ nur aus dem unauflösbaren Spannungsverhältnis zur (biblischen) Religion seine fragile Kraft bezieht: Durch religiöse Offenbarungsbehauptungen sieht Jaspers den existentiellen Transzendenzbezug in doppelter Weise bedroht. Offenbarungsglaube, der eine ›Leibhaftigkeit‹ der Transzendenz an bestimmten Punkten der Geschichte annehme, versuche die mehrdeutig bleibenden Chiffern fixierend zu vereindeutigen und ziehe die stets verborgen bleibende Transzendenz so gleichsam in die endliche Weltwirklichkeit hinein. Damit verbinde sich die Neigung zum intoleranten, potentiell gewaltförmigen Ausschließlichkeitsanspruch jener Religionen. Auch wenn mit Jaspers über dieses Offenbarungsverständnis theologisch gewiss zu streiten ist, so bleibt seine Kritik doch leider eine aktuelle Anfrage angesichts der bis in Konfliktlagen der Gegenwart hinein durchaus ambivalenten Ausprägungen des Offenbarungsglaubens. Zu wenig lässt dieser offenbar vielfach erkennen, dass auch seine ›Sprache der Transzendenz‹ eben von ihrem innersten Wesen her selbst fragil bleibt. Auch religiöse Glaubenserfahrung kann sich aber durchaus in jener von Jaspers entworfenen Phänomenologie existentiellen Glaubens wiederfinden, der ungesichert und fragehaltig bleibt: Mit Tomáš Halík ist der biblisch begründete Offenbarungsglaube ja selbst zu verstehen als »Offenheit gegenüber der Ver-

4 Vgl. Karl Jaspers, *Der philosophische Glaube angesichts der Offenbarung: Karl Jaspers Gesamtausgabe KJG* I.13, Basel 2016; die Einführung des Herausgebers Bernd Weidmann zu diesem Band der KJG gibt einen exzellenten Überblick über die Kontexte bei Jaspers, die hier aus Platzgründen leider außen vor bleiben müssen.

5 Karl Jaspers, *Die Chiffern der Transzendenz*, Basel 2011, S. 30, 45.

6 Jaspers, *Die Chiffern der Transzendenz*, S. 30.

7 Jaspers, *Die Chiffern der Transzendenz*, S. 43 f.

8 Jaspers, *Die Chiffern der Transzendenz*, S. 37.

9 Karl Jaspers, *Philosophie III: Metaphysik*, München 1994, S. 133.

borgenheit Gottes«.[10] Die »Erfahrung der Verborgenheit Gottes« ist darüber hinaus womöglich sogar das »Charakteristikum der religiösen Erfahrung des Menschen der Spätmoderne«.[11] Die Sprache des Glaubens hat selbst teil an den Spannungen, Ambivalenzen, Krisen der säkularen Moderne – und kann ihr ihrerseits aufschlussreiche Ausdrucksperspektiven für die damit verbundene Fragilität eröffnen, wenn sich ›negative Theologie‹ und Verheißungskraft miteinander verbinden, um Freude und Leid, Sehnsucht und Zweifel in neuem Licht sehen zu lassen.

Diese lebensweltlichen Zusammenhänge ›säkularer‹ Kontexte in der (Hermeneutik der) Glaubenssprache zu würdigen, dafür ist auch aus kulturtheologischer Perspektive nachdrücklich zu plädieren.[12] Aus dieser Sicht ist davon auszugehen, dass heute »Menschen in ihrer Alltagswelt« durchaus »die Sprache des Glaubens« sprechen.[13] Aber sie tun das vielfach weniger im Sinne eines primär traditionell-kirchlich orientierten »Heilstatsachenglauben[s]«, sondern indem sie durch ihre persönlichen »Sinnerfahrungen und Sehnsuchtsbilder« zu einem (gewiss fragilen) »Daseinssinnvertrauen« finden können.[14] Damit aber eröffnet sich jene »Dimension der Tiefe« (Paul Tillich), die, über (profane) kulturelle Ausdrucksformen vermittelt, religiöse Fragen provozieren kann. Die Grundform eines solchen alltagsbezogenen, noch nicht von vornherein sich religiös verstehenden bzw. gar christlich gedeuteten ›Lebensglaubens‹ hat Christoph Theobald unlängst so formuliert: »›Ich vertraue mich (*credo*) – in meiner Verwundbarkeit – dem Rätsel/Geheimnis meiner/unserer Existenz in der Welt an, in der Hoffnung darauf, mit diesem Vertrauen nicht zum Verlierer zu werden‹.«[15]

In diesen hier nur knapp angedeuteten existenzphilosophisch-kulturtheologischen Spuren Lehnerts eingangs zitierte These aufzunehmen spricht auch ein Blick auf gegenwärtige Diskurse über die Frage, was eigentlich diese ›säkulare‹ Situation näherhin ausmacht.

10 Tomáš Halík, *Geduld mit Gott: Leidenschaft und Geduld in Zeiten des Glaubens und des Unglaubens*, Freiburg i. Br. ^{2}2011, S. 247.

11 Tomáš Halík, *Ich will, dass du bist. Über den Gott der Liebe*, Freiburg i. Br. 2015, S. 62.

12 Vgl. dazu ausführlicher: Martin Rohner, *»Mehr Kulturtheologie wagen?! Perspektiven des Christentums in Krisenzeiten«*, in: *Der Prediger und Katechet* 158 (2019), S. 831–842.

13 Wilhelm Gräb, *Glaube aus freier Einsicht. Eine Theologie der Lebensdeutung*, Gütersloh 2015, S. 16.

14 Gräb, *Glaube aus freier Einsicht*, S. 16 f.

15 Christoph Theobald, *Christentum als Stil. Für ein zeitgemäßes Glaubensverständnis in Europa*, Freiburg i. Br. 2018, S. 83.

2 Säkularität: Religionsphilosophisch-zeitdiagnostische Markierungen

Bekanntlich hat kein Geringerer als Jürgen Habermas einschlägig darauf insistiert, dass die ambivalente Moderne auch aus einer Sicht, die sich selbst als religiös unmusikalisch versteht, angewiesen bleibt auf ein Gespür für die »Artikulationskraft religiöser Sprachen«.[16] Diese Artikulationskraft aber kann nur lebendig bleiben in einer konkreten (gerade auch rituell verankerten) Sprachpraxis. Habermas schließt sein 2019 vorgelegtes monumentales Alterswerk *Auch eine Geschichte der Philosophie* mit folgenden bemerkenswerten Zeilen, die explizit auf die »liturgische Praxis« der Glaubenssprache verweisen:

> Die säkulare Moderne hat sich aus guten Gründen vom Transzendenten abgewendet, aber die Vernunft würde mit dem Verschwinden jeden Gedankens, der das in der Welt Seiende im Ganzen transzendiert, selber verkümmern. Die Abwehr dieser Entropie ist ein Punkt der Berührung des nachmetaphysischen Denkens mit dem *religiösen Bewusstsein, solange sich dieses in der liturgischen Praxis einer Gemeinde von Gläubigen verkörpert und damit als eine gegenwärtige Gestalt des Geistes behauptet.* Der Ritus beansprucht, die Verbindung mit einer aus der Transzendenz in die Welt einbrechenden Macht herzustellen. *Solange sich die religiöse Erfahrung noch auf diese Praxis der Vergegenwärtigung einer starken Transzendenz stützen kann*, bleibt sie ein Pfahl im Fleisch einer Moderne, die dem Sog zu einem transzendenzlosen Sein nachgibt – und so lange hält sie auch für die säkulare Vernunft die Frage offen, ob es unabgegoltene semantische Gehalte gibt, die noch einer Übersetzung ›ins Profane‹ harren.[17]

Habermas' Buch versucht die Genealogie eines sich gleichermaßen als nachmetaphysisch wie postsäkular verstehenden Denkens am Leitfaden des Verhältnisses von Glauben und Wissen ebenso eindrucks- wie anspruchsvoll zu rekonstruieren. Weit ausholend geht er dabei gerade der »Versprachlichung des Sakralen« nach und legt ein überzeugendes Plädoyer vor für wechselseitige *Lernprozesse* zwischen den Sprachen des ›Glaubens‹ und des ›Wissens‹. Die säkulare Situation ist für Habermas selbst das Ergebnis solcher ebenso historisch kontingenten wie kommunikativ ›vernünftigen‹ Lernprozesse; aus »nachmetaphysischer« Perspektive bezieht die Moderne daraus gerade ihre Legitimität. Glaubenssprachen sind dabei – Habermas würde sagen: bis auf Weiteres – vernünftigerweise einzubeziehende und oft genug widerständige Ressource humaner Selbstverständigung. Ihre Ausdruckskraft bewahren bzw. bewähren sie dann, wenn sie sich zum einen hermeneutisch offen halten für die entsprechenden je neuen Übersetzungsbemühungen, sich ihre Vertreter also selbst auf

16 Jürgen Habermas, *Glauben und Wissen: Friedenspreis des Deutschen Buchhandels 2001*, Frankfurt a. M. 2001, S. 22.

17 Jürgen Habermas, *Auch eine Geschichte der Philosophie*, 2 Bde., Berlin 2019, Bd. 2, S. 807 (Hervorhebung M. R.).

Lernprozesse einlassen, sie zum anderen aber eben je konkret in der (gottesdienstlich-rituellen) Sprachpraxis einer Glaubensgemeinschaft verwurzelt bleiben.

Für die Gläubigen freilich ist die von Habermas pointierte Herausforderung der Übersetzung nicht ›neu‹, sondern sie erfahren davon »immer schon ihren Alltag bestimmt«.[18] Aus ihrer Sicht ist die für Habermas charakteristische Gegenüberstellung von ›gläubiger‹ und ›säkularer‹ Seite irreführend und ihrem Selbstverständnis kaum angemessen. Unter heute Glaubenden werden wohl viele sich als »religiöser Mensch« und zugleich doch auch »als durchaus säkularer Mensch« verstehen; so ginge es auch im Blick auf die Hermeneutik der Glaubenssprache um die Überwindung einer falschen »Frontstellung«.[19]

In den letzten Jahren hat es dazu kaum einen differenzierteren und erhellenderen Beitrag gegeben als das buchstäblich epochale Werk des kanadischen Philosophen Charles Taylor, das 2007 unter dem Titel *A Secular Age* erschien (deutsch 2009: *Ein säkulares Zeitalter*).[20] Taylor weitet nämlich das Verständnis des Begriffs ›säkular‹ über dessen gängige Verwendung als »Oppositionsbegriff« hinaus: Fast immer werden ja mit ›säkular‹ Antagonismen assoziiert; ›säkular‹ wirkt festgelegt auf die Rolle des Gegenbegriffs zu ›religiös‹. Eine entsprechende Hintergrundannahme leitet auch die meisten Säkularisierungstheorien: Säkularisierung erscheint dann mehr oder weniger ausdrücklich als ›Abnahme‹ des Religiösen im Zuge zunehmender ›Verweltlichung‹ als quasi natürlicher Folge gesellschaftlicher Modernisierungsprozesse. Laut Taylor ist das ›säkulare Zeitalter‹ aber durch die Annahme eines solchen Gegenübers von Religion und Moderne nicht angemessen zu verstehen. Es könnte aus manchen Sackgassen entsprechender Diskussionen führen, wenn man ernstnimmt, dass ›Säkularität‹ vielmehr ein von allen – Gläubigen, Nichtgläubigen, Andersgläubigen – geteilter gemeinsamer Verstehenshorizont der Selbst- und Welterfahrung ist. Nicht so sehr Abnahme von Religion bzw. vermeintlicher Antagonismus von ›gläubiger Seite‹ und ›säkularer Seite‹, sondern *Zunahme* der herausfordernden Konfrontation mit Pluralität ist das maßgebliche Charakteristikum, das nach Taylors Einschätzung diesen Verstehenshorizont bestimmt – und eben alle ›Seiten‹

18 Hans Joas, *Braucht der Mensch Religion? Über Erfahrungen der Selbsttranszendenz*, Freiburg i. Br. 2004, S. 125.

19 Hans Küng, *Was ich glaube*, München 2009, S. 306. – Habermas scheint mir diesem Einwand (nur?) ein wenig entgegenzukommen, wenn er jetzt zwischen ›säkular‹ in einem »schwachen« und in einem »starken« Sinn differenziert; vgl. Habermas, *Auch eine Geschichte der Philosophie* 1, S. 126 und 129.

20 Die folgenden Anmerkungen zu Charles Taylors Säkularitätshermeneutik folgen meiner sehr viel ausführlicheren Skizze in: Martin Rohner, *»Fragiler Glaube? Konturen einer katholischen Säkularität«*, in: *Unter Hochspannung: Die Theologie und ihre Kontexte*, hrsg. von Veronika Hoffmann, Georg M. Kleemann und Stefan Orth, Freiburg i. Br. 2012, S. 184–202, hier S. 190–201.

gleichermaßen betrifft. (Dass sich die Entstehung dieser Säkularität selbst historischen Dynamiken der Religions- und Christentumsgeschichte verdankt, zeigt Taylor in *Ein säkulares Zeitalter* ebenso eindrücklich wie – mit anderer Ausrichtung – Habermas in *Auch eine Geschichte der Philosophie.*[21])

Die Zunahme von spannungsreicher Pluralität, die Vervielfältigung religiös-spiritueller Haltungen in der ganzen Bandbreite zwischen den Polen des tradierten Kirchenglaubens und des modernen Atheismus ändert die *Erfahrungsbedingungen* des Glaubens (bzw. des Unglaubens) selbst. Meine Glaubenserfahrung selbst ändert sich nämlich durch das Wissen darum, dass sie nicht selbstverständlich ist, sondern eine durch die Tatsache anderer Glaubenshaltungen in meinem Umfeld angefragte *Option.* Unter dem »gegenläufigen Druck« der Moderne differenzieren sich so Erfahrungsweisen zwischen den Möglichkeiten des Glaubens und des Unglaubens. Wir befinden uns oft »in der Mitte zwischen zwei einander entgegenwirkenden Kraftfeldern, die unsere Kultur bestimmen« – aber in einer Weise, die produktiv neue Konstellationen ermöglicht.[22] Taylor spricht in diesem Zusammenhang ausdrücklich von einer Situation der »Fragilisierung«.[23] Aber die Rede vom fragilen Glauben darf man nicht missverstehen im Sinne einer pluralistisch-relativistischen Unentschiedenheit: »Im Gegenteil, der Glaube, der aus dieser prekären Situation der Gegenwart hervorgeht, kann gerade deshalb stärker sein, weil er sich der unverzerrten Alternative gestellt hat.«[24] Das Angefragtsein durch alternative Optionen kann zur bewussteren Vertiefung der eigenen Haltung führen. Im Übrigen dürfte ein in diesem Sinne fragiler Glaube der modernen Erfahrung der durch die Fragilität menschlicher Existenz aufgeworfenen Sinnfragen in besonderer Weise entsprechen und daraus an Glaubwürdigkeit gewinnen können. – In einer Zeit, in der sich viele Menschen »von der Kirche ihrer Vorfahren entfernt [haben], ohne völlig mit ihr zu brechen«, gewinnt dabei laut Taylor eine »Spiritualität der Suche« an Bedeutung, die gewiss zunächst eher autoritäts- und institutionenkritisch ausgerichtet ist.[25] *Suche* ist eine der Situation der Pluralisierung, Fragilisierung und Spannungshaltigkeit entsprechende Haltung. Zugleich findet in solcher ›Spiritualität der Suche‹ das für die Gegenwartskultur charakteristische Verlangen nach eigener *Erfahrung* als Basis religiöser Orientierung Ausdruck.

Die Frage nach Möglichkeiten neuer »Sprachen der Transzendenz« ist nun aus Taylors Sicht eng mit dieser such- und erfahrungssensiblen Spiritualität verbunden.[26] Das die moderne Kultur prägende Ideal der Selbstverwirklichung hat

21 Ein Vergleich ihrer Lesarten wäre allemal lohnend.
22 Charles Taylor, *Ein säkulares Zeitalter*, Frankfurt a. M. 2009, S. 987.
23 Taylor, *Ein säkulares Zeitalter*, S. 928, 991.
24 Taylor, *Ein säkulares Zeitalter*, S. 928, Fußnote 20.
25 Taylor, *Ein säkulares Zeitalter*, S. 866.
26 Vgl. Taylor, *Ein säkulares Zeitalter*, S. 1203.

eine entscheidende Wurzel bei den Künstlern und Denkern der Romantik, die spätestens seit den 1960er Jahren in unseren Breiten gleichsam zu einem gesamtgesellschaftlichen Phänomen geworden ist. Der nach-romantischen Ästhetik kommt daher aus Taylors Perspektive eine Schlüsselstellung zu. Sie birgt nämlich ein Potential für die Suche nach neuen Ausdrucksmöglichkeiten, die uns über die Abgeschlossenheit im ›immanenten Rahmen‹ hinausweisen, die die moderne Wirklichkeitserfahrung oft so nachhaltig prägt. Seit der Romantik entwickelte die moderne Kunst nämlich das, was Taylor »subtilere Sprachen« nennt: Ausdrucksmöglichkeiten, die sich zwar nicht mehr auf einen objektiv vorgegebenen und allgemein geteilten Bedeutungshorizont berufen können, sondern nur über die »persönliche Resonanz« beim Einzelnen wirken – aber gerade so einen Weg weisen können aus dem Gefängnis der Immanenz heraus.[27] Denn diese subjektiven Sprachen in der modernen Kunst müssen gerade nicht subjektivistisch verengt sein, sondern können ›epiphanisch‹ neu sensibilisieren für ›Transzendenz‹. Freilich sind auch sie fragil: Es bleibt in einer für alle Seiten provozierenden Schwebe, ob das, was in solchen Sprachen artikuliert wird, etwa nur ästhetische Reminiszenz unwiederbringlich verlorener religiöser Vergangenheit ist oder Ausblick auf eine theologisch tragfähige Neuartikulation transzendenter Wirklichkeit. Umso vielversprechender dürfte es sein, Möglichkeiten solcher ›subtileren‹ und fragilitätsbewussten Sprachen der Transzendenz eben im Grenzfeld von Poesie und Religion aufzusuchen. Hier lässt sich nun gut die eingangs zitierte These von Christian Lehnert wieder aufnehmen (3), bevor nochmals bei Charles Taylor und dessen hermeneutisch inspiriertem Sprachverständnis anzuknüpfen ist (4).

3 Spuren poetisch-theologischer Sprachsuche

Christian Lehnert, der 1969 in Dresden geboren wurde und zu DDR-Zeiten in glaubensfernem Kontext aufwuchs, wird inzwischen als einer der wichtigsten Lyriker der deutschen Gegenwartsliteratur wahrgenommen. Spuren poetisch-theologischer Sprachsuche finden sich bei ihm nicht nur in seinem lyrischen Œuvre und in damit verbundenen poetologischen Reflexionen. Zwei große essayistische Werke hat Lehnert darüber hinaus in den letzten Jahren veröffentlicht, die explizit die poetisch-theologischen Grenzbereiche erkunden; in beiden verbinden sich auf eindrückliche Weise autobiographische Reminiszenzen, theologische Exkurse und poetische Skizzen zu ebenso fragmentarischen wie konzentrierten Versuchen, »die Fragilität einer heutigen religiösen Existenz […] zu erkunden in allen Widersprüchen, in allen Offenheiten, in zweifelndem Fra-

27 Vgl. Taylor, *Ein säkulares Zeitalter*, S. 591 ff.

gen«.[28] Aber offenkundig – und damit wird es besonders spannend – ist solches Fragilitätsbewusstsein gerade nicht auf die ›heutige‹, sprich: vom modern-säkularen Kontext bestimmte religiöse Existenz beschränkt. Ein nicht geringer Reiz der beiden Essaybände besteht darin, dass ›klassische‹ Texte der Christentumsgeschichte ihr Anknüpfungspunkt sind – und sich zugleich als beziehungsreicher Resonanzraum des gegenwärtigen Fragilitätsbewusstseins erweisen: In *Korinthische Brocken. Ein Essay über Paulus* (2013) ist der erste Korintherbrief, in *Der Gott in einer Nuß. Fliegende Blätter von Kult und Gebet* (2017) das lateinische Messordinarium der Leitfaden, der die entsprechende Reflexionen anstößt und strukturiert. Lehnert geht also in mehrfacher Hinsicht ›zurück zu den Quellen‹ der Glaubenssprache.

Die religiöse ›Sprachnot‹ erweist sich so als eine, die nicht etwa erst in säkularen Zeiten gleichsam von außen an die Glaubenssprache herangetragen wird, sondern die in deren Zentrum aufbricht: Bei Paulus erscheint nach Lehnert der christliche Glaube in seinem Ursprungskontext als verstörende, um Sprache ringende Erfahrung, verdichtet im »Wort vom Kreuz«[29]; und die christliche Liturgie profiliert Lehnert im Sinne negativer Theologie gerade als Spur des *vermissten* Gottes. Das sei an wenigstens einer Textprobe im Originalton verdeutlicht:

> Wenn Gott anwesend sein wird, braucht es keine Kirche mehr. Und vielleicht ist das eine erste Erklärung meiner Gespaltenheit: Wenn ich Gott ersehne, ist er ja nicht da. Jede Erwartung, wenn ich eine Kirche betrete, trifft nur auf Spuren – und eine Spur gibt es nur dort, wo etwas fehlt. Enttäuschung liegt in der Natur der Sache. Die Liturgie ist wie eine Fährte im Schnee – flüchtiges Zeugnis eines anwesend-abwesenden Gottes. Noch die in der Theologie allgegenwärtige Verheißung einer kommenden Einheit mit Gott, einer Erfüllung allen Sehnens, ist ja in gewisser Weise nur eine sprachliche Überlieferung, und sie ragt fremd herüber in die kleine Dorfkirche, wo ich gerade sitze, und der Pfarrer, so volltönend seine Stimme auch ist, spricht gegen den Augenschein. Das ist seine Rolle.
> Aber, und so falle ich mir ins Wort … auch damit ist wieder noch nicht alles, ja eigentlich erst wenig gesagt (wie das so ist in der Theologie): Die Wirklichkeit Gottes liegt auch jenseits des Wortpaares anwesend – abwesend. Das ist eine Erfahrung vieler gläubiger Menschen, daß Gott ihnen gerade dort am stärksten gegenwärtig sein kann, wo er schmerzlich vermißt ist. Die Frage nach ›Gott‹ ist vielleicht bereits die deutlichste Form seiner Gegenwart, und wo er vollmundig bekannt wird, kann er ferner sein denn je.[30]

28 Zitat Christian Lehnert in: Philipp Gessler, *»Die Fragilität der religiösen Existenz erkunden«: Der Dichter und Pfarrer Christian Lehnert*, Deutschlandradio Kultur (05. 03. 2017), www.deutschlandfunkkultur.de/der-dichter-und-pfarrer-christian-lehnert-die-fragilitaet.1278.de.html?dram:article_id=380509 (letzter Zugriff 09. 09. 2019).

29 Vgl. Christian Lehnert, *Korinthische Brocken: Ein Essay über Paulus*, Berlin 2013/[3]2015, S. 69 ff.

30 Christian Lehnert, *Der Gott in einer Nuß: Fliegende Blätter von Kult und Gebet*, Berlin 2017, S. 20 f.

Tradierte religiöse Sprachpraxis erweist sich hier als überraschend anschlussfähig an ›säkulare‹ Erfahrungen. Freilich sind dafür zunächst die oft hausgemachten Probleme der Glaubenssprache selbstkritisch an den Anfang zu stellen: Die ›Sprachnot‹ zeigt sich ja zuerst vor allem daran, dass übliche religiöse Ausdrucksformen oft eher als ›verbrauchte‹ Sprache wirken: als abgegriffen, unverständlich, nichtssagend; gerade die überkommene (liturgische) Gebetssprache ist davon oft gezeichnet.[31] Religiöse Rede entfaltet keine Erschließungskraft mehr für existentielle Erfahrungen. (Der 2019 verstorbene Johann Baptist Metz hat der Sprache von Kirche und Theologie nicht ohne Grund ihre »Verblüffungsfestigkeit« vorgehalten.[32]) Gleichwohl liegt für Christian Lehnert in der ›Sprachnot‹ die zentrale Chance, den christlichen Glauben heute neu zur Sprache kommen zu lassen – wenn denn die Sprachnot, ganz im Sinne von Paulus, als Ausdruck einer Verstörung ernst genommen wird, die neu zum (Glut-)Kern des Glaubens führt: Fragilitätsbewusstsein kann dann zur verheißungsvollen Spur eines selbst fragil bleibenden Transzendenzvertrauens werden. Das Sensorium der Poesie mag dafür in besonderer Weise empfänglich machen.

Religiöse Sprache ist, so Lehnert: »suchend, nicht erklärend«, sie ist »öffnend, nicht benennend«, damit aber auch »im Wesen poetisch, nicht begrifflich«.[33] Um Sprachnot und Sprachkraft des Glaubens gleichermaßen zu würdigen, gilt es dieser Verbindung von poetischer und religiöser Rede nachzugehen. Für Lehnert verdichtet sie sich in der Verwandtschaft von Gedicht und Gebet: Beide brauchen »eine andere Art und Weise des Sprechens«, die »in tiefere Regionen der Sprache« vorzudringen vermag, gerade weil sie dort entsteht, »wo mir die Worte fehlen und ich doch nicht schweigen kann«.[34] Dann aber dürfte »das Zeugnis heutigen Christseins, unser *Martyrium*, das des Zweifels, der brüchigen Gewißheiten« sein, auf das sich nur »antworten« lässt »mit dem unglaublichen Wagnis einer gläubigen Existenz ohne alle Absicherungen«.[35]

Christian Lehnert selbst ist in einer Poetikvorlesung dieser »Verwandtschaft von poetischer und religiöser Rede« näher nachgegangen – und zwar ausdrücklich in der Doppelrolle »als Dichter und als religiöser Mensch«.[36] Einige der Gedanken seien hier – eng an Lehnerts eigenen Formulierungen entlang – aufgenommen. ›Schweigen‹, ›Metapher‹ und ›Metrum‹ sind die drei zentralen

31 Vgl. Lehnert, *Geht uns für den Glauben die Sprache aus?*, S. 1.

32 Vgl. Johann Baptist Metz, »*Gotteskrise: Versuch zur ›geistigen Situation der Zeit‹*«, in: *Diagnosen zur Zeit*, hrsg. von dems. et al., Düsseldorf 1994, S. 76–92, hier S. 80.

33 Lehnert, *Geht uns für den Glauben die Sprache aus?*, S. 4.

34 Lehnert, *Geht uns für den Glauben die Sprache aus?*, S. 5.

35 Ebd.

36 Christian Lehnert, »*Teilchen: Cherubinischer Staub: Zur Verwandtschaft von poetischer und religiöser Rede*«, in: *Nah – und schwer zu fassen: Im Zwischenraum von Literatur und Religion*, hrsg. von Jan-Heiner Tück und Tobias Mayer, Freiburg i. Br. 2017, S. 97–120, hier S. 99.

Elemente, um die Lehnerts Reflexionen dabei kreisen.[37] – An den schon auf die vorsokratischen griechischen Denker zurückgehenden Begriff des *apeiron*, des ›Unbegrenzten‹ erinnernd, sieht Lehnert Gedichte wie religiöse Rede gleichermaßen »auf einem Schweigen« aufruhen: Alle Rede von Gott »zeigt so viel, wie sie verbirgt. Sie sagt nicht ›etwas‹ aus, sondern spricht sich hinein in einen Raum, der sich der Sprache immer wieder entzieht«; gerade deshalb ist »alles, was sie sagt, [...] ein Suchen«.[38]

> Immer wieder scheint Gott plötzlich lebendig auf in den Worten, und diese trösten und verwandeln und bewegen – und doch ist das nie fasslich in dem, was gesagt ist. Gott ›geschieht‹ [...]. Und vor ihm und nach ihm und in ihm, in diesem ›Geschehen Gott‹, ist Schweigen. Es ist das Urelement religiöser Rede.[39]

Gerade deshalb aber liegt »am Grund« der religiösen Rede die bleibende »Ungewissheit«; ihr kommt die religiöse Existenz laut Lehnert nur »rituell« bei: »Grundgestus« der religiösen Sprache sei daher »die betende, die liturgische Anrufung«.[40] Und auch hier erschließt sich eine Nähe zur poetischen Sprache, denn das Gedicht ist für Lehnert ebenfalls eine »staunende Anrufung der ungewissen Welt und Wirklichkeit«; es »weiß mehr als sein Autor. Es erforscht das Ungesagte.«[41] Das Wesen des Glaubens liegt für diese poetisch-theologische Sprachsuche folglich nicht »im Besitz von vermeintlichen Wahrheiten [...], sondern in der Frage und in der gesuchten Nähe und in der Berührung und in der Unabgeschlossenheit, der vielleicht einzigen Form, in der Gott ›wahr‹ werden kann«.[42]

Zu dieser Fragilität einer »auf dem Schweigen aufruhenden« poetischen wie religiösen Sprache kommen dann die ebenso elementare Bedeutung des poetischen Bildes und des rhythmisch vermittelten Klanges hinzu: Dichterische wie religiöse Rede sind durch ihren wesentlich metaphorischen Charakter geprägt, dadurch also, dass in ihnen das Wort ›ist‹ in ein »Schillern« versetzt wird:

> Wenn wir sagen, wie und was etwas ist, können wir uns des Verbs ›sein‹ glücklicherweise nie ganz sicher sein. Worte können uns und die Wirklichkeit verändern. Das dichterische Bild hallt in unserer Existenz wieder, es ist ein ›Seinszuwachs‹, wie es Paul Ricœur sagte.[43]

Gerade die religiöse Sprache lebt in diesem »Schillern, etwas zu sagen und es nicht zu sagen, denn sie ist wie die Poesie gebunden an Metapher und Bild, die

37 Lehnert, »*Teilchen*«, S. 98.
38 Lehnert, »*Teilchen*«, S. 100 f.
39 Lehnert, »*Teilchen*«, S. 101.
40 Lehnert, »*Teilchen*«, S. 102.
41 Lehnert, »*Teilchen*«, S. 103.
42 Ebd.
43 Lehnert, »*Teilchen*«, S. 106.

eine Wirklichkeit setzen und sie zugleich hinterfragen«.[44] Damit aber erweist sich auch ›das Paradox‹ als zentraler Aspekt einer theologischen Sprachlehre, denn ›Bilder der Sprache‹ zeigen hier zugleich »ihre Kraft und ihre ganze Hinfälligkeit«: »Religiöser Ausdruck steht immer in diesem Widerspruch, als Intensiv form der Übertragung: Gotteserleben und Scheitern in Blindheit fallen in eins.«[45]

Dazu gehört schließlich auch die elementare Bedeutung von »Klang und Rhythmus« für poetische wie religiöse Rede, die »die Grenzen von Semiotik und Semantik« überschreiten, damit »aber noch lange nicht die Grenzen der Sprache«: »Rhythmisch schreibt, wer die Sprache nicht benützt, sondern sich in ihr bewegt und sich von ihr bewegen lässt.«[46] Literarische wie religiöse Sprache geben daher gerade durch ihren Klang zu denken; in ihnen höre ich »Worte am Rande des Sinns, Laute an der Grenze zwischen Verstehen und Geräusch«.[47] Der Dichter ist überzeugt: »Die phonetische Gestalt von Worten enthält Sinn.«[48] Christian Lehnert geht so weit, dass er die Poesie als »Sakramentalform der Sprache« auffasst: als »die reale Verwandlungsform der Welt«.[49] Doch ihr Charakteristikum ist eben – hier schließt sich der Kreis – eine unaufhebbare Fragilität. Dem entspricht die Grundhaltung des Gebets: »Bei sich ist die Gebetssprache, wenn sie nichts von Gott weiß, sondern ihn ersehnt, empfindet, sucht«.[50] Damit ist zugleich eine alle lehrhafte Ausprägung des Offenbarungsglauben zumindest verunsichernde (und so im guten Sinne relativierende) Dimension religiöser (Sprach-)Erfahrung berührt:

> Ein betender Mensch spürt immer auch die Unzulänglichkeit seiner Ausdrucksformen. Sie leisten nicht, was sie versprechen. Bestenfalls verweisen sie auf etwas Tieferes als sie selbst. Diese mystische Dimension des Glaubens gewinnt in der Gegenwart an Bedeutung, wenn religiöse Weltbilder fragil werden […].[51]

Doch warum kann gerade eine solchermaßen ihrer eigenen Fragilität und Unzulänglichkeit bewusste Sprache Wirkungskraft entfalten – ja, buchstäblich verheißungsvoll wirken? Die hermeneutische Philosophie Charles Taylors kann vielleicht etwas helfen, sich dieser Frage weiter zu nähern.

44 Lehnert, »*Teilchen*«, S. 106 f.
45 Lehnert, »*Teilchen*«, S. 112.
46 Lehnert, »*Teilchen*«, S. 113.
47 Lehnert, »*Teilchen*«, S. 116.
48 Lehnert, »*Teilchen*«, S. 115.
49 Ebd.
50 Lehnert, »*Teilchen*«, S. 116.
51 Lehnert, »*Teilchen*«, S. 117.

4 Wie Sprache wirkt – Hermeneutische Inspirationen

Wenn ich ›zur Sprache komme‹, wenn ich also verstehe und auf Verständnis treffe, dann eröffnen sich mir Räume der Verlässlichkeit und Gemeinschaft, die mich trotz der Fragilität menschlicher Existenz doch in der Welt ›beheimatet‹ sein lassen können. In seinem 2016 erschienenen großen Alterswerk *The Language Animal* (deutsch 2017: *Das sprachbegabte Tier*) hat Charles Taylor daher weit mehr als ›nur‹ ein sprachphilosophisches Problem aufgenommen; zur Debatte steht vielmehr die anthropologisch zentrale Wiedergewinnung eines unverkürzten Verständnisses der Sprache, der Vernunft und damit des Menschen selbst.[52]

Mit einem von Taylor gern herangezogenen Zitat des großen Sprachphilosophen Ludwig Wittgenstein gesagt: »Ein Bild hielt uns gefangen«. Unser Selbstverständnis ist gleichsam ›verhext‹ durch eine ebenso hintergründige wie nachhaltige Verengung neuzeitlicher Erkenntnistheorien, die sich in gängigen Sprachauffassungen spiegelt. In solchen ›Bezeichnungstheorien‹ wird Sprache nämlich als Mittel bloßer Bezeichnung (Deskription) einer außersprachlichen Wirklichkeit aufgefasst. Ein solches instrumentelles Verständnis aber stellt, so Taylors These, einen fatal-einseitigen Reduktionismus dar. Deshalb geht es laut Taylor darum, ein umfassenderes Verständnis menschlichen Sprachvermögens (und damit auch der Vernunft) wiederzugewinnen. Die geistesgeschichtlichen Spuren, in denen er das auch hier anzielt, sind wiederum maßgeblich durch die Romantik und die nach-romantische Poetik inspiriert. In diesen Spuren zeichnet sich nämlich (etwa bei Hamann, Herder und Wilhelm von Humboldt) zu der instrumentell-deskriptionstheoretischen Verengung ein *expressiv-konstitutionstheoretisches* Gegenmodell ab.

Hinter dieser Problemkonstellation wird jene Grundspannung erkennbar, die nach Taylor maßgeblich die moderne Identität prägt: nämlich die Spannung zwischen Aufklärung und Romantik – bzw. einer ›rationalistischen‹ und einer ›expressivistischen‹ Quelle moderner Selbstverständigung. Auf der expressivistischen, die Ausdrucksdimension betonenden Linie rücken mit den ›Konstitutionstheorien‹ bezüglich der Sprache zwei zentrale Merkmale ins Blickfeld, die gerade die hermeneutische Fragestellung betreffen: Es geht zum einen um die basale Rolle von Bedeutung und Artikulation, zum anderen um die immer schon gegebene Verbundenheit in einem gemeinsamen Diskurs. Die das Sprachvermögen fundamental kennzeichnende Artikulation von Bedeutung und der Diskurs als Raum geteilter Aufmerksamkeit sind im Blick auf das Gesamt der

52 Die folgenden Überlegungen halten sich eng an – dort allerdings breiter ausgeführte – Gedanken aus: Martin Rohner, »*Zur Sprache kommen. Inspirationen einer hermeneutischen Anthropologie*«, in: *Der Prediger und Katechet* 158 (2019), S. 425–433.

Welterschließung fundamentaler als das distanziert-deskriptive Bezeichnen, wie es im Bereich der Wissenschaft zumindest partiell in den Vordergrund tritt. Gegen die atomistisch-monologische Tendenz der Bezeichnungstheorien beharrt Taylor daher auf dem »Primat der Kommunikation, des Dialogischen«.[53]

In der Spur der Romantiker bewegt sich Taylor auch, wenn er dabei die *konstitutive* Funktion sprachlicher Artikulation hervorhebt. ›Konstitution‹ meint: Sprache schafft Wirklichkeit mit, und wir bewegen uns eben stets in jenen Räumen geteilter Aufmerksamkeit – wobei im Übrigen »ein großer Teil unserer Welt« immer schon »bereits artikuliert« ist, »auch wenn wir uns dessen nicht direkt bewußt sind«.[54] Gegen die »Aussperrung des Hintergrundverständnisses der sprachlichen Dimension« in den Bezeichnungstheorien geht es Taylor um die »Wiedergewinnung des Hintergrunds« und die »Situierung unseres Denkens«.[55] Damit treten etwa konkrete Lebensformen und »soziale Vorstellungsmuster« in den Fokus der Aufmerksamkeit. Menschen sind jedenfalls »als sich selbst interpretierende Tiere zum Teil durch ihre eigenen Selbstbeschreibungen konstituiert«.[56] Neben und mit der welterschließenden Kraft der Artikulation hat diese dabei auch eine ›existentielle‹ Dimension, insofern sie neue Möglichkeiten menschlicher Lebensgestaltung eröffnet.[57]

Die Artikulation von Bedeutung, um die wir uns sprachlich bemühen, bildet nicht einfach ›deskriptiv‹ etwas ab, sondern hat eben ›konstitutiv‹ Innovationspotenzial für die Erschließung der Wirklichkeit. Freilich ist Taylor Hermeneutiker genug, um eine arbiträr-konstruktivistische Überspitzung dieser These zu vermeiden und sich für eine ›realistische‹ Erkenntnistheorie stark zu machen.[58] Unsere Artikulationen sind ebenso Reaktion auf widerfahrende Wirklichkeit wie sie Wirklichkeitserfahrung ihrerseits mit konstituieren. Über die »symbolischen Formen«, wie Taylor mit Ernst Cassirer das kulturell-kreative Ausdrucksvermögen des Menschen auch kennzeichnet, verändert sich unsere Welterfahrung also gleichsam zwischen »Entdeckung und Erfindung«.[59]

Mit diesem Ansatzpunkt verbindet sich auch der Versuch Taylors, unsere »Empfänglichkeit« bzw. unser intuitives Gespür für die »intrinsische Richtigkeit« einer Artikulation zu rehabilitieren:[60] Wir merken es, wenn eine sprachliche Aussage einfach ›passt‹ – und zwar weit über den Fall bloßer Bezeichnung hinaus,

53 Charles Taylor, *Das sprachbegabte Tier: Grundzüge des menschlichen Sprachvermögens*, Berlin 2017, S. 101.
54 Taylor, *Das sprachbegabte Tier*, S. 23, Fußnote 7.
55 Taylor, *Das sprachbegabte Tier*, S. 34, 39.
56 Taylor, *Das sprachbegabte Tier*, S. 85.
57 Vgl. Taylor, *Das sprachbegabte Tier*, S. 84.
58 Vgl. Taylor, *Das sprachbegabte Tier*, S. 356.
59 Taylor, *Das sprachbegabte Tier*, S. 277, 338.
60 Vgl. Taylor, *Das sprachbegabte Tier*, S. 30.

auf den sich die Deskriptionstheorien fokussieren. Doch dabei geht es wiederum nicht um eine neutral-distanzierte Weltbeschreibung, sondern unser sprachliches Handeln hat immer schon eine *ethisch-evaluative* Dimension. Taylor greift einen für sein Denken schon lange zentralen Gedanken auf, wenn er diese Dimension mit dem Begriff »starker Wertungen« beschreibt.[61] Dabei geht es um über bloße Präferenzabwägungen und eigene Setzungen hinausweisende, inhaltlich gehalt- und anspruchsvolle Vorstellungen vom Guten, die als Quellen unserer Identität unverzichtbar für ein gutes Leben sind. Auch dabei gilt im Sinne des expressiven Sprachverständnisses: Die Artikulation von Bedeutung im gemeinsam geteilten Raum des Diskurses hat eine konstitutive – eine wirklichkeitsschaffende – Kraft.

Wenn freilich durch die Dominanz deskriptionstheoretischer Ansätze diese Zusammenhänge verdeckt sind, wird die entsprechende ›Inartikuliertheit‹ zu einem gravierenden Problem moderner Selbstverständigung auch in ethisch-moralischer Hinsicht.[62] Damit brechen dann mitten im Sprachdenken freilich heute auch gesellschaftspolitisch hoch brisante Fragen auf wie etwa die nach dem Verhältnis von kulturell differenten Identitätsquellen und universalistischen Moralansprüchen. Charles Taylors (sprach-)philosophischer Ansatz lässt sich als eine *Artikulationsethik* lesen, die zum einen die mit sprachlicher Artikulation intrinsisch verbundene wertbezogen-ethische Dimension ernst nimmt und zum anderen gerade im Versuch der (Neu-)Artikulation von Wertquellen eine vielversprechende Therapie für die gesellschaftlich-kulturellen (und auch religiösen) Pathologien der Moderne sieht.[63]

Dafür nun sind die aus Sicht der Deskriptionstheorien eher hintangestellten vermeintlich ›uneigentlichen‹ Sprachformen in ihrer basalen Bedeutung ernst zu nehmen, wie gerade poetische Sprache wiederum eindrucksvoll verdeutlicht. Taylor betont in diesem Sinne die »figurative Dimension« der Sprache (lat. *figurare* – ›gestalten‹): Sprache gestaltet Wirklichkeit(serfahrung).[64] Und diese figurative Dimension wird etwa da besonders deutlich, wo es um ›bildliche‹ Rede geht wie bei Metaphern, Symbolen, ikonischen Gesten und künstlerischen Ausdrucksformen oder um die elementare Bedeutung des Erzählens und die Unaufhebbarkeit von ›Geschichten‹ für unsere wesentlich *narrativ* verfasste Identität. So können sowohl lebensgeschichtliche Selbstdeutungen als auch die Rolle literarischer Texte für die eigene Selbstverständigung eindrücklich unterstreichen, dass wir nicht ohne ›Erzählungen‹ auskommen, wenn es um die spe-

61 Vgl. Taylor, *Das sprachbegabte Tier*, S. 126, 365.
62 Vgl. Charles Taylor, *Das Unbehagen an der Moderne*, Frankfurt a. M. 1995.
63 Vgl. einschlägig bereits Charles Taylor, *Quellen des Selbst: Die Entstehung der neuzeitlichen Identität*, Frankfurt a. M. 1994.
64 Vgl. Taylor, *Das sprachbegabte Tier*, S. 247.

zifisch menschlichen Bedeutungen geht und erst recht um die Frage, was in unserem Leben ›sinnvoll‹ ist.[65]

Ein solches Sprachverständnis betrifft im Übrigen weit mehr als nur die Wortsprache im engeren Sinne, insofern es um das menschliche *Ausdrucksvermögen* insgesamt geht. Taylor unterscheidet etwa (im Anschluss an Merlin Donald) drei ›Facetten‹ menschlicher Sprach- und Kulturbegabung.[66] Da ist zunächst die basale Ebene des buchstäblich ›verkörperten‹ Ausdrucks; Taylor spricht auch häufiger von »enaktiver Umsetzung«: Dabei geschieht sozusagen ›im‹ Handeln selbst der Ausdruck. Kultur- und religionsgeschichtlich ist etwa an die basale Bedeutung des Vollzugs von Ritualen zu erinnern – z. B. in der christlichen Eucharistiefeier.[67] Diese Facette ließe sich abgekürzt als *mimetisch-rituelle* kennzeichnen. Auf einer zweiten Stufe steht dann die ausdrückliche sprachliche Artikulation, die eben zunächst vor allem im figurativen Sinn wirkt: durch das bildhaft ›passende‹ Wort etwa in Erzählzusammenhängen. Hier könnte man daher von einer *mythisch-narrativen* Facette menschlichen Sprach- und Kulturvermögens sprechen. Erst in einem dritten Schritt ist jene Stufe erreicht, die dann freilich in der Moderne eine nicht unproblematische Dominanz erlangt: die *begrifflich-theoretische.* Mit Philosophie und Theologie etwa rückt die Absicht des ›Erklärens‹ in den Vordergrund, und nun entsteht das, was Taylor »gemischte Diskurse« nennt. Im Miteinander der unterschiedlichen Ausdrucksformen kommt es dann auch zum, wie Taylor mit Paul Ricœur sagt: »Konflikt der Interpretationen«, wie er für die moderne Wissenschaftskultur charakteristisch ist.[68] In ihm ist aus Sicht des Hermeneutikers um die Angemessenheit konkurrierender Erklärungen im Blick auf die »sinnvolle Deutung« unserer Erfahrungen und unseres Handelns zu streiten.[69]

Es überrascht nicht, dass Taylors Sprachdenken in den expressivistischen Spuren der nach-romantischen Poetik vor allem auf Potentiale *ästhetischer* Welterschließung als Gegenmittel zu den szientistisch-deskriptionstheoretischen Verengungen setzt. Folgt man seiner These, lassen die Sprachen der Kunst – der Hinweis auf den Primat von Metapher und Narration deutet ja auch lebensweltbezogen in diese Richtung – gerade die spannungsreiche moderne Selbstverständigung in ›tieferem‹ Sinne ›zur Sprache kommen‹ als ein Reduktionismus, der sich auf den wissenschaftlich-theoretischen Diskurs fokussiert. Freilich gesteht Taylor auch hier ein, dass die sublimeren Sprachen der (modernen) Kunst durch eine »ontische Unbestimmtheit« geprägt sind, insofern ihr Wirklich-

65 Vgl. Taylor, *Das sprachbegabte Tier*, S. 599 ff.

66 Vgl. Taylor, *Das sprachbegabte Tier*, S. 135 ff.

67 Vgl. Taylor, *Das sprachbegabte Tier*, S. 138; zur zentralen Bedeutung der Ritual-Dimension vgl. auch S. 646 ff.

68 Vgl. Taylor, *Das sprachbegabte Tier*, S. 420.

69 Vgl. Taylor, *Das sprachbegabte Tier*, S. 413 ff.

keitsstatus und Wahrheitsanspruch in der Schwebe bleibt.[70] Die alten metaphysischen Fragen kehren so im säkularen Zeitalter wieder: Denn das »Bestehen einer bestimmten Beziehung zwischen uns und unserer Welt« berührt auch und gerade die Beziehung zum ›Ganzen‹ der Wirklichkeit, in der trotz allen Widersinns und aller Sprachlosigkeit Beheimatung und Antwort zu finden das Resonanzverlangen inmitten moderner Resonanzkrisen ausmacht.[71] Damit aber sind auch »theologische Dimensionen«[72], sowenig sie noch fraglos vorausgesetzt werden können, doch ebenso wenig aus dem Nachdenken auszuschließen. Gerade die poetische Sprachsensibilität, auf die eine hermeneutische Anthropologie in Taylors Spuren setzt, kann neue Artikulations- und Resonanzräume für religiös-theologische Fragen öffnen.

5 Offenbarung? Ein religionsphilosophisch-fundamentaltheologischer Frageüberhang

Bei und trotz aller Fragilität menschlicher Existenz doch in der Welt »beheimatet« sein zu können, dieser Möglichkeit ist Glaubenssprache auf der Spur, indem sie danach sucht, wie die Frage der Transzendenz zur Sprache kommen kann. Im Sinne des expressiv-konstitutionstheoretischen Sprachverständnisses wird dabei – mit Taylor gesprochen: zwischen »Entdeckung und Erfindung« – ein wirkungsvoller Artikulationsraum eröffnet und gemeinsam geteilt, in dem Negativität und Verheißung, Zweifel und Sehnsucht, Gottvermissen und Ahnungen glückenden Lebens ihren Hoffnungsort finden können. Allerdings ergibt sich hier schon aus (religions-)philosophischer Perspektive ein (fundamental-)theologisch umso bedrängenderer Frageüberhang: Bleibt die (Hermeneutik der) Glaubenssprache letztlich doch ›nur‹ kontingente menschliche Selbstdeutung – oder wird darin bei aller Fragilität wirklich eine Berührung durch die Wirklichkeit der ›Transzendenz‹ erfahren? Theologisch gewendet: (Wie) ist in menschlicher Sprache das unverfügbare ›Wort Gottes‹ zu vernehmen? Der einschlägige fundamentaltheologische »Streitfall Offenbarung« ist an

70 Taylor, *Das sprachbegabte Tier*, S. 651.

71 Taylor, *Das sprachbegabte Tier*, S. 650; der Hinweis auf Hartmut Rosas Begriff der ›Resonanz‹ wird hier von Taylor selbst gegeben (Taylor, *Das sprachbegabte Tier*, S. 650, Fußnote 19). Rosa hat ›Resonanz‹ in seinem zu Recht viel beachteten Werk gleichen Titels umschrieben als »das Aufblitzen der Hoffnung auf Anverwandlung und Antwort in einer schweigenden Welt« (Hartmut Rosa, *Resonanz: Eine Soziologie der Weltbeziehung*, Berlin 2016, S. 321, 750).

72 Taylor, *Das sprachbegabte Tier*, S. 651.

dieser Stelle nicht einmal mehr im Ansatz aufzunehmen; nur ein knapper, stichworthafter Ausblick auf diesen Frageüberhang sei noch angefügt.[73]

Auch Karl Jaspers etwa sieht, dass jene »Chiffern der Transzendenz«, von denen er spricht, durchaus (»subjektives«) »Hervorbringen durch den Menschen« sind, aber er insistiert darauf, dass dieses nur im Wechselverhältnis mit einem (»objektiven«) »Wirken *auf* den Menschen« unverkürzt verstanden wird.[74] Angesichts der kulturellen Wirkmächtigkeit, die der Gottesglaube in Jahrtausenden entfaltet hat, erscheint Jaspers im Übrigen der religionskritische Topos, dass dieser Glaube selbst nur auf menschlicher Projektion beruhe, als geradezu »oberflächliches« Urteil.[75] Ja, bei aller Offenbarungskritik kann Jaspers sogar einmal erwägen, ob auch die Rede von »Offenbarung« selbst womöglich doch als »Chiffer der Transzendenz« verstanden werden könnte: Sie wäre dann »die Chiffer, die die grenzenlose Sehnsucht des Menschen, daß Gott selbst real gegenwärtig würde, einen Augenblick gleichsam als erfüllt ansehen ließe, um sogleich in die Härte und Größe seines geschaffenen Freiseins zurückzutreten, für die Gott unerbittlich verborgen bleibt«.[76] Hier ließe sich mit dem Existenzphilosophen durchaus ein konstruktives fundamentaltheologisches Gespräch aufnehmen.

Die Rede von ›Offenbarung‹ ist dabei mit Paul Tillich etwa zu profilieren als »Beunruhigung und Durchbrechung der in sich ruhenden Endlichkeit«.[77] Sie betrifft das »Erscheinen des Unbedingt-Verborgenen in unserer Bedingtheit« – und in diesem Sinne kommt Offenbarung »über uns, nicht aus uns«.[78] Tillich selbst hebt hervor, dass »das ›Wort Gottes‹ als das Wort der Offenbarung transparente Sprache ist. Etwas scheint (genauer: tönt) durch die alltägliche Sprache hindurch, nämlich die Selbstmanifestation der Tiefe des Seins und Sinns«.[79]Auf dieses ebenso unverfügbare wie verheißungsvolle Sprachereignis aber lässt sich im säkularen Zeitalter womöglich gerade da neu stoßen, wo religiöse Rede mit Lehnert »ihre eigene Unsicherheit zeigt« und gerade so der Erkundung einer

73 Vgl. zum fundamentaltheologischen »Streitfall Offenbarung«: Jürgen Werbick, *Den Glauben verantworten: Eine Fundamentaltheologie*, Freiburg i. Br. ³2005, S. 227–404; zur ›Sprache des Glaubens‹ auch Werbick, *Den Glauben verantworten*, S. 405–424.

74 Jaspers, *Die Chiffern der Transzendenz*, S. 46; vgl. Jaspers, *Die Chiffern der Transzendenz*, S. 62, 79 f.

75 Vgl. Jaspers, *Die Chiffern der Transzendenz*, S. 42 f.; obendrein werde bei Leugnung Gottes unweigerlich mit anderen Chiffern etwas, »das wir in der Welt erfahren, absolut gesetzt und zum Ganzen gemacht«, Karl Jaspers, *Die Chiffern der Transzendenz*, S. 39.

76 Jaspers, *Der philosophische Glaube angesichts der Offenbarung*, S. 493; vgl. bereits S. 70 (dort, in einer früheren Festschriftfassung, wörtlich identisch – bis auf das erst in der späteren Buchpublikation eingefügte distanzierende »gleichsam«!).

77 Paul Tillich, »*Die Idee der Offenbarung*«, in: ders., *Ausgewählte Texte*, Berlin 2008, S. 165–172, hier S. 171.

78 Tillich, »*Die Idee der Offenbarung*«, S. 172.

79 Paul Tillich, *Systematische Theologie I–III*, 2 Bde., Berlin/Boston 2017, Bd. I, S. 132.

fragilen Existenz ungeahnt wirkungsvolle, im Wortsinn: lebenswichtige Ausdrucksräume zu öffnen vermag.

Stephan Winter

Gott im Wort. Das Ineinander von Schriftverkündigung und Gebet in der Liturgie als Offenbarungsereignis

»Die Liturgie ist wie eine Fährte im Schnee – flüchtiges Zeugnis eines anwesend-abwesenden Gottes«[1], so notiert der Theologe und Schriftsteller Christian Lehnert in seinem Buch *Der Gott in einer Nuß*. Formaler umreißt Eberhard Jüngel die hier vorausgesetzte Dialektik von Anwesenheit und Abwesenheit, wie sie *aller* Offenbarung des biblisch bezeugten Gottes (im Folgenden meist kurz mit ›Gott‹ bezeichnet) grundlegend eignet:

> Der christliche Glaube steht und fällt sowohl historisch als auch systematisch damit, daß er Gott im Leben und Sterben dieses Menschen [Jesus von Nazareth; S. W.] zur Welt gekommen sieht. Deshalb ist es geradezu ein Axiom des christlichen Glaubens, daß Gott im Sein des Menschen Jesus zur Welt gekommen ist. Diese Behauptung ist allerdings ein österliches Bekenntnis. Es setzt sowohl das Ende des Lebens dieses Menschen als auch eine neue Weise seiner Anwesenheit voraus. Erst das Ende der unmittelbaren Anwesenheit Jesu, erst sein Tod und sein Entzogensein ermöglichen es, sein Sein als Kommen Gottes zu verstehen. Ohne diesen Entzug gibt es keine Offenbarung, wenn anders [...] Offenbarung das Anwesendwerden eines Abwesenden als Abwesenden ist. Daß Gott als Abwesender umso präsenter wird, ist die Grundstruktur von Offenbarung in der Welt.[2]

Die folgenden Überlegungen gehen diesen Zusammenhängen genauer nach. Sie erheben nicht den Anspruch, entsprechende theologische Ansätze, wie sie in den vergangenen Jahrzehnten entwickelt worden sind, substantiell weiterführen zu können; angezielt ist vielmehr eine Zusammenstellung von Einsichten, die die liturgische Praxis (im Sinne des rituell-gottesdienstlichen Handelns christlich-kirchlicher Provenienz) als paradigmatischen ›Ort‹ nachösterlicher Präsenz Gottes fokussieren. Im Zentrum steht dabei die Wort-Werdung Gottes in der und durch die liturgische(n) Versammlung. Deren Grundstruktur wird in drei Schritten nachgezeichnet: *erstens* (in Abschnitt 2) von wichtigen Bestimmungen

1 Christian Lehnert, *Der Gott in einer Nuß: Fliegende Blätter von Kult und Gebet*, Berlin 2017, S. 21.

2 Eberhard Jüngel, *Gott als Geheimnis der Welt: Zur Begründung der Theologie des Gekreuzigten im Streit zwischen Theismus und Atheismus*, Tübingen 2010, S. 448 f.

der Liturgiekonstitution her, die wiederum *zweitens* (Abschnitt 3) nicht unwesentlich von der neutestamentlichen Emmaus-Erzählung (Lk 24) inspiriert sind, wodurch die Liturgiekonstitution *quasi* zu deren offenbarungstheologischer Relektüre anregt; *drittens* wird (in Abschnitt 4) noch kurz darauf geschaut, welche Folgerungen sich aus den bis dahin angestellten Überlegungen für eine rituell-gottesdienstliche Praxis im pluralistischen Kontext ergeben, insofern in ihr das christliche Offenbarungsgeschehen ästhetisch ›glaub-würdig‹ Gestalt annehmen soll. – Zuvor sind aber noch (Abschnitt 1) ein paar Begriffsklärungen aus religionssoziologischer, ritualtheoretischer und theologischer Sicht vonnöten, die in eine genauere Formulierung der hier zugrunde gelegten These münden.

1 Liturgie als spezifische Präsenz des Heiligen: Begriffliche Vorklärungen und Präzisierung der These

Der christliche Glaube lässt sich aus religionssoziologischer Perspektive einordnen als eine spezifische Form von Wirklichkeitsdeutung, wie sie grundsätzlich erst mit der so genannten ›Achsenzeit‹ möglich geworden ist. Die achsenzeitlich entstehenden ›Großen Erzählungen‹ reflektieren nicht nur darauf, welche Bedingungen theoretische wie praktische Vernunft sowie menschliches – auch rituelles! – Handeln brauchen, um erfolgreich zu sein. Vielmehr justieren sie ebenso die Spannung zwischen bleibender Transzendenz bzw. Geheimnishaftigkeit des Göttlichen und seiner Öffnung auf innerweltliche Begegnung hin neu, indem sie nach dem ›Ursprung des Heiligen‹ bzw. ›der Heiligkeit‹ fragen.[3] Der neue Begriff des Heiligen bildet sich dabei – mit Hans Joas formuliert – nicht zuerst als Bestandteil vorhandener Religionen; vielmehr sind Religionen als »Versuche« zu werten, »von vielen Menschen geteilte Erfahrungen des Heiligen […] auf Begriffe zu bringen, so zu formieren, dass sie an den Nachwuchs weitergegeben werden können und so weiter und so weiter. Aber das Heilige gibt es überall da, wo Menschen Erfahrungen machen«.[4] Das Eigentümliche entsprechender Erfahrungen bestimmt Joas so, dass in bestimmten Situationen ein alltägliches Beziehungs- und Begegnungsgeschehen auf Außeralltägliches aufgebrochen wird. Er spricht von »›sakramentale[n] Erfahrungen‹«[5], die sich durch die »Dimension des Ergriffenseins«[6] auszeichnen:

3 Vgl. für die entsprechenden Zusammenhänge sowie den Forschungsstand zur Achsenzeitthese Hans Joas, *Die Macht des Heiligen: Eine Alternative zur Geschichte von der Entzauberung* [im Folgenden zit. als ›Joas, *Macht*‹], Berlin 2017, bes. S. 302–315, 330–354.

4 Hans Joas, *Die Macht des Heiligen: Hans Joas im Gespräch mit Andreas Main*, Dlf-Sendung *Tag für Tag* (19. 10. 2017), URL: www.deutschlandfunk.de/hans-joas-die-macht-des-heiligen.886.de.html?dram:article_id=398429 (letzter Zugriff 27. 01. 2020).

5 Joas, *Macht*, S. 432 f.

> Etwas muss am Werk sein, wenn Individuen oder Kollektive über die bisherigen stabilisierten Grenzen ihres Selbst hinausgerissen werden. [...] In der Erfahrung der Selbstentgrenzung oder Selbstübersteigerung liegt eine affektive Gewissheit, die Elemente der Situation mit einer vorreflexiven Bindungskraft erfüllt, deren Stärke über die alltäglichen Erfahrungen hinausgeht.[7]

Die verschiedenen religiösen Konzeptionen unterscheiden sich – bei allen Konvergenzen – vor allem darin, welche Stellung sie dem Sakramentalen (in diesem religionssoziologischen Sinne) geben. *Einerseits* ist grundsätzlich festzustellen, dass »Entmagisierung [...] deshalb ein notwendiges Korrelat von Transzendenzvorstellungen [ist], weil Magie den Versuch zur Verfügung über das Heilige darstellt. Mit den Vorstellungen von Transzendenz wird der Verzicht auf die Verfügung über das Heilige ethisiert.«[8] *Andererseits* bleibt von daher ausreichend Spielraum, die transzendente Größe bzw. deren Verhältnis zur raum-zeitlichen Wirklichkeit unterschiedlich zu konkretisieren: »Gott, der transzendente [!] Gott, kann so – in einem christlichen Zusammenhang – als ›Quell der Heiligkeit‹ angesprochen werden.«[9] Diese Rede vom ›Quell der Heiligkeit‹, wie sie etwa das zweite eucharistische Hochgebet des Römischen Messbuchs prägt, impliziert so etwas wie einen Prozess der Gestaltwerdung des Heiligen (dazu noch weiter unten), gemäß dem »Transzendenz ins Mundane ausströmt und nicht in der Transzendenz verbleibt«.[10] Der christliche Glaube lässt sich damit als *eine* zunehmend ausdifferenzierte Option verstehen, jene Macht reflexiv zu erfassen, die in sakramentalen Erfahrungen wirksam wird und nicht zuletzt auch emotional bewegt. Konkret identifiziert der Glaube diese Macht mit der Geistkraft Gottes, wie sie sich in Leben, Wirken und Geschick Jesu von Nazareth unüberbietbar als wirksam präsent zugeschickt hat. Diese grundlegende Weichenstellung bei der Konzeptionierung des Heiligen führt zu spannungsreichen Bezügen zwischen den großen religiösen Grundoptionen, aber im Blick auf das genauere Verständnis des angedeuteten Identifikationsaktes bzw. der weiteren inhaltlichen Füllung der christlichen Gott-Rede[11] auch zwischen verschiedenen Ausprägungen des christlichen Glaubens:

6 Joas, *Macht*, S. 434.
7 Ebd.
8 Joas, *Macht*, S. 351.
9 Ebd.
10 Joas, *Macht*, S. 352.
11 Der technische Begriff ›Gott-Rede‹ will als entsprechendes Pendant zu ›Theo-Logie‹ in einem weiten Sinne abbilden, dass ›Theologie‹ gemäß einem entsprechenden Verständnis den »praktizierten Zusammenhang von ›Gott‹ und ›Sprache‹« überhaupt umfasst, also jedwede Form der Rede, die Gott bzw. ein Segment der Wirklichkeit *sub ratione Dei* »angemessen zur Sprache zu bringen« sucht (Max Seckler, »*Theologein: Eine Grundidee in dreifacher Ausgestaltung. Zur Theorie der Theologie und zur Kritik der monokausalen Theologiebegründung*«, in: *ThQ* 163 (1983), S. 241–264, hier S. 247 und 249). Für eine systematische Darstellung

> [Die] Vorstellung von einer Menschwerdung Gottes, von der Inkarnation, stellt für Christen eine neuartige Vermittlung zwischen achsenzeitlicher Transzendenz und Immanenz dar. Von Juden und Muslimen kann diese Vermittlung aber als Rückfall in das erreichte Transzendenzverständnis, ja als Abfall vom Monotheismus wahrgenommen werden. Selbst innerhalb des Christentums kann eine gesteigerte Betonung der Transzendenz Gottes, etwa bei Calvin und den Calvinisten, zu einer geringeren Orientierung hin auf den menschgewordenen Gott, den Gottessohn, führen. Umgekehrt mögen Christen auf Judentum und Islam die Vorstellung von Gottesferne projizieren.[12]

Die entsprechenden Fragen nach Gemeinsamkeiten und Differenzen zwischen unterschiedlichen Vorstellungen vom Heiligen bzw. der Heiligkeit können hier nur markiert werden. Im Folgenden soll deutlich werden, dass und inwiefern es aus biblischer Sicht nicht zuletzt die rituelle Glaubenspraxis ist, in der sich die Begegnung von Transzendenz und Mundanem in ausgezeichneter Weise ereignet. In diesem Zusammenhang ist (sowohl hinsichtlich jüdischer wie auch christlicher Praxen[13]) oft von ›Liturgie‹ die Rede. Der Liturgiebegriff ist aber äußerst schillernd. Er muss deshalb in Orientierung an der jeweiligen Diskurssituation bzw. dem Ziel einer bestimmten Darstellung/Argumentation mehr oder weniger ausdrücklich eingeführt werden. Für den Rahmen des vorliegenden Beitrags ist es zweckmäßig, ›Liturgie‹ als Sammelbegriff für alle Formen »der rituellen Inszenierung christlicher Identität«[14] zu verwenden.[15] Diese Explikation

verschiedener Formen theologischer Rede (im weiten Sinne) vgl. Stephan Winter, *Eucharistische Gegenwart: Liturgische Redehandlung im Spiegel mittelalterlicher und analytischer Sprachtheorie*, Regensburg 2002, S. 81–105; Julia Knop, *Ecclesia orans: Liturgie als Herausforderung für die Dogmatik*, Freiburg i. Br. 2012, S. 266–271.

12 Joas, *Macht*, S. 352.

13 Tatsächlich wären die Eignung eines konkret gewählten Liturgiebegriffs zur Erfassung der Gemeinsamkeiten und Unterschiede jüdischer und christlicher ritueller Praxis und Folgerungen für entsprechende liturgiegeschichtliche, -theologische und -praktische Reflexionen eigens zu bedenken. Vgl. dazu u. a. grundlegend Gerard Rouwhorst, *»Christlicher Gottesdienst und der Gottesdienst Israels: Forschungsgeschichte, Interaktionen, Theologie«*, in: *GdK* 2.2 (2008), S. 491–572, und auch Peter Ebenbauer, *Mehr als ein Gespräch: Zur Dialogik von Gebet und Offenbarung in jüdischer und christlicher Liturgie*, Paderborn 2010; ebenso ders., *»Der eine Gott der Bibel als Subjekt und Adressat christlicher Liturgie: Zur Neuformatierung der Feiern des Glaubens und ihrer Theologie durch den jüdisch-christlichen Dialog«*, in: *Der »jüdisch-christliche Dialog« veränderte die Theologie: Ein Paradigmenwechsel aus ExpertInnensicht*, hrsg. von Edith Petschnigg und Irmtraud Fischer, Wien/Köln/Weimar 2016, S. 148–163.

14 Vgl. Jürgen Werbick, *Theologische Methodenlehre*, Freiburg i. Br. 2015, S. 569–578. Eine entsprechende methodologische Reflexion auf Material- und Formalobjekt der Liturgiewissenschaft wird vorgenommen in Stephan Winter, *»Gottesdienst als Lebensform: Zu Profil und Methodik der Liturgiewissenschaft innerhalb des theologischen Fächerkanons«*, in: *Die Wissenschaftlichkeit der Theologie 2: Katholische Disziplinen und ihre Wissenschaftstheorien*, hrsg. von Benedikt Paul Göcke und Lukas Valentin Ohler, Münster 2019, S. 307–348.

15 Damit bewege ich mich auf einer Spur, die liturgiewissenschaftlich u. a. Reinhard Meßner eingeschlagen hat, wenn er schreibt: »Liturgie« umfasst die »ganze Vielfalt höchst unter-

geht davon aus, dass *Rituale* »in der Regel bewusst gestaltete [also: inszenierte; S. W.[16]], mehr oder weniger form- und regelgebundene, in jedem Fall aber relativ stabile, symbolträchtige Handlungs- und Ordnungsmuster«[17] sind. Die vom rituellen Kollektiv »allgemein akzeptierte[n] Handlungsformen« können »durch ›praktische Logik‹, Performanz und Aktualisierung stetig verändert und angepasst werden«.[18] Dies geschieht schon deshalb in mehr oder weniger starkem Umfang und Grad bei *jeder* faktisch realisierten Liturgie (im genannten weiten Sinne), dass sie eine Performance *im Sinne eines situativ einmaligen und unwiederholbaren Geschehens* darstellt:[19] Sie ist zeitlich begrenzte Darstellung – *Poiesis* –, die »sowohl die Strukturen des Kunstwerks (d. h. der liturgischen Überlieferung), als auch das bildnerische Tun des Künstlers (d. h. der Liturgie feiernden Menschen) betrifft«[20]. Solchen liturgischen Inszenierungen eignet – unbeschadet ihrer Einbindung in eine ganz bestimmte (Deutung der) Geschichte (dazu weiter unten) – die Vagheit, wie sie Inszenierungen ganz allgemein aufweisen. Es geht bei Inszenierungen als »Spiel von Erscheinungen«[21] aber jedenfalls um ein wirkliches Erscheinen des Erscheinens selbst: um »etwas, das sich hier und jetzt dem unreduzierten sinnlichen Vernehmen darbietet«.[22]

Solche Inszenierungen sind im Sinne der obigen Ritualdefinition *symbolträchtig:* Welche Rolle einzelne Elemente im Rahmen solcher Inszenierungen spielen, erschließt sich dabei *innerhalb des komplexen Gewebes* ihrer non-ver-

---

schiedlicher und sachlich [eigentlich gerade; S. W.] nicht unter einen allgemeinen Liturgiebegriff zu fassender gottesdienstlicher Handlungen« (Reinhard Meßner, *Einführung in die Liturgiewissenschaft,* 2. überarb. Aufl, Paderborn u. a. 2009, S. 33).

16 Vgl. für einen entsprechenden Inszenierungsbegriff Martin Seel, »*Inszenieren als Erscheinenlassen*«, in: ders., *Die Macht des Erscheinens: Texte zur Ästhetik*, Frankfurt a. M. 2007, S. 67–81.

17 Christiane Brosius/Axel Michaels/Paula Schrode, »*Ritualforschung heute – ein Überblick*«, in: *Ritual und Ritualdynamik: Schlüsselbegriffe, Theorien, Diskussionen*, hrsg. von dens., Göttingen/Bristol 2013, S. 9–24, hier S. 15.

18 Ebd.

19 Vgl. Stephan Winter, »*Wolf oder Lamm? Überlegungen zum Verhältnis von Liturgie und Performance art*«, in: *Präsenz: Zum Verhältnis von Kunst und Spiritualität*, hrsg. von Ludger Schulte und Thomas Möllenbeck, Münster 2019, S. 128–156; ders., »*Am Grund des rituellen Sprachspiels: Notwendige Klärungen zu ›Performance‹ und ›Performativität‹ in liturgiewissenschaftlichem Interesse*«, in: *BiLi* 84 (2011), S. 12–27 (in beiden Beiträgen auch Verweise auf die einschlägige Literatur).

20 Albert Gerhards, »*Mimesis – Anamnesis – Poiesis: Überlegungen zur Ästhetik christlicher Liturgie als Vergegenwärtigung*«, in: *Pastoralästhetik: Die Kunst der Wahrnehmung und Gestaltung in Glaube und Kirche*, hrsg. von Walter Fürst, Freiburg/Basel/Wien 2002, S. 169–186, hier S. 171; vgl. zum Ganzen auch ders., »*Aisthesis und Poiesis – Grundzüge einer liturgischen Ästhetik*«, in: *Liturgie und Ästhetik*, hrsg. von dems. und Andreas Poschmann, Trier 2013, S. 12–27, sowie im selben Band Stephan Wahle, »*Liturgie als ästhetische Erfahrung*«, S. 52–82.

21 Seel, »*Inszenieren*«, S. 75.

22 Seel, »*Inszenieren*«, S. 76.

balen und verbalen Anteile. Jetzt hier konzentriert auf die *verbalen Anteile* als Symbole im engeren Sinne gesagt:

> [Sie] stehen sozusagen zunächst in sich, sie werden aber durchsichtig für den anderen, tieferen Sinn […], sofern sie Zeichen sind, die etwas anderes bezeichnen können oder sollen als das, was man zunächst mit ihnen in Verbindung bringt[.][23]

Umberto Eco spricht vom »symbolischen Modus« der Kommunikation: In diesem Modus wird ein Symbol »textmäßig erzeugt«[24], und das macht »eine bestimmte semiotische Strategie« erforderlich, denn: Entsprechende Texte sind quasi ›unheilbar‹ *deutungsoffen*, gerade weil bestimmte Zeichen innerhalb ihres »Ko-Textes« *überbestimmt* sind. Eco spricht von einem »*Nebel* möglicher Interpretationen«[25]: Der Inhalt des Symbols ist zugänglich »für eine semiosische [sic!] Verschiebung von Interpretant zu Interpretant, das Symbol hat keinen autorisierten Interpretanten«:

> Das Symbol sagt, daß es etwas gibt, was es sagen könnte, aber dieses Etwas kann nicht ein für alle Mal und deutlich buchstabiert werden, denn sonst würde das Symbol aufhören, es zu sagen. Das Symbol sagt nur eines deutlich, daß es nämlich eine semiotische Maschine ist, die erdacht wurde, um nach dem symbolischen Modus zu funktionieren.[26]

Nach diesem Verständnis hört ein Zeichen auf, als Symbol zu funktionieren, sobald ein Interpret auf eine zuvor kulturell codierte Deutungskompetenz fixiert wird. Ein Symbol in diesem Sinne ist vielmehr »idiolektal, weil es nur für die Textumgebung gilt, in der es erscheint«, und das enthebt solche ästhetischen Symbole »jeder ›politischen‹ Kontrolle«:

> [S]ie *detonieren*, aber sie können nicht von außen *elaboriert* werden. Die ästhetische Erfahrung kann nicht mystisch sein, da sie nicht von einer externen Autorität interpretiert und gezähmt werden kann. Keine kritische Bemühung hat die Kraft, eine in-

23 Thomas Schärtl, *Theo-Grammatik: Zur Logik der Rede vom trinitarischen Gott*, Regensburg 2003, S. 82 f.; zur genaueren Einordnung dieses Symbolbegriffs, wie er im Folgenden noch etwas verdeutlicht werden wird, vgl. Schärtl, *Theo-Grammatik*, S. 75–96. Klassische symboltheoretische Texte, die die Komplexität der einschlägigen Diskurse exemplarisch belegen, sind zusammengestellt in Frauke Berndt/Heinz J. Drügh (Hgg.), *Symbol: Grundlagentexte aus Ästhetik, Poetik und Kulturwissenschaft*, Frankfurt a.M. 2009. Für das partiell alternative, eher semiotische Symbolverständnis, das hier mit zu berücksichtigen ist, vgl. – im Anschluss an Charles S. Peirce – auch Jörg R. J. Schirra, *»Symbol, Index, Ikon«* (Ausg. 1), in: *Glossar der Bildphilosophie* (2012–2020), hrsg. von Jörg R. J. Schirra, Mark A. Halawa und Dimitri Liebsch, o. O. 2013, URL: www.gib.uni-tuebingen.de/netzwerk/glossar/index.php?title=Symbol,_Index,_Ikon&oldid=22155 (letzter Zugriff 10. 02. 2020).

24 Umberto Eco, *»Symbol«* [– Auszug], in: ders., *Semiotik und Philosophie der Sprache*, München 1985, S. 193–241, hier S. 230–241, hier und im Folgenden zitiert nach dem Wiederabdruck in Frauke Berndt/Heinz J. Drügh (Hgg.), *Symbol*, S. 325–335, hier S. 326.

25 Ebd.

26 Eco, *»Symbol«*, S. 331.

> terpretative Tradition festzulegen; wenn dies geschieht, hat das ästhetische Symbol einstweilen (vielleicht für immer) seine Anziehungskraft verloren – es ist zu etwas geworden, das von den Mitgliedern einer kritischen Clique als ›Schibboleth‹ zitiert werden kann, als ›Geste‹ eines eingefrorenen Rituals, als bloße Erwähnung einer vorangegangenen symbolischen Erfahrung. Das lebendige Symbol ist von einem Kitschetikett ersetzt worden.[27]

Damit ist pointiert ausgedrückt, dass die Aktualisierung des symbolischen Modus bei der Herstellung wie der Interpretation eines Textes geschehen kann, und dass sie auf einer pragmatischen Entscheidung beruht. Dieser Modus ist insofern »eine Modalität des Text*gebrauchs*«.[28] Schwingt aber im Ausdruck ›christliche Identität‹, wie er oben innerhalb der Explikation des Liturgiebegriffs verwendet wird, nicht mit, dass es von vornherein *ein bestimmter* tieferer Sinn ist, der liturgischen Inszenierungen zugrunde liegt? Wenn ja: Verlieren sie damit nicht letztlich ihr symbolisches Potential? Tatsächlich legen sich, wie Eco hervorhebt, im Fall religiös konnotierter ritueller Handlungskontexte aufgrund von deren Einbettung in Traditionen bestimmte symbolische Inhalte nahe: »[D]er Interpret ist davon überzeugt (er muß davon überzeugt sein), daß sie nicht kulturelle Einheit sind, sondern *Referenten*, Aspekte einer außersubjektiven und außerkulturellen Wirklichkeit.«[29] Und bereits ritualtheoretisch ist grundsätzlich festzustellen: Seitens der menschlichen Handlungssubjekte besteht ihr Wirken in Kontexten, die vom *ritual engagement* geprägt sind, (zunächst nicht deskriptiv, sondern normativ betrachtet!) primär *nicht* darin, gemäß ihren individuellen Intentionalitäten bzw. Interpretationskompetenzen zu agieren; sie stellen vielmehr – v.a. hinsichtlich der Basiselemente und damit auch hinsichtlich von deren Interpretation – eigene Absichten entschieden zugunsten der Intentionalitäten des rituellen Kollektivs zurück.[30]

Die These, die im Folgenden entwickelt und begründet werden soll, lautet nun vor dem angedeuteten Hintergrund: Das Spezifische *liturgischer* Inszenierungen liegt aus Sicht des Glaubens darin, dass es *Gott selbst* ist, der diese Inszenierungen absichtsvoll einleitet und – vermittelt über die menschlichen Handlungsträger/innen bzw. die durch sie gebrauchten verbalen wie nonverbalen Elemente –

27 Eco, »*Symbol*«, S. 332.
28 Eco, »*Symbol*«, S. 334.
29 Ebd.
30 Hier sind komplexe Fragen nach dem Verhältnis individueller und kollektiver Intentionalitäten bzw. nach den Strukturen entsprechender Identitätsbildungsprozesse berührt, auf die nicht weiter eingegangen werden kann. Vgl. für erste Klärungen Stephan Winter, »›*Bloß nicht aus dem Rahmen fallen …‹: Rituell-gottesdienstliches Framing als zentrale pastoralliturgische Herausforderung*«, in: *HlD* 72.4 (2018), S. 185–194; Josef Quitterer, »*Liturgie als geteilte intentionale Praxis*«, in: »*Ein Symbol dessen, was wir sind«: Liturgische Perspektiven zur Frage der Sakramentalität*, hrsg. von Martin Stuflesser, Joris Geldhof und Andy Theuer, Regensburg 2018, S. 68–82.

ausführt: ER bringt *seine Gegenwart* in der eschatologischen Öffentlichkeit, wie sie sich in der liturgischen Versammlung repräsentativ etabliert, zur Erscheinung.[31] Weil es aber der *biblisch bezeugte* und aus christlicher Sicht *in Jesus von Nazareth Mensch gewordene Gott* ist, der liturgisch erscheint, zeigt sich in und durch die entsprechenden Inszenierungen ästhetisch stilisiert, dass im Fall trefflicher Gott-Rede deren symbolischer Charakter nicht eliminiert, sondern radikal transformiert wird, indem »der ›fremde‹ Gott sich mit den Zeichen menschlicher Sprache identifizieren *läßt*«:

> Dann sind diese Zeichen, die in einem prädizierenden Vorgang dem Wort ›Gott‹ beigesellt werden, in einem ersten Schritt zwar als *Symbole* aufzufassen, die von sich wegweisen wollen, in einem zweiten Schritt aber können sie zu *Realsymbolen* der Gegenwart Gottes werden, sofern in ihnen der fremde Gott wirklich nahe kommt: In dem, was abwertend als menschliche Logik oder bloß menschliche Sprachregelung oder bloß menschlicher Zusammenhang von Bedeutungen klassifiziert werden kann, drückt sich Gott wirklich aus.[32]

2 Liturgische Wort-Werdung Gottes nach Sacrosanctum Concilium

Mit dem Zweiten Vatikanischen Konzil hat die römisch-katholische Kirche ihr Offenbarungsverständnis auch kirchenoffiziell grundlegend neu formuliert, wie dies andere Beiträge des vorliegenden Buches deutlich machen. Bereits die Liturgiekonstitution hat diesbezüglich als zuerst verabschiedetes Dokument des Konzils entsprechende Weichenstellungen vorgenommen.[33] U. a. hat sie wieder (nicht zuletzt auch in ökumenisch bedeutsamer Weise) neu in den Vordergrund

---

31 Vgl. ausführlicher Stephan Winter, *»Gestaltwerdung des Heiligen: Liturgie als Ort der Gegenwart Gottes«*, in: *Gegenwart: Ästhetik trifft Theologie*, hrsg. von Edmund Arens, Freiburg/Basel/Wien 2012, S. 149–176.

32 Schärtl, *»Theo-Grammatik«*, S. 129.

33 Vgl. zur Liturgiekonstitution die großen Kommentare, v. a. Reiner Kaczynski, *Theologischer Kommentar zur Konstitution über die heilige Liturgie* Sacrosanctum Concilium, in: *Herders Theologischer Kommentar zum Zweiten Vatikanischen Konzil* II, hrsg. von Peter Hünermann und Bernd Jochen Hilberath, Freiburg i. Br. u. a. 2004, S. 1–227; Emil Joseph Lengeling, *Konstitution des Zweiten Vatikanischen Konzils über die heilige Liturgie: Lateinisch-deutscher Text mit einem Kommentar*, Münster 1964; gute, kompakte Einführungen liefern u. a. Klemens Richter, *»Der Aufbruch des Konzils: Die Liturgiekonstitution Sacrosanctum Concilium und ihre Folgen«* (Originalpublikation: 2014), in: ders., *Feiernde Gemeinde: Die Identität der Kirche und ihr Gottesdienst – eine Aufsatzsammlung*, hrsg. von Benedikt Kranemann, Thomas Sternberg und Martin Stuflesser, Münster 2015, S. 97–119; Benedikt Kranemann, *»Religiöser Pluralismus als Herausforderung der Liturgie: Eine Relecture der Liturgiekonstitution«*, in: *Liturgie lernen und leben – zwischen Tradition und Innovation: Pius-Parsch-Symposion 2014*, hrsg. von Andreas Redtenbacher et al., Freiburg i. Br. u. a. 2015, S. 41–59.

gestellt, inwiefern für die Liturgie ein Kommunikationsgeschehen prägend ist, das später in der Offenbarungskonstitution *Dei Verbum* als *colloquium inter Deum et hominem* (*DV* 25[34]) bezeichnet wird.[35] Sicherlich verkürzt, lässt sich diese Struktur so beschreiben, dass im Zentrum liturgischer Feier (wobei der oben eingeführte weite Sinn von ›Liturgie‹ innerhalb der vorliegenden Ausführungen immer mitzudenken ist)[36] eine Sequenz von Gottes (*gen. subi.*) Anrede an die Menschen und von deren Antwort im Gebet steht, wobei *beide* Teilsequenzen biblisch inspiriert sein sollen. Diese Konzeption ist vielfach theologisch und insbesondere liturgiewissenschaftlich bedacht worden.[37] Hier sei lediglich ein kurzer Blick auf den diesbezüglich emblematischen Artikel 24 der Konstitution geworfen:[38]

> 24. Von größtem Gewicht für die Liturgiefeier ist die Heilige Schrift. Aus ihr werden nämlich Lesungen vorgetragen und in der Homilie ausgedeutet, aus ihr werden Psalmen gesungen, unter ihrem Anhauch und Antrieb sind liturgische Gebete, Orationen und Gesänge geschaffen worden, und aus ihr empfangen Handlungen und Zeichen ihren Sinn. Um daher Erneuerung, Fortschritt und Anpassung der heiligen Liturgie voranzutreiben, muß jenes innige und lebendige Ergriffensein von der Heiligen Schrift gefördert werden, von dem die ehrwürdige Überlieferung östlicher und westlicher Riten zeugt.

Offensichtlich wird an dieser Stelle die konsequente Orientierung liturgischer Feier an der Heiligen Schrift in den zwei angedeuteten Richtungen verstanden: Sie soll *erstens* zu deren (vermehrter und reicherer) gottesdienstlicher Verkündigung führen (vgl. dazu auch das Bild von der Schatzkammer des Gotteswortes,

---

34 Vgl. zur generellen Neubewertung der Bedeutung der Heiligen Schrift bzw. ihrer gottesdienstlichen Verkündigung und Auslegung durch das Konzil auch *Dei Verbum* (*DV*) 7–13 und 21 (zur letztgenannten Stelle noch weiter unten); *Gaudium et Spes* (*GS*) 58; *Ad Gentes* (*AG*) 6; ferner *Lumen Gentium* (*LG*) 25 und *Presbyterorum Ordinis* (*PO*) 4.

35 Vgl. dazu aus liturgiewissenschaftlicher Sicht u. a. Birgit Jeggle-Merz, »›*colloquium inter Deum et hominem*‹ *(DV 25) in vielfältiger Gestalt und Ausprägung*«, in: *Die Wort-Gottes-Feier*, hrsg. von Benedikt Kranemann, Stuttgart 2006, S. 64–73, und für eine grundlegende Einordnung nach wie vor auch Emil Joseph Lengeling, *Liturgie – Dialog zwischen Gott und Mensch*, Freiburg i. Br. 1991.

36 Die Liturgiekonstitution legt genau genommen eine andere Kategorisierung zugrunde; vgl. Winfried Haunerland, »*Ist alles Liturgie? Theologische Unterscheidungen aus praktischem Interesse*«, in: *MThZ* 57 (2006), S. 253–270.

37 Vgl. jüngst u. a. Alexander Zerfass/Ansgar Franz (Hgg.), *Wort des lebendigen Gottes: Liturgie und Bibel*, Tübingen 2016; der Aufbau dieses Sammelbandes orientiert sich an Art. *SC* 24, auf den gleich eingegangen wird; vgl. demnächst zu dieser Thematik (mit ritenvergleichenden Ansätzen) auch umfassend Marco Benini, *Liturgische Bibelhermeneutik: Die Heilige Schrift im Horizont des Gottesdienstes*, Münster 2020 (Habilitationsschrift).

38 Vgl. neben den Beiträgen des Sammelbandes Alexander Zerfass/Ansgar Franz, *Wort des lebendigen Gottes aus der älteren Literatur* bes. Jürgen Bärsch, »›*Von größtem Gewicht für die Liturgiefeier ist die Heilige Schrift*‹ *(SC 24): Zur Bedeutung der Bibel im Kontext des Gottesdienstes*«, in: *LJ* 53 (2003), S. 222–241.

aus der heraus der Tisch des Wortes reicher gedeckt werden soll, in *SC* 51); und *zweitens* soll diese Orientierung darin zum Ausdruck kommen, dass die Schrift in Form des Psalmengesangs und mittels vielfältiger Formen der (mehr oder weniger direkten) Zitation sowie gezielt ermöglichter intertextueller Bezugnahmen die Gebete, insbesondere Orationen, und Gesänge prägt. Diese Vorgabe bezieht sich – angezeigt mittels der Wendung »Handlungen und Zeichen« – ausdrücklich nicht nur auf verbale, sondern ebenso auf die non-verbalen Anteile der rituellen Inszenierung. In *SC* 34 findet sich deshalb auch die Forderung nach einer entsprechend transparenten Gestaltung der Riten, die »den Glanz edler Einfachheit an sich tragen und knapp, durchschaubar und frei von unnötigen Wiederholungen sein« sowie »der Fassungskraft der Gläubigen angepaßt und [...] im allgemeinen nicht vieler Erklärungen bedürfen« sollen. Der Konstitution geht es demnach um eine Gesamtästhetik, die die biblisch getragene Dialogstruktur der Liturgie transparent und nachhaltig eindrücklich werden lässt![39]

Zusammengefasst soll – mit einer weit verbreiteten theologischen Terminologie gesagt – die Heilige Schrift Liturgie ›durchsäuern‹, indem (1) Lesung aus den kanonischen Schriften geschieht und so Gottes Heilswirken proklamiert wird (katabatische Dimension); indem (2) – klassisch etwa durch den Antwortpsalm – mittels biblischer Texte die Aneignung des und Zustimmung zum Gehörten ermöglicht wird (diabatische Dimension); und indem Liturgie sich dann (3) durch Christus im Heiligen Geist Gott direkt zuwendet und in Bekenntnis, Lobpreis, Fürbitte oder Danksagung ausmündet,[40] insofern auch diese Teile ihrerseits von biblischen Wendungen bzw. entsprechenden An- und Einspielungen durchdrungen sind (anabatische Dimension). Mit *SC* 33, wo die nachgezeichnete Grundstruktur ebenfalls kompakt dargestellt wird:

> [N]icht bloß beim Lesen dessen, ›was zu unserer Belehrung geschrieben ist‹ (*Röm* 15,4), sondern auch wenn die Kirche betet, singt oder handelt, [wird] der Glaube der Teilnehmer genährt und ihr Herz zu Gott hin erweckt, auf daß sie ihm geistlichen Dienst leisten und seine Gnade reichlicher empfangen.

Solche Liturgie setzt in der Tat darauf, dass das äußere Handeln und die innere Einstellung – das »Herz« – übereinstimmen, wobei dies in *SC* 24 als »lebendige[s] und innige[s] Ergriffensein von der Heiligen Schrift – *suavis et vivus sacrae Scripturae affectus*« charakterisiert wird.

---

39 Stephan Winter, »›*Gott, deine uralten Wunder leuchten noch in unseren Tagen*‹*: Die Bibel im Raum der Liturgie*«, in: *Handbuch Bibel-Pastoral: Zugänge – Methoden – Praxisimpulse*, hrsg. von Jens Ehebrecht-Zumsande und Andreas Leinhäupl, Ostfildern 2018, S. 23–28; ders., »›*... und er wird ein Zeichen sein, dem widersprochen wird*‹*: Ist die Neuordnung des liturgischen Zeichensystems durch die Liturgiereform gelungen?*«, in: *LJ* 55 (2005), S. 23–38.

40 Vgl. zum Ineinandergreifen von (1)–(3) und der diesbezüglich wichtigen Funktion der Schriftauslegung auch Gunda Brüske, »*Ein heilshaftes Geschehen: Die Predigt als Teil der Liturgie*«, in: *GD* 42 (2008), S. 89–91.

Diese und ähnliche Formulierungen sind erst adäquat zu verstehen, wenn sie in den größeren Horizont gestellt werden, den die Konstitution v. a. mit ihrem grundlegenden Teil eröffnet; hier wird sozusagen über die eigentliche Quelle echter Herzenszustimmung zur Heiligen Schrift Auskunft gegeben. Die Identität, die liturgische Kollektive – bei allen situativ bedingten Unterschieden – miteinander verbindet, wird in *SC* 5–7 so zu erfassen gesucht, dass Herkunft, Gegenwart und Zukünftigkeit der Kirche als Geschichte Gottes erzählt werden – nicht als reale, aber auch nicht als fiktive Geschichte, sondern als *deutendes Narrativ.*[41] Der Text redet damit »gleichsam in reflektierter Naivität, reflektiert, weil diese unmittelbar religiösen Aussagen ja sehr wohl aus Argumentationen und Diskussionen entstanden sind.«[42] Gemäß diesem Narrativ will Gott für *alle* Menschen Rettung und Befreiung. Deshalb hat er – so *SC* 5 – »in früheren Zeiten vielfach und auf vielerlei Weise durch die Propheten zu den Vätern [und Müttern; S. W.] gesprochen (Hebr 1,1)«, in der »›Fülle der Zeiten‹« aber durch »seinen Sohn, das Wort, das Fleisch angenommen hat und mit dem Heiligen Geist gesalbt worden ist, den Armen das Evangelium zu predigen und zu heilen, die zerschlagenen Herzens sind«. Dieser Ereigniszusammenhang vollendet sich demnach im ›Pascha-Mysterium‹: in Christi Leiden, seiner Auferweckung und Erhöhung zum Vater (vgl. dazu auch bes. *SC* 61.102–111), wobei *SC* 5 diesen Zusammenhang wie das ganze Christusereignis ausdrücklich als integralen Bestandteil der Geschichte Gottes mit seinem ersterwählten Volk Israel begreift.[43]

Das rituelle Kollektiv versteht sich nach diesem Ideal so, dass es im jeweiligen Hier und Jetzt durch die Liturgie in die heilschaffende Geschichte Gottes mit seiner Schöpfung und den Menschen hineingestellt wird, eine Geschichte, die durch umfassendes Gedenken in der Gegenwart Befreiung schenkt;[44] darauf ist in Abschnitt 3 noch einmal zurückzukommen. Dieses befreiende Gedenken wird jedenfalls nach dem Selbstverständnis der menschlichen Handlungssubjekte ermöglicht durch Hineinnahme in Jesu Christi Leben, Sendung und Geschick, weil er »Fülle des göttlichen Dienstes« in Person ist: Die Weise, in der Jesus Christus

41 Ganz ähnlich arbeiten auch zwei weitere der insgesamt vier Konzilskonstitutionen. Vgl. neben *SC* 5–7 auch *LG* 1–4 und *DV* 2–6.

42 Guido Bausenhart, *»Ist Gott ein geschichtlicher Gott? Skizze eines ›Ja‹«*, in: *Zukunft aus der Geschichte Gottes: Theologie im Dienst an einer Kirche von morgen (FS Peter Hünermann)*, hrsg. von dems., Margit Eckholt und Linus Hauser, Freiburg i. Br. u. a. 2014, S. 31–64, hier S. 64.

43 Vgl. zu diesem zentralen Theologoumenon aus der neueren Literatur bes. Simon Schrott, *Pascha-Mysterium: Zum liturgietheologischen Leitbegriff des Zweiten Vatikanischen Konzils*, Regensburg 2014; ferner Birgit Jeggle-Merz, *»Pascha-Mysterium: ›Kurzformel‹ der Selbstmitteilung Gottes in der Geschichte des Heils«*, in: *IKathZ* 39 (2010), S. 53–64.

44 Vgl. Angelus A. Häußling, *»Liturgie: Gedächtnis eines Vergangenen und doch Befreiung in der Gegenwart«* (Erstveröffentl. 1991), in: ders., *Christliche Identität aus der Liturgie*, Münster 1997, S. 2–10, und zur Thematik liturgischen Gedenkens auch umfassend Stephan Wahle, *Gottes-Gedenken: Untersuchungen zum anamnetischen Gehalt christlicher und jüdischer Liturgie*, Innsbruck/Wien 2006.

das »Werk der Erlösung der Menschen und der vollendeten Verherrlichung Gottes« (*SC* 5) – also: katabatische und anabatische Dimension gott-menschlicher Begegnung – hervortreten ließ, ist durch Nichts zu überbieten! Insofern basiert jedwede rituelle Inszenierung *christlicher* Identität letztlich, wie *SC* 6 konkretisiert, darauf, dass Menschen mittels der Taufe geistlich in Jesus Christus selbst inkorporiert werden und die so gebildete Gemeinschaft »niemals auf [...]hört, sich zur Feier des Pascha-Mysteriums zu versammeln«. Aufgrund der Inkorporation der Feiernden in Christus ist dieser selbst »gegenwärtig [...] in den liturgischen Handlungen«: »im Opfer der Messe sowohl in der Person dessen, der den priesterlichen Dienst vollzieht [...], wie vor allem unter den eucharistischen Gestalten«, »in den Sakramenten, so daß, wenn immer einer tauft, Christus selber tauft«; »in seinem Wort, da er selbst spricht, wenn die heiligen Schriften in der Kirche gelesen werden. Gegenwärtig ist er schließlich, wenn die Kirche betet und singt, er, der versprochen hat: ›Wo zwei oder drei versammelt sind in meinem Namen, da bin ich mitten unter ihnen‹ (Mt 18,20)«: Heiligung des Menschen wie Lobpreis Gottes werden durch die Wirkeinheit von Christus und Kirche »durch sinnenfällige Zeichen [...] in je eigener Weise bewirkt und [...] vollzogen.« (*SC* 7)[45] – Alle weiteren Ausführungen der Konstitution sind vom damit knapp nachgezeichneten Narrativ her zu verstehen, nicht zuletzt die zentrale Kategorie der »tätigen, vollen und bewussten Teilnahme« *aller* Gläubigen (vgl. u. a. *SC* 14).[46] *Spiritualitätstheologisch* gewendet lässt sich im Blick auf die Mitfeiernden sagen: Wenn aus biblischer Sicht eine menschliche Existenz spirituell zu nennen ist, die *in ihrer geschichtlich konkreten Ausprägung* vom Geist des biblisch bezeugten Gottes gewirkt ist;[47] und wenn *eine jede* solche geschichtliche

---

45 Das in diesem Artikel ebenfalls gebrauchte Bild vom Leib und den Gliedern ist allerdings heute auf seine Brauchbarkeit hin neu zu befragen. Vgl. dazu Matthias Remenyi/Saskia Wen del (Hgg.), *Die Kirche als Leib Christi: Geltung und Grenze einer umstrittenen Metapher*, Freiburg i. Br./Basel/Wien 2017.

46 Vgl. z. B. Stephan Winter, *»(Neue) Beteiligungsformen in der Liturgie«*, in: *Praxis Partizipation: Voraussetzungen und Wege zu einer Kirche der Beteiligung*, hrsg. von Martin Klaedtke, Daniel Rick, Jacqueline Schlesinger und Dieter Tewes, Würzburg 2016, S. 125–147; Julia Knop, *»Participatio actuosa: Liturgie feiern – Kirche sein«*, in: *Liturgie und Ökumene: Grundfragen der Liturgiewissenschaft im interkonfessionellen Gespräch*, hrsg. von Birgit Jeggle-Merz und Benedikt Kranemann, Freiburg i. Br./Basel/Wien 2013, S. 240–254; Martin Stuflesser, *»Actuosa Participatio: Zwischen hektischem Aktionismus und neuer Innerlichkeit. Überlegungen zur ›tätigen Teilnahme‹ am Gottesdienst der Kirche als Recht und Pflicht der Getauften«*, in: *LJ* 59 (2009), S. 147–186 (engl. Fassung: *»Actuosa Participatio: Between Hectic Actionism and New Interiority. Reflections on ›Active Participation‹ in the Worship of the Church as Both Right and Obligation of the Faithful«*, in: *Studia Liturgica* 41 (2011), S. 92–126); ders., *»The Many Meanings of ›Active Participation‹: A Contemporary Perspective«*, in: *Mediating Mysteries: Understanding Liturgies: On Bridging The Gap Between Liturgy and Systematic Theology*, hrsg. von Joris Geldhof, Leuven 2015, S. 143–164.

47 Der Geist Gottes ist demnach keine rein geistige, also rein übersinnliche Größe, sondern lässt sich identifizieren an seinen »Früchten« (so Paulus in Gal 5,22 f.), die im Gegensatz zu den

Konkretion christlich betrachtet ihren Maßstab aus der *einen* Geschichte bezieht, wie sie durch Jesus von Nazareth eröffnet worden ist;[48] dann ist Liturgie insofern herausragender Praxisort christlicher Spiritualität, als sie in der Kraft des Geistes Menschen *mit ihrer individuellen Biographie* Anteil am Christusereignis und am Paschamysterium gibt.[49] So wird Heilsgeschichte liturgisch – getragen von der Geistkraft Gottes – je neu situativ im Modus des Ritus fortgeschrieben: »Nach christlicher Überzeugung ist das ›Drama‹ des Christentums – das *Mysterium paschale* des Todes und der Auferstehung Jesu Christi – niemals ausgespielt, es muss ständig [auch von seiner Einbindung in Gottes Geschichte mit Israel her; S. W.] neu ›inszeniert‹ werden«[50].

Als Zwischenfazit lässt sich festhalten, dass *Sacrosanctum Concilium* ein sehr elaboriertes Bild der liturgischen Fortschreibung des biblisch begründeten Narrativs zeichnet, eines Narrativs, das eine spezifische Deutung sakramentaler Erfahrungen des Heiligen im eingangs eingeführten Sinne entwickelt. Ihren symbolischen Charakter behalten liturgisch gesetzte, insbesondere verbale Zeichen, deshalb, weil Liturgie in der Form »›Station der Gottesbegegnung‹, [...] privilegierter Ort der Epiphanie Gottes in unserem Leben«[51], dass Gott selbst den menschlichen Sprecherstandpunkt in Jesus Christus in seine eigene ›Binnenstruktur‹ einbezieht; daran wiederum partizipieren die sinnlich wahrnehmbar agierenden liturgischen Handlungssubjekte mittels des Geistes Gottes. – Natürlich ist diese komplexe Reflexionsfigur äußerst voraussetzungsreich. Deshalb sind diese wenigen Ausführungen hochgradig präzisierungsbedürftig, wobei die Rationalität der trinitarischen Logik, die ihr zugrunde liegt, möglichst umfassend und überzeugend darzustellen wäre.[52] Wenigstens in groben Zügen sollte aber deutlich geworden sein, inwiefern nach dem Verständnis des Konzils aufgrund göttlicher Initiative und durchgängig göttlich ermöglicht (verbale) Zeichen in-

»Werken des Fleisches« (Gal 5,19 ff.) stehen. Diese Früchte gedeihen bei denen, die Christus angehören (vgl. Gal 5,25). Vgl. Bernhard Fraling, *»Überlegungen zum Begriff der Spiritualität«*, in: *»Lasst euch vom Geist erfüllen!« (Eph 5,18) – Beiträge zu einer Theologie der Spiritualität*, hrsg. von der Arbeitsgemeinschaft Theologie der Spiritualität (AGTS), Münster 2001, S. 6–30, hier S. 17.

48 Vgl. dazu und zum Folgenden Christian Schütz, *»Spiritualität, christliche«*, in: *»Praktisches Lexikon der Spiritualität«* (Sonderausg.), hrsg. von dems., Freiburg i. B./Basel/Wien 1992, Sp. 1170–1180, hier Sp. 1172; Anton Rotzetter, *»Spiritualität«*, in: ders., *Lexikon christlicher Spiritualität*, Darmstadt 2008, S. 567–569.

49 Vgl. Gisbert Greshake, ... *wie man in der Welt leben soll: Grundfragen christlicher Spiritualität*, Würzburg 2009, S. 15.

50 Gerhards, *»Aisthesis und Poiesis«*, S. 21.

51 Vgl. Albert Gerhards, *»Stationen der Gottesbegegnung: Zur theologischen Bestimmung der Sakramentenfeiern«*, in: *Die Feier der Sakramente in der Gemeinde (FS Heinrich Rennings)*, hrsg. von Martin Klöckener und Winfried Glade, Kevelaer 1986, S. 17–30.

52 Vgl. darüber hinaus u. a. die ebenso grundlegende wie umfassende Studie Schärtl, *Theo-Grammatik*.

nerhalb liturgischer Inszenierungen in paradigmatischer Weise »zu *Realsymbolen* der Gegenwart Gottes werden [können], sofern in ihnen der fremde Gott wirklich nahe kommt« (so, wie oben schon zitiert, Thomas Schärtl). Unter raumzeitlichen Bedingungen steht solche Gott-Rede (*gen. obi.*) freilich insofern bleibend unter einem eschatologischen Vorbehalt, als wir »[i]n der irdischen Liturgie […] [lediglich; S. W.] *vorauskostend* [Hervorh. S. W.] an jener himmlischen Liturgie teil[nehmen], die in der heiligen Stadt Jerusalem gefeiert wird, zu der wir pilgernd unterwegs sind, wo Christus sitzt zur Rechten Gottes«; aber es ist *jetzt schon* – noch einmal: rein aufgrund göttlicher Ermöglichung – *tatsächlich* der »Lobgesang der Herrlichkeit«, wie ihn die »Schar des himmlischen Heeres« singt, den Menschen liturgisch auf Erden vollziehen (*SC* 8; vgl. auch *SC* 2.53). Vorausgesetzt ist hier eine »präsentische Eschatologie unseres Sprechens«: Symbolische, biblisch gegründete Gott-Rede ist – zumal wenn sie liturgisch in eine elaborierte Ästhetik eingelassen ist – v. a. aufgrund der in ihr verwendeten Metaphern »ein Vorgriff (ein durchaus rational zu rechtfertigender dazu) auf die Eigentlichkeit jener Semantik, die aus ihrem [hier: der Metapher; S. W.] Tod erwachsen soll«: Wir müssen auf die Möglichkeit einer Rede, die korrekt und eigentlich auf Gott referiert und von ihm zu prädiziert, »nicht nur warten, diese Möglichkeit ist im Antizipieren gelingender Prädikation Wirklichkeit, die sich in unsere Möglichkeiten herabsenkt – ganz so wie es in Kol 3,1–4 in jener eigenwilligen, aber unersetzbaren Verbindung von Gegenwärtigkeit und Ausständigkeit ausgedrückt ist«:

> Die Auferweckung ist schon vollzogen, das Hineingenommensein in die Wirklichkeit Gottes hat sich schon ereignet – und doch steht es in seiner universalen, umspannenden Manifestation noch aus.[53]

Und wie Schärtl dann an dieser Stelle noch sozusagen ›eucharistie-sensibel‹ notiert: Eine v. a. durch Metaphern eröffnete Sichtweise, wie sie biblisch durchwirkte und damit nicht zuletzt liturgische Gott-Rede nachhaltig prägt, führt aus den gewöhnlichen Perspektiven heraus und »(im Sinne der Angabe einer Zielrichtung) zu einer neuen Existenzweise«:

> [S]ie ist erst durch die *Auferstehung* aus der Uneigentlichkeit möglich. Dem *Tod der Metapher* liegt als fundamentaler semiotischer Vorgang der *Tod des Symbols* zugrunde (sein Verzehr): Das unangemessene Zeichen, sehen wir es dargestellt im prädikativen Teil einer Prädikation [wie etwa »Dies (Brot) ist mein Leib/Fleisch«//»Dies(er Wein) ist mein Blut«; S. W.[54]] oder im Kennzeichnungsteil einer Identifikation im Zusammen-

53 Schärtl, *Theo-Grammatik*, S. 128; dort auch die nächsten Zitate.

54 Vgl. dazu auch Stephan Winter, *Eucharistische Gegenwart.* – Im vorliegenden Text schwenke ich der Einfachheit halber stark auf Schärtls Position zum ›Funktionieren‹ von Metaphern in religiöser Rede ein. Ob bzw. inwiefern dies noch mit meiner damals vertretenen Position zusammenpasst, kann ich hier nicht diskutieren. Vgl. dazu schon die entsprechenden Bei-

hang der Rede von ›Gott‹, *wird* zum angemessenen Ausdruck. Das Symbol wird zum Realsymbol. Die Metapher wiederum deckt die Regularitäten des Realsymbolischen auf und erweitert sie, indem sie (durch ihren Tod) aus der sterbenden Irregularität eine Regel erstehen läßt.[55]

3 Mit den Jüngern von Emmaus unterwegs bleiben ...

Natürlich wurde zuletzt in gewisser Weise schon etwas über den engeren Rahmen des vorliegenden Textes hinausgegriffen und angedeutet, wie die Überlegungen gegebenenfalls systematisch-theologisch bzw. philosophisch weiterzuführen wären. Es müsste dann darum gehen, genauer zu rekonstruieren und plausibel zu machen, dass und inwiefern – um noch ein letztes Mal Thomas Schärtl zu zitieren – »Reden von ›Gott‹ [...] ein dynamisches Geschehen« ist, in dem zunächst wörtlich zu deutendes Sprechen zugunsten eines bildlichen, übertragenen Sprechens entgrenzt wird, dabei aber aus dem Sterben des ursprünglichen sprachlichen Regelwerks eine neue, jetzt endzeitlich imprägnierte Regularität entsteht:

> Ein Postulat? Ein Postulat ist es gewiß, wenn wir das fundamentalsemiotische Problem rein *in philosophicis* betrachteten. Gleichzeitig ergibt sich hier eine Anschlußstelle, von der aus die Kriterien der Plausibilität einer Offenbarungstheologie sichtbar gemacht werden können: Zur Sprache kommen kann Gott nur, wenn er auch zur Sprache *kommt*, wenn er sich in die Zeichen menschlicher Existenz (des Lebens, der Kommunikation etc.) inkarniert. Von ihm gesprochen werden kann nur, wenn er im inkarnierten Wort anwesend ist. Der spekulative Umschlag, der hier angedeutet wird, kann freilich auch so gesehen werden, daß er zu einer Rede führt, die als eigentliche Rede gelten kann, so daß das, was von Gott gesagt wird, zum Maßstab treffender Prädikation wird, demgegenüber das, was vom Menschen zu sagen ist, abgeleitet und uneigentlich zu erscheinen droht.[56]

Wieder enger an die anhand der Liturgiekonstitution entwickelten Gedanken angelehnt, lässt sich diese anthropologische Pointe biblisch begründeter Gott-Rede im Blick speziell auf deren liturgische Realisierung jetzt noch einmal von der lukanischen Emmaus-Erzählung quasi innerhalb des oben nachgezeichneten biblischen Narrativs lokalisieren. *Sacrosanctum Concilium* legt es durchaus nahe, gerade auf diese Perikope zu schauen, wenn v. a. im oben schon kurz zitierten Artikel *SC* 6 (auch) der große theologische Bogen des lukanischen Doppelwerks die Darstellung lenkt: Die aus Taufe und Eucharistie heraus konstituierte liturgische Versammlung wird auf den Geist zurückgeführt, wie er am Pfingstfest

---

träge in Stephan Winter (Hg.), *»Das sei euer vernünftiger Gottesdienst« (Röm 12,1): Liturgiewissenschaft und Philosophie im Dialog*, Regensburg 2006.

55 Schärtl, *Theo-Grammatik*, S. 128.

56 Schärtl, *Theo-Grammatik*, S. 129.

gemäß Apg 2 ausgegossen worden ist, »an dem die Kirche in der Welt offenbar [... und] ›diejenigen getauft [wurden], die das Wort‹ des Petrus ›annahmen‹«, um dann »›[...] in der Lehre der Apostel [zu verharren], in der Gemeinschaft des Brotbrechens, im Gebet [...] sie lobten Gott und fanden Gnade bei allem Volk‹ (*Apg* 2,41–47)«:

> Seither hat die Kirche niemals aufgehört, sich zur Feier des Pascha-Mysteriums zu versammeln, dabei zu lesen, ›was in allen Schriften von ihm geschrieben steht‹ (*Lk* 24,27), die Eucharistie zu feiern, in der ›Sieg und Triumph seines Todes dargestellt werden‹, und zugleich ›Gott für die unsagbar große Gabe dankzusagen‹ (2 *Kor* 9,15), in Christus Jesus ›zum Lob seiner Herrlichkeit‹ (*Eph* 1,12). All das aber geschieht in der Kraft des Heiligen Geistes.

Hier sei jetzt v. a. der mit der Zitation von Lk 24,27 gegebene Verweis auf die Emmaus-Erzählung fokussiert, die – auch besonders mit liturgietheologischem Interesse gelesen[57] – Evangelium und Apostelgeschichte entscheidend verklammert.[58] Das entscheidende Paradox am Zeugnishandeln Jesu Christi scheint hier

57 Vgl. Stephan Winter, »*Erzähl- und Mahlgemeinschaft: Die Theologie des lukanischen Doppelwerks als ein Schlüssel zum Verständnis der Eucharistie*«, in: *LJ* 69 (2019), S. 145–173.

58 Dabei kann nicht weiter darauf eingegangen werden, ob bzw. inwiefern entsprechende Passagen des lukanischen Doppelwerks im Einzelnen für die Forschung zur (sehr) frühen Entwicklungsphase christlicher Liturgie fruchtbar gemacht werden können. Hier sind u. a. komplexe Fragen bzgl. der Datierung des lukanischen Doppelwerks sowie der genauen Interpretation von Stellen, an denen sich tatsächliche rituelle Praxen niedergeschlagen haben könnten (!), berührt. Vgl. zu den damit nur angedeuteten Themen z. B. Knut Backhaus, »*Die Apostelgeschichte im Spiegel der aktuellen Forschung. Ein Literaturbericht*«, in: ders., *Die Entgrenzung des Heils: Gesammelte Studien zur Apostelgeschichte*, Tübingen 2019, S. 39–86, sowie ders., »*Zur Datierung der Apostelgeschichte. Ein Ordnungsversuch im chronologischen Chaos*«, in: ders., *Die Entgrenzung des Heils*, S. 87–128 und ders., »*Markion und die Apostelgeschichte. Ein Beitrag zum Werden des Kanons*«, in: ders., *Die Entgrenzung des Heils*, S. 387–404; Hans-Ulrich Weidemann, *Taufe und Mahlgemeinschaft: Studien zur Vorgeschichte der altkirchlichen Taufeucharistie*, Tübingen 2014, bes. S. 223–278; und vgl. speziell zur Rolle der Emmaus-Erzählung in diesem Zusammenhang auch Knut Backhaus, »*Christologia Viatorum: Die Emmaus-Episode als christologisches Programm der Apostelgeschichte*«, in: ders., *Entgrenzung des Heils*, S. 245–256, sowie kompakt Michael Theobald, »*Wie sie ihn beim Brotbrechen erkannten (Lk 24,13–35): Die Eucharistiefeier als Lebensmitte der christlichen Gemeinde*«, in: *Praktische Theologie: Bestandsaufnahme und Zukunftsperspektiven: Ottmar Fuchs zum 60. Geburtstag*, hrsg. von Doris Nauer, Rainer Bucher und Franz Weber, Stuttgart 2005, S. 433–440; Alexander Deeg, »*Fundierendes und Fundamentales im Wechselspiel von Theologie und Liturgie*«, in: *Gottesdienst und Predigt – evangelisch und katholisch*, hrsg. von dems., Erich Garhammer, Benedikt Kranemann und Michael Meyer-Blanck, Neukirchen-Vluyn/Würzburg 2014, S. 99–138, hier S. 130–132. – Zum Stand der Forschung zur frühen Liturgiegeschichte vgl. ansonsten grundlegend Michael Theobald, »*Anfänge christlichen Gottesdienstes in neutestamentlicher Zeit*«, in: *Geschichte der Liturgie in den Kirchen des Westens: Rituelle Entwicklungen, theologische Konzepte und kulturelle Kontexte I: Von der Antike bis zur Neuzeit*, hrsg. von Jürgen Bärsch und Benedikt Kranemann in Verb. m. Winfried Haunerland und Martin Klöckener, Münster 2018, S. 37–82; darin auch

auf: Jesus hat selbst auf jede Schreibtätigkeit verzichtet; doch eben dadurch hat er die »*Schriftwerdung des Glaubens*, die nicht getrennt werden kann von der Tradition oder dem konkreten Prozess der ›Überlieferung‹ des Evangeliums an bestimmte historisch situierte Hörer«[59], von vornherein radikal an die *situative* Auslegungskompetenz derer gebunden, die ihm nachfolgen wollen. Damit habe Jesus, so Christoph Theobald, die unmittelbare und jeweils letzte Begegnung mit dem anderen Menschen absolut priorisiert:

> Diese paradoxe Grunddatum – er hat den Seinen nichts hinterlassen, es sei denn sein eigenes Leben – macht dann allerdings einen *modus* des Schreibens möglich, der ganz auf eine dem jesuanischen Vorbild folgende ›apostolische‹ Gegenwart oder Anwesenheit (*parousia*) bezogen bleibt. Dies ist die im Inspirationsbegriff eingefangene *Neuheit* der Heiligen Schrift.[60]

Wie an den Emmaus-Jüngern paradigmatisch dargestellt, entsteht der Christus-Glaube in einer Kommunikation, die bei der je eigenen Lebenssituation ansetzt: An diesem ersten Tag der Woche (vgl. auch Apg 20,7) sind die beiden Jünger zunächst miteinander genau darüber im Austausch. Jesus kommt hinzu und bringt sich – zunächst unerkannt – in diese Kommunikation ein (in VV. 14f. wird für das Gespräch im Übrigen jeweils *homileo* verwendet!). Dabei lässt Jesus der Situation der beiden allen Raum, den es braucht, damit sie ihn eben in diese Situation wirklich hinein lassen können. Erst dann lädt Jesus ein, Schritt für Schritt die nun klar offen gelegte, von Hoffnungslosigkeit geprägte Situation mit den Schriften der jüdischen Bibel zu konfrontieren (V. 27). – Aus dieser ›Ur-Situation‹ der Entstehung des biblisch-christlich Glaubens wächst die neutestamentliche Traditionsgeschichte heraus: »[D]as schöpferische Potential christlicher Überlieferung«[61] wird sichtbar! In jedweder daran anknüpfenden nachösterlichen Verkündigung wirbt der geheimnisvoll anwesende und damit zugleich auch abwesende Herr nun darum, von Menschen für die lebensdienliche Deutung ihrer Situation in Dienst genommen zu werden. Liturgie im oben eingeführten Sinne ist dementsprechend – noch einmal zugespitzt formuliert – zu verstehen als Gedenken »der Heilstaten Gottes in Jesus dem Christus«, das auf diesem Ursprungsgeschehen der Kommunikation des Evangeliums aufbaut und sich unter Einbeziehung vorheriger Auslegungsstufen diachron immer weiter entspinnt:

Albert Gerhards, »*Liturgie in den ersten Jahrhunderten*«, in: *Geschichte der Liturgie in den Kirchen des Westens*, S. 83–153.

59 Christoph Theobald, *Christentum als Stil: Für ein zeitgemäßes Glaubensverständnis in Europa*, Freiburg i. Br./Basel/Wien 2018, S. 70.

60 Ebd.

61 Ebd.

> Es [dieses Gedenken; S. W.] ist kein bloßes ›denken an‹ [...]. Es ist kein Vorgang im Kopf, hinter der Stirn. Es hat Sprachgestalt und muß dem Faktum sprachlichen Ausdruck geben, daß der gedenkende Mensch ein anderer geworden ist und sich jetzt als ein anderer verstehen darf und muß. Er muß sich auf das hin klären können, dessen er gedenkt und was das Gedenken in ihm zeitigt. Der Gottesdienst in Israel hat dafür eine sprachliche Gestalt gefunden, die in der Liturgie der Kirche bruchlos weitergeführt worden ist. [...] Selbstklärung in zitierender Übernahme der Rollen der geschichtlichen Leitgestalten der normativen Heilszeit in situativer Identität.[62]

Menschen werden je neu »Zeitgenossen der Heilstaten Gottes«[63], indem sie beherzt die Möglichkeit ergreifen, wie sie den neutestamentlichen Texten innewohnt: »erneut *das ankommen zu lassen*, was sich zwischen Jesus und denen ereignete, deren Weg er kreuzte, samt ihrer *eigenen Art und Weise*, die Welt zu bewohnen«.[64]

Die Emmaus-Erzählung zeigt darüber hinaus ein Weiteres, was ebenfalls bereits deutlich geworden sein sollte: Liturgie nährt mit dem einen »Brot des Lebens« sowohl vom Tisch des Wortes wie vom Tisch des Leibes Christi (vgl. *DV* 21). Im zweiten Teil der Emmaus-Geschichte wird eine der zentralen Handlungseinheiten des letzten Abendmahls (nachösterlich und insofern analog!) ›wiederholt‹ – die Einheit rund um das Brotbrechen (vgl. Lk 24,30 in Verb. mit 22,19): »Da wurden ihre Augen aufgetan und sie erkannten ihn; und er entschwand ihren Blicken.« (24,31; *EÜ* 2016) In dem Moment, in dem die beiden Jünger den Herrn als den erkennen, der er ist, entzieht er sich ihnen auch schon wieder. Die nachösterliche Dialektik von Anwesenheit und Abwesenheit Gottes im gekreuzigten Auferweckten und Erhöhten greift ästhetisch Raum – und genau so wird den Jüngern endgültig klar: Zukünftig muss es um die Kultivierung eben dieser beiden Tische gehen, die im spannungsvollen Zueinander Jesu geheimnisvolle Gegenwart bleibend eröffnen »bis er wiederkommt in Herrlichkeit«:

> Abstrakt formuliert: Die *hermeneutische* und die *phänomenologische* Erschließung des Geheimnisses der Präsenz und Absenz des Auferstandenen erschließen sich gegenseitig – sicherlich der entscheidende Grund, warum die Doppelstruktur von Wortteil und Eucharistie seit Justin die Gestalt der Messe prägt. [...] Der Kult unterbricht das Wort, das Wort den Kult – und in der beständigen wechselseitigen Dialektik und Verfremdung beider lebt der Gottesdienst als jenes Geschehen, das sich erschließt und entzieht wie der Auferstandene in der Erzählung der Emmaus-Jünger.[65]

62 Häußling, »*Gedächtnis eines Vergangenen*«, S. 4 f.

63 Ebd.

64 Theobald, *Christentum als Stil*, S. 71.

65 Deeg, »*Fundierendes und Fundamentales*«, S. 133. – Vgl. zu dieser grundlegenden Dialektik auch ausführlich Alexander Zerfass, *Auf dem Weg nach Emmaus: Die Hermeneutik der Schriftlesung im Wortgottesdienst der Messe*, Tübingen 2016.

4 Schluss: In der ›Heimathöhle‹

Wie in unseren heutigen Welt, die durch viele für Menschheit wie ganze Schöpfung existentielle Herausforderungen, ja teilweise Bedrohungen, geprägt ist, Liturgie im weiten Sinne der rituellen Inszenierung christlicher Identität die Wort-Werdung Gottes wirklich zum Ereignis werden lassen kann; wie genau dies innerhalb der globalisierten und zugleich in modernisierten Kontexten posttraditionalen und individualisierten Welt geschehen kann: innerhalb einer Welt, die zudem zutiefst geprägt ist von himmelschreienden Ungerechtigkeiten, in der der »Schrei der Armen« mit dem »Schrei der Schöpfung« zusammenfällt;[66] wie Liturgie da – mit ihren Dialektiken, die zuletzt an der dafür paradigmatischen zweipoligen Eucharistie aufgezeigt wurden, aber letztlich für *alle* ihre Formen entscheidend sind – tatsächlich Ereignis[67] der Begegnung mit dem Heiligen werden kann, dem Heiligen, das biblisch mit demjenigen identifiziert wird, der sich als »Ich werde dasein, als der ich dasein werde« (Ex 3,14; Übertragung M. Buber) vorstellt – das sind theologisch hoch brisante wie dringlich zu bearbeitende Fragen, wozu aber ganz neu anzusetzen wäre. Deshalb sei lediglich noch (mit einem längeren Zitat) die Richtungsanzeige eines wirklichen Meisters literarisch hochstehender Theologie und von daher erst einmal glaubwürdigen Zeugen *heutiger* Wort-Werdung Gottes ans Ende gestellt. Fulbert Steffensky notiert in einem bislang unveröffentlichten Text:

> Die Kirche nenne ich gerne meine Heimathöhle. Heimat? Grundtexte des christlichen Glaubens sind nicht sehr heimatfreundlich. Die ersten Nachfolger fragen Jesus nach seinem Ort, seiner Heimat, und er antwortet: ›Der Menschensohn hat keine Stelle, wo er sein Haupt hinlegen kann.‹ (Matthäus 8,20) Ebenso sehen sich die frühen Christen und Christinnen als vaterlandslose Gesellen: ›Unser Bürgerrecht ist im Himmel,‹ (Philipper 3,20) und ›wir haben hier keine bleibende Stadt, denn wir suchen die zukünftige.‹ (Hebräer 13.14) Mit diesen Sätzen in unserem geistreichen Gepäck können wir Heimatlieder kaum aus voller Brust singen. Man wird also nie ganz ein Hiesiger sein, weder in dem Land noch in den Kirchen, in denen wir leben. Das ist eine der Schönheiten des Christentums, dass es uns nicht erlaubt, gebannt zu sein in eine Gegenwart, in der die Lahmen noch nicht tanzen und in der die Tyrannen noch nicht von ihren Thronen gestürzt sind. Aber wir sind nicht nur Zukünftige und Jenseitige, und in reinen Transiträumen kann man nicht leben, lieben, bauen und atmen. Das Recht auf bergende und wärmende Höhlen wird uns niemand absprechen. [–] Ich frage also, mit welcher Wärme

66 Vgl. dazu u.a. die Beiträge Thomas Dienberg/Stephan Winter (Hgg.), *Mit Sorge – in Hoffnung: Zu Impulsen aus der Enzyklika Laudato si' für eine Spiritualität im ökologischen Zeitalter*, Regensburg 2020.

67 Vgl. auch Birgit Jeggle-Merz, »*Das Wort will Ereignis werden: Prolegomena zu einer Theologie der Wort-Gottes-Feier*«, in: *Zwischen-Raum Gottesdienst: Beiträge zu einer multiperspektivischen Liturgiewissenschaft (FS Albert Gerhards)*, hrsg. von Benedikt Kranemann, Andreas Odenthal und Kim de Wildt, Stuttgart 2016, S. 149–166.

> mich meine Heimathöhle Religion birgt. Übrigens könnte ich leicht aufzählen, wo sie mich im Regen stehen lässt, aber das ist nicht mein Thema. Wo also birgt mich meine Religion? [...] Die Geschichten meiner Heimathöhle singen keine betörenden Gesänge, wie es Heimatlieder oft tun. Sie haben ja einen Inhalt. Ich liebe sie wegen ihrer rotzigen Frechheit, mit der sie die Götzen und die falschen Wichtigkeiten verlachen. [...] Dass diese Religionshöhle ein Fuchsbau der Heimat sein kann, erfährt man nicht durch kluges Nachdenken über sie, sondern durch Handeln. Denken allein kann nie überzeugen, wenn es vom Handeln getrennt ist. Man kann nicht lange ein reiner Bewunderer einer Sache sein, wenn die Bewunderung nicht auch Praxis wird. Die Schönheit eines Psalms werde ich nur erkennen, wenn ich zum Beter eines Psalms werde. Die Schönheit der Lieder von Paul Gerhardt werde ich nur erfahren, wenn ich sie singe. Die karge Schönheit eines Gottesdienstes sehe ich nur, wenn ich ihn besuche. Es leuchtet ein, was man tut, nicht nur, was man betrachtet. Der Glaube ist auch deswegen schwer geworden, weil er seine selbstverständliche religiöse Praxis verloren hat und weil er sich nicht mehr in Gewohnheiten ausdrückt; in der Gewohnheit des Betens; in der Gewohnheit, religiöse Zeiten zu respektieren; in der Gewohnheit, die Texte der eigenen Tradition zur Kenntnis zu nehmen; in der Gewohnheit des Gottesdienstes. In den Gewohnheiten – ich wage dieses umstrittene Wort – geniesse ich nicht nur die Wärme meiner Höhle, ich erzeuge sie. Natürlich können Gewohnheiten blind machen und verdummen, besonders wenn sie diktiert und dann nur äusserlich vollzogen werden. Aber das ist nicht mehr unser Problem. Unser Problem ist das Verblassen von Religion, weil sie immer weniger Übung findet. [–] [...] Wann waren Gottesdienste, das Beten, die Meditation und das Bibellesen je spannend? Religiöse Praxen sind immer Graubrot, meistens nicht einmal Schwarzbrot. [...] [–] Meine Religionshöhle ist mir auch heimatlich, weil ich ihre Wärme mit anderen teile. Ich bin dort im Glaubensgasthaus meiner lebenden und toten Geschwister. Die Toten haben mir die Psalmen vorgewärmt, die ich höre und bete. Die Geschwister, mit denen ich im Gottesdienst singe, stützen meine brüchige Stimme. Der Glaube ist schwer, und ich kann seine Last nicht allein tragen. Ich muss es auch nicht, denn ich lese diesen Geschwistern den Glauben von den Lippen. Ich muss in diesem Fuchsbau nicht der Souverän meines eigenen Glaubens sein. Welche Entlastung! [–] Nein, ich bin in dieser Kirche nicht ganz zuhause. Es ist uns nicht versprochen, irgendwo ganz zuhause zu sein. Sie ist eine Art Rohbau jener Heimat, die wir erwarten. Vielleicht sieht man im Rohbau mehr als im schönen, fertigen und abgeschlossenen Haus. Man sieht im Rohbau, was noch fehlt und was noch nicht da ist. Und so verweist er mich auf das andere Haus – besser: auf die andere Stadt, in der alle Tränen abgewischt sind und ›wo der Tod nicht mehr sein wird, noch Leid noch Geschrei noch Schmerz‹ (Offenbarung 21,4). Bis dahin sind alle Heimaten mehr Unterstände als wohnliche Orte, aber wenigstens das sind sie.[68]

In diesen Zeilen steckt sicherlich nicht eine umfassende Antwort darauf, wie sich Gott heute *liturgisch* und exakt so *mitten im Leben* offenbaren kann – aber womöglich ein Gutteil davon …

68 Fulbert Steffensky, *Gasthaus Kirche* (Unkorrigiertes Manuskript), S. 7–10 (Auszüge).

Mahmoud Haggag

Koranübersetzung im rechtlichen Diskurs

1 Alte und moderne Diskussionen über Koranübersetzung als Diskurs

Die Diskussionen, Überlegungen und Fatwas über die Legitimität der Koranübersetzung aus der Sicht des islamischen Rechts konstatierten in unterschiedlichen Kontexten. Diese bilden an sich einen Diskurs im Sinne der Begrifflichkeit von Jürgen Habermas (geb. 1929) und Michel Foucault (gest. 1984). Danach gilt ›Diskurs‹ (bei Habermas) als ein »argumentativer Dialog, in dem über die Wahrheit von Behauptungen und die Legitimität von Normen gesprochen wird.«[1] Es mag ebenfalls ein Diskurs im übergeordneten Sinne sein, wie dieser etwa bei den Überlegungen des Sprachwissenschaftlers Andreas Gardt[2] (geb. 1954) erscheint. Hier handelt der Begriff ›Diskurs‹ von sprachwissenschaftlichen Ansätzen, vor allem jenen von Foucault:

> […] damit bestimmte Annahmen über die thematische und funktionale Vernetzung von Texten im öffentlichen Raum teilen und im analytischen Zugriff eine Offenlegung der Art und Weise sehen, wie in und durch Sprache öffentliches Bewusstsein und damit gesellschaftliche Wirklichkeit geschaffen wird.[3]

Mit anderen Worten – auch nach den Ansätzen von Foucault – ergibt sich der Diskurs über Koranübersetzung aus modernen und aktuellen Texten und Kontexten, die in vielfältiger Weise an frühere Kontexte und Äußerungen anderer

1 Ralph Kunz, »*Spiritualität im Diskurs – Ein diskursiver Vergleich*«, in: *Spiritualität im Diskurs – Spiritualitätsforschung in theologischer Perspektive*, hrsg. von Ralph Kunz und Claudia Kohl Reichenbach, Zürich 2012, S. 212–217, hier S. 216. Dazu vgl. auch Jürgen Habermas, »*Wahrheitstheorien (1972)*«, in: ders., *Vorstudien und Ergänzungen zur Theorie des kommunikativen Handelns*, Frankfurt am Main 1995, S. 127–186, hier S. 130.

2 Gardt ist Professor an der Universität Kassel und seit 2016 Präsident der Akademie der Wissenschaften zu Göttingen.

3 Andreas Gardt, »*Diskursanalyse: Aktueller theoretischer Ort und methodische Möglichkeiten*«, in: *Diskurslinguistik nach Foucault: Theorie und Gegenstände*, hrsg. von Ingo Warnke, Berlin/New York 2007.

anschließen und daher in »Textnetzen miteinander verknüpft« sind.[4] In unserem Fall bilden die Texte, Diskussionen und Überlegungen über Koranübersetzung im rechtlichen Kontext einen solchen Diskurs, weil sich Texte über rechtliche Diskussionen in der Geschichte bis in die Gegenwart über das Thema Koranübersetzung anhäufen. Diese Diskussionen und Überlegungen über die Übersetzung des Koran bzw. der Diskurs darüber begannen damit bereits sehr früh, wie auch unten erklärt wird.

As-Saraḫsī (gest. 1090) berichtet in seinem Standardwerk der ḥanafitischen Rechtsschule *al-Mabsūṭ*,[5] dass die Perser dem persischen Prophetengefährten Salmān al-Fārisī geschrieben hätten, er solle ihnen die erste Sure des Koran (*al-Fātiḥa*) ins Persische übersetzen. Die Übersetzung legte er dem Propheten vor und schickte sie den Persern anschließend. Sie pflegten anhand der persischen Übersetzung das rituelle Gebet zu verrichten, bis sie später mit der arabischen vertraut geworden waren.[6] Diese *āṯār* (›Überlieferungen‹) werden von den Koranübersetzern nach Pro und Kontra erörtert und ausdiskutiert; die Gegner der Koranübersetzung stellen vor allem die Authentizität der Überlieferungskette (*isnād*) dieser *āṯār* in Frage.[7]

Der Diskurs des Koranübersetzens in die Sprachen der islamischen Völker begann somit in der Frühphase des Islam, als der Islam sich ausbreitete und ihn nichtarabische Völker annahmen. Es war daher notwendig, den Koran in die Sprachen dieser Völker zu übersetzen, um ihr neues religiöses Bedürfnis zu befriedigen. In späteren Zeiten begann man, den Koran in die orientalischen islamischen Sprachen als eine Art der Koranauslegung (*tafsīr*) zu übersetzen. So entstanden erst ab dem 19. Jahrhundert Koranübersetzungen in die verschiedenen Sprachen, z. B. ins Persische erstmals 1837, ins Türkische 1842, Urdu 1828, Sindhi 1867, Pandschabi 1870, Gudscharati 1879 und Bengali 1886. Diese Sprachen waren jedoch lange Zeit in ihrem religiösen Kernvokabular mehr oder weniger vom Arabischen als *lingua sacra*, d. h. als heiliger Sprache des Islam, beeinflusst. Der vorsichtige späte Umgang der Muslime mit der Übersetzung des Koran in die Sprachen der orientalisch-islamischen Welt ergibt sich aus verschiedenen sprachlichen, religiösen und politischen Gründen. Dazu gehören die Beschaffenheit des Arabischen, die komplexe Bedeutung des Koran im islami-

4 Stephan Habscheid, *Text und Diskurs*, Paderborn 2009, S. 71.

5 Šams ad-Dīn as-Saraḫsī, »*al-Mabsūṭ*« (31 Bände), Beirut 1989, hier Bd. 1, S. 37.

6 So heißt es dort in as-Saraḫsīs Werk *al-Mabsūṭ*:
»أَبُو حَنِيفَةَ – رَحِمَهُ اللَّهُ – اسْتَدَلَّ بِمَا رُوِيَ أَنَّ الْفُرْسَ كَتَبُوا إلَى سَلْمَانَ – رَضِيَ اللَّهُ عَنْهُ – أَنْ يَكْتُبَ لَهُمْ الْفَاتِحَةَ بِالْفَارِسِيَّةِ فَكَانُوا يَقْرَءُونَ ذَلِكَ فِي الصَّلَاةِ حَتَّى لَانَتْ أَلْسِنَتُهُمْ لِلْعَرَبِيَّةِ«.
Diese Überlieferung findet sich im Werk *al-Bināya* von al-ʿAinī (gest. 1451) sowie bei anderen ḥanafitischen Rechtsgelehrten wie Ibn Nuǧaim (gest. 1563) und aš-Šurunbulālī (gest. 1659), ebenfalls bei den šāfiʿitischen Gelehrten Imam an-Nawawī (gest. 1277) im Werk *al-Maǧmūʿ*.

7 Muḥammad ʿAbdalʿaẓīm az-Zurqānī, *Manāhil al-ʿirfān fī ʿulūm al-Qurʾān* 2, Beirut 1995, S. 159 f.

schen Denken als direkte göttliche Offenbarung in arabischer Sprache und die Tatsache, dass das Arabische damals als offizielle Sprache der islamischen Welt galt, die ohnehin jeder beherrschen musste, der sich in Religion und Gesellschaft integrieren wollte.[8]

Auch in moderner Zeit, vor allem in den Jahren 1925, 1932 und 1936, verschärfte sich – nach Muhanna[9] – der Diskurs über Koranübersetzungen in den islamischen Ländern und besonders in Ägypten und der Türkei. Dort gab es heftige Diskussionen darüber, ob es aus muslimischer Sicht erlaubt sei, den Koran in andere Sprachen zu übersetzen. Vor allem im Jahre 1936 war Koranübersetzung ein Diskussionsthema auf religiöser und sprachlicher Ebene geworden. Damals vertrat Imam al-Marāġī (gest. 1945) als Großscheich der Al-Azhar die Ansicht, dass die Al-Azhar eine sinngemäße Koranübersetzung anfertigen solle. Al-Marāġī stellte seine Argumentation für die Koranübersetzung in seiner Studie in der Al-Azhar-Zeitschrift *Baḥt fī tarǧamat al-Qur'ān al-karīm wa aḥkāmiha* dar. Muḥammad Farīd Waǧdī (gest. 1954), einer der größten Denker und Rechtsgelehrten der Zeit, unterstützte al-Marāġīs Ansicht. Waǧdī führte viele religiöse und kulturelle Argumente zugunsten der Koranübersetzung in seinem Beitrag *al-'Adilla al-'ilmiyya 'alā ǧawāz tarǧamat ma'ānī al-qur'ān* auf. Abgelehnt wurde die Koranübersetzung vor allem von dem damaligen Rechtsgelehrten Muḥammad Sulaimān in seinem Buch *Ḥadaṯ al-aḥdāṯ fī 'l-islām: al-iqdām 'alā tarǧamat al-qur'ān* und dem Richter Muḥammad Muṣṭafā aš-Šāṭir in seinem Beitrag *al-Qaul as-sadīd fī ḥukm tarǧamat al-Qur'ān al-maǧīd.* Die Belege der zwei Parteien waren sowohl theologischer als auch sprachlicher Art. Am Ende wurde Scheich al-Marāġīs Meinung zur Koranübersetzung akzeptiert.[10]

Heute wird die Koranübersetzung in der islamischen Welt tendenziell unterstützt. Dies kann man anhand der Anfertigung der zwei deutschsprachigen Koranübersetzungen durch die Al-Azhar in Kairo (1999) und durch den König-Fahd-Komplex zum Korandruck in Medina in Saudi-Arabien (2002) erkennen. All die oben genannten Haltungen, Texte, Kontexte und Diskussionen bildeten bzw. bilden einen ein Diskurs über die Koranübersetzung. Dieser Diskurs schöpft seine Dynamik vor allem aus dem islamischen Recht (*fiqh*).

8 Hartmut Bobzin, »*Allah oder Gott*«, in: *Münchener Theologische Zeitschrift* 52.1 (2001), S. 16–25, hier S. 17 f. sowie Mahmoud Haggag, *Die deutschen Koranübersetzungen und ihr Beitrag zur Entstehung eines Islambildes beim deutschen Leser*, Frankfurt am Main 2011, S. 60.

9 Aḥmad Muhanna, *Dirāsa ḥaul tarǧamat al-Qur'ān al-karīm*, o. O. 1978, S. 14 ff.

10 Ausführlich dazu die Studie des azharitischen Gelehrten Muhanna, *Dirāsa ḥaul tarǧamat al-Qur'ān al-karīm*, S. 14 ff.; sowie als Sekundärliteratur dazu: 'Abdullāh Maḥmūd Šihātah, *'Ulūm al-Qur'ān*, Kairo 2002, S. 270 f.; und auf Deutsch ausführlich dazu Haggag, *Die deutschen Koranübersetzungen*, S. 59–86.

2 Rechtliche Argumentationen im Diskurs der Koranübersetzung[11]

Der Diskurs über die Koranübersetzung im Sinne der *šarīʿa* (des islamischen Rechts) dominierte in verschiedenen Zeiten der islamischen Geschichte und reichte vom Frühislam bis zur Gegenwart. Ganz früh beschäftigten sich die muslimischen Gelehrten mit dem Thema der Koranübersetzung in ihren Werken. Ich konzentriere mich im Folgenden auf die Meinung von Ibn Qutaiba (gest. 889), einem Universalgelehrten des Islam sowie einem Theologen und Literaturkritiker des Arabischen, in seinem *Taʾwīl muškil al-qurʾān* (›Interpretation der äußerlichen Widersprüche des Koran‹), weil seine Meinung andere Standpunkte in dieser Hinsicht epistemologisch geprägt hat.[12] Er leitet sein o. g. Werk mit einem Kapitel über die sprachlichen Eigenschaften der Araber ein, wonach Gott die Araber an Argumentationsdarstellung, Aussagekraft und Umfangsbereich der Allegorie vor anderen Nationen auszeichnet habe. Er betont, dass das eigentliche Wunder des Islam, anders als im Judentum und Christentum, geistiger bzw. sprachlicher Natur sei:

> Den Vorzug des Korans kennt nur derjenige, der viel nachdenkt, der viel Wissen innehat, der die Richtungen der Araber und deren Kreativität in Bezug auf Stile (erkannte) sowie das verstand, dass Gott ihre Sprache (Sprache der Araber) vor anderen Sprachen ausgezeichnet hat. Es gibt keine Nation, der so Spezielles von Gott an Aussagekraft (*al-ʿāriḍa*), Argumentationsdarstellung (*al-bayān*) und Ausdrucksweisen gegeben wurde, wie den Arabern. So ist das der Wille Gottes, dass Er dem Gesandten (gemeint der Prophet Muhammad) dies ermöglichte. Darüber hinaus wollte Er den Beweis für dessen Prophetentum durch das Buch (den Koran) zeigen [...] wie Moses und Jesu [...].[13]

Die Übersetzung des Koran ist Ibn Qutaiba in seinem oben genannten Werk zufolge nicht möglich.[14] Die Grundursache (*ʿilla)* dafür ist sprachlicher Art, in dem Sinne, dass der Koran auf lexikalischer und semantischer Ebene, sowie die Stilistik auf struktureller Ebene, nicht nachahmbar sei. Daher sei der Koran anders als andere heilige Bücher der Thora und des Evangeliums unübersetzbar.

11 Der folgende Teil des Artikels basiert auf die Arbeit des Verfassers: Haggag, *Die deutschen Koranübersetzungen*, S. 59–69.

12 ʿAbdullāh b. Muslim ibn Qutaiba, *Taʾwīl muškil al-qurʾān* (Interpretation der äußerlichen Widersprüche des Koran), Kairo 2006.

13 Ibn Qutaiba, *Taʾwīl muškil al-qurʾān*, S. 74. Zu dieser Stelle vgl. Mahmoud Haggag, »*Rhetorische Stilmittel und religiöse Sachverhalte anhand der Ellipse im Koran*«, in: *Ḥikma* 8 (2014), S. 67–78, hier S. 69.

14 ʿAbdulqadir Tūwātī publizierte über diese Thematik einen Artikel in der algerischen Zeitschrift *al-Mumarasāt al-luġawiyya* der Mouloud-Mammeri-University: ʿAbdulqadir Tūwātī, »*Āṯār Ibn Qutaiba fī raʾy al-qāʾilīn bi istiḥālat tarǧamat al-qurʾān al-karīm*«, in: *al-Mumarasāt al-luġawiyya* 31 (2015), S. 105–150.

Der Reichtum der arabischen Sprache an Ausdrucksgewandtheit bzw. die schöne und korrekte Ausdrucksweise (*al-balāġa wa-l-faṣāḥa*) als solche ermöglichen eine solche Übersetzung nicht. Ibn Qutaiba führt hier zwei Stellen des Koran (8:58 und 18:11) an und meint, dass für die Übersetzung dieser Stellen eine ausführliche Paraphrasierung unentbehrlich sei. Eine bloße Übersetzung wäre demzufolge dem Korantext gegenüber ungerecht. Nach ihm soll die erste Stelle *wa-immā taḫāfanna min qawmin ḫiyānatan fa-nbiḏ ilayhim ʿalā sawāʾin* (Koran 8:58)[15] folgendermaßen paraphrasiert werden:

> Und wenn es zwischen dir (Muhammad) und gewissen Leuten einen Waffenstillstand bzw. ein Abkommen gibt, du jedoch ihrerseits einen Verrat und ein Verletzen des Abkommens fürchtest, dann unterrichte sie davon, dass du die Bedingungen dieses Abkommen brichst und erkläre ihnen den Krieg, damit ihr beide gleichzeitig davon Bescheid wisst, dass dieses Abkommen nicht mehr gelte.[16]

Ibn Qutaiba meint, dass man erst durch eine solche ausführliche Erklärungen die Bedeutungen der Koranstelle, die eigentlich im Original nur wenige Wörter enthalten, verstehen kann. Bei der zweiten Stelle *fa-ḍarabnā ʿalā āḏānihim fī ʾl-kahfi sinīna ʿadadan* (Koran 18:11) meint ebenfalls Ibn Qutaiba, dass eine vollständige adäquate Übersetzung, die der sprachlichen Gestalt und des semantischen Inhaltes gleichzeitig gerecht wird, unmöglich sei:

> Denn übersetzt du die sprachliche Form, verstehe der Adressat in der Zielsprache nicht und übersetzt du nur die inhaltliche Botschaft im Sinne »Wir machten/veranlassten, dass sie in der Höhle für mehrere Jahre schlafen.«, dann hast du nur die Bedeutung übersetzt, ohne dass du die sprachliche Form berücksichtigt.[17]

Aus anderen Werken Ibn Qutaibas, so etwa *al-Maʿārif*, erfährt man, dass er mit der Übersetzung hier jene wortwörtliche Übersetzung meint, die alle primären und sekundären Bedeutungen der Ausgangssprache in die Zielsprache zu vermitteln versucht.[18]

ʿAbdulqadir Ṭūwātī befasst sich mit dieser Thematik und betont, dass Ibn Qutaiba offensichtlich spätere Gelehrte beeinflusste, da sie dieselbe Meinung

---

15 Die Transkription der Koranstellen erfolgt nach Hans Zirker, *KORAN Transliteration*, URL: duepublico.uni-duisburg-essen.de/servlets/DocumentServlet?id=10802 (letzter Zugriff 27.02.2020).

16 So heißt die Stelle bei Ibn Qutaiba im Original:
»ألا ترى أنك لو أردت أن تنقل قوله تعالى: وَإِمَّا تَخافَنَّ مِنْ قَوْمٍ خِيانَةً فَانْبِذْ إِلَيْهِمْ عَلى سَواءٍ [الأنفال: 58] – لم تستطع أن تأتي بهذه الألفاظ مؤدية عن المعنى الذي أودعته حتى تبسط مجموعها، وتصل مقطوعها وتظهر مستورها، فتقول: إن كان بينك وبين قوم هدنة وعهد، فخفت منهم خيانة ونقضا، فأعلمهم أنك قد نقضت ما شرطت لهم، وآذنهم بالحرب لتكون أنت وهم في العلم بالنّقض على استواء«.

17 So heißt die Stelle bei Ibn Qutaiba:
»وكذلك قوله تعالى: فَضَرَبْنا عَلَى آذانِهِمْ فِي الْكَهْفِ سِنِينَ عَدَداً، [الكهف: 11] إن أردت أن تنقله بلفظه، لم يفهمه المنقول إليه، فإن قلت: أنمناهم سنين عددا، لكنت مترجما للمعنى دون اللفظ.«

18 Für diesen Hinweis vgl. ʿAbdullāh Maḥmūd Šihātah, *ʿUlūm al-qurʾān*, Kairo 2002, S. 256.

über die Unübersetzbarkeit des Koran vertreten. Hier sei beispielhaft Ibn Fāris (gest. 1005) mit seinem Werk *aṣ-Ṣāḥibī fī fiqh al-luġa wa-sunan al-ʿarab fī kalāmihā* genannt. Dort betont Ibn Fāris, dass die Übersetzung des Koran nicht möglich sei. Die Grundursache (*ʿilla*) dafür liege in der Schwierigkeit der Übertragung der arabischen Sprache in die anderen Sprachen sowie die Unmöglichkeit der Übertragung des Koran in die anderen Sprachen.[19] Diese Meinung bildet im Diskurs über die Koranübersetzung keine Ausnahme. Vielmehr kann man sie bei den meisten klassischen muslimischen Rhetorikern antreffen, denn für diese erreichte der Koranstil ebenfalls den höchsten Grad an Ausdrucksgewandtheit.

Die Frage der Übersetzung des Koran aus der Perspektive des islamischen Rechts (*šarīʿa*) wird im 20. Jahrhundert kontrovers diskutiert und beantwortet. Die Gegner der Koranübersetzung in den 1930er Jahren, z. B. Muḥammad Šākir, Muṣṭafā Ṣabrī, Muḥammad Sulaimān, Muḥammad Muṣṭafā aš-Šāṭir, Muḥammad Rašīd Riḍā und viele andere führten Gründe für die Unübersetzbarkeit des Koran an. Sie waren bemüht, die Unübersetzbarkeit nicht nur dogmatisch zu behaupten, sondern auch sprachlich zu begründen. Auf rechtlich-theologischer Seite lässt sich anführen, dass der Koran an verschiedenen Stellen wie Sure 26:192 zum Ausdruck bringt, dass er in ›deutlicher arabischer Sprache‹ offenbart ist. Das Wort Gottes darf und kann man, wenn man den Gegnern der Koranübersetzung folgt, daher nicht übersetzen.

Vor diesem Hintergrund unterscheiden die muslimischen Koranübersetzer die Übersetzung der Bedeutung des Koran von der des Koran selbst, was z. B. in den folgenden Buchtiteln zum Ausdruck kommt: *Der edle Qurʾān und die Übersetzung seiner Bedeutungen in die deutsche Sprache*, *Die ungefähre Bedeutung des Al-Qurʾān al-Karīm in deutscher Sprache*, *At-tafsir. Eine philologisch, islamologisch fundierte Erläuterung des Quran-Textes* oder *Auswahl aus den Interpretationen des Heiligen Koran.*

Die Gegner sehen in der Übersetzung des Koran nicht nur eine lexikalische, semantische, stilistische und pragmatische Änderung des Originals, sondern auch eine Änderung der Sprachnatur von einer göttlichen zu einer menschlichen Natur. Eine Übersetzung beraube das Original seines *iʿǧāz*.[20] Die Zielsprachen hätten nicht die vielfältigen sprachlichen und stilistischen Eigenschaften, die der arabischen Sprache zur Verfügung stehen. Diese Haltung ist sowohl religiös als auch sprach-stilistisch geprägt. Auch die Skepsis der Muslime gegenüber den Nichtmuslimen stellt ein Argument der Gegner der Koranübersetzung dar, wo-

19 So heißt die Stelle bei Ibn Qutaiba:
»قَدْ قال بعضُ علمائنا حين ذكر مَا للعرب من الاستعارة والتمثيل والقلب والتقدير والتأخير وغيرها من سنن العرب فِي القرآن فقال: ولذلك لا يقدر أحد من التراجم عَلَى أن ينقله إِلَى شيء من الألسنة كما نُقِل الإنجيل عن السريانية إِلَى الحَبشية والرُّومية وترجمت التوراة والزَّبور وسائرُ كتب الله عزّ وجلّ بالعربية، لأن العجم لَمْ تتَّسع فِي المجاز اتساع العرب.«

20 Dazu ausführlich unter dem Titel *2.2 Iʿǧāz als Argument und Inspiration für die Widersacher.*

nach sie die Übersetzung verfälschen und zum Mittel gegen den Islam benutzen könnten.

Schließlich meinen die Gegner der Koranübersetzung, dass die drei Hauptzielsetzungen des Koran (*maqāṣid al-qur'ān*) als rechte Leitung (*hidāya*), Zeichen des Prophetentums Muḥammads und Wahrheit des Islam (*mu'ǧiza*) sowie Gottesanbetung im liturgischen Sinne (*'ibāda*) nicht durch die Koranübersetzung erfüllt werden können. Sie meinten, dass es am sinnvollsten wäre, wenn der nicht-arabische Muttersprachler die arabische Sprache lernt, um das Wort Gottes in seinem Ursprung zu verstehen.[21]

Die Befürworter der Übersetzung des Koran, vor allem der islamische Denker Muḥammad Farīd Waǧdī sowie Imam al-Marāǧī und Maḥmūd Šaltūt von der Al-Azhar, gehen auch von dem Konzept der Göttlichkeit des Originals im arabischen Koran aus. Doch sie meinen, dass der Sinn des Koran auch in anderen Sprachen verstanden werden kann, solange sein Sinn im Arabischen erschließbar ist. Gott hat seine Botschaft an mehreren Stellen im Koran, wie in Sure 54:17, 22, 32 und 40, als deutlich, leicht und vor allem verständlich und jedem zugänglich beschrieben. Diese Botschaft ist von Gott an alle Menschen gerichtet, und deshalb soll sie auch für die Nichtaraber übersetzt werden. Es handelt sich letztlich um die Übertragung der Bedeutungen des Koran. Diese Übertragung gilt nicht als Koran. Sie ähnele der anerkannten etablierten Disziplin der Koranauslegung (*tafsīr*).[22] Die Befürworter und Gegner der Koranübersetzung sind sich indes darüber einig, dass eine Übersetzung des Koran nicht als ›Koran‹ bezeichnet werden darf und meinen damit, dass die Koranübersetzungen das Original nicht ersetzen können oder dürfen.

Die meisten muslimischen Rechtsgelehrten (*fuqahā'*) unterscheiden zwei grundsätzliche Arten der Koranübersetzung; eine ›wortwörtliche‹ (*ḥarfiyya*) und eine ›semantische‹ (*ma'nawiyya* bzw. *tafsīriyya*). Darüber hinaus sprechen die Rechtsgelehrten von einer weiteren Art der ›Übersetzung der Koranauslegung‹ (*tarǧamāt tafsīr al-qur'ān*). Für die Definition der Ausdrücke ›Übersetzung‹, ›wortwörtlich‹ und ›semantisch‹ gibt es mehrere Ausgangspunkte und Perspektiven der Betrachtung. Az-Zurqānī unterscheidet beispielsweise in seinem Werk *Manāhil al-'irfān*[23] vier Arten der *tarǧamat al-qur'ān* (Koranübersetzung):

> 1. *tarǧamat al-qur'ān* im Sinne der Übermittlung des koranischen Wortlautes im Arabischen, 2. *tarǧamat al-qur'ān* im Sinne von tafsīr, also der Koranauslegung auch im Arabischen, 3. *tarǧamat al-qur'ān* im Sinne von tafsīr (Koranauslegung), allerdings in andere nichtarabische Sprachen und schließlich 4. *tarǧamat al-qur'ān* im Sinne der

21 Muḥammad 'Abdal'aẓīm az-Zurqānī, *Manāhil al-'irfān fī 'ulūm al-qur'ān* 2, Beirut 1995, S. 100 ff.

22 Mehr dazu unter *2.1 Tafsīr als Argument und Inspiration für Befürworter.*

23 Az-Zurqānī, *Manāhil al-'irfān fī 'ulūm al-qur'ān* 2, S. 105 ff.

Übertragung des Korans in andere nichtarabische Sprachen bzw. die vollständige Darstellung der Bedeutungen (al-maʿānī) und der Zielsetzungen (al-maqāṣid) in nichtarabischer Sprache.

Für az-Zurqānī sind die ersten drei Arten der *tarǧamat al-qurʾān* aus islamischer Sicht legitim und wünschenswert. Die vierte Art der *tarǧamat al-qurʾān* ist für az-Zurqānī sowohl aus der Sicht der Sprache als auch des islamischen Rechtes (*šarīʿa*) unmöglich.

Die Großscheichs der Al-Azhar, al-Marāǧī (gest. 1945), Šaltūt (gest. 1963) und Ǧād al-Ḥaqq (gest. 1996), betonen zwei Arten der Koranübersetzung (*tarǧamat al-qurʾān*), nämlich eine wortwörtliche (*ḥarfiyya*) und eine semantische (*maʿnawiyya bzw. tafsīriyya*) Koranübersetzung:

1. Mit der ›wortwörtlichen‹ Koranübersetzung meinen sie die absolute Äquivalenz zwischen dem Koran im Arabischen und seiner Übersetzung in andere Sprachen. Demzufolge soll der Koranübersetzer für jedes Wort im Original ein gleiches im Zieltext mit der gleichen Bedeutung einsetzen. Diese Art der Koranübersetzung ist den muslimischen Rechtsgelehrten zufolge aus verschiedenen Gründen nicht möglich:
   a. Die Koranausdrücke sind oft polysem. Der Zieltext kann nicht alle diese vielfältigen Bedeutungen ausdrücken, so kann z.B. der Koranausdruck *ibil* in Sure 88:17 *Kamele* oder *Wolken* bedeuten. Der Zieltext kann diese zwei Bedeutungen nicht durch ein Einzelwort ausdrücken. Dadurch wird also die Bedeutung nicht vollständig wiedergegeben.
   b. An manchen Koranstellen (z. B. Sure 21:18) ist nicht die allgemeine, sondern die metaphorische Bedeutung gemeint. An der o. g. Koranstelle würde z.B. eine wörtliche Übersetzung des Ausdruckes *fayadmaġuhū* den Sinn entstellen. Denn er bedeutet wörtlich ›den Kopf so kräftig zerbrechen, dass das Gehirn zerbrochen wird und man stirbt‹, gemeint ist aber die metaphorische Bedeutung: ›die Oberhand gewinnen‹.
   c. Bisweilen steht im Koran die allgemeine Bedeutung; gemeint ist aber eine spezielle Bedeutung. Durch eine wörtliche Übersetzung würde der Inhalt des Originals unzureichend und sinnentstellend wiedergegeben. Ein Beispiel dafür bildet der Ausdruck *iḏā waqaʿat-i-l-wāqiʿa* in 56:1, denn im allgemeinen Sprachgebrauch bedeutet dies ›wenn das Ereignis bzw. die Katastrophe eintrifft‹. Die spezifisch gemeinte Bedeutung ist jedoch ›wenn der Jüngste Tag eintrifft‹.
   d. Die Bedeutung des Koran besteht nicht nur aus der Gesamtheit der sprachlichen Elemente, sondern oft auch aus anderen Aspekten wie der Wortstellung oder den stilistischen Färbungen. Deshalb kann eine wörtliche Übersetzung nicht alle semantischen Merkmale des Originals übertragen.

So meinten die muslimischen Rechtsgelehrten, dass eine wörtliche Übersetzung des Koran – ausgehend von den obigen drei Hauptzielsetzungen des Koran (*maqāṣid al-qurʾān*) – nicht dem Original als Buch für die Rechtleitung und die Gottesanbetung gleichkommen und auch nicht als Beweis für den *iʿǧāz* genommen werden kann. Somit haben sie diese Art der Übersetzung aus islamischer Sicht für nichtig erklärt.

2. In Bezug auf die ›semantische‹ Übersetzung des Koran, die Imam al-Marāġī (in seiner o. g. Studie im Jahre 1936 *Baḥṯ fī tarǧamat al-qurʾān al-karīm waʾaḥkāmiha*) für zulässig erklärt hat, unterscheiden die muslimischen Rechtsgelehrten zwischen der primären und der sekundären Koranbedeutung:[24]
   a. Die primären Bedeutungen sind grundsätzlich jedem bekannt, der sich mit der arabischen Grammatik und Semantik auskennt. Die Übersetzung dieser Art der Koranbedeutungen ist leicht zu erkennen und zu übertragen.
   b. Bei den sekundären Bedeutungen handelt es sich um die Bedeutungsnuancen. Sie sind im Unterschied zur ersten Art schwer zu übertragen. Sie ergeben sich aus der spezifischen Strukturierung und der stilistischen Ordnung der sprachlichen Einheiten (*naẓm*) im Koran. Beispielsweise drückt die Unbestimmtheit der Nomen im Koran die Hochschätzung oder Verachtung des Bezeichneten aus. Diese sprachlichen und stilistischen Merkmale sind von Sprache zu Sprache unterschiedlich. Dies trifft umso mehr in Bezug auf das Verhältnis zwischen der göttlichen und der menschlichen Sprache zu.

Imam al-Marāġī räumt in seiner Studie allerdings auch ein, dass sowohl die primäre als auch die sekundäre Koranbedeutung in eine andere Sprache übertragbar sind, denn es handele sich hier ausschließlich um die Übersetzung der Koranbedeutung und nicht des göttlichen Koranwortlautes. Er vergleicht diesen Prozess mit der Koranauslegung (*tafsīr*), die der islamischen Tradition nach erlaubt und erwünscht ist.

2.1 *Tafsīr* als Argument und Inspiration für Befürworter

Der Umgang mit dem Korantext – auch für die alten Araber und die ersten Generationen der islamischen *umma* (Gemeinschaft) – war in Bezug auf die sprachliche Ordnung (*naẓm*) und mehrdeutigen Koranverse (*mutašābihāt*) nicht immer einfach. In der frühen Zeit des Islam etablierte sich die Disziplin der

24 Muṣṭafā Al-Marāġī beruft sich in seiner Studie *Baḥṯ fī tarǧamat al-qurʾān al-karīm waaḥkāmiha* auf Imam Abū Isḥāq aš-Šāṭibī (gest. 1388) in seinem Buch *al-Muwāfaqāt* 2, S. 51 ff.

Koranauslegung (*tafsīr* bzw. *ta'wīl*). Dadurch sollen nach muslimischer Auffassung die Ziele des Koran dargestellt, seine Bedeutung erklärt, seine Geheimnisse und Schätze entschleiert sowie seine Mehrdeutigkeit erschlossen werden. Später wurde das Wort *ta'wīl* für jene Koranauslegung verwendet, welche sich mit dem inneren bzw. allegorischen Sinn des Koran auseinandersetzt, im Unterschied zu *tafsīr*, wobei der äußere Sinn des Koran untersucht wird. *Ta'wīl* wird vor allem von Mystikern und Schiiten betrieben, um bestimmte Sondermeinungen aus dem Koran herzuleiten und derart zu etablieren.[25] Der Korantext unterscheidet in 3:7 zwischen *muḥkamāt* und *mutašābihāt* (ein- und mehrdeutigen Versen) und spricht die Frage des *tafsīr* bzw. *ta'wīl* an:

> Er (seq. Gott) ist es, der die Schrift auf dich (seq. Muḥammad) herabgesandt hat. Darin gibt es (eindeutig) bestimmte Verse (w. Zeichen) – sie sind die Urschrift – und andere, mehrdeutige. Diejenigen nun, die in ihrem Herzen (vom rechten Weg) abschweifen, folgen dem, was darin mehrdeutig ist, wobei sie darauf aus sind, (die Leute) unsicher zu machen und es (nach ihrer Weise) zu deuten. Aber niemand weiß es (wirklich) zu deuten außer Gott. Und diejenigen, die ein gründliches Wissen haben, sagen: ›Wir glauben daran. Alles (was in der Schrift steht) stammt von unserm Herrn (und ist wahre Offenbarung, ob wir es deuten können oder nicht).‹ Aber nur diejenigen, die Verstand haben, lassen sich mahnen (Koranübersetzung Parets).

Mit der Kategorisierung des *tafsīr* und der *mufassirūn* (Koranausleger) haben sich viele Koranforscher wie Goldziher (1952), aḏ-Ḏahabī (1961) und Gätje (1971) befasst. Ibn ʿAbbās (gest. um 688), Saʿīd Ibn Ǧubair (gest. 713), ʿIkrima (gest. 724) und Ḥasan al-Baṣrī (gest. 728) gehören zu den ersten Koranauslegern der islamischen Geschichte. Auch in den Ḥadīṯ-Sammlungen von al-Buḫārī (gest. 870) und at-Tirmiḏī (gest. 892) wird der Koranauslegung ein eigenes Kapitel gewidmet. Die Werke über *ġarīb al-qur'ān* (›schwerverständliche Koranstellen‹), *muškil al-qur'ān* (›problematische/mehrdeutige Koranstellen‹) und *al-wuǧūh wa-n-naẓāir* (›Bedeutungsnuancen und -vergleiche‹, auch ›Polysemie‹) gehören in diesem Sinne zur Literatur des *tafsīr*.[26]

Innerhalb dieser Korandisziplin entstanden verschiedene Methodiken der Exegese wie die traditionellen der Sunniten (z. B. von aṭ-Ṭabarī), spekulative rationalistische wie die der Muʿtaziliten (z. B. von az-Zamaḫšarī), aber auch neue hermeneutische Methoden wie z. B. von Ibn ʿArabī. Grundsätzlich gehen die Koranausleger von der Maxime ›Verbindung von überlieferten und rationalen Traditionen‹ aus. In dieser Konstellation werden sowohl Aussagen des Propheten, der Gefährten des Propheten und der klassischen Koranwissenschaftler (*al-ma'ṯūr*) zusammen mit den Regeln der arabischen Sprache und Stilistik und der

25 Vgl. Helmut Gätje, *Koran und Koranexegese*, Zürich 1971, S. 51; Hartmut Bobzin, *Der Koran: Eine Einführung*, 2. durchges. Aufl., München 2000, S. 110.

26 Vgl. Gätje, *Koran und Koranexegese*, S. 51 ff.

eigenen Meinung (*ar-ra'y*) berücksichtigt. Diese Methode hat beispielsweise aṭ-Ṭabarī (gest. 923) in seinem klassischen dreißigbändigen Werk *Ǧāmiʿ al-bayān ʿan ta'wīl āy al-qur'ān* angewandt. Ein weiterer wichtiger Korankommentar in sprachlich-rhetorischer Hinsicht ist *al-Kaššāf ʿan ḥaqā'iq at-tanzīl* von az-Zamaḫšarī (gest. 1144). Vielfach vertritt az-Zamaḫšarī hierin ausdrücklich die Ansichten der Muʿtaziliten.[27]

Falaturi[28] unterscheidet drei hermeneutische Prinzipien innerhalb der klassischen Koranexegese, nämlich dass der Koran sich erstens selbst auslegt in dem Sinne, dass eindeutige Verse die mehrdeutigen erklären. Als zweites Prinzip der Hermeneutik gilt, dass die Bedingungen der Textentstehung durch die Berücksichtigung der Offenbarungsanlässe (*asbāb an-nuzūl*) das Verstehen des Koran mitsteuern und drittens, dass die *sunna* (›prophetische Überlieferungen‹) zum hermeneutischen Leitfaden der Koranexegese wird. In der Hermeneutik des Koran scheint zumindest für die muslimischen Ausleger Gott und seine ursprünglich intendierte Botschaft als der wichtigste hermeneutische Bezugspunkt.[29]

Die Koranübersetzung und das *tafsīr* sind im islamischen Diskurs eng miteinander verbunden. Die ersten Versuche der Koranübersetzung im islamischen Raum entstanden im Rahmen der Koraninterpretation, des *tafsīr* (vgl. z. B. die Übersetzung der Koranauslegung aṭ-Ṭabarīs zur Zeit des Königs Manṣūr Ibn Nūḥ as-Sāmānī im Jahre 345 H/956 n. Chr.).

Nachdem er die Frage der Koranübersetzung sprachlich und theologisch fundiert hat, zeigt az-Zurqānī in seinem Werk *Manāhil al-ʿirfān*, warum die Übersetzung der Koranauslegung (*tarǧamat tafsīr al-qur'ān*) aus islamischer Sicht erwünscht sei:[30]

a. Sie erschließt die Schönheit und die Vorzüge des Koran (*Ǧamāl al-Qur'ān wa-Maḥāsin*) und hilft somit den nichtarabischen Muslimen beim Verstehen des Korantextes.
b. Sie soll die irrigen Behauptungen und die Einwände gegen den Islam entkräften.
c. Sie soll die Nichtmuslime über die Wahrheit des Islam aufklären.

27 Vgl. Angelika Neuwirth, »*Koran*«, in: *Grundriß der Arabischen Philologie* 2, hrsg. von Helmut Gätje, Wiesbaden 1987, S. 96–135, hier S. 120; Bobzin, *Der Koran: Eine Einführung*, S. 115.

28 Nach Klaus Hock, »*Das Unübersetzbare übersetzen: Der Koran in religionswissenschaftlicher Perspektive*«, in: *Brücke zwischen den Kulturen – »Übersetzung« als Mittel und Ausdruck kulturellen Austauschs*, hrsg. von Hans Jürgen Wendel et al., Rostock 2002, S. 61–102, hier S. 86 f.

29 Hock, »*Das Unübersetzbare übersetzen*«, S. 96.

30 Az-Zarqānī, *Manāhil al-ʿirfān fī ʿulūm al-qurān* 2, S. 110 f.

d. Durch eine solche Übersetzung können Barrieren und Hindernisse, die errichtet wurden, um zwischen dem Islam und den Nichtmuslimen eine Kluft entstehen zu lassen, abgebaut werden.
e. Durch eine Übersetzung der Koranauslegung erfüllen die Muslime ihre Pflicht, den Sinn des Koran bekannt zu machen.

In der islamischen Tradition werden die Instrumente und Regeln der Koranauslegung im Rahmen der koranwissenschaftlichen Literatur betont. As-Suyūṭī (gest. 1505) greift in seinem Werk *al-Itqān fī ʿulūm al-qurʾān*[31] lexikalische, grammatische und stilistische Regeln auf, die der Koranausleger anwenden soll. Viele dieser Regeln können auch dem Koranübersetzer behilflich sein.

Als Einstieg in das Thema ›Koranverstehen‹ schlägt der Koranübersetzer von Denffer[32] folgende drei Maximen für die Auseinandersetzung mit dem Text vor: Erstens muss der Übersetzer erkennen, was der Koran selbst zu dieser Stelle sagt. Um das zu erkennen, muss er sich darüber im Klaren sein, worum es bei dieser Textstelle geht und welche zentralen Gedanken sie thematisiert. Zweitens muss der Übersetzer danach fragen, ob es sich bei der Textstelle um ein Gebet, eine Lehrgeschichte, eine Verheißung oder um ein Gesetz handelt. Drittens muss der Koranübersetzer beachten, wie der Koran die Textstelle behandelt. Dazu gehört u. a. die Frage nach der Zeit, dem Ort und dem Grund der Offenbarung.

Mit anderen Worten ist die Koranübersetzung eng mit der Frage nach der Mikro- und Makrostruktur des Korantextes sowie der Frage nach der Textfunktion verbunden, d. h. ob es sich um einen informativen, appellativen oder expressiven Text handelt. Auch die Frage nach den Offenbarungsanlässen (*asbāb an-nuzūl*) ließe sich hier in linguistischer Begrifflichkeit mit der soziokulturellen bzw. pragmalinguistischen Dimension des Textes vergleichen. Erst über das Erfassen des Korantextes in seinen unterschiedlichen Aspekten bzgl. Lexik, Morphologie, Syntax, Stil und Textsemantik, kann der Übersetzer zu einer angemessenen Übersetzung gelangen. Bei einer solchen Betrachtung spielen die *tafsīr*-Werke eine große Rolle.

---

31 Ǧalāladdīn as-Suyūṭī, *al-Itqān fī ʿulūm al-qurʾān*, 2 Bde., Kairo 1978, Bd. 1, S. 244 ff.
32 Ahmad Denffer, *Der Koran: Die Heilige Schrift des Islam in deutscher Übertragung: Mit Erläuterungen nach den Kommentatoren von Dschalalain, Tabari und anderen hervorragenden klassischen Koranauslegern*, München 1997, S. XLI ff.

2.2 *Iʿǧāz* als Argument und Inspiration für die Widersacher

Das Konzept der Koranauslegung (*tafsīr*) stellte einen Weg dar, um den Korantext zu verstehen, und wurde als Legitimation für die Koranübersetzung verwendet. Im Gegensatz dazu erschien das *iʿǧāz*-Konzept (›Unnachahmlichkeit des Koran‹) in der islamischen Tradition als das eigentliche Hindernis der Koranübersetzung. Die enge Verbindung des Koran mit der arabischen Sprache hat die Koranforschung in der muslimischen Tradition sowohl theologisch als auch literarisch beeinflusst. Vor allem seit den früheren klassischen Rhetorikern al-Bāqillānī (gest. 1013) und al-Ǧurǧānī (gest. 1078) rückte die literarische Dimension des *iʿǧāz* als sprachliche Vollkommenheit des Koran in den Vordergrund. Die Lehre vom *iʿǧāz al-qurʾān* hat also eine theologisch-rechtliche sowie eine literarische Dimension.[33]

Die muslimischen Sprachwissenschaftler und Rhetoriker (*balāġīyūn*) gehen bei ihrer Auseinandersetzung mit der Frage der Koranübersetzung genauso wie die Rechtsgelehrten davon aus, dass der Koran das unnachahmliche, direkte Wort Gottes ist. Sie betonen aber die lexikalische, syntaktische und semantische Ebene im Hinblick auf den *iʿǧāz al-qurʾān*. Dabei handelt es sich um das Konzept, dass der Koran wegen seiner vielfältigen Bedeutungen und sprachlichen Gestaltung wie der Konstellation der Worte, der Satzbildung und dem Stil nicht in anderen Sprachen wiedergegeben werden kann. Oft wird die Koranstelle in Sure (17:88) über *iʿǧāz* zitiert:

> Sag: Gesetzt den Fall, die Menschen und die Dschinn tun sich (alle) zusammen, um etwas beizubringen, was diesem Koran gleich(wertig) ist, so werden sie das nicht können. Auch (nicht), wenn sie sich gegenseitig (dabei) helfen würden (Koranübersetzung Parets).

So räumt al-Ǧurǧānī in seiner *naẓm*-Theorie ein, dass die Auswahl der schönen Worte und die Ordnung (*naẓm*) im Koran es unmöglich mache, ein einziges Wort des Koran mit einem Synonym auszutauschen, ohne damit die schöne und korrekte Ausdrucksweise (*al-balāġa wa-l-faṣāḥa*) zu beschädigen. So stellt der Korantext in der muslimischen Tradition ein eigenes Sprachphänomen dar. Er ist sowohl das dogmatische Glaubensbuch bzw. die Hauptquelle der *šarīʿa*, als auch das wichtigste literarische Werk und das normbildende Standardwerk der arabischen Sprache, also gleichsam Prototyp und Beschützer des Arabischen. Vor diesem Hintergrund des *iʿǧāz* war die Idee der Übersetzung des Koran in andere Sprachen immer schwer vorstellbar. Von dieser Vorstellung war der Diskurs der Koranübersetzung oft abhängig. Der Glaube der Muslime an die Un-

33 Bobzin, *Der Koran: Eine Einführung*, S. 119; Navid Kermani, *Gott ist schön: Das ästhetische Erleben des Koran*, München 2000, S. 94–170; Haggag, *Die deutschen Koranübersetzungen*, S. 68 f.

übersetzbarkeit des Koran bzw. an den *iʿǧāz* des Koran hat nach Kermani sowohl religiöse und sprachliche, als auch rezeptionsästhetische Gründe:

> Solche Aussagen berücksichtigt, erscheint der Glaube an die Unübersetzbarkeit nicht mehr als ein willkürlich gesetztes Dogma, sondern als Ausdruck einer Rezeptionserfahrung, vergleichbar mit dem – in der westlichen Literatur spätestens seit Diderot häufig formulierten – Gefühl nach der Lektüre eines Gedichtes, das einem sagt: das ist so unnachahmlich gesagt, das kann man nicht übersetzen (wobei muslimischen Arabern potenzierend hinzukommt, dass die ästhetische Erfahrung noch durch einen Glaubensansatz gestützt und durch das kollektive Urteil der eigenen Gemeinde bestätigt wird).[34]

Jedoch findet al-Marāġī in seinem Beitrag in der Al-Azhar-Zeitschrift *Baḥṯ fī tarǧamat al-qurʾān al-karīm wa aḥkāmiha*, dass der *iʿǧāz* kein Hindernis für die Koranübersetzung in die nichtarabischen Sprachen sei. Al-Marāġī sieht im Koran als Gottes Offenbarung in arabischer Sprache zwei Ziele, nämlich die Rechtleitung der Menschheit (*hidāya*) sowie das Beglaubigungswunder des Prophetentums Muḥammads (*iʿǧāz*). Was das erste Ziel betrifft, so sind die Bedeutungen (*maʿānī*) gemeint. Mit dem zweiten Ziel, also dem *iʿǧāz*, ist aber die göttliche Ordnung der Sprache des Koran (*naẓm*) gemeint. Im Falle der Übersetzung des Koran haben wir es mit den Bedeutungen (*maʿānī*) zu tun. Der *iʿǧāz* betrifft aber ausschließlich die göttliche Ordnung der arabischen Sprache des Koran (*naẓm*).

Zusammenfassend bildete das sprach-stilistische Konzept des *iʿǧāz*, im Sinne der Überlegenheit des Koran, ein Hindernis im Diskurs der Koranübersetzung. Dieses Konzept ging mit der Zeit über die sprachliche Begründung zu einem religiösen Argument der Unübersetzbarkeit des Koran hinaus.

3 Fragen über Koranübersetzung in den Lehren von *fiqh* und *uṣūl*

Die Frage der Koranübersetzung spiegelt sich auch in der muslimischen Glaubenspraxis wider. Es wird beispielsweise in den *ʿibādāt* (rituellen Handlungen) auf die Frage eingegangen, ob jemand, der des Arabischen mächtig oder nicht, mit der Koranübersetzung und nicht mit dem arabischen Original das rituelle Gebet (*ṣalāḥ*) verrichten darf. Auch hier herrschen unter den Rechtsgelehrten Meinungsverschiedenheiten.

Imam al-Marāġī, der selbst zur ḥanafitischen Rechtsschule gehörte, behandelt diese Frage ausführlich und beruft sich auf das Standardwerk der ḥanafitischen Rechtsschule *al-Mabsūṭ* von as-Saraḫsī (gest. 1090). In diesem Werk lässt Abū

34 Kermani, *Gott ist schön*, S. 157.

Ḥanīfa die Frage mit der Begründung zu, dass der Prophet Muḥammad die Übersetzung der ersten Sure ins Persische erlaubt hatte, damit die Perser seinerzeit das rituelle Gebet (*ṣalāt*) mit der Übersetzung verrichten können. Abū Ḥanīfa gestattet dies sowohl demjenigen, der Arabisch beherrscht, als auch dem, der es nicht spricht. Seine Schüler Abū Yūsuf und Muḥammad erlaubten dies nur demjenigen, der des Arabischen nicht mächtig ist. Al-Marāġī tritt für die Meinung Abū Yūsufs und Muḥammads ein. Er bestreitet aber die Annahme, dass Abū Ḥanīfa seine Meinung nachher revidiert habe, wie viele Rechtsgelehrte überliefern. Es sei hier erwähnt, dass für die ḥanafitische Rechtsschule im Falle des Gebets mit der Koranübersetzung nur eindeutig übersetze Koranverse in Frage kommen, von denen man glaubt, es handelt sich um die eindeutigen Bedeutungen des Wortes Gottes. Mit mehrdeutigen Versen der Übersetzung bzw. mit der Interpretation darf man das rituelle Gebet nicht verrichten. Nach den anderen drei Rechtsschulen, also den Mālikiten, Šāfiʿiten und Ḥanbaliten darf man nicht mit der Koranübersetzung, sondern nur mit dem Original beten. Al-Marāġī führt jedoch in seiner Studie (1936) Texte von den Rechtsschulen der Mālikiten, Šāfiʿiten und Ḥanbaliten an, die eine semantische Koranübersetzung erlauben.

Weitere rechtliche Fragen, die mit der Koranübersetzung zu tun haben, sind beispielsweise: Darf man den Koran mit nichtarabischen Buchstaben schreiben? Dies wird in der rechtlichen Tradition nicht zugelassen, mit der Behauptung, dass nichtarabische Buchstaben den arabischen Lauten nicht gerecht sind. Eigentlich wissen wir heutzutage, dass eine Umschreibung der koranischen Laute durch die Transkription der DMG (Deutsche Morgenländische Gesellschaft) beispielsweise möglich ist. Diese DMG-Umschrift wird im wissenschaftlichen Kontext verwendet. Eine Umschrift würden den Nichtarabern eine große Hilfe und Erleichterung anbieten, deshalb ist diese Begründung nicht einwandfrei. Selbstverständlich gilt diese Umschreibung an sich nicht als Koran. Darüber hinaus wird über die Frage diskutiert, ob jemand, der im nicht-rituellen Zustand (*ṭahāra*) ist, die Übersetzung berühren, bei sich tragen und sie rezitieren darf. Darüber gibt es im islamischen Recht Meinungsverschiedenheiten.

Auch in der islamischen Rechtsmethodologie bzw. in der Lehre von *uṣūl al-fiqh* fand das Thema der Koranübersetzung Erwähnung. Hier stellt man die Frage, ob man rechtliche Bestimmungen (*aḥkām*) von der Koranübersetzung ableiten darf. Die Frage wird mit der Begründung nicht zugelassen, dass die Übersetzungen – anders als der Koran im arabischen Original – unterschiedliche Bedeutungen und dementsprechend unterschiedliche *aḥkām* vermitteln könnten. Denn der Inhalt der Übersetzung ist ja eng verbunden mit den Entscheidungen des Übersetzers, seiner Hermeneutik und Übersetzungsstrategie. Leitete man die rechtlichen Bestimmunen direkt aus den Übersetzungen ab, so hätte man auch keine Referenz und keinen Maßstab für die Legitimität und Autorität der *aḥkām*.

4 Fazit

Die Diskussionen und die rechtlichen Überlegungen im Hinblick auf die Übersetzung des Koran stellen an sich einen Diskurs im Sinne der Begrifflichkeit von Habermas (geb. 1929), Foucault (gest. 1984) und dem modernen Sprachwissenschaftler Gardt. Hier spielen der argumentative Dialog zwischen den Gelehrten über die Legitimität und Normen der Koranübersetzung sowie die sprach-stilistische Macht des Arabischen und die Text-Vernetzung der Wissenstradition (*turāṯ*) eine entscheidende Rolle.

Meinungsverschiedenheiten zu Pro und Kontra der Legitimität der Koranübersetzung im rechtlichen Kontext basieren grundsätzlich auf der Problematik der Begriffsbestimmung der Übersetzung (*tarǧama*) als solcher und darüber, was diese bedeutet und worauf sie hinzielt. Im rechtlichen Diskurs über die Koran übersetzung und deren Legitimität aus islamischer Sicht spielte die etablierte Lehre der Koranauslegung (*tafsīr*) eine wichtige Rolle als Prototyp und Inspiration für die Billigung der Koranübersetzung. Dahingehen prägten die Überlegungen der Muslime über den Wundercharakter des Koran (*iʿǧāz*) die Argumente der Widersacher der Koranübersetzung sowohl sprachlich als religiös.

Die Frage der Koranübersetzung im rechtlichen Kontext geht über deren Legitimität hinaus und spiegelt sich sowohl in der islamischen Jurisprudenz (*fiqh*), z. B. ob man damit das rituelle Gebet verrichten darf oder nicht, als auch in der Rechtsmethodologie (*uṣūl al-fiqh*), im Sinne der Ableitung rechtlicher Bestimmungen (*aḥkām*) davon. Der rechtliche Kontext der Koranübersetzung verbindet sich und kollidiert gleichzeitig mit anderen Kontexten, wie dem der Sprache und der Kultur. Die Koranübersetzung ist schließlich ein komplexer Prozess, in dem viele theologische und nicht-theologische Disziplinen involviert sind.

Omar Hamdan

Fehlinterpretation in der Koranexegese?

Der Philologe at-Tawwazī (gest. 238/851) aus Basra berichtete über eine Begegnung zwischen seinem Lehrer Abū ʿUbayda (gest. 209/824), dem berühmten basrischen Philologen, und Ibrāhīm b. Ismāʿīl, einem der Sekretäre des Wesirs al-Faḍl b. ar-Rabīʿ (gest. 208/823), die in Gegenwart dieses bereits erwähnten Wesirs stattfand. Abū ʿUbayda antwortete dabei auf dessen Frage, was der Beweggrund zur Verfassung seines Werkes *Maǧāz al-Qurʾān*[1] gewesen war. Die Frage bezog sich auf die koranische Beschreibung des sogenannten *Zaqqūm*-Baums im Vers 37:65 (dessen Fruchtscheide so ist, als wären es Köpfe von Satanen) und lautete sinngemäß: das Versprechen und die Drohung werden dann wahrgenommen, wenn sie mit etwas Bekanntem verglichen werden. Das sei wohl nicht bekanntlich? Darauf reagierte Abū ʿUbayda folgendermaßen: »Es ist nun aber so, dass Allah, der Erhabene, die Araber entsprechend ihrer Sprache ansprach.«[2]

Abū ʿUbayda wollte damit zeigen, welche semantischen und syntaktischen Besonderheiten der Koran in seiner arabischen Sprache verwendet. Zieht man sie bei der Auslegung des Koran in Betracht, so kann der Koran Abū ʿUbaydas Auffassung nach am besten und sichersten verstanden werden. Dadurch können auch Fehlinterpretationen vermieden werden.

Ich möchte in diesem kurzen Beitrag einige Beispiele dieser Art – zwei davon (Nr. 3 und 5) beziehen sich auf das Werk *Maǧāz al-Qurʾān* von Abū ʿUbayda – präsentieren, die dieses Phänomen illustrieren:

1 Editiert von Fuat Sezgin, 2 Bde., Kairo 1374/1954.

2 Al-Anbārī (gest. 577/1181), *Nuzhat al-alibbāʾ fī ṭabaqāt al-udabāʾ*, Kairo 1418/1998, S. 97 f.; ferner al-Yaġmūrī (gest. 673/1274), *Nūr al-qabas al-muḫtaṣar min al-muqtabas*, Wiesbaden 1384/1964, S. 115.

1 *Innamā ḏālikumu š-šayṭānu yuḫawwifu awliyāʾahū, fa-lā taḫāfūhum* (3:175)

Das Verb *yuḫawwifu* (II., *ḫwf*) ist transitiv und beansprucht ein direktes Objekt im Akkusativ, nämlich *awliyāʾahū*. Demnach beängstigt der Satan seine Anhänger, wie al-Ḥasan al-Baṣrī (gest. 110/728) und as-Suddī (gest. 128/745) verstanden haben sollen.[3] So lautet dieser Versteil beispielweise nach der Ahmadeyya-Übersetzung: »Nur Satan ist es, der seine Freunde erschreckt.« Genauso nach der Azhar-Übersetzung: »Der Satan ist es, der seine Anhänger mit Angst erfüllt.«[4]

Man muss aber in diesem Kontext noch in Betracht ziehen, dass dieses Verb sogar zwei Objekte im Akkusativ beanspruchen kann.[5] Im Korantext steht bereits ein Objekt, welches anscheinend das zweite Objekt ist, während das erste Objekt nicht erwähnt ist. Darauf, also auf das weggelassene Objekt, verweist der direkt nachstehende Korantext (*fa-lā taḫāfūhum*), wo den Gläubigen gesagt wird: »Fürchtet sie aber nicht!« Demnach heißt es (*taqdīr al-kalām*) dann: *yuḫawwifukum awliyāʾahū*[6] oder *yuḫawwifukum min awliyāʾihī*[7] oder *yuḫawwifukum bi-awliyāʾihī*[8]. Aufgrund dessen sollte die genauere Übersetzung folgendermaßen lauten: »Der Satan ist es, der (euch) mit seinen Gefolgsleuten beängstigt.«

3 Al-Māwardī (gest. 450/1058), *an-Nukat wal-ʿuyūn* [=*Tafsīr al-Māwardī*] 1, Beirut o. J., S. 438 [mit der Begründung: damit sie aufhören, gegen die Paganen zu kämpfen].

4 Neben den beiden Übersetzungen verwende ich hier noch zwei weitere (Rudi Paret und die der Al-Azhar Universität). Alle vier sind nach der Webseite koransuren.com/index.html zitiert; ferner auch die Koranübersetzung von Islam Abdullāh aṣ-Ṣāmit, Frank Bubenheim und Nadeem Elyas.

5 Ibn ʿAtiyya (gest. 546/1152), *al-Muḥarrar al-waǧīz fī tafsīr al-Kitāb al-ʿAzīz* 2, Doha 1436/2015, S. 701.

6 Dies wird noch durch eine nichtkanonische Lesart bestätigt, wie bei Ibn Ǧinnī (gest. 392/1002), *al-Muḥtasab fī tabyīn wuǧūh šawāḏḏ al-qirāʾāt wal-īḍīḥ ʿan-hā* 1, Kairo 1386/1966, S. 177 [zugeschrieben Ibn ʿAbbās, ʿIkrima und ʿAṭāʾ]; ferner Ibrāhīm Ibn Muḥammad az-Zaǧǧāǧ (gest. 311/923), *Maʿānī l-Qurʾān wa-iʿrābuh* 1, Kairo 1414/1994, S. 490; aṯ-Ṯaʿlabī (gest. 427/1053), *al-Kašf wal-bayān ʿan tafsīr al-Qurʾān*, [=*Tafsīr aṯ-Ṯaʿlabī*] 9, Dschidda 1436/2015, S. 471 f.; Ibn ʿAtiyya, *al-Muḥarrar al-waǧīz* 2, S. 701 [Ibn ʿAbbās unter Berufung auf Ibn Ǧinnī].

7 Al-Mubarrid (gest. 286/899), *al-Kāmil fī l-luġa wal-adab* 3, Riad 1419/1998, S. 313; *Maʿānī l-Qurʾān wa-iʿrābuh* 1, S. 490; Al-Māwardī, *Tafsīr al-Māwardī* 1, S. 438 [diese Haltung wird von Ibn ʿAbbās, Muǧāhid und Qatāda vertreten].

8 Dies ist auch eine nichtkanonische Lesart, welche Ubayy b. Kaʿb zugeschrieben ist. Vgl. aṯ-Ṯaʿlabī, *Tafsīr aṯ-Ṯaʿlabī* 9, S. 473; Ibn ʿAtiyya, *al-Muḥarrar al-waǧīz* 2, S. 701.

2 *Wa-l-lātī taḫāfūna nušūzahunna fa-ʿiẓūhunna wa-hǧurūhunna fī l-maḍāǧiʿi wa-ḍribūhunna* (4:34)

Es handelt sich dabei – im hypothetischen Sinne! – um Ehefrauen, die gegen ihre Ehemänner widerspenstig sind. Der Koran verweist an dieser Stelle darauf, wie man (in drei Schritten) mit einer solchen Widerspenstigkeit umgeht. Dafür wähle ich die vier folgenden Übersetzungen dieses Teils im Vers:

- »Und jene, von denen ihr Widerspenstigkeit befürchtet, ermahnt sie, lasst sie allein in den Betten und *straft* sie!«
- »Und wenn ihr fürchtet, dass (irgendwelche) Frauen sich auflehnen, dann vermahnt sie, meidet sie im Ehebett und *schlagt sie!*«
- »Und jene, deren Widerspenstigkeit ihr befürchtet: ermahnt sie, meidet sie im Ehebett und *schlagt sie!*«
- »Die Frauen, bei denen ihr fürchtet, sie könnten im Umgang unerträglich werden, müsst ihr beraten. Wenn das nichts nützt, dürft ihr euch von ihren Schlafstätten fernhalten; wenn das nichts nützt, dürft ihr sie (leicht) *strafen* (ohne sie zu erniedrigen).«

Zwei dieser Übersetzungen sprechen in der dritten Phase von einer nicht näher erläuterten Bestrafung solcher Frauen. In den zwei weiteren Übersetzungen wird die Strafe mit ›schlagt sie!‹ konkretisiert. Es geht dabei um das Verb *ḍaraba* (I., *ḍrb*), das im Arabischen viele Bedeutungen hat, deren geläufigste jedoch ›schlagen‹ ist. Somit interpretierte sowohl die klassische als auch die moderne Exegese diese Stelle, aber sehr bedingt, also leichtes Schlagen ohne Verletzung oder erniedrigende Wirkung.[9] Darüber herrscht unter den Koranexegeten weitestgehende Übereinstimmung.[10] Eine Ausnahme macht der Koranexeget und

9 Nicht nur die Exegese, sondern auch der Hadith neigt eher zum ›leichten Schlagen‹, auch wenn der Kontext anders als im Koranvers 4:34 ist; siehe z. B. die Abschiedspredigt des Propheten im *Ṣaḥīḥ Muslim* (gest. 261/875), Damaskus/Riad 1421/2000, S. 515, § 1218; ferner at-Tirmiḏī (gest. 279/892), *al-Ǧāmiʿ aṣ-ṣaḥīḥ* 3, Beirut 1377/1958, S. 467, § 1163. Entscheidend ist dabei die vom Propheten als Vorbild praktizierte Tradition (*Sunna*), die ja besagt, dass er niemals eine seiner Frauen noch seiner Diener und Mägde schlug noch etwas mutwillig mit der Hand zerstörte. Vgl. Ibn al-Faras (gest. 597/1201), *Aḥkām al-Qurʾān* 2, Beirut 1427/2006, S. 178 f.; Ibn al-Aṯīr (gest. 630/1233), *Usd al-ġāba fī maʿrifat aṣ-ṣaḥāba* 1, S. 296.

10 Vgl. zum Beispiel aṭ-Ṭabarī (gest. 310/923), *Tafsīr aṭ-Ṭabarī* 4, Beirut 1412/1992, S. 70 f. §§ 9380–9396; Ibn al-Munḏir (gest. 318/931), *Kitāb tafsīr al-Qurʾān* 2, Medina 1423/2002, S. 692–693 §§ 1727–1730; al-Ḥīrī (gest. 430/1039), *al-Kifāya fī t-tafsīr* 1, Riad 1440/2019, S. 545: *yaʿnī ḍarban ġayra mubarriḥin*; Makkī al-Qaysī (gest. 437/1045), *al-Hidāya ilā bulūġ an-nihāya* 2, Fez/Kairo 1435/2014, S. 862: *ḍarban ġayra mubarriḥin, ka-ḏālika qāla l-mufassirūna*; al-Māwardī (gest. 450/1058), *Tafsīr al-Māwardī* 5, Beirut o. J., S. 442: *ġayra mubarriḥin wa-lā munhikin*; Abū Ḥafṣ an-Nasafī (gest. 537/1142), *at-Taysīr fī t-tafsīr* 5, Beirut/Istanbul 1440/2019, S. 15; al-Qurṭubī (gest. 671/1273), *al-Ǧāmiʿ li-aḥkām al-Qurʾān* 6, Beirut 1427/2006, S. 285: *huwa ḍarbu l-adabi ġayru l-mubarriḥi; wa-huwa l-laḏī lā yaksiru ʿaẓman wa-lā yašīnu*

Rechtgelehrte ʿAṭāʾ b. Abī Rabāḥ (gest. 114/732), der meinte: *lā yaḍribuhā! wa-in amarahā wa-nahāhā, fa-lam tuṭiʿhu, wa-lākin yaġḍab ʿalayhā.*[11]

Nun stellt sich die Frage: Warum werden sämtliche Bedeutungen dieses Verbs außer Acht gelassen, bis auf das Schlagen? Wenn man alle vorhandenen Bedeutungen sorgfältig überprüft, dürften auch andere infrage kommen, wie z. B. *aḍ-ḍārib* (I., PA) im Sinne von *al-mutaḥarrik*[12] (dt. ›derjenige, der sich bewegt‹). Das ist eigentlich die Grundbedeutung dieses Verbs, sodass jede davon abgeleitete Form diese in sich trägt, wie z. B. *aḍ-ḍārib* im Sinne von *as-sābiḥ fī ʾl-māʾi* (dt. ›derjenige, der sich im Wasser bewegt, also schwimmt‹)[13]. Kurz gesagt: es geht dabei um das *ḍarb* (I., VS) (dt. ›treiben‹, engl. *drive*) als Aktion, welche in Bewegung gesetzt wird, also um Antreiben. Laut dem Koran wird die Lage des Ehepaars auf Eis gelegt, wenn die ersten Schritte scheitern, wie es im zweiten Schritt deutlich formuliert ist. Also bedarf es eines weiteren Versuchs, um verfahrene Situation zu lösen, ja in Bewegung zu setzen. Mit anderen Worten: Es muss diesbezüglich etwas unternommen werden. Demnach heißt die Stelle (*wa-ḍribūhunna*) ›und treibt sie an!‹, um einen Weg aus der Krise bzw. eine Lösung für den blockierten Konflikt zu finden.

3 *Fa-l-yawma nunaǧǧīka bi-badanika li-takūna li-man ḫalfaka āyatan* (10:92)

Das Verb *nunaǧǧī* (II., *nǧw*) ist bekanntlich zumeist im Sinne von ›retten/erretten‹ zu verstehen. Trifft die Bedeutung auf den betreffenden Vers zu? Die Antwort ist eindeutig: Nein. Nach der Koranexegese bezieht sich das Verb auf *an-naǧwa* im Sinne einer hohen Stelle bzw. eines hohen Ortes, welchen die Flut nicht erreichen kann.[14] Diesbezüglich äußerte sich der basrische Grammatiker Yūnus b. Ḥabīb (gest. 182/798) mit den Worten: *yaʿnī nulqīka bi-naǧwati l-baḥri; wa-hiya šāṭiʾuhū; wa-ka-ḏālika naǧwatu l-wādī, šafīru l-wādī.*[15] Diese Auslegung vertrat der basrische Philologe Abū ʿUbayda (gest. 209/824), indem er sagte:

ǧāriḥatan, kal-lakzati wa-naḥwihā; Ibn Kaṯīr (gest. 774/1373), *Tafsīr al-Qurʾān al-ʿaẓīm* 2, Kairo 1431/2010, S. 690: *ḍarban ġayra mubarriḥin*; Ibn ʿĀdil al-Ḥanbalī (gest. nach 880/1475), *al-Lubāb fī ʿulūm al-Kitāb* 6, 1419/1998, S. 365: *yaʿnī ḍarban ġayra mubarriḥin wa-lā šāʾinin*; Ibn ʿĀšūr (gest. 1393/1973), *Tafsīr at-taḥrīr wa-t-tanwīr* 5, Tunis [1404]/1984, S. 43.

11 Ibn al-ʿArabī (gest. 543/1148), *Aḥkām al-Qurʾān* 1, Beirut 1498/1988, S. 420.

12 Abū Manṣūr al-Azharī (gest. 370/981), *Tahḏīb al-luġa* 1, Beirut 1421/2001, S. 18 [*ḍrb*].

13 Abū Manṣūr al-Azharī, *Tahḏīb al-luġa* 1, S. 17 [*ḍrb*].

14 Vgl. zum Beispiel al-Māwardī, *Tafsīr al-Māwardī* 2, S. 449; al-Ḥīrī, *al-Kifāya fī t-tafsīr*, Riad 1440/2019, Bd. 3, S. 320: *nulqīka ʿalā naǧwatin mina l-arḍi*; Abū Ḥafṣ an-Nasafī, *at-Taysīr fī t-tafsīr* 8, Beirut/Istanbul 1440/2019, S. 126.

15 Al-Yaġmūrī, *Nūr al-qabas al-muḫtaṣar min al-muqtabas*, S. 51.

maǧāzuhū nulqīka ʿalā naǧwatin, ay irtifāʿin.[16] Auch der basrische Philologe und Literat al-Mubarrid (gest. 286/899) ging darauf in aller Deutlichkeit ein mit den Worten: *laysa maʿnā (nunaǧǧīka) nuḫalliṣuka, wa-lākin nulqīka ʿalā naǧwatin mina l-arḍi.*[17] Demnach lautet der Vers: ›Heute setzen Wir dich mit deinem (toten) Leib auf ein hohes Ufer bzw. einen hohen Ort, welchen die Flut nicht erreicht.‹

Trotz alledem richten sich die meisten modernen Koranübersetzungen grundlos nach der Bedeutung von ›retten/erretten‹, wie z. B.:

- »So wollen Wir dich heute *erretten* in deinem Leibe, auf daß du ein Zeichen seiest denen, die nach dir kommen.« [Ahmadeyya]
- »Heute wollen wir dich nun mit deinem Leib *retten*, damit du für diejenigen, die nach dir kommen, ein Zeichen seiest.« [Paret]
- »Nun wollen Wir dich heute dem Leibe nach *erretten*, auf daß du ein Beweis für diejenigen seiest, die nach dir kommen.« [Rassoul]
- »Heute *erretten* Wir deinen Leib, damit du zum Zeichen für die wirst, die dir nachfolgen werden.« [Azhar]
- »Heute wollen Wir dich mit deinem Leib *erretten*, damit du für diejenigen, die nach dir kommen, ein Zeichen seiest.« [aṣ-Ṣāmit/Bubenheim/Elyas]

Was wir in diesen Übersetzungen sehen, ist im Grunde die Folge der Aktion und nicht die Aktion selbst, also nicht die eigentliche Bedeutung.

Es ist noch in diesem Vers anzumerken, dass die Übersetzungen besagte Stelle *bi-badanika* als »mit deinem *Leib*« wiedergeben. Das ist an sich richtig, da auch die Koranexegese sie mit dem Synonym *bi-ǧasadika*[18] auslegt. Das ist jedoch nicht alles, denn das Wort *badan* bedeutet auch ›Panzerverkleidung‹, wie die Koranexegese ebenfalls zu berichten weiß,[19] was aber die Übersetzungen völlig übersehen. So verbindet der Koran mit seinem Ausdruck (*bi-badanika*) die beiden Bedeutungen.[20] In diesem Vers macht er in seiner Sprache auf zwei Sachen aufmerksam: a) Die Platzierung der Leiche des Pharao an einem hohen Ort, damit man sie finden kann, b) die Bekleidung seines Leibs mit einem Panzer, damit man ihn wiedererkennen kann.

16 Abū ʿUbayda, *Maǧāz al-Qurʾān* 1, Kairo 1374/1954, S. 281.
17 Al-Mubarrid, *Al-Kāmil fī l-luġa wal-adab* 3, S. 313.
18 Vgl. z. B. Al-Māwardī, *Tafsīr al-Māwardī* 2, S. 449.
19 Al-Mubarrid, *Al-Kāmil fī l-luġa wal-adab* 3, S. 313; *Tafsīr al-Māwardī* 2, S. 449: *bi-dirʿika.*
20 Dementsprechend legte al-Ḥīrī (gest. 430/1039) diesen Ausdruck aus; vgl. al-Ḥīrī, *al-Kifāya fī t-tafsīr* 3, Riad 1440/2019, S. 320: (*bi-badanika*) *bi-dirʿika wa-ǧasadika.*

4 *Wa-mā kānat ummuki baġiyyan* (19:28)

Als Maria mit ihrem Sohn zu ihren Leuten kam, wurde sie von ihnen mit den folgenden Worten angesprochen: »(27) O Maryam! Du hast da ja etwas Unerhörtes begangen. (28) Schwester Aarons! Dein Vater war doch kein verdorbener Mann und deine Mutter keine Hure.« Die Übersetzungen sind sich darüber einig, dass mit *baġiyy* eine Hure bzw. ein unkeusches Weib gemeint ist.

An dieser Stelle bedarf es aber noch der Erklärung der morphologischen Form von *baġiyy*. Weil sich die Aussage auf Marias Mutter bezieht, erwartet man hier eine weibliche Form (feminin), also *baġiyyatan*. Diese Erwartung bzw. Vorstellung wäre aber aus gleich drei Gründen falsch: Zum einen ist die Form *baġiyya* morphologisch ein Nomen im Sinne von ›was man wünscht oder zu erreichen sucht‹, wie *buġya* und *biġya*;[21] zum zweiten wäre *baġiyya* dann feminin, wenn *baġiyy* morphologisch von *faʿīl* im Sinne von *fāʿil* abgeleitet würde; zum dritten ist die koranische Form *baġiyy* eigentlich die weibliche Form, denn sie ist abgeleitet von *faʿūl* im Sinne von *fāʿila*, also *baġiyy* (feminin) im Sinne von *bāġiya*, wie *ṣabūr* (feminin) im Sinne von *ṣābira*.[22]

5 *Wa-zawwaǧnāhum bi-ḥūrin ʿīnin* (44:54)

Für nicht wenige *Tafsīr*-Werke ist die Bedeutung des Verbes *zawwaǧnāhum* nicht erklärungsbedürftig, weshalb sie nicht darauf eingehen.[23] Hingegen haben die meisten Korankommentare diese Stelle so interpretiert, als ob es sich dabei um ein transitives Verb handle, welches zwei direkte Objekte beansprucht, wie etwa *wa-zawwaǧnāhum **ḥūran ʿīnan*** im Sinne von *ankaḥnāhum ḥūran ʿīnan*[24]. Diese Sprachwendung kennt der Koran auch, wie an der Stelle *zawwaǧnākahā* (33:37), d. h. ›gaben Wir sie dir zu Gattin‹, aber er unterscheidet sehr wohl zwischen *zawwaǧa* (II.) versehen mit einem direkten Objekt und einem weiteren indirekten Objekt wie (44:54) und *zawwaǧa* (II.) versehen mit zwei direkten Objekten wie (33:37). Die Betrachtung der Exegeten und Korankommentare, dass diese

21 Az-Zabīdī (gest. 1205/1790), *Tāǧ al-ʿarūs* 37, Kuwait 1422/2001, S. 180 [*bġy*].

22 Abū ʾl-Barakāt al-Anbārī, *Nuzhat al-alibbāʾ fī ṭabaqāt al-udabāʾ*, S. 165.

23 Dazu zählen beispielweise *Tafsīr Muqātil* 3, Beirut 1424/2002, S. 208; Makkī al-Qaysī (gest. 437/1045), *Muškil Iʿrāb al-Qurʾān* 2, Damaskus 1424/2003, S. 202; Bayān al-Ḥaqq al-Naysābūrī (st. um 555/1160), *Waḍaḥ al-burhān fī muškilāt al-Qurʾān* 2, Damaskus/Beirut 1410/1990, S. 289.

24 Aṭ-Ṭabarī, *Tafsīr aṭ-Ṭabarī* 11, Beirut 1412/1992, S. 248: *ka-ḏālika akramnāhum bi-an zawwaǧnāhum ayḍan fī-hā ḥūran mina an-nisāʾi* [nach aṭ-Ṭabarī selbst] und § 31176: *ankaḥnāhum ḥūran* [nach Muǧāhid (gest. 104/722)]; al-Ḥīrī, *al-Kifāya fī t-tafsīr* 7, Riad 1440/2019, S. 305: *ankaḥnāhum bi-ḥūrin ʿīnin* [auch nach Muǧāhid].

beiden Sprachwendungen gleich sind, führte zu der Fehlinterpretation der Stelle (44:54), dass die Paradiesbewohner mit Huris verheiratet werden.

Nun stellt sich hier die Frage: Was bedeutet (*wa-zawwaǧnāhum*) eigentlich und welche Funktion hat die Präposition *bi-* an dieser Stelle? Wir erfahren, dass der kufische Philologe al-Farrāʾ (gest. 207/822) dafür lediglich eine Interpretation anführt, welche auf den Prophetengefährten ʿAbd al-Lāh b. Masʿūd (gest. 32/653) zurückgeht: *wa-zawwaǧnāhum* im Sinne von *wa-amdadnāhum*[25], d. h. ›Und Wir werden sie mit *ḥūrʿīn* unterstützen bzw. versorgen‹. Seinerseits interpretiert der basrische Philologe Abū ʿUbayda (gest. 209/824) die betreffende Stelle folgendermaßen: *ǧaʿalnāhum azwāǧan, ka-mā tuzawwaǧu n-naʿlu bi-l-naʿli. Ǧaʿalnāhumu -ṯnayni -ṯnayni, ǧamīʿan bi-ǧamīʿin.*[26] Ähnlich ist die Auslegung von Ibn Qutayba (gest. 276/889) mit den Worten *ay qarannāhum bi-hinna*[27], d. h. ›Wir werden sie mit ihnen versehen‹. Der berühmte Korankommentator al-Wāḥidī (gest. 468/1076) war diesbezüglich am klarsten, indem er sagt: *ay qarannāhum bi-hinna. wa-laysa min ʿaqdi t-tazwīǧi, li-annahū lā yuqālu: zawwaǧtuhū bi-mraʾatin.*[28], d. h. ›Wir werden sie mit ihnen versehen.‹ Das ist nicht im Sinne eines Heiratsakts zu begreifen, denn man sagt nicht: *zawwaǧtuhū bi-mraʾatin.* Somit ist klar, dass es dabei nicht um Heirat geht, sondern um Begleitpersonen, die die Paradiesbewohner versorgen und bedienen.

Es ist ausgesprochen bedauerlich, dass neben vielen *Tafsīr*-Werken auch moderne Übersetzungen diese Fehlinterpretation aufweisen, wie z. B.:

- »So (wird es sein). Und Wir werden sie mit holdseligen Mädchen *vermählen*, die große, herrliche Augen haben.« [Ahmadeyya]
- »So (ist das). Und wir geben ihnen großäugige Huris als *Gattinnen.*« [Paret]
- »So (wird es sein). Und Wir werden sie mit Huris *vermählen.*« [Rassoul]
- »So wird es sein. Auch werden Wir sie mit Huris *vermählen*, die schöne, große Augen haben.« [Azhar]

Neben den *ḥūr* als weiblichen Begleitpersonen gibt es laut dem Koran auch männliche Begleitpersonen, also Jünglinge (*ġilmān*), wie im Vers *wa-yaṭūfu ʿalayhim ġilmānun la-hum ka-annahum luʾluʾun maknūnun* (52:24). Das heißt, sie sind auch damit beauftragt, die Paradiesbewohner zu bedienen. Somit haben die folgenden Übersetzungen diesen Vers (52:24) sinngemäß wiedergegeben:

- »Und unter ihnen werden ihre Jünglinge aufwartend die Runde machen, gleich wohlbehüteten Perlen.«

25 Ibrāhīm Ibn Muḥammad az-Zaǧǧāǧ, *Maʿānī l-Qurʾān* 3, S. 44.
26 Abū ʿUbayda, *Maǧāz al-Qurʾān* 2, S. 209.
27 Ibn Qutayba, *Tafsīr ġarīb al-Qurʾān*, Beirut 1398/1978, S. 404.
28 Al-Wāḥidī, *Al-Wasīṭ fī tafsīr al-Qurʾān al-maǧīd* 4, Beirut 1415/1994, S. 93.

- »Und Burschen, die sie bedienen, (so vollkommen an Gestalt) als ob sie wohlverwahrte Perlen wären, machen unter ihnen die Runde.«
- »Und sie werden von ihren Jünglingen bedient, als ob sie wohlverwahrte Perlen wären.«
- »Jünglinge wie wohlbehütete Perlen, die sie bedienen, werden unter ihnen die Runde machen.«

Interessanterweise berichtet der Koran in ein und demselben Kontext sowohl über männliche (*wildānun muḫalladūna*) (56:17) als auch über weibliche Begleitpersonen (*ḥūrun ʿīnun*) (56:22). Der volle Korantext lautet: (17) »Unter ihnen gehen *ewig junge Knaben* [im Nominativ] umher (18) mit Trinkschalen und Krügen und einem Becher aus einem Quell –, (19) von ihm bekommen sie weder Kopfschmerzen noch werden sie dadurch benommen, – (20) und (mit) Früchten von dem, was sie sich auswählen, (21) und Fleisch von Geflügel von dem, was sie begehren, (22) und (*ḥūrun ʿīnun*) [auch im Nominativ], d. h. sie [= weibliche Begleitpersonen] gehen unter ihnen umher wie (*wildānun muḫalladūna*).«

6 *Fa-ṣalli li-rabbika wa-nḥar* (107:2)

Es geht dabei um die 108. Sure (*Sūrat al-Kawṯar*), deren zeitliche Einordnung in der Koranexegese umstritten ist. Es gibt die Haltung, sie sei frühmekkanisch, aber auch die Meinung, sie sei medinensisch, und sogar dass sie zweimal herabgesandt worden sei, zuerst in Mekka, dann nochmals in Medina.[29] Problematisch ist für diese Thematik das Verb *wa-nḥar*, das im Imperativ steht und am Ende des zweiten Verses dieser Sure vorkommt. Die Exegeten sind sich darüber einig, dass der zweite Vers dieser Sure zwei Aufforderungen an den Propheten in Imperativform enthält. Der erste Imperativ *fa-ṣalli li-rabbika* fordert ihn dazu auf, das Gebet nur für Seinen Herrn zu verrichten. Darüber gibt es unter den Gelehrten Einigkeit. Der zweite Imperativ *wa-nḥar* erscheint auf den ersten Blick unproblematisch, denn die geläufigste Bedeutung des Verbs *naḥara* (I, *nḥr*) ist ›ein Opfertier schlachten‹. Aufgrund dessen plädierten manche Gelehrten dafür, dass diese Sure medinensisch sei, und sie begründeten dies so, dass die Aufforderung, ein Opfertier zu schlachten, im Zusammenhang mit der Pilgerfahrt (*ḥaǧǧ*) stehe, welche die Muslime ja erst in medinensischer Zeit durchgeführt hätten.

Unter den fünf bei al-Māwardī (gest. 450/1058) angeführten Interpretationen[30] ist die erste bezogen auf die Schlachtung des Opfertieres,[31] während die vier übrigen das Gebet betreffen, und zwar wie folgt:

29 Omar Hamdan/Patrick Brooks, *Von der Dschahiliyya zum Islam*, Berlin [1438]/2017, S. 179.
30 Al-Māwardī, *Tafsīr al-Māwardī* 6, S. 355.

- Als Synonym zu *wa-sal*, d. h. ›und bitte!‹
- Dass man beim Beten die rechte Hand auf die linke legt, und zwar im oberen Brustbereich.[32]
- Dass man beide Hände beim Beginn des Gebets (*takbīr*) emporhebt.
- »Wende dich beim Gebet mit dem oberen Bereich der Brust der Gebetsrichtung (*qibla*) zu!«[33]

In den letzten drei Interpretationen werden zwei Aspekte bezüglich des Gebets benannt, nämlich das richtige Aufstehen mit voller Konzentration.[34] Obwohl die Mehrheit dieser fünf Interpretationen auf das Gebet bezogen ist, trifft keine davon auf die eigentliche Bedeutung der betreffenden Stelle (*wa-nḥar*) zu. Die arabischen Lexikographen bieten in diesem Kontext die zutreffende Bedeutung an mit dem Satz *naḥara ṣ-ṣalāta* mit der Erklärung *ṣallāhā fī awwali waqtihā*,[35] und *naḥarūhā* versehen mit derselben Erklärung *ṣallawhā fī awwali waqtihā*,[36] d. h. ›er/sie verrichtete(n) das Gebet früh- bzw. rechtzeitig‹, also gleich nachdem die Zeit eintrat.[37] Dementsprechend sollte der zweite Vers wie folgt übersetzt werden: ›So bete Deinen Herrn an und verrichte (das Gebet) frühzeitig!‹ Dafür spricht der 104. Koranvers aus der vierten Sure (*Sūrat an-Nisāʾ*): »Das Gebet ist den Gläubigen zu bestimmten Zeiten vorgeschrieben.«

31 Auch Ibn Manẓūr (gest. 711/1311), Lisān al-ʿarab 5, Beirut 1388/1968, S. 197 [*nḥr*]: *maʿnāhu: wa-nḥari l-budna; wa-qāla ṭāʾifatun: umira bi-naḥri n-nuski baʿda ṣ-ṣalāti.*

32 Auch Ibn Manẓūr, *Lisān al-ʿarab* 5, S. 197 [*nḥr*].

33 Ibn Manẓūr, *Lisān al-ʿarab* 5, S. 197 [*nḥr*]: *naḥara r-rağulu fī s-ṣalāti, yanḥaru: -ntaṣaba wa-nahada ṣadruhu.*

34 Vgl. Ibn Manẓūr, *Lisān al-ʿarab* 5, S. 197 [*nḥr*]: *an yantaṣiba bi-naḥrihi bi-izāʾi l-qiblati wa-an lā yaltafita yamīnan wa-lā šimālan.*

35 Az-Zabīdī, *Tāğ al-ʿarūs* 14, Kuwait 1394/1974, S. 188 [*nḥr*].

36 Ibn Manẓūr, *Lisān al-ʿarab* 5, S. 196 [*nḥr*].

37 Omar Hamdan/Patrick Brooks, *Von der Dschahiliyya zum Islam*, S. 206.

Tobias Specker SJ

Gottes poetisches Wort. Koranhermeneutik im Gespräch mit christlicher Offenbarungstheologie[1]

Wer in interreligiöser, ja spezifisch christlich-islamischer Perspektive über das Verhältnis von Offenbarung und Sprache nachdenken will, dem kommt christlicherseits womöglich erst in zweiter Linie die protestantisch geprägte, aber gerade in der Mitte des zwanzigsten Jahrhunderts katholisch durchaus rezipierte theologische Tradition einer Theologie des Wortes Gottes in den Sinn. Denn ihre dialektischen Gründungsväter werden, nicht ganz ohne Anhalt in der Sache, zumeist als Negativbilder eines religionstheologischen Exklusivismus und eines interreligiösen Desinteresses wahrgenommen, das immer schon über die nichtchristlichen Religionen Bescheid weiß, ohne sie genauer kennen zu müssen.[2] Dies ist bedauerlich, denn möglicherweise kann ein christlich-theologisches Denken, das sich in ein produktives Verhältnis zu islamischen Ansätzen stellen will, durchaus von einer Theologie des Wortes Gottes inspiriert werden. Denn einerseits bietet die gemeinsame »Logozentrik« (Gerhard Gäde), eine Ausrichtung auf den Gott also, der zu den Menschen gesprochen hat und sich so selbst in ein Verhältnis zur menschlichen Sprache in Wort und Schrift setzt, nun zweifellos einer um das Wort Gottes bemühten theologischen Reflexion den Anlass, nach möglichen Konvergenzen zu fragen. Andererseits wird gerade eine Theologie des Wortes Gottes festhalten, dass diese Gemeinsamkeit nicht einfachhin als ein Oberbegriff verstanden werden kann, als dessen Variationen Christentum und Islam erscheinen – so wie es die vergleichbare Rede von ›Buchreligionen‹ oder ›monotheistischen Religionen‹ mitunter nahelegen. Eine am Wort Gottes orientierte Theologie wird die christologische Fundierung nicht als ein nachgeordnetes Additum oder gar als eine gruppenspezifische Ausprägung des einen Gottes verstehen, der zu den Menschen gesprochen hat, sondern als eben die Rea-

1 Eine deutlich komprimierte Fassung des Beitrags wird voraussichtlich 2020 in einem von Dirk Evers und Malte Krüger herausgegebenen Sammelband zu Jüngels Theologie erscheinen.

2 Zu den bleibenden Anregungen in Bezug auf den Islam vgl. Tobias Specker, *»Karl Barth's Critique of »Islam« as a Stimulus for Christian-Muslim Dialogue»*, in: *Lord the Air Smells Good: Felicitation Volume in Honour of Fr. Paul Jackson S.J.*, hrsg. von Anand Amaladass und Victor Edwin, Bengaluru 2018, S. 162–188.

lisierung des *verbum die est die loquentis persona*[3]. Das Nachdenken über die Konvergenz vertieft also zugleich die Unterscheidung. Eine produktive Begegnung zwischen einer Theologie des Wortes Gottes und islamischen Ansätzen setzt allerdings die Pointe in der Themenstellung dieses Sammelbandes voraus, der die Offenbarungstheologie mit der menschlichen Sprache zusammenhalten will. Dies ist weder im Blick auf den alles islamisch-theologische Denken begründenden Koran, dessen Besonderheit immer auch im Gegensatz zur menschlichen Sprache bestimmt wurde,[4] noch im Blick auf die Theologie des Wortes Gottes selbstverständlich. Denn auch letztere wendet sich erst in der »von Fuchs, Ebeling und Jüngel selbst vollzogene[n] Wende der Hermeneutik«[5] tatsächlich der sprachlichen Gestalt des Wortes Gottes zu und stellt insbesondere in der »theozentrischen Möglichkeitshermeneutik« Jüngels die auch literarisch greifbare Form des Sprachereignisses in den Mittelpunkt.[6] Angeregt durch diese Einschätzung Dalferths konzentrieren sich die folgenden Überlegungen deshalb wesentlich auf Eberhard Jüngel als christlichen Gesprächspartner.

Die folgenden Überlegungen verstehen sich als Skizze weiterführender Reflexion und dies in zwei Akzentsetzungen: Nach einer knappen Verankerung der Überlegungen im Anliegen von der Theologie Jüngels, die im Blick auf andere Artikel des Bandes knapp ausfallen kann, wird ein erster Schritt das Verständnis metaphorischer Rede, mit dem der mittelalterliche Theologe und Sprachwissenschaftler al-Ǧurǧānī die Unnachahmlichkeit des Koran durchdenkt, in Beziehung zum Metaphernverständnis Jüngels setzen. Diese Bezugnahme ist nicht so anachronistisch, wie sie scheint, findet die Lehre von der Unnachahmlichkeit des Koran doch bei al-Ǧurǧānī seine bisher unüberbotene Ausprägung.[7] Zugleich inspiriert gerade al-Ǧurǧānī eine literaturwissenschaftlich orientierte Exegese des Koran im zwanzigsten Jahrhundert,[8] sodass eine gewisse Zeitgenossenschaft die Bezugnahme legitimieren kann. Ein zweiter Schritt vertieft den Schnittpunkt, der sich in der Frage der Metapherntheorie andeutet, im Blick auf weiterführende Ansätze in der Korandeutung, die die Ereignishaftigkeit und Sprachlichkeit der Rede Gottes in das Zentrum der Überlegungen stellen. Insgesamt geht es mithin

3 Eberhard Jüngel, »*Gott – als Wort unserer Sprache*«, in: Eberhard Jüngel, *Unterwegs zur Sache: Theologische Erörterungen I*, Tübingen [3]2000, S. 80–104, hier S. 85.

4 Vgl. hierzu z. B. die *iʿǧāz*-Theorien al-Bāqillānīs.

5 Ingolf Dalferth, »*Einleitung*«, in: *Hermeneutische Theologie – heute?*, hrsg. von Ingolf Dalferth, Pierre Bühler und Andreas Hunziker, Tübingen 2013, S. IX–XXII, hier S. XI.

6 Vgl. Ingolf Dalferth, »*Hermeneutische Theologie – heute?*«, in: *Hermeneutische Theologie – heute?*, hrsg. von Ingolf Dalferth, Pierre Bühler und Andreas Hunziker, Tübingen 2013, S. 3–38, hier S. 4 f., 34 f.

7 Vgl. Sophia Vasalou, »*The Miraculous Eloquence of the Qur'an: General Trajectories and Individual Approaches*«, in: *Journal of Qur'anic Studies* 2 (2002), S. 23–53, hier S. 39, 42.

8 Vgl. Kamal Abu Deeb, *Al-Jurjānīs Theory of Poetic Imagery*, Warminster 1979, S. 1 und Navid Kermani, *Gott ist schön: Das ästhetische Erleben des Koran*, München [4]2011, S. 252.

um die Frage: Inwiefern kann ein Interesse an konkreten literarischen Formen (Metapher, Erzählung, Hymnus, Paränese, Gleichnis) die Konvergenz im Glauben vertiefen, dass Gott zu den Menschen gesprochen hat, wie die konstitutive Unterschiedenheit, dass dies in der Person Jesu Christi respektive im Koran letztgültig geschehen ist? Inwiefern kann also eine Theologie des Wortes Gottes eine mögliche Relation zwischen Islam und Christentum nicht nur *ex negativo* in einer Kritik des Religionsbegriffs,[9] sondern auch positiv im Blick auf das Verhältnis von Offenbarung und Sprache erschließen?

1 Anweg: Die Wort-Gottes-Theologie als sprachsensible Theologie

Es ist keine allzu mutige Behauptung, dass die großen Themen Eberhard Jüngels mit der Reflexion über das Wort, die Sprache und die Sprachlichkeit menschlicher Existenz verbunden sind.[10] In seinem Werk geht es immer auch darum, den unterschiedlichen Facetten der »Herabsetzung des Wortes«[11] zu wehren – sei es, dass aktionistisch-faustisch Worte und Taten gegeneinander ausgespielt werden, szientistisch-positivistisch Sprache auf begrifflich-neutrale Mitteilung unabhängiger Sachverhalte reduziert oder schließlich theologisch-sprachkritisch das wortlose Schweigen als Entsprechung zu der ursprünglichen Unsagbarkeit des göttlichen Geheimnisses betrachtet wird. »Nein!«, hält Jüngel demgegenüber fest, »Ich glaube, darum rede ich.«[12] Das Wort, um das es geht, ist dabei kein einzelnes Wort, erst recht keine einzelne Mitteilung eines Sachverhaltes und auch kein Sonderbereich religiöser Sprache. Es geht um die Gesamtheit des Seins, das sich grundsätzlich als sprachliches Sein erschließt: »Das Seiende […] ist in seinem Wesen sprachlich«[13]. Die Zentralität des Wortes ist jedoch nicht zuerst ontolo-

9 Vgl. Michael Weinrich, *»Von der Humanität der Religion: Karl Barths Religionsverständnis und der interreligiöse Dialog«*, in: Michael Weinrich, *Die bescheidene Kompromisslosigkeit der Theologie Karl Barths: Bleibende Impulse zur Erneuerung der Theologie*, Göttingen 2013, S. 296–315, hier S. 311.

10 Dies gilt für die gesamte Wort-Gottes Theologie nach dem zweiten Weltkrieg: »Zusammenfassend läßt sich also feststellen, daß das Thema des Wortes Gottes mit der Hinwendung der Theologie zur Sprache einhergeht.« Ulrich H. J. Körtner, *Theologie des Wortes Gottes: Positionen – Probleme – Perspektiven*, Göttingen 2001, S. 50.

11 Eberhard Jüngel, *»Die schöpferische Kraft des Wortes«*, in: *Hören – Glauben – Denken: Festschrift für Peter Knauer S. J. zur Vollendung seines 70. Lebensjahres*, hrsg. von Gerhard Gäde, Münster 2005, S. 7–24, hier S. 8.

12 Eberhard Jüngel, *Die Leidenschaft, Gott zu denken: Ein Gespräch über Denk- und Lebenserfahrungen*, Zürich 2009, S. 51.

13 Eberhard Jüngel, *»Die schöpferische Kraft des Wortes«*, S. 20. »Deshalb ist der Mensch ursprünglich im Wort zuhause und erst daraufhin in ›seiner Welt‹.« Eberhard Jüngel, *»Die schöpferische Kraft des Wortes«*, S. 17. Vgl. Eberhard Jüngel, *»Metaphorische Wahrheit: Er-*

gisch, sondern strikt theologisch begründet. Gott ist nur aufgrund seiner Sagbarkeit denkbar, diese Sagbarkeit ist aber strikt darin gegründet, dass Gott von sich aus spricht: »Gott kommt selbst zur Sprache. Er nimmt selbst das Wort. [...] Kein Mensch kann von sich aus reden. Gott ist der von sich aus Redende.«[14] Deshalb gilt: »Die Sprache des Glaubens setzt Offenbarung voraus.«[15] Dies wendet sich einerseits kritisch gegen alle Versuche, in der Sprachlichkeit des Menschen bereits eine Prädisposition für das Wort Gottes vorab zu umreißen.[16] Andererseits wendet sich die theologisch begründete Zentralität des Wortes in prominenter Revision der Analogielehre gegen alle Ansätze, die die menschliche Sprache zugunsten einer angemesseneren Sprachlosigkeit übersteigen. Der letzten Unsagbarkeit Gottes stellt Jüngel ein grundlegendes Zur-Sprache-Kommen Gottes gegenüber: »Das Geheimnis [will] nicht verschwiegen werden, sondern zur Sprache kommen«.[17] Menschliche Sprache und das offenbarende Sprechen Gottes verschränken sich ineinander: »Die Formulierung ›Wort Gottes‹ erhebt für dieses den Anspruch, daß es in den Grenzen unserer Sprache etwas tut, was diese unsere Sprache nicht von sich aus tun kann.«[18] Das Wort Gottes ist folglich niemals mit dem Gesprochenen oder der Sprache selbst identisch, doch tritt es tatsächlich konkret in sie ein. Es ist Differenz in der Sprache, wie Jüngel formuliert: Gottes Wort »funktioniert innerhalb der Grenzen unserer Sprache und der durch sie bedeuteten Welt, indem es innerhalb der Grenzen unserer Sprache seine Grenze zieht. [...] Es ist eine Grenze, die im Umgang mit der Sprache sprachlich zu unterscheiden zwingt.«[19]

Diese differenzierende Verschränkung von Gottes Sprechen und menschlicher Sprache konvergiert zunächst mit einer strikten Hermeneutik des Ereignisses: »Noch einmal: Ist das Wort ›Gott‹ noch ein Wort unserer Sprache? Antwort:

---

wägungen zur theologischen Relevanz der Metapher als Beitrag zur Hermeneutik einer narrativen Theologie«, in: ders., *Entsprechungen: Gott – Wahrheit – Mensch: Theologische Erörterungen II*, Tübingen [3]2002, S. 103–157, hier S. 139. Zu Fuchs und Heidegger als Referenzgrößen vgl. Eberhard Jüngel, *Gott als Geheimnis der Welt: Zur Begründung der Theologie des Gekreuzigten im Streit zwischen Theismus und Atheismus*, Tübingen [8]2010, S. 345, Fußnoten 16 und 18 und Ulrich H. J. Körtner, *Theologie des Wortes Gottes*, S. 48.

14 Eberhard Jüngel, *»Meine Theologie« – kurz gefaßt*, in: ders., *Wertlose Wahrheit: Zur Identität und Relevanz des christlichen Glaubens: Theologische Erörterungen III*, München 1990, S. 1–15, hier S. 5.

15 Jüngel, *»Metaphorische Wahrheit«*, S. 193. Als Auswahl vielfältiger Bezüge sei genannt: ders., *Gott als Geheimnis der Welt*, S. 13 f., 44 f., 308 f., 337, 393.

16 Vgl. die Kritik an Ebeling in Jüngel, *»Gott – als Wort unserer Sprache«*, S. 83 f. Vgl. »Vom Phänomen menschlicher Sprachlichkeit führt kein Weg zu Gott, noch weniger zum Wort Gottes.« Körtner, *Theologie des Wortes Gottes*, S. 49.

17 Körtner, *Theologie des Wortes Gottes*, S. 51.

18 Jüngel, *»Gott – als Wort unserer Sprache«*, S. 95.

19 Jüngel, *»Gott – als Wort unserer Sprache«*, S. 96. Vgl. die Grundproblematik der Sagbarkeit Gottes in Jüngel, *Gott als Geheimnis der Welt*, S. 312 f.

›Gott‹ kann ein von Gott redendes Wort unserer Sprache immer nur werden.«[20] Aus der Sprache selbst heraus, in definiten einzelnen Sprachelementen, ist die Entsprechung zum Wort Gottes also nicht einfachhin festzumachen, sie muss sich an ihr und in ihr ereignen. Nichtsdestotrotz bleibt das Ereignis kein bloßes offenbarungstheologisches *Prae* zu aller konkreten Sprachlichkeit, sondern führt auch innersprachlich zu konkreten Unterscheidungen. So materialisiert sich die Verschränkung von Gottes Sprechen und menschlicher Sprache im Blick auf die gesamte Konzeption der Sprache, indem Jüngel durchgängig den »ansprechenden Grundzug«[21] der Sprache ausarbeitet. Der »Hermeneutik des Ereignisses« entspricht die Fundierung der Sprache im gesprochenen Wort: »Sprache ist in der Tat ursprünglich und eigentlich *mündliche* Rede, *viva vox*.«[22] Jüngel betont die Implikation des Sprechenden wie Angesprochenen im Gesprochenen und privilegiert die mündliche Rede vor dem verschriftlichen Text. Dennoch geht Jüngel nicht am Text vorbei,[23] sodass sich die Verschränkung zum anderen auch in konkreten literarischen Sprachformen materialisiert:[24] Bereits der Aufsatz *Gott – als Wort unserer Sprache* weist noch recht allgemein auf die Gattung der Erzählung und den hymnischen Dank hin, der Artikel *Metaphorische Wahrheit* ordnet Metapher und Erzählung einander zu, *Gott als Geheimnis der Welt* schließlich erweitert die Überlegungen zur Metapher im Blick auf die Gleichnisse und sieht in ihnen die »Repräsentanten der Sprache des Glaubens überhaupt«[25]. Im Blick auf diese konkreten sprachlichen Vollzüge ergibt sich eine innere Konvergenz der Sprache des Glaubens und der poetisch-metaphorischen Sprache. Negativ sind sie verbunden, indem beide der Koalition aus Adäquationstheorie und propositionaler Sprachkonzeption als verdächtige Kandidaten der Lüge respektive Sinnlosigkeit erscheinen. Positiv reflektieren beide in besonderer Weise die ›Erfahrung mit der Erfahrung‹, also eine spezifische Weise, in der sich das Gesamt der Wirklichkeit in den Blick bringt. »Die theologische Verantwortung der Sprache des Glaubens führt also unmittelbar in die Sachproblematik der metaphorischen Prädikation hinein«[26], kann Jüngel pointiert resümieren und damit die theologische Bedeutung einer Sensibilität für literarische Formen andeuten.

In dieser Einsicht ist die christliche Theologie des Wortes Gottes jedoch nicht mehr allein. Der Zusammenhang zwischen dem Wort Gottes und der grundlegenden Bedeutung poetisch-metaphorischer Sprache hat auch islamischen

20 Jüngel, »*Gott – als Wort unserer Sprache*«, S. 104.
21 Jüngel, »*Die schöpferische Kraft des Wortes*«, S. 10.
22 Jüngel, »*Die schöpferische Kraft des Wortes*«, S. 8.
23 Vgl. Jüngel, »*Gott – als Wort unserer Sprache*«, S. 94, Fußnote 21.
24 Vgl. Jüngel, »*Gott als Geheimnis der Welt*«, S. 311 f., 390.
25 Jüngel, »*Gott als Geheimnis der Welt*«, S. 400.
26 Jüngel, »*Metaphorische Wahrheit*«, S. 144.

Theologen zu denken gegeben, spezifisch dort, wo sie konkret sagen mussten, wie sich denn nun die Besonderheit von Gottes Wort in der menschlichen Sprache manifestiert, in der Lehre von der Unnachahmlichkeit des Koran (*iʿǧāz*) also. Was diese Konvergenz bedeutet, kann erst nach einer kurzen Skizze dessen bedacht werden, worin sie besteht.

2 Begegnung: al-Ǧurǧānīs theologische Poetologie des Koran als Gesprächspartner

Der 1078 gestorbene Grammatiker, Literaturwissenschaftler und Theologe ʿAbd al-Qāhir al-Ǧurǧānī ist der beste Beweis, dass man nicht in die Ferne reisen muss, um weit denken zu können.[27] Zwar ist er nicht wesentlich über seine Heimatstadt Ǧurǧān im Nordosten des heutigen Iran hinausgekommen, doch ist al-Ǧurǧānī alles andere als eine geistige Provinzgröße und ein behäbiger Stubenhocker. Navid Kermani hält ihn für den »poetisch sensibelsten iʾǧāz Theoretiker«[28], und Hellmut Ritter attestiert ihm ein »erstaunliches fingerspitzengefühl für feine stilistische unterschiede«[29]. Das Spektrum seiner Werke umfasst detaillierte grammatische Sammlungen von Poesie und möglicherweise auch einen Korankommentar.[30] Im Vordergrund stehen jedoch zwei berühmte Werke: *Die Geheimnisse der Wortkunst* (*Asrār al-balāġa*) und die *Hinweise auf die Unnachahmlichkeit des Koran* (*Dalāʾil al-iʿǧāz fī-l-Qurʾān*). Literaturwissenschaftlich bietet al-Ǧurǧānī in ihnen poetologische Überlegungen, die auf der Ebene der Stilmittel *istiʿāra* (Metapher), *tašbīh* (Vergleich) und *tamṯīl* (Gleichnis)[31] unterscheiden, auf der Ebene poetischer Formen zwischen der *ʿaqlī*- und *ḫayālī*-Poesie (also der verstandes- und der imaginativ orientierten Poesie) differenzieren und auf der dichtungstheoretischen Ebene *maǧāz* und *ḥaqīqa* (also tropische und propositional-veritative Rede) einander zuordnen. Theologisch hält al-Ǧurǧānī Koran und Literatur entschieden zueinander und stellt die Unnachahmlichkeit des Koran in den Horizont einer reflektierten Eigenständigkeit und Eigenart poetischen Sprechens. Wie kein anderer buchstabiert al-Ǧurǧānī damit die Be-

27 Zu seiner Biographie vgl. Kamal Abu Deeb, *Al-Jurjānīs Theory of Poetic Imagery*, S. 18–23 und Hellmut Ritter, *»Einführung«*, in: Abū Bakr ʿAbd al-Qāhir ibn ʿAbd ar-Raḥmān al-Ǧurǧānī, *Geheimnisse der Wortkunst (Asrār al-balāġa) des ʿAbdalqāhir al-Curcānī.* Aus dem Arabischen übersetzt von Hellmut Ritter, Wiesbaden 1959, S. 1*–20*.

28 Kermani, *Gott ist schön*, S. 252.

29 Ritter, *»Einführung«*, S. 3*.

30 Zum Überblick über alle Werke vgl. al-Ǧurǧānī, *Geheimnisse der Wortkunst*, S. 12*–20* und Abu Deeb, *Al-Jurjānīs Theory of Poetic Imagery*, S. 21–23.

31 So übersetzt Hellmut Ritter das wichtige Stilmittel, das eine besondere Form des Vergleichs darstellt. Dies ist jedoch nicht als Gleichnis im Sinne biblischer Gleichnisse zu verstehen, sondern eher als spezifisch verdichtetes Wortbild.

ziehung von Sprache und Offenbarung in den Zusammenhang von Poesie und Koran aus.

Nun können die komplexen, mitunter verästelten Analysen hier nicht im Einzelnen nachvollzogen und gewürdigt werden. Die Überlegungen konzentrieren sich allein auf die Darstellung, inwiefern al-Ǧurǧānī im Begriff der *maziyya*, des poetischen ›Mehrwertes‹, den eigenständigen Erkenntnisgewinn poetischen Sprechens ausarbeitet und ihn auch theologisch fruchtbar werden lässt.

2.1 Poetische Sprache als eigene Erschließung der Wirklichkeit

Anders als seine rhetorisch orientierten Vorgänger lehnt al-Ǧurǧānī ein an der äußeren Form orientiertes Stilmittelverständnis genauso ab, wie eine Degradierung der Poesie zur stilistisch-dekorativen Verpackung eines auch anders aussagbaren Inhaltes.[32] Keineswegs ist die gelungene Formulierung bloß ein ornamentaler Schmuck eines unabhängigen Gedankeninhaltes, der dem Leser und der Hörerin nur eingängiger vermittelt oder fester in seinem und ihrem Geist verankert wird.[33] Dieser Reduktion der Poesie zur Rhetorik gegenüber arbeitet der persische Sprachwissenschaftlicher heraus, dass die Poesie eine eigenständige Erschließungsfunktion für die Wirklichkeit hat. Diese bringt er mit dem zentralen Ausdruck der *maziyya*, des poetischen Mehrwerts, ins Wort.[34] In ihrer *maziyya* ist die poetische Rede nicht in propositionale Aussagen auflösbar und unterläuft die Unterscheidung von eigentlicher und uneigentlicher Redeweise. Sie entfaltet sich in vier Aspekten.

Erstens liegt die spezifische Erkenntnisstruktur poetischer Rede in den ihr zugrundeliegenden verschiedenen Ähnlichkeitsbeziehungen begründet, die al-Ǧurǧānī mit Hingabe und Detailbesessenheit klassifiziert.[35] Die immer komplexere Bildlichkeit realisiert dabei immer komplexere Ähnlichkeitsbeziehungen und entspricht so immer mehr der Komplexität der Wirklichkeit.

Zweitens handelt es sich bei dieser Entsprechung keinesfalls um eine bloße statische Repräsentation, gar im Sinne eines simplen Abbildungsverhältnisses. Al-Ǧurǧānī legt alles Gewicht auf die transformierende Wirkung der poetischen Sprache.[36] Diese Wirkung bezeichnet al-Ǧurǧānī mit dem Ausdruck *aryaḥiyya*.

32 »It must be noted that whereas Aristotle is concerned with rhetoric as a means of *persuasion*, al-Jurjānī is concerned with literary creation as a communication of an *artistic experience* and a poetic situation.« Abu Deeb, *Al-Jurjānīs Theory of Poetic Imagery*, S. 312.

33 Vgl. Abu Deeb, *Al-Jurjānīs Theory of Poetic Imagery*, S. 96–103.

34 Vgl. Kermani, *Gott ist schön*, S. 256, 258, 269 f., 275.

35 Vgl. ausführlich Abu Deeb, *Al-Jurjānīs Theory of Poetic Imagery*, besonders S. 104–178.

36 »This power, al-Jurjānī says, is due to the *transformation* which poetry effects on the elements of reality through discovering their similarities and, by implication, not to its power to

Aryaḥiyya (wörtl. ›Großmut, Freigebigkeit‹[37]) zeigt eine geistige Wirkung an, die die Elemente einer erneuerten Aufmerksamkeit, einer Festigung der Einsicht und einem Anstoß zur steten geistigen Tätigkeit des Rückschließens enthält. Legen die erneuerte Aufmerksamkeit und die Festigung den Akzent noch stärker auf den passiven Eindruck, so zeigt der nachfolgende dritte Aspekt die aktiv-dynamische geistige Tätigkeit an, die durch die poetische Rede hervorgerufen wird. Poesie gibt also nicht nur Bekanntes in überraschenden oder eingängigen Bildern wieder, sondern erschließt Unvertrautes.

Diese Erschließung des Unvertrauten geschieht jedoch drittens nicht durch begrifflich-instrumentelle Objektivierung, sondern in einer Verbindung aus Aktivität und Passivität, in der die Poesie den ansprechenden Charakter der Wirklichkeit, also jener Dynamik, dass sich etwas von sich selbst her erschließt, aufscheinen lässt. Al-Ǧurǧānī spricht ausdrücklich davon, dass die Poesie die stumme Welt sprechend sein lässt: »sie macht vor deinen augen das leblose lebendig und mit vernunft begabt, das sprachlose beredt, stumme körper zu deutlich sprechenden, die verborgensten sinninhalte zu sichtbaren und klaren«.[38]

Viertens liegt die Besonderheit poetischer Rede in einem selbstreflexiven Moment, wie al-Ǧurǧānīs Kritik rein imaginativ-fantastischer Poesie (*taḫyīl*) zeigt.[39] Al-Ǧurǧānī geht es keineswegs um eine Einschränkung der imaginativen Kraft, der Kreativität und der dichterischen Freiheit. Die fantastische Poesie wird nicht wegen ihrer kühnen Kreativität, sondern vielmehr deswegen problematisiert, weil sie in der Verwegenheit der Formulierungen ihrer eigenen suggestiven Kraft erliegt und die Sprachlichkeit des Bildes vergessen lässt. Sie tilgt also gleichsam die sprachliche Medialität zugunsten einer pseudo-veritativen Rede.[40] Genau das unterscheidet sie von der Metapher, in der die kreative Spannung gewahrt und damit die Einsicht in die sprachliche Verfremdung erhalten bleibt.[41] Die Metapher bietet keine andere Welt, sondern diese Welt als eine andere dar. Man kann schließen: Im *taḫyīl* geht letztlich gerade die Eigenart und der eigene Wert der Dichtung als sprachliche Erschließung der Wirklichkeit verloren. Denn wirkliche poetische Sprache ist in ihrer Ähnlichkeitsstruktur wesentlich an das ›als‹ gebunden – sie lässt *etwas als etwas* erkennen. Tilgt sie die Differenz, die in dieser Relation angelegt ist – wie es exakt die *taḫyīlī*-Poesie anstrebt –, so ver-

represent reality.« Abu Deeb, *Al-Jurjānīs Theory of Poetic Imagery*, S. 315. Vgl. außerdem Abu Deeb, *Al-Jurjānīs Theory of Poetic Imagery*, S. 122.

37 ›Glückseligkeit‹ übersetzt Kermani, *Gott ist schön*, S. 276. Abu Deeb, *Al-Jurjānīs Theory of Poetic Imagery*, S. 267, Fußnote 50 will ihn lieber unübersetzt lassen.

38 ʿAbdalqāhir al-Curcānī, *Die Geheimnisse der Wortkunst (Asrār al-balāġa)*. Aus dem Arabischen übersetzt von Hellmut Ritter, Wiesbaden 1959, S. 63.

39 Vgl. Larkin, *The Theology of Meaning*, S. 136–163.

40 Alle Formen des *taḫyīl* sind Suggestionen, Irreleitungen über den Grund. Vgl. al-Curcānī, *Die Geheimnisse der Wortkunst*, S. 297–344.

41 Vgl. al-Curcānī, *Die Geheimnisse der Wortkunst*, S. 294–296, 379, 416.

deckt sie ihre eigene Sprachlichkeit und verfehlt die Wirklichkeit in ihrer phänomenalen Struktur.

Es wäre fünftens nun falsch, die eigenständige Erkenntnisfunktion poetischer Sprache rezeptionsästhetisch zu reduzieren. Die Wirksamkeit entfaltet sich zwar im Hinblick auf die Rezipientin, sie findet ihren Grund jedoch in einer spezifischen Struktur der poetischen Sprache. Diese spezifische Struktur verbindet sich mit dem weiteren zentralen Begriff von al-Ǧurǧānīs Poetologie, dem Begriff des *naẓm*, der hier als kompositionelle Fügung wiedergegeben sei.[42] Inhaltlich hält der Begriff einerseits die traditionelle Dualität von Ausdruck (*lafẓ*) und Bedeutung (*maʿnā*) untrennbar zusammen: Man könnte, immer noch der Dualität verhaftet, sagen, dass jede Bedeutungseinheit ihren passenden Ausdruck hat und nur in diesem Ausdruck wirklich zur vollen Sinnentfaltung kommt.[43] Sprachlich-poetische Formulierungen sind damit unverwechselbar und können auch nicht anders ›ausgedrückt‹ werden. In gewisser Hinsicht ist damit jeder gelungene poetische Ausdruck in der Verwobenheit von *maʿnā* und *lafẓ* unverwechselbar.[44] Andererseits stellt al-Ǧurǧānī heraus, dass sich Bedeutung nicht aus der additiven Zusammenstellung einzelner bedeutungstragender Wörter, sondern aus der sowohl syntaktisch als auch kontextuell gefügten Gesamtgestalt ergibt, die aus ihrer Relation zur Textumgebung heraus zu deuten ist. Dementsprechend ist al-Ǧurǧānī darauf bedacht, minutiös aufzuzeigen, dass jede syntaktische Wortstellung auch eine eigene, unersetzbare Bedeutung hat.[45]

Diese kurze Skizze macht deutlich, dass die dynamische Erkenntnisfunktion der Sprache und ein gefügtes, statisches Textkonzept einander zugeordnet sind. Welche theologische Relevanz haben nun diese poetologischen Überlegungen?

42 Vgl. zum Folgenden auch Kermani, *Gott ist schön,* S. 253–284 und präziser Abu Deeb, *Al-Jurjānīs Theory of Poetic Imagery*, S. 24–64.

43 Vgl. al-Curcānī, *Die Geheimnisse der Wortkunst*, S. 46. »The image does not express a literal meaning in a more beautiful way; it expresses a meaning which is only possible, and which can only exist, in the way in which it is manifested in the image itself.« Abu Deeb, *Al-Jurjānīs Theory of Poetic Imagery*, S. 80; vgl. Kermani, *Gott ist schön*, S. 266 und Margaret Larkin, »*The Inimitability of the Qur'an: Two Perspectives*«, in: *Religion & Literature* 20 (1988), S. 31–47, hier S. 42.

44 Vgl. Kermani, *Gott ist schön,* S. 265 f.

45 Ausführliches Anschauungsmaterial aus den *Dalāʾil* bietet Max Weisweiler, »*ʿAbdalqāhir al-Curcānī's Werk über die Unnachahmlichkeit des Korans und seine syntaktisch-stilistischen Lehren*«, in: *Oriens* 11.1–2 (1958), S. 77–121, hier S. 83–121.

2.2 Der Koran hat Teil an der poetischen Sprache

Bereits ein oberflächlicher Blick auf al-Ǧurǧānīs Argumentation lässt erkennen, dass im Kontext der poetologischen Überlegungen ein steter Übergang zwischen Koran und Dichtung stattfindet.[46] Baut die Besonderheit des Koran jedoch auf der Eigenheit poetischer Rede auf, so hat sie Teil an der *māziya* der poetischen Rede.

Den Koran auf der Grundlage poetischer Rede zu verstehen, das bedeutet erstens, dass auch die Besonderheit des Koran weder rein stilistisch noch von der einzelnen rhetorischen Wendung her zu bestimmen ist. Zweitens ist die Sprache des Koran (wie die der Poesie) von der Ebene bloß propositionaler Rede zu unterscheiden. So erschöpft sich die Unnachahmlichkeit des Koran keineswegs in der instruktionstheoretischen Mitteilung besonderer informativer Wahrheiten.[47] Als wesentlich tropische Rede verwirklicht der Koran drittens auch die spezifische Erkenntnisdimension poetischer Sprache. Die Besonderheit des Koran liegt darin, dass er in sprachlich-poetischer Form die Wirklichkeit, wie sie von Gott her erschlossen ist, erkennbar werden lässt. Damit ist der Koran selbst grundlegend hermeneutisch-interpretierend. Viertens ist der Koran auf der Grundlage poetischer *maziyya* noch einmal spezifisch durch das Charakteristikum der Selbstreflexivität gekennzeichnet. So heben auch gegenwärtige islamwissenschaftliche Forschungen die Selbstthematisierung der spezifischen Sprachlichkeit als Besonderheit koranischer Rede hervor.[48]

Schließlich bietet das *naẓm*-Konzept die Möglichkeit, dem Zueinander von göttlicher Rede und menschlicher Sprache auf der Grundlage ihrer bleibenden Unterschiedenheit eine sprachliche Gestalt zu geben. So arbeitet Larkin heraus, dass al-Ǧurǧānīs poetologische Überlegungen die ašʿaritische Zuordnung des *kalām-nafsī* (des göttlichen Wortes in sich selbst) in seiner Ungetrenntheit und Unvermischtheit zum *kalām-lafẓī* (des göttlichen Wortes in Bezug auf seinen

46 Es gibt einen anderen Strang der Argumentation al-Ǧurǧānīs, der die Unnachahmlichkeit gerade in Abgrenzung zur Poesie versteht. Dies liegt v. a. an dem Kontext des Wunderbeweises. Die Deutung des Koran auf der Grundlage der Poetologie bedarf also einer ausführlicheren Legitimation, die in meiner Habilitationsschrift *Gottes Wort und menschlicher Sprache: Christliche Offenbarungstheologie im Gespräch mit islamischen Positionen zur Unnachahmlichkeit des Koran* erfolgt.

47 »The excellence of the Qurʾān or of any other superior discourse, resides in its *ithbāt* or predication, not in the *muthbat* or that which is affirmed or predicated of something.« Larkin, *The Theology of Meaning*, S. 55.

48 Wild formuliert geradezu emphatisch, dass der Koran der »most self-conscious text among the three holy books and probably the most self-reflexive and self-referential foundational text of any world religion« sei. Stefan Wild, »*Why Self-Referentiality?*«, in: *Self-Referentiality in the Qurʾān*, hrsg. von Stefan Wild, Wiesbaden 2006, S. 1–23, hier S. 3.

sprachlichen Ausdruck)[49] realisieren.[50] Einerseits sind *lafẓ* und *maʿnā* genauso fundamental unterschieden wie *kalām-lafẓī* und *kalām-nafsī*, deren Differenz ja entschieden gegen eine bloße Identifikation des sprachlich realisierten Koran mit der göttlichen Rede festgehalten wird. Andererseits wahrt der *naẓm*-Begriff die unlösbare Einheit von *lafẓ* und *maʿnā* und macht damit auch die bleibende Beziehung von *kalām-lafẓī* und *kalām-nafsī* denkbar. Das Analogon der beiden Verhältnisse (*lafẓ-maʿnā* [im *naẓm*] und *kalām-lafẓī–kalām-nafsī* [im Koran]) besteht eindeutig in der Relation aus Differenz. Damit wehrt al-Ǧurǧānī eine literalistische Identifizierung des Koran mit Gottes Wort ebenso ab wie eine totale Loslösung, die den Koran zum kontingent-geschaffenen Ausdruck der nichtsprachlich-göttlichen Bedeutung degradierte. Die unterschiedlichen Arten der Metapher geben dieser Relation auf der Grundlage der Differenz eine sprachliche Form. Al-Ǧurǧānīs Metaphernkonzeption hat letztlich das Ziel, jede einfache Ähnlichkeit zwischen Gott und einem ungreifbaren, bestimmbaren Ähnlichkeitsmoment abzuweisen und so die Differenz zwischen Gott und jedem festen, vordefinierten geschaffenen Korrelat aufrechtzuerhalten. Es geht al-Ǧurǧānī also in seinen poetologischen Analysen nicht nur einfachhin darum, »den Plan Gottes […]; oder sagen wir: Seine Poetik«[51] zu erkunden. Vielmehr soll die Differenz Gottes zu allem, was nicht Gott ist, noch einmal innersprachlich erfasst und ihr eine Gestalt verliehen werden. Das Wort *Gottes* und das *Wort* Gottes werden mithin bei al-Ǧurǧānī tatsächlich vermittelt.

2.3 Konvergenzen und Differenzen

Erstaunlich sind bei einer Zusammenstellung eines iranischen Grammatikers mit einem Tübinger Systematiker, die nicht nur durch einen Altersunterschied von beachtlichen 850 Jahren, sondern auch durch unvergleichbare historische

49 Eine gute Definition der beiden zentralen Begriffe bietet Vasalou: »Thus the Ashʿarite *mutakallimūn* differentiated between ›internal speech‹ (*kalāmnafsī, kalām al-nafs*), which consists of meanings and is the uncreated Speech of God, and ›phonic speech‹ (*kalāmlafẓī*), which is ›an expression of God's Speech in its structure […] a rendition of [it]‹ (Baqillānī) or ›verbal expressions that signify the Eternal Attribute‹ (Ghazālī); and the signifier (*dalīl, dalāla*), which has been conventionally assigned (*bi 'l-iṣṭilāḥ*), is not the same as the signified (*madlūl*).« Sophia Vasalou, »*The Miraculous Eloquence of the Qur'an: General Trajectories and Individual Approaches*«, in: *Journal of Qur'anic Studies* 2 (2002), S. 23–53, hier S. 40.

50 »The relationship, ʿAbd al-Qahir al-Jurjani suggests, between the mental vision of a body of discourse and the stylistic form it takes in actual linguistic expression, resembles the formula ascribed to the ashʿarites regarding the relationship of the Qurʾan to its Creator, whereby ›God's eternal speech is nor God, nor something other than God; God is not His speech, nor something other than His speech‹«. Larkin, »*The Inimitability of the Qur'an: Two Perspectives*«, S. 44. Vgl. dies. *The Theology of Meaning*, S. 13, 166.

51 Kermani, *Gott ist schön*, S. 258.

Hintergründe und geistesgeschichtliche Referenzsysteme getrennt werden, wohl nicht zuerst die Unterschiede, sondern das gemeinsame Anliegen in der kritischen Betrachtung des Dreiklangs aus Adäquationstheorie, propositionaler Sprachauffassung und rhetorischer Funktionalisierung poetisch-metaphorischer Rede.

Für beide ist die metaphorische Sprache keinesfalls einfachhin bildhafter Ausdruck eines sprachlich unabhängigen Sachverhaltes, weder als ästhetischer Schmuck grundlegend propositionaler Sprache noch als allein auf die wirksame Vermittlung beschränkte rhetorische Funktion.[52] Beide kritisieren die Auffassung, die die Metapher zum erlaubten Regelverstoß einer uneigentlichen Rede degradiert, die die propositional vollständig benannte Welt in abgeleiteter Übertragung zur Unterhaltung oder pädagogischen Eingängigkeit verfremdet.[53] Demgegenüber stellen beide Autoren die eigene Erkenntniskraft und Wahrheitsfähigkeit poetisch-metaphorischer Rede heraus: Die Metapher fügt dabei nicht einfachhin einen einzelnen Informationsgehalt hinzu, sondern lässt die Wirklichkeit als Ganze neu und anders erscheinen – sie lässt sehen.[54] Beide betonen in diesem Zusammenhang den synthetischen Charakter bildhafter Sprache, die nicht in einzelne Verweisungselemente zergliedert werden kann.[55] Die eigenständige Erschließung der Wirklichkeit ist für al-Ǧurǧānī wie für Jüngel wesentlich mit der Kategorie der Relationalität verbunden: Die metaphorische Rede baut nicht nur in ihrer Sprachstruktur auf der Relationalität auf, sondern gibt auch Relationen zu erkennen – und lässt damit grundlegend die Relationalität des Seins erkennbar werden.[56] Beide Autoren lehnen schließlich in dieser Zuordnung von Sprache und Wirklichkeit ein reines Abbildungsverhältnis genauso ab, wie ein konstruktivistisches Verständnis: Metaphern werden nicht gemacht, sie geben aber auch nicht wieder. Sie geben zu erkennen.

Selbst theologisch können die beiden Theologen eine Zeitlang an einem Tisch sitzen, bietet für beide doch die recht verstandene Metapher die Grundlage, die Eigenart religiöser Rede zu erfassen, die ›mehr‹ sagt, als eine an der immanenten Wirklichkeit orientierte Sprachform. Beide wehren sich zudem gegen die Auffassung, dass religiöse Sprache nur uneigentlich von Gott sprechen kann und dass das Schweigen, die mystische Sprachlosigkeit, die angemessene Entspre-

---

52 Vgl. Jüngel, »*Metaphorische Wahrheit*«, S. 106–108.

53 Vgl. Jüngel, »*Metaphorische Wahrheit*«, S. 119–125 und S. 131–133.

54 »Metaphern verdeutlichen die Als-Struktur des Seienden.« Jüngel, »*Metaphorische Wahrheit*«, S. 147. Vgl. außerdem Jüngel, »*Metaphorische Wahrheit*«, S. 138 f.

55 »Erst die Abweisung des Verständnisses der Wörter als isolierte Zeichen mit Bedeutung erlaubt es demnach die *μεταφορά* als Grundvorgang der Sprache zu erkennen,« Jüngel, »*Metaphorische Wahrheit*«, S. 140.

56 »Jede glückende Metapher müßte eigentlich etwas aufblitzen lassen von der Entsprechung, die die Welt im Innersten zusammenhält.« Jüngel, »*Metaphorische Wahrheit*«, S. 126. Vgl. Jüngel, *Gott als Geheimnis der Welt*, S. 397.

chung zum göttlichen Geheimnis sei.[57] Beide halten in diesem Sinne an der tatsächlichen Gegebenheit von Gottes Wort in der Sprache fest, ohne dabei in einen schlichten Offenbarungspositivismus zu verfallen. Nebenbei gesagt würden beide zu fortgeschrittener Stunde wohl entdecken, dass sie einander in der scharfzüngigen Disqualifikation ihrer Gegner nicht nachstehen, wobei der iranische Liebhaber der Poesie von den »fürchterlichen Irrtümern, abscheulichen Verwicklungen« und den »verdorbenen Ansichten«[58] derer bedrängt wird, die literaturwissenschaftliche Kenntnisse für luxuriöses Privatvergnügen halten, wohingegen sein Tübinger Kollege eher über diejenigen Kollegen in Zorn gerät, die die wirkliche Problematik der Analogielehre immer noch nicht verstanden haben.

Doch genau hier endet auch das konsensuelle Beieinander der beiden theologischen Interpreten der Metapher. Erstens zeigt gerade die komplexe Verbindung von *lafẓ* und *maʿnā* im *naẓm*, dass die zentrale Aussage Jüngels nicht mitgegangen werden kann: »Die Differenz von Gott und Mensch [...] ist demnach nicht die Differenz einer immer noch größeren Unähnlichkeit, sondern vielmehr umgekehrt die Differenz einer inmitten noch so großer Unähnlichkeit immer noch größeren Ähnlichkeit zwischen Gott und Mensch«.[59] Denn die komplexe Verbindung dient ja der unterscheidenden Zuordnung von *kalām-lafẓī* und *kalām-nafsī*. Diese wiederum hat zum Ziel, die Transzendenz von Gottes Wort – und umso mehr von Gottes Wesen – zu wahren und sie nicht durch die sprachliche Offenbarung im Koran zu gefährden. Sie arbeitet also einer je größeren Unähnlichkeit zwischen menschlicher Sprache und göttlichem Wort zu. Die so angedeutete Differenz könnte weiterhin auch darin ihren Ausdruck finden, dass die für Jüngel so wichtige Zuordnung der Erzählung zur Metapher bei al-Ǧurǧānī nicht von Bedeutung ist, artikuliert die Erzählung doch die theologische Voraussetzung, »daß Gott sich selbst bekannt gemacht, daß er Vertrautheit mit sich hergestellt hat«[60], eine Annahme, die eine islamische Perspektive so unbesehen nicht teilen würde. In dieser Weise macht gerade die überraschende Nähe der beiden Autoren deutlich, dass die Differenz in der Christologie, also die islamisch definitive Zurückweisung der Inkarnation unter Verweis auf die grundlegende Unterschiedenheit von Gott und dem Geschaffenen, auch sprachtheologische Auswirkungen hat.

Zweitens ist darauf zu verweisen, dass der *naẓm*-Begriff, mit dem die göttliche Rede in die menschliche Sprache eintritt, umgekehrt auch die Gefahr birgt, dass der Koran im abgrenzenden Gegenüber zur menschlichen Sprache doch wieder

57 Vgl. Jüngel, *Gott als Geheimnis der Welt*, S. 340–344.
58 Kermani, *Gott ist schön*, S. 288.
59 Jüngel, *Gott als Geheimnis der Welt*, S. 393.
60 Jüngel, *»Metaphorische Wahrheit«*, S. 148.

zum reifizierten Wort Gottes wird. Die Verwendung des *naẓm*-Begriffs an anderen Stellen von al-Ǧurǧānīs Werk macht diese Gefahr überdeutlich, dient er nämlich dort zur Betonung der absoluten und inkommensurablen Andersheit des Koran zu aller Poesie und setzt den Koran in ein beziehungsloses Gegenüber zur menschlichen Sprache.[61] Und auch innerhalb des poetologischen Verständnisses bleibt zu fragen, inwiefern in ihm die Metapher als »Grundform ansprechender Sprache«[62] verstanden wird, in der eine Hermeneutik des Ereignisses eine sprachliche Form gewinnt. Auch wenn man Konturen eines dynamischen Sprachgeschehens erkennen kann, so ist die Grundsituation nicht personal. Der Ansprechende ist kein personales Gegenüber, sondern ein apersonaler Text. Weiterhin zielt die Sprache nicht auf einen unverfügbar selbständig Antwortenden, sondern eher auf den ergriffenen oder überwältigten Hörer.[63] So sind die Momente der Freiheit und der Partizipation in der Gefahr, in dieser Wendung der Theologie des Wortes Gottes zu verschwinden.[64] Man kann dies nicht allein auf den metaphysischen Rahmen von al-Ǧurǧānīs Denken zurückführen. Vielmehr weist auch dies darauf hin, dass die christologische Mitte der Wort-Gottes-Theologie sprachtheologische Konsequenzen hat – hier nämlich in der grundlegend personalen Konzeption gegenüber der Schrift- und Textwerdung des Gotteswortes.

Als dritter Aspekt fällt auf, dass die *maziyya* der poetischen Rede zwar eine eigene Perspektive auf die Wirklichkeit bietet, dass diese aber nicht in besonderer Weise den Charakter der Neuheit trägt. Viel eher entdeckt die metaphorische Erschließung die Wirklichkeit in ihrer Klarheit und in der harmonischen Ordnung ihrer Entsprechungen.[65] Demgegenüber betont Jüngel die innovatorische Funktion der Metapher, die tatsächlich neues Sein erschließt: »Die Metapher nimmt das mögliche Nichtsein der begriffenen Welt wahr, indem sie diese [...] suspendiert, um das Sein der Welt neu zur Sprache zu bringen.«[66] Diese Vermittlung neuen Seins konzentriert sich spezifisch noch einmal in der sprachlichen Figur der Gleichnisse, die in ihrer innersprachlichen Pointe eine andere,

61 Vgl. v.a. die gesamte Argumentation im Kontext des Wunderbeweises, z.B. in der *ar-risāla aš-šāfiya.*

62 Jüngel, »*Metaphorische Wahrheit*«, S. 134. Vgl. ders., »*Meine Theologie*« *– kurz gefaßt*, S. 9 f.

63 Vgl. auch Kermani, *Gott ist schön*, S. 282.

64 Vgl. Jüngel, »*Die schöpferische Kraft des Wortes*«, S. 8 f., 21–23 und ders., »*Metaphorische Wahrheit*«, S. 141 f., Fußnote 98.

65 Vgl. hierzu das Kapitel »*Die Ursache der Wirkung des Gleichnisses*«, in: al-Curcānī, *Die Geheimnisse der Wortkunst*, S. 134–177.

66 Jüngel, »*Metaphorische Wahrheit*«, S. 137, Fußnote 85. Vgl. Jüngel, »*Metaphorische Wahrheit*«, S. 110 und ders., »*Die schöpferische Kraft des Wortes*«, S. 23 f. sowie: »Insofern ist die Sprache der schlechthin neue Umgang mit dem Seienden, und in ihr sind Gleichnis und Metapher abermals eine Selbsterneuerung der Sprache.« Jüngel, *Gott als Geheimnis der Welt*, S. 396.

widersprechende, disharmonische Logik zum Ausdruck bringen; eine Sprachform, die im Koran konsequenterweise in die Paränese verwandelt ist.[67] Auch diese Differenz ist meines Erachtens christologisch begründet, ist es doch wesentlich die Kreuzestheologie, die der religiösen Sprache innerhalb der metaphorisch-poetischen Erschließung der Wirklichkeit eine eigene Wendung gibt. Denn das Kreuz ist nicht selbst eine Metapher, sondern die Umgestaltung aller Metaphern, deren innovatorische Eigenart das neue Sein in Christus verkörpert.

Wo die Nähe ist, dort wächst also das Unterscheidende auch. In diesen drei Momenten der Differenz wird deutlich, dass die Metapherntheorie nicht einfachhin der geteilte Boden ist, auf dem eine gemeinsame Reflexion über den einen Gott, der zu den Menschen gesprochen hat, erfolgt und zu der dann erst sekundär ein jeweils eigener metaphorischer Inhalt ausdifferenzierend hinzugefügt wird. Vielmehr betrifft die jeweilige Form, in der ernsthaft durchdacht wird, dass und wie Gott zu den Menschen gesprochen hat, fundamental die Art, in der das Sprachgeschehen theologisch gedeutet wird. Kreuz und Inkaration auf der einen sowie Rechtleitung und Inverbation auf der anderen Seite formen das Sprachgeschehen zuinnerst. Ist man nach einem langen Umweg und unter Einsicht in erstaunliche Konvergenzen zweier sprachsensibler Theologen nun also doch wieder bei der schlichten Inkommensurabilität von zwei in sich geschlossenen Glaubenssprachen angelangt? Bevor ein mögliches »nein« optimistisch angedeutet werden kann, bedarf es noch einiger Schritte auf Wegen, deren Richtung bereits vorgezeichnet ist.

3 Ausblick: Aktuelle Chancen

3.1 Neue Wege in der Koranhermeneutik

Schaut man zunächst auf neuere Entwicklungen im Verständnis des Koran, die eine wechselseitige Vertiefung einer christlichen wie einer islamischen Theologie des Wortes Gottes anregen können, so kann man auf zwei Aspekte hinweisen:[68]

Erstens wird der dynamische Charakter, der sich in der Metapherntheorie al-Ǧurǧānīs andeutete, umfassender auf den Koran und das Offenbarungsgeschehen hin ausgeweitet. So wird das Gegenüber eines erratisch in sich geschlossenen Textes, in dem sich Gottes Wort realisiert, zu einer dynamischeren Konzeption verwandelt, die den mündlichen, dialogischen und kontextuell situierten Cha-

67 Vgl. Jüngel, *Gott als Geheimnis der Welt*, S. 400–408.

68 Vgl. als Vorüberlegungen Tobias Specker, »*Eine Sprache für das Wort Gottes: Überlegungen zum Wort Gottes im Kontext des christlich-islamischen Gesprächs*«, in: *Denken, das Weite atmet: Text und Kontext in der Theologie. FS für Hans Waldenfels*, hrsg. von Klaus Vellguth und Günther Riße, Mainz 2017, S. 115–152, hier S. 16–26.

rakter koranischer Rede hervorhebt. Hier ist einerseits auf die Überlegungen des Münsteraner Religionsphilosophen Milad Karimis zu verweisen, der ein islamisches Offenbarungsverständnis auf der Grundlage eines Ereignisdenkens entwickelt, das Heidegger und Hegel für eine islamische Theologie fruchtbar macht.[69] Karimi geht es nicht zuerst um die historische oder auch sprachlich-literarische Kontextualisierung des Koran, sondern um die Erfahrung eines unbedingten Anspruchs, in dem sich die individuelle Existenz mit dem koranischen Offenbarungsgeschehen verbindet.[70] Das existenzielle Angesprochensein, in dem der Inhalt der Offenbarung zurücktritt und die Offenbarung sich weitestgehend auf ein reines ›dass‹ konzentriert, begründet sich in der ästhetischen Einheit von Inhalt und Form im Koran und realisiert sich in einem jeweiligen ›Jetzt‹ des in der Rezitation je neu präsenten Offenbarungsgeschehens. Offenbarung wird hier wesentlich zur überwältigenden ästhetischen Erfahrung eines fremden, unverfügbaren Gegenübers.[71]

Auch dem Frankfurter Koranexegeten Ömer Özsoy geht es um die Fremdheit des Koran. Er begründet diese allerdings nicht aus einem überwältigenden Ereignis heraus, sondern in der konkreten historischen Situation koranischer Rede, deren Distanz zu heutigen Kontexten nicht übersprungen werden darf.[72] Den dynamischen Aspekt gewinnt er aus einer Kritik der Textualität des Koran, gegenüber der er die grundlegende Mündlichkeit und Dialogizität der Offenbarungssituation herausarbeitet.[73]

---

69 *Pars pro toto* sei verwiesen auf Milad Karimi, »*Vom Verstand zur Offenbarung: Zum antithetischen Charakter der Offenbarung im Islam*«, in: *Zwischen Glaube und Wissenschaft: Theologie in Christentum und Islam*, hrsg. von Mohammad Gharaibeh et al., Regensburg 2015, S. 131–142, hier S. 137–142 sowie ders., *Hingabe: Grundfragen der islamisch-systematischen Theologie*, Freiburg ^{2}2015, S. 173–200.

70 »Offenbarung ist der Ausdruck von diesem Erlebnis: sich in der Welt in die Gegenwart dessen einzufinden, was nicht von dieser Welt ist.« Karimi, »*Vom Verstand zur Offenbarung*«, S. 131–142, hier S. 138.

71 »Die Beziehung des Menschen zu seinem Gott wird mit dem Koran dergestalt generiert, dass der Mensch durch die *Theodramatik* der Offenbarung von Gott überwältigt wird.« Karimi, »*Vom Verstand zur Offenbarung*«, S. 139.

72 Elemente dieser sind die Betonung des historischen Abstands zum Koran sowie der Situativität und ursprünglichen Verständlichkeit der Offenbarung. Hieraus erfolgt die Zuordnung von Koran und Sunna, die die Überordnung des vermeintlich übergeschichtlich-absoluten ersten über die geschichtlich-relative zweite in Frage stellt. Vgl. Ömer Özsoy, »*Das Unbehagen der Koranexegese: Den Koran in anderen Zeiten zum Sprechen bringen*«, in: *Frankfurter Zeitschrift für Islamisch-Theologische Studien* 1 (2014), S. 29–68, hier S. 32 f.

73 »Entscheidend ist der offene Gesprächsverlauf zwischen Immanentem und Transzendenten.« Ömer Özsoy, »*Die Geschichtlichkeit der koranischen Rede und das Problem der ursprünglichen Bedeutung von geschichtlicher Rede*«, in: *Alter Text – neuer Kontext: Koranhermeneutik in der Türkei heute*, hrsg. von Felix Körner, Freiburg 2006, S. 78–98, hier S. 87; vgl. ders., »*The Qur'an Reminds People of the Forgotten Original Covenant*«, in: *Islam Unknown*, hrsg. von Fons Elders, Amsterdam 2012, S. 120–133, hier S. 128. Vgl. zur Mündlichkeit ders.,

Beide Ansätze zeigen in sehr unterschiedlicher Weise Schnittpunkte mit den Anliegen Jüngels: Beide unterstreichen das dynamisch-ereignishafte Moment der koranischen Offenbarung, die als Sprachgeschehen unlösbar mit ihren Rezipienten verwoben ist. Karimis Überlegungen konvergieren dabei eher mit dem Anliegen, im Sprachgeschehen·das strikt unableitbare Von-sich-her der Wortoffenbarung Gottes zu wahren. Sie sind damit geeignet, auch die Problematik in Jüngels Position weiter zu durchdenken. Özsoy hingegen teilt mit Jüngel die Privilegierung der mündlichen Rede gegenüber aller Verschriftlichung und lenkt den Blick auf die Notwendigkeit, das sprachliche Ereignis der Offenbarung als historisch situierte Rede in Raum und Zeit zu verstehen. Özsoy selbst legt den Akzent allerdings stärker auf die historische Erschließung des koranischen Umfeldes als auf die Analyse der spezifischen Sprachlichkeit des Koran. Beide Ansätze sind jedoch noch im Stadium der Ausarbeitung, sodass eine genaue Beziehung zur christlichen Wort-Gottes-Theologie im Vagen bleiben muss.

So bedarf es der zweiten Akzentsetzung, um noch tiefer in das Gespräch zu kommen. Sie setzt an derjenigen Ausdeutung al-Ǧurǧānīs an, die den Koran in seinem hermeneutischen Charakter ernst nimmt: Er ist nicht einfachhin ›Gottes Wort‹, sondern die in sprachlicher Gestalt gegebene, göttlich perspektivierte menschliche Wirklichkeit. Offen blieb bisher, worin die Perspektivierung der geschaffenen Wirklichkeit durch den Koran besteht. Eine deutliche Spur und zugleich eine Rechtfertigung dieser »hermeneutischen Theologie aus koranischer Perspektive« bieten Angelika Neuwirths Überlegungen zum Zeichencharakter und zum Offenbarungsverständnis, konkret zu den Begriffen *āya* und *waḥy*.

Die Pointe im Begriff der *āya*, der in allgemeiner Hinsicht als ›Zeichen‹ wiedergegeben werden kann, ist, dass in ihm sowohl Naturereignisse als auch sprachliche Zeichen angezielt werden. Natur und Sprache werden als Phänomene zusammengebunden, die Verwunderung hervorrufen: »*āyāt* sind linguistisch betrachtet Texte (Koranpassagen), sie sind semantisch betrachtet Schöpfungsdetails und theologisch betrachtet in der Schöpfung enthaltene Zeichen, die ›gelesen‹ einen eigenen, zur Offenbarung parallelen Text ergeben.«[74] Dieser typisch koranische Zusammenklang kann einerseits als Naturalisierung der Offenbarung gelesen werden, indem die Natur gleichsam von sich aus und unmittelbar auf die Existenz des Schöpfers, oftmals ausgeweitet zur natürlichen Erkennbarkeit des islamisch verstandenen Eingottglaubens, verweist. Der islamische Glaube ist dann der natürliche, aller anderer Glaube und erst recht der

---

»*Das Unbehagen der Koranexegese: Den Koran in anderen Zeiten zum Sprechen bringen*«, in: *Frankfurter Zeitschrift für Islamisch-Theologische Studien* 1 (2014), S. 29–68, hier S. 42.

74 Angelika Neuwirth, *Der Koran als Text der Spätantike: Ein europäischer Zugang*, Berlin 2010, S. 449.

Atheismus ist deviant, irrational und unnatürlich. Doch neben der problematischen Apologetik kann der Zusammenklang auch genau umgekehrt als Sprachlichkeit der Natur, genauer: der Schöpfung, verstanden werden und damit eine hermeneutische Perspektive begründen: Der Zusammenklang evoziert natürlich die bekannte Metapher der Welt als Buch, doch in allgemeinerer Hinsicht erschließt der *āya*-Begriff die Welt als les- und verstehbare.[75] In diesem Sinne verweist der Begriff des Zeichens nicht einfachhin auf eine postulierte unmittelbare Präsenz Gottes, sondern lässt den Gesamtzusammenhang der Wirklichkeit neu erscheinen: Die Schöpfung erschließt die Wirklichkeit als eine umgreifende Kommunikationsgemeinschaft zwischen Gott, Welt und Mensch. Der *āya*-Begriff lässt die Welt als zutiefst sprachliche Welt erscheinen. Doch dies ist nicht einfachhin an ihr ablesbar, sondern bedarf der Erschließung durch Offenbarung, die eben die Welt als *āyāt* erkennbar werden lässt. Der Begriff ist folglich auf einer zweiten Ebene selbstreflexiv und thematisiert gleichsam sein eigenes hermeneutisches *Prae:* Er deutet die Welt als lesbare und verweist zugleich auf die Bedingung der Möglichkeit, sie so zu verstehen – dass sie nämlich eine der Deutung erschlossene Welt ist. Die Lesbarkeit deutet die Wirklichkeit unter der Hinsicht ihrer gleichsam sprachlichen, zeichenhaften Struktur und thematisiert implizit, dass sie dazu bereits eine der zeichenhaften Deutung erschlossene Welt sein muss.

Diese vorgängige Erschlossenheit verdeutlicht der Begriff des *waḥy*, der zumeist in oftmals kurzschlüssiger Analogie zum Christentum mit Offenbarung wiedergegeben wird. Nimmt man hingegen Neuwirths Deutung des *waḥy*-Begriffs aus seiner transformierenden Relation zur altarabischen Dichtung ernst, kann man ihn tiefer in seiner Komplementarität zum *āya*-Begriff verstehen:[76] Der Eingangsteil der altarabischen Dichtungsform der Qaside, der *nasīb*, inszeniert große Bilder des verlassenen Lagers, der verflossenen Feierlichkeit und damit der Vergänglichkeit irdischen Seins. In ihnen zeigt sich die Welt als stumme und verschlossene, unlesbare Wirklichkeit: »In dieser Situation vergleicht der Dichter die Wohnspuren, die er zu identifizieren sucht, mit einer Schrift, die, obschon klar in ihren Zeichen, für ihn selbst nicht lesbar ist, die also eine ihm verschlossene Botschaft enthält.«[77] Im Kontext der altarabischen Dichtung bezeichnet *waḥy* also zunächst konkret die Relikte einer unverständlichen, fremden, verschlossenen Sprache und lässt sodann allgemeiner die Wirklichkeit als abwei-

75 Vgl. Angelika Neuwirth, *Koranforschung – eine politische Philologie? Bibel, Koran und Islamentstehung im Spiegel spätantiker Textpolitik und moderner Philologie*, Berlin 2014, S. 28.

76 Vgl. Neuwirth, *Der Koran als Text der Spätantike*, S. 711–716 und S. 128–130 sowie dies., *Koranforschung – eine politische Philologie?*, S. 38 f., 48–50, 54 f.

77 Neuwirth, *Der Koran als Text der Spätantike*, S. 712 f. »Es ist eine Schrift, die er nicht entziffern, ein Zeichensystem, das für ihn keinen Sinn ergibt.« Dies., *Koranforschung – eine politische Philologie?*, S. 49.

sende, verschlossene, unverständliche erscheinen. Wenn nun der Koran den *waḥy*-Begriff gerade als Bezeichnung einer von Gott begonnenen, lebendigen Kommunikation einführt, so zeigt er sich vor dem Hintergrund seines altarabischen Paratextes geschickt als Umwertung aller Werte: »Ein stummes Zeichencluster ist in Kommunikation verwandelt.«[78] Diese Verwandlung betrifft nicht nur eine einzelne Mitteilung, sondern die Welterfahrung als Ganze: Die Welt ist zwar aus sich heraus verschlossen, im Licht der koranischen Offenbarung aber lesbar, durchleuchtet, klar und erschlossen.[79] *Waḥy* zielt also nicht die instruktionstheoretische Mitteilung übernatürlicher Sachverhalte, sondern die Erschlossenheit und Deutbarkeit der Welt an, wie sie sich aus der rein immanenten Perspektive diesseitig orientierter arabischer Dichtung gerade nicht zeigt. *Waḥy* lässt die Wirklichkeit zuerst erschlossen sein, sodass sie als *āyāt* gelesen werden kann. Weil der Koran die Welt als von Gott erschlossenes Kommunikationsuniversum vorstellt, kann sie auch verstanden und in ihr kommuniziert werden.

Dieser Erschlossenheit der Welt im Zusammenspiel von *waḥy* und *āya* gibt der Koran selbst noch einmal eine sprachliche Gestalt, wie Neuwirths Analyse der Sure 55 zentral zeigt,[80] spricht doch die Sure 55 nicht nur über den Zusammenhang von Schöpfung und Sprache, sondern führt ihn zugleich performativ auf. So betont Neuwirth zunächst den Zusammenhang von Inhalt und Form, der spezifisch in dieser Sure sichtbar wird: »Die Sure kann als der poetischste Text des Koran gelten, der ein zentrales Theologumenon nicht nur semantisch, sondern auch grammatisch und klanglich gestaltet.«[81] Der Inhalt, der sprachlich gestaltet wird, ist nun eben der Zusammenhang aus Schöpfung und Sprache: »Zwei im Schöpfungswerk selbst angelegte Ideen durchziehen die ganze Sure: die ausgewogene symmetrische Ordnung der Welt, *physis*, und die hermeneutische Verständlichkeit, *logos*.«[82] Genau diese beiden Schöpfungsqualitäten – eine ausgewogen symmetrische Ordnung und die durchleuchtende Verständlichkeit – realisiert die Sure performativ, zum Beispiel durch eine (im Koran einmalige) antiphonische Struktur, durch Assonanzen und durch die Symmetrie einer komponierten Doppelstruktur, dem »Spiel mit den Phänomenen der Paarigkeit«[83]; »[f]olglich«, so Neuwirth, »kann die Sure als eine Exposition des Inein-

78 Neuwirth, *Koranforschung – Eine politische Philologie?*, S. 55.

79 *Waḥy* hat »im Koran eine neue Wertigkeit erhalten, es steht nun für die durch den Verkünder erfolgreich decodierte Kommunikation Gottes mit den Menschen, dessen ›Schrift‹ nicht mehr aus unlesbaren Zeichen besteht, sondern ein rational faßbares System von Beweiszeichen für eine sinnhaltige Weltordnung ist.« Neuwirth, *Der Koran als Text der Spätantike*, S. 716.

80 Vgl. Neuwirth, *Der Koran als Text der Spätantike*, S. 215–220.

81 Angelika Neuwirth, *Der Koran 1: Frühmekkanische Suren. Poetische Prophetie*, Handkommentar mit Übersetzung von Angelika Neuwirth, Berlin 2011, S. 608.

82 Neuwirth, *Der Koran als Text der Spätantike*, S. 216.

83 Neuwirth, *Der Koran 1: Frühmekkanische Suren*, S. 609.

anderwirkens des eingangs aufgerufenen Ensembles *khalq* (›Schöpfung‹) und *qurʾān* (›göttliches Wort‹) gelesen werden.«[84] So bietet der Koran auch sprachlich die Welt als das dar, als was er sie sieht: Der Koran ›ist‹ die in ihrer Klarheit und Harmonie erschlossene Wirklichkeit.

Diese Überlegungen, die auf Neuwirths Korandeutung aufbauen, zeigen, wie eine theologische Deutung aus sprachlich-literarischen Überlegungen geschehen kann – und legen zugleich die Grundlage für diese Deutung, indem sie den Koran in seinem Selbstverständnis wesentlich als hermeneutisches Dokument zeigen: Er ermöglicht ganz in Jüngel'schem Sinne eine Erfahrung mit der Erfahrung, indem er die Gesamtheit der Wirklichkeit ›als etwas‹ perspektiviert. Koranisch spezifisch erscheint die Welt hier ›als‹ lesbar-erschlossene-harmonisch-ausgeglichene Wirklichkeit.

3.2 Eine schöpfungstheologische Verortung des Koran

Von hierher legt sich ein letzter Rückblick auf Jüngels Theologie nahe, der zeigt, dass auch hier noch ein Schritt zu gehen ist, der sich in den bisherigen Überlegungen nur andeutete.

Zunächst weist die vorangegangene Skizze einer koranisch perspektivierten Wirklichkeit eine deutliche Konvergenz zu Jüngels Einsicht auf, dass »die Schöpfung durch das Wort nicht nur auf das *Dasein*, nicht nur auf die *Existenz* der Kreatur, sondern auch auf deren *Sosein*, auf deren *Wesen* geht«[85]. Denn dieses ›Sosein‹ der Kreatur manifestiert sich wesentlich darin, dass es »in seinem Wesen sprachlich« ist. Sprache und Sein greifen derart ineinander, dass Jüngel von einer »ontologischen Binnensprachlichkeit der Kreatur« spricht. Diese Sprachlichkeit ist mehr als die bloße Fähigkeit zum Sprechvermögen. Sie zielt vielmehr eine grundlegende Erschlossenheit und Kommunikabilität an, die den Seinsstrukturen eingeschrieben sind, sodass »der menschliche Begriff der Dinge [...] die logische Wiederholung der ontologischen Binnensprachlichkeit der Kreatur«[86] ist. Diese Perspektive ist – bei aller möglichen Konvergenz mit einer naturwissenschaftlichen Sicht – eine dezidiert theologische Sicht, spezifischer sogar ein schöpfungstheologischer Beitrag einer Theologie des Wortes Gottes.

Wenn dem aber so ist, kann man dann grundlegend ausschließen, dass auch eine koranisch-islamische Perspektive – wenn sie sich denn so konfiguriert wie angedeutet – auch von einer christlichen Theologie des Wortes Gottes in positiver Hinsicht wahrgenommen werden kann? Kann die christologische Zentrierung

84 Neuwirth, *Der Koran 1: Frühmekkanische Suren*, S. 608.
85 Jüngel, »*Die schöpferische Kraft des Wortes*«, S. 19.
86 Jüngel, »*Die schöpferische Kraft des Wortes*«, S. 20.

des Wortgeschehens eine mögliche schöpfungstheologische Konvergenz – die nichtsdestotrotz auch eigene Akzentsetzungen behalten wird! – vollkommen abweisen? Um dies zu denken, müssten die Relationen zwischen der ontologischen Dimension der Sprache, der religiösen Sprache und der Sprache des Glaubens neu bestimmt und nicht als reine Abgrenzung bestimmt werden. Kurz: es bräuchte ein schöpfungstheologisches Recht einer ›natürlichen Theologie‹ innerhalb einer Theologie des Wortes Gottes. Jüngel selbst lässt eine solche Zuordnung nicht ganz unmöglich erscheinen, wenn er sie auch nicht ausformuliert.

So kann man erstens darauf verweisen, dass die christologische Gestalt des Sprachgeschehens auf die ontologische Dimension der Sprache Bezug nimmt, die die Metapher realisiert.[87] Doch ist die christologische Gestalt eine totale Absorption der Metapher und damit der ontologischen Dimension der Sprache? Oder bleibt ein Eigenrecht der metaphorischen Sprache im relativen Gegenüber zum christologischen Sprachgeschehen?[88] Jüngel selbst deutet eine mögliche Differenz an: »Als Sprache, die einen Seinsgewinn sprachlich Ereignis werden läßt, ist die religiöse Sprache metaphorisch. Als Rede von dem zur Welt kommenden und in Jesus Christus zur Welt gekommenen Gott ist die christliche Sprache in besonderer Weise metaphorisch.«[89] Ein mögliches Eigenrecht der ontologischen Dimension könnte umso mehr die Gestalt des *subcontrario*, die die innovatorische Kraft der Metapher radikalisiert, als christologische Eigenart betonen. Doch ihr gegenüber gäbe es auch andere Gestalten poetisch-metaphorischer Rede, die nicht allein aus der radikalen Innovation und Umkehrung aller Wirklichkeit lebten, sondern die grundsätzliche Erschlossenheit der Wirklichkeit verkörperten. Sie wären weder als Voraussetzung noch als Additum oder gar als Rest zur radikal neu erschlossenen Wirklichkeit des christologischen konzentrierten Sprachgeschehens zu verstehen, wären aber auch nicht schlichtweg mit ihm identisch, sondern würden von ihm her noch einmal in ihrer eigenständigen Bedeutung ersichtlich. Sie erschlössen die Welt als sprechende,

---

87 »Die Eigenart religiöser Rede läßt sich am ehesten verstehen, wenn wir sie von einem für die menschliche Sprache überhaupt grundlegenden Vorgang her begreifen.« Jüngel, »*Metaphorische Wahrheit*«, S. 105. »Die Metaphern der Sprache wahren so die Bewegung des Seins in die Sprache«. Jüngel, »*Metaphorische Wahrheit*«, S. 143.

88 Vgl. Benedikt Gilich, *Die Verkörperung der Theologie: Gottesrede als Metaphorologie*, Stuttgart 2011 im Rückgriff auf Philipp Stoellger, »*Vom vierfachen Sinn der Metapher: Eine Orientierung über ihre Formen und Funktionen*«, in: *Interpretation of Texts: Sacred and Secular*, hrsg. von Pierre Bühler und Tibor Fabiny, Zürich/Budapest 1999, S. 87–116., hier S. 50f., 88. So ist zu fragen: »Die Metaphern der Sprache wahren so die Bewegung des Seins in die Sprache«. Jüngel, »*Metaphorische Wahrheit*«, S. 143 – gilt dies einzig und allein im Horizont des neuen Seins, bzw. ist alles andere Sünde und Unglauben? Gilt also nur: »Man kann auch mehr sagen, als wirklich ist, ohne damit dem Sein des Wirklichen zu entsprechen. Jede nicht schon verwirklichte Möglichkeit ist auch als Täuschung und Lüge strapazierbar«? Ebd.

89 Jüngel, »*Metaphorische Wahrheit*«, S. 156.

resonante Wirklichkeit, ohne dass die Stimme im letzten geklärt wäre. Ihnen bliebe eine letzte Unbestimmtheit zu eigen.[90] Diese Unbestimmtheit zeigt die Differenz zwischen der christlichen Sprache des Glaubens und der religiösen Sprache an, die damit aber nicht Sprache des Unglaubens ist.[91]

In ähnlicher Weise spricht Jüngel im Rückblick auf »seine Theologie« zweitens von der »Verwandlung der schlechthinnigen Verborgenheit in seine präzise Verborgenheit subcontrario«.[92] Zweifellos wäre es wiederum unangemessen, einfachhin nach einem Rest »schlechthinniger Verborgenheit« zu fragen und damit in einer neuen Umdrehung wiederum die in Jüngels Augen problematische Form der Analogie zu aktualisieren. Doch ist nicht auch ein Eigenrecht »schlechthinniger Verborgenheit« aus der »präzisen Verborgenheit« heraus denkbar? Und wäre nicht hier dann auch der christliche Platz einer Metapherntheorie, wie sie von al-Ǧurǧānī unternommen wird?

Schließlich wäre drittens eine letzte Zuordnung durch die Beziehung von Erzählung und den literarischen Gattungen des Koran zu erreichen. Der Koran ist bekanntlich wenig narrativ und wird, durch die Brille der Narration betrachtet, in seiner Eigenart verkannt.[93] Dies erlaubt, nach seinen literarischen Eigenarten und deren Bedeutung zu fragen. Gerade die frühen Suren sind keine einfachen alternativen Gegenerzählungen, sondern szenisch-unmittelbare Verdichtungen, konstellative Vergegenwärtigungen, deren spezifische Besonderheit sich vielleicht eher aus der Eigenart der Lyrik ergibt. Vertrautheit wird in ihnen nicht erzählt, sondern evoziert.[94] So werden Konturen einer auch sprachlich-

90 In gewisser Hinsicht kann dies an die Überlegungen Karimis anschließen, für den sich die Offenbarung der Vernunft im antinomischen Zugleich der Widersprüche zeigt und radikal unbestimmbares Geheimnis jenseits aller Relationalität bleibt. Konsequent müsste man dann aber auch sagen, dass der Koran nicht allein die Liebesbotschaft Gottes ist, sondern auch die Botschaft der Furcht, *mysterium tremendum et fascinosum.* Vgl. Karimi, *»Vom Verstand zur Offenbarung«*, S. 131–142 und Körtner, *Theologie des Wortes Gottes*, S. 182–187.

91 Offen bleibt natürlich die Beziehung zwischen der ontologischen Dimension der Sprache und der religiösen Form der Rede: Absorbiert die religiöse Sprache, die nicht Sprache des christlichen Glaubens ist, die ontologische Dimension? Wie verhält sich eine nicht religiöse Form der metaphorischen Sprache zur ontologischen Dimension? Eine andere Differenz zwischen religiöser Sprache und Sprache des christlichen Glaubens deutet Jüngel an, wenn er festhält: »Wer von Gott redet, spricht den Menschen auf sein und seiner Welt Nichtsein als allein von Gott überwindbare Möglichkeit an. Das ist das Wesen aller *religiösen* Sprache. Die *biblische* Sprache, die wir, insofern wir sie in unsere eigenen Worte übersetzen, auch die Sprache des Glaubens nennen, unterscheidet sich von der religiösen Sprache in dieser Hinsicht nur insofern – insofern allerdings radikal – als sei die Möglichkeit des Nichtseins nicht nur allein als von Gott überwindbare, sondern als von Gott überwundene Möglichkeit erzählt, indem sie das Sein einer neuen Kreatur verkündet.« Jüngel, *»Metaphorische Wahrheit«*, S. 152.

92 Jüngel, *»Meine Theologie« – kurz gefaßt*, S. 6 f.

93 Vgl. Neuwirth, *Der Koran als Text der Spätantike*, S. 561–564, 567–572.

94 Vgl. Jüngel, *»Metaphorische Wahrheit«*, S. 148, Fußnote 105.

literarisch vermittelten Hermeneutik der realen Vergegenwärtigung im ›Jetzt‹ deutlich, die weiter auszuarbeiten und auch auf ihre Korrespondenz zur liturgischen Praxis der Rezitation zu untersuchen wären.[95]

So gibt der Koran einer Theologie des Wortes Gottes zu denken. Er fordert sie zu einer schöpfungstheologischen Weitung heraus, auf deren Grundlage eine bisher ungedachte positive Beziehung der Wort-Gottes-Theologie zu bestimmten Formen islamisch-koranischer Theologie möglich wird.

95 Vgl. Neuwirth, »*Der Koran als Text der Spätantike*«, S. 168–181.

Nora Kalbarczyk

Offenbarte Sprache als hermeneutische Herausforderung. Die Fruchtbarmachung der Sprachphilosophie Ibn Sīnās für die islamische Hermeneutik und Rechtsmethodologie[1]

1 Einleitung

Da die islamische Offenbarung als Wort Gottes in menschlicher Sprache verfasst ist, gehört die Auseinandersetzung mit dem Wesen der Sprache zu dem, womit sich die islamischen Gelehrten in ihrem Ergründen der Offenbarung von Beginn an beschäftigt haben. Sprache und Sprachbetrachtung waren und sind folglich grundlegender, propädeutischer Gegenstand verschiedener religiöser, auf die Offenbarung bezogener Disziplinen, wobei die sprachtheoretischen und hermeneutischen Werkzeuge dafür vorwiegend in den Schriften der sogenannten Rechtstheorie oder Rechtsquellenlehre (arab. *uṣūl al-fiqh*) grundgelegt sind. »Weil nämlich das Begreifen der offenbarten Texte nur mittels der Sprache möglich ist, ist es unausweichlich«, so der bedeutende Rechtsgelehrte Faḫr ad-Dīn ar-Rāzī (gest. 606/1210) in seinem Werk *Maḥṣūlfī ʿilm uṣūl al-fiqh*, »all dem«, d. h. den hermeneutisch-methodischen Abhandlungen, »ein sprachbezogenes Kapitel voranzustellen«.[2]

Der Terminus ›Sprache‹ (*luġa*) wird hier (im Verständnis von ar-Rāzī) benutzt, um damit die Gesamtheit der Verknüpfung von sprachlichen Ausdrücken und Bedeutungen in einer Lautsprache, im Kontext der islamischen Offenbarung Arabisch, zum Zwecke der Kommunikation, des Sich-Gegenseitig-zu-Verstehen-Gebens, zu bezeichnen.[3]

Kompendien der islamischen Hermeneutik, also der islamischen Rechtstheorie, beschäftigten sich in diesem Zusammenhang zum Beispiel mit der Frage nach dem Ursprung der Sprache(n) – eine Frage, die sich im 13. Jahrhundert bereits

1 Dieser Aufsatz fasst wesentliche Aspekte meiner Monographie *Sprachphilosophie in der islamischen Rechtstheorie: Zur avicennischen Klassifikation der Bezeichnung bei Faḫr ad-Dīn ar-Rāzī*, Leiden 2017, zusammen.

2 Faḫr ad-Dīn ar-Rāzī, *Maḥṣūlfī ʿilm uṣūl al-fiqh*1, ed. von Ṭaha Ǧābir Fayyāḍ al-ʿAlwānī, Riyāḍ 1979, S. 168, Z. 18 f.

3 Vgl. beispielsweise ar-Rāzī, *al-Maḥṣūl* 1, S. 181 ff.; zum Sprachbegriff siehe Nora Kalbarczyk, *Sprachphilosophie in der islamischen Rechtstheorie*, S. 33 sowie S. 214 ff.

darauf reduziert hat, wer als Initiator, als Setzer (*wāḍiʿ*) der Sprache(n) betrachtet werden kann (ob Gott oder die Menschen, oder beide zusammen).[4] In der Regel spürten die entsprechenden Gelehrten dann den verschiedenen Antworten nach, die in der muslimischen Geistesgeschichte darauf gegeben wurden. In ar-Rāzīs einflussreichem Kompendium folgen eine Beschreibung der Funktion der Sprache in menschlichen Gemeinschaften sowie eine Erörterung der Vorteile, die die Lautsprache gegenüber einer auf anderen Zeichen basierenden Kommunikation hat.[5]

Neben der Untersuchung des Sprachsetzers und der Frage nach der Funktion der Lautsprache nimmt die Untersuchung des Verhältnisses zwischen sprachlichen Ausdrücken und Bedeutungen einen breiten Raum in der Sprachbetrachtung der islamischen Hermeneutik ein: Wie kommt es überhaupt dazu, dass die Zuordnung zwischen sprachlichen Ausdrücken und Bedeutungen tradiert wird?[6] Gibt es für jede Bedeutung einen eigenen sprachlichen Ausdruck? Mit einer der möglichen Antworten – nämlich dass es zwar unendlich viele Bedeutungen gibt, für diese aber nur eine begrenzte Anzahl von sprachlichen Ausdrücken denkbar ist – wurde für die Möglichkeit und Zulässigkeit von Homonymen und Tropen in den offenbarten Texten argumentiert. Dies hat wiederum Auswirkungen auf die

4 Zur Frage des Ursprungs der Sprache, siehe Faḫr ad-Dīn ar-Rāzī, *al-Maḥṣūl* 1, S. 181–192; diese Thematik ist in diversen Monographien und Aufsätzen recht gut aufgearbeitet: Bernard G. Weiss, *Language in Orthodox Muslim Thought: A Study of Waḍʿ al-Lugha and its Development*, Princeton 1966; Henri Loucel, »*L'origine du langage d'après les grammairiens arabes I*«, in: *Arabica* 10 (1963), S. 188–208; ders., »*L'origine du langage d'après les grammairiens arabes II*«, in: *Arabica* 10 (1963), S. 253–281 und ders., »*L'origine du langage d'après les grammairiens arabes III*«; in: *Arabica* 11 (1964), S. 57–72; sowie ders., »*L'origine du langage d'après les grammairiens arabes IV*«, in: *Arabica* 11 (1964), S. 151–187; Bernard G. Weiss, »*Medieval Muslim Discussions of the Origin of Language*«, in: *Zeitschrift der Deutschen Morgenländischen Gesellschaft* 124 (1974), S. 33–41; Andrzej Czapkiewicz, *The Views of the Medieval Arab Philologists on Language and its Origin in the Light of as-Suyūṭī's »al-Muzhir«*, Krakow 1988; Cornelis H.M. Versteegh, »*Linguistic Attitudes and the Origin of Speech in the Arab World*«, in: *Understanding Arabic: Essays in Contemporary Arabic Linguistics in Honor of El-Said Badawi*, hrsg. von Alaa Elgibali, Kairo 1996, S. 15–31; ders., *Landmarks in Linguistic Thought III: The Arabic Linguistic Tradition*, London 1997, S. 101–114; Mustafa Shah, »*Classical Islamic Discourse on the Origins of Language: Cultural Memory and the Defense of Orthodoxy*«, in: *Numen* 58 (2011), S. 314–343; siehe auch Robert Gleave, *Islam and Literalism: Literal Meaning and Interpretation in Islamic Legal Theory*, Edinburgh 2013, S. 30 ff.; Gerhard Endreß, »›*This is Clear Arabic Speech*‹*: God's Speech and Prophetic Language in Early Islamic Hermeneutics, Theology and Philosophy*«, in: *Transcending Words: The Language of Religious Contact between Buddhists, Christians, Jews and Muslims in Premodern Times*, hrsg. von Görge K. Hasselhoff und Knut Martin Stünkel, Bochum 2015, S. 27–42, insbes. S. 34–36.

5 Ar-Rāzī, *al-Maḥṣūl* 1, S. 193–195; zu einer Übersetzung eines Ausschnitts aus diesem Unterkapitel des *Maḥṣūl*, siehe Versteegh, *Landmarks in Linguistic Thought III*, S. 127–129; zu einer Übersicht über Struktur und Inhalt, siehe Kalbarczyk, *Sprachphilosophie in der islamischen Rechtstheorie*, S. 33–45.

6 Ar-Rāzī, *al-Maḥṣūl* 1, S. 203–217.

Bewertung einer Form des Imperativs (*ṣīġat al-amr*), der bei einer solchen Sichtweise dann nicht immer angeben muss, dass eine Handlung verpflichtend ist. Das Verhältnis von Offenbarung und Sprachbetrachtung zeitigt demzufolge unmittelbare Konsequenzen für den Gläubigen.

Die Sprachbetrachtung der islamischen Hermeneutik steht zudem in mancherlei Hinsicht in einer sprachphilosophischen Tradition:[7] So beschäftigt sich beispielsweise eine weitere Frage rund um die Verhältnisbestimmung von sprachlichen Ausdrücken und Bedeutungen damit, ob sprachliche Ausdrücke primär ›zur Bezeichnung der extramental existierenden Dinge‹ (*li-d-dalālati ʿalā l-mawǧūdāti l-ḫāriǧiyya*) oder zur ›Bezeichnung der geistigen Bedeutungen gesetzt wurden‹ (*wuḍiʿat li-d-dalālati ʿalā l-maʿānī ḏ-ḏihniyya*). Letzteres ist, so ar-Rāzī, der Fall:

> Immer wenn wir einen Körper von Weitem sehen und wir ihn für einen Felsblock halten, benennen wir ihn mit diesem Namen; doch wenn wir ihm uns nähern, erkennen wir, dass er ein Lebewesen ist, halten ihn für einen Vogel und benennen ihn damit [*d. h. mit dem Namen ›Vogel‹*]. Doch mit zunehmender Nähe erkennen wir, dass er ein Mensch ist, und benennen ihn damit [*d. h. mit dem Namen ›Mensch‹*]. So zeigt die Unterschiedlichkeit der Namen bei der Unterschiedlichkeit der geistigen Formen (*aṣ-ṣuwar aḏ-ḏihniyya*) an, dass der sprachliche Ausdruck nur sie [*d. h. die geistigen Formen*] bezeichnet (*fa-ḫtilāfu l-asāmīʾ ʿinda ḫtilāfi ṣ-ṣuwari ḏ-ḏihniyya tiyadulluʿalā anna l-lafẓa lā dalāla talahū illā ʿalayhā*).[8]

Diese Überlegungen stehen in der Tradition der bezeichnungstheoretischen Passage aus Aristoteles' *De Interpretatione* 16a 3–8[9], die in der arabischen

7 Sprachphilosophische Fragestellungen, wie die nach dem Verhältnis zwischen sprachlichem Ausdruck, Bedeutung und extra-mentaler Sache, wurden in den logischen Schriften verhandelt. Der Ausdruck ›Logik‹ wird im peripatetischen Kontext zur Klassifizierung der sechs Bücher des *Organon* gebraucht. Ergänzt wurde das Organon in der arabischen Tradition durch die neuplatonische Logikeinführungsschrift *Eisagoge* (Εἰσαγωγή/*Īsāġūǧī*) des Porphyrios (gest. 301–305). In seiner Gesamtheit beschäftigt sich das *Organon* mit den sprachphilosophischen, logischen und erkenntnistheoretischen Grundlagen, d. h. mit Begriffen, Semantik, Aussagesätzen, Konditionalsätzen, Argumentationstheorie, Beweistheorie, Wissenschaftstheorie etc. Logik gilt dabei in der peripatetischen Tradition als Instrument des richtigen Denkens und damit als Propädeutikum jeder einzelnen Wissenschaft; eine kleine Einführung in das *Organon* und dessen Rezeptionsgeschichte findet sich bei Dominik Perler/Ulrich Rudolph (Hgg.), *Logik und Theologie: Das Organon im Arabischen und im Lateinischen Mittelalter*, Leiden 2005, S. 1–16; weiterführende, umfangreiche Studien liegen mit den Arbeiten Reschers vor – u. a. Nicholas Rescher, *The Development of Arabic Logic*, Pittsburgh 1964; siehe auch Henri Hugonnard-Roche, *La logique d'Aristote du grec au syriaque: Études sur la transmission des textes de l'*Organon *et leur interprétation philosophique*, Paris 2004.

8 Ar-Rāzī, *al-Maḥṣūl* 1, S. 200, Z. 11 bis S. 201, Z. 2, ausführlicher dazu, siehe Kalbarczyk, *Sprachphilosophie in der islamischen Rechtstheorie*, S. 36–40.

9 Aristoteles zufolge sind [3] die (gesprochenen) Laute bzw. die sprachlichen Ausdrücke (φωναί) Symbole (σύμβολα) für [2] unsere seelischen Eindrücke, »für das, was unserer Seele widerfährt« – bzw. für das, »was in unserem Denken vorgeht (ἐντῇδιανοίᾳ)«; hingegen sind [4] die

Philosophie eine interessante Weiterentwicklung genommen hat: Die vier verschiedenen Referenzebenen (extramentale Dinge, die seelischen Eindrücke davon beim Menschen sowie Lautsprache und Schriftsprache) entwickelten sich dort nämlich zu vier verschiedenen Zuständen des Seins,[10] wie bei demselben Gelehrten in einem sprachphilosophischen Kommentar – als Kulminationspunkt dieser Entwicklung – sichtbar wird:

> [§ 1] Die Dinge haben vier Existenzstufen (*marātib fī l-wuǧūd*): [1] Die äußere Existenz (*al-wuǧūd al-ḫāriǧī*), [2] die geistige (*aḏ-ḏihnī*), [3] diejenige, die auf den sprachlichen Ausdruck bezogen ist (*al-lafẓī*), und [4] diejenige, die auf die Schrift (*al-kitāba*) bezogen ist.
> [§ 2] [4] Die [*Stufe der*] Schrift bezeichnet/verweist auf [3] [*die Stufe des*] sprachlichen Ausdruck[*s*], […]. Was [3] [*die Stufe des*] sprachlichen Ausdruck[*s*] betrifft, so bezeichnet sie nicht [1] [*die Stufe der*] äußeren [*Existenz*] – und zwar aufgrund des [*folgenden*] Beweises:
> [§ 3] Wenn du einen Menschen von Weitem siehst und ihn für einen Felsblock hältst, dann benennst du ihn damit [*d. h. mit dem Namen ›Felsblock‹*]; dann, wenn du dich ihm näherst, erkennst du seine Lebewesenhaftigkeit, aber du hältst ihn für einen Vogel und benennst ihn mit [*dem Namen*] ›Vogel‹; dann erkennst du mit zunehmender Nähe seine Menschhaftigkeit und benennst ihn mit [*dem Namen*] ›Mensch‹.
> [§ 4] So zeigt die Unterschiedlichkeit der Benennungen (*iḫtilāf at-tasmiyāt*) bei der Unterschiedlichkeit der Vorstellungen (*ḫayālāt*) an, dass die Namen die geistigen Formen (*aṣ-ṣuwar aḏ-ḏihniyya*), nicht aber die äußeren Dinge (*al-umūr al-ḫāriǧiyya*) bezeichnen.
> Es gehört zur Gewohnheit der Leute, die geistigen Formen (*aṣ-ṣuwar aḏ-ḏihniyya*) Bedeutungen/Konzepte (*maʿānī*) zu nennen. So ist dadurch die Richtigkeit seiner [*d. h. Ibn Sīnās*] Worte deutlich geworden, dass ›es zwischen dem sprachlichen Ausdruck und der Bedeutung eine bestimmte Verbindung (*ʿalāqatunmā*) gibt‹, d. h. dass der sprachliche Ausdruck per se und auf primäre Weise (*bi-l-qaṣdi l-awwali*) nur die geistigen Bedeutungen bezeichnet.[11]

---

geschriebenen (γραφόμενα) Ausdrücke Symbole für die gesprochenen sprachlichen Äußerungen. Die [3] gesprochenen und [4] geschriebenen sprachlichen Ausdrücke variieren von Land zu Land und sind Zeichen (σημεῖα) für [2] die Eindrücke der Seele, die »bei allen Menschen dieselben« sind. Die [2] Eindrücke der Seele wiederum sind Abbildungen (ὁμοιώματα) [1] der extramentalen Dinge (πράγματα). Das Verhältnis dieser Ebenen wurde in der griechischen Kommentartradition so verstanden, dass die sprachlichen Ausdrücke direkt, d. h. »an erster Stelle/zuerst« (πρώτων) das, was sich in der Seele befindet, nämlich Gedanken (νοημάτα), bezeichnen – und erst an zweiter Stelle die extramentalen Dinge bzw. Sachverhalte.

10 Vgl. Heidrun Eichner, »*Das avicennische Corpus Aristotelicum: Zur Virtualisierung des Aristotelestextes in der postavicennischen Tradition*«, in: *Entre Orient et Occident: La philosophie et la science gréco-romaines dans le monde arabe*, hrsg. von Richard Goulet, Genf 2010, S. 226 ff.; siehe Kalbarczyk, *Sprachphilosophie in der islamischen Rechtstheorie*, S. 36–40.

11 Faḫr ad-Dīn ar-Rāzī, *Šarḥ al-Išārāt wa-t-Tanbīhāt, al-Manṭiq*, ed. von ʿAlī Reżā Naǧafzādeh, Teheran 2005, S. 21, Z. 5–15.

Diese Erläuterungen finden sich in ar-Rāzīs Kommentar zu einem logischen Werk Ibn Sīnās (lat. Avicenna, gest. 428/1037), den *Išārāt wa-t-Tanbīhāt.* Damit sei angedeutet, in welchen Kontext diese oben zitierte Passage aus dem rechts theoretischen Werk zu verorten ist. Ibn Sīnās Schriften wurden für nachfolgende Generationen nämlich zu den maßgeblichen Referenztexten (und lösten damit in der philosophischen Tradition Aristoteles' Texte ab); aufgrund des immensen Einflusses Ibn Sīnās kann diese intellektuelle Tradition als ›post-avicennisch‹ bezeichnet werden.[12]

Da er die Philosophie und Logik inhaltlich und terminologisch für die Belange der islamischen Disziplinen aufbereitete,[13] wird Ibn Sīnā nicht nur zum Kulminationspunkt der früheren und zum Ausgangspunkt der späteren philosophischen Tradition, sondern ebenfalls zum Referenzpunkt der islamischen Gelehrsamkeit.[14] Die Sprachbetrachtungen der verschiedenen islamischen Disziplinen, die in unmittelbarer Hinsicht auf die islamische Offenbarung ausgerichtet waren – wie z. B. die Grammatik, die Koranhermeneutik und die Rechtshermeneutik[15] – sind auf der einen Seite inhaltlich miteinander verknüpft und aufeinander bezogen, gleichzeitig sind sie ab der post-formativen Zeit[16] (also nach dem Ende

12 Vgl. Tony Street, »*Arabic and Islamic Philosophy of Language and Logic*«, in: *Stanford Encyclopedia of Philosophy* (2008), S. 7, URL: plato.stanford.edu/entries/arabic-islamic-language (letzter Zugriff 07. 06. 2020); zum Unterschied zwischen der Logik Ibn Sīnās und der avicennischen Logik, siehe Robert Wisnovsky, »*Avicenna's Islamic Reception*«, in: *Interpreting Avicenna: Critical Essays*, hrsg. von Peter Adamson, Cambridge 2013, S. 190–213, insbes. S. 199–203. An dieser Stelle hervorzuheben sind die Schriften Dimitri Gutas', beispielsweise *Avicenna and the Aristotelian Tradition: Introduction to Reading Avicenna's Philosophical Works*, 2. überarb. Aufl., Leiden 2014 [1. Aufl. 1988], sowie ders., »*The Heritage of Avicenna: The Golden Age of Arabic Philosophy, 1000–ca 1350*«, in: *Avicenna and his Heritage*, hrsg. von Jules Janssens und Daniel De Smet, Löwen 2002, S. 81–97.

13 Vgl. Gutas, »*The Heritage of Avicenna*«, insbes. S. 84 f., sowie ders., »*Avicenna's Philosophical Project*«, in: *Interpreting Avicenna: Critical Essays*, hrsg. von Peter Adamson, Cambridge 2013, S. 28–47, insbes. S. 33–35; die direkte Anschlussfähigkeit an islamische Disziplinen wird vor allem Ibn Sīnās *Išārāt wa-t-Tanbīhāt* nachgesagt, siehe dazu Cornelia Schöck, »*Name (ism), Derived Name (ism mushtaqq) and Description (waṣf) in Arabic Grammar, Muslim Dialectical Theology and Arabic Logic*«, in: *The Unity of Science in the Arabic Tradition. Science, Logic, Epistemology and their Interactions*, hrsg. von Shahid Rahman, Tony Street und Hassan Tahiri, Dordrecht 2008, S. 329–360, sowie Frank Griffel, »*Al-Ghazālī's Concept of Prophecy: The Introduction of Avicennan Psychology into Ašʿarite Theology*«, in: *Arabic Sciences and Philosophy* 14 (2004), S. 101–144; vgl. dazu Wisnovskys Überblicksartikel »*Avicenna's Islamic Reception*«, insbes. S. 193 f.

14 Gutas, »*The Heritage of Avicenna*«, S. 80.

15 Ausführlicher zur Rechtshermeneutik, siehe Kalbarczyk, *Sprachphilosophie in der islamischen Rechtstheorie*, S. 18–32.

16 Für gewöhnlich ist mit dem Terminus ›post-formativ‹ »the settling down of the four Sunnī *madhhabs* around the end of the fifth/eleventh century« gemeint, siehe Sherman A. Jackson, »*Taqlīd, Legal Scaffolding and the Scope of Legal Injunctions in Post-Formative Theory Muṭlaq and ʿĀmm in the Jurisprudence of Shihāb al-Dīn al-Qarāfī*«, in: *Islamic Law and Society* 3.2 (1996), S. 165–192, hier S. 168.

des 11. Jahrhunderts) von einer intensiven Auseinandersetzung mit den Schriften Ibn Sīnās, in unserem Kontext insbesondere mit seiner Logik und Sprachphilosophie, geprägt.

Sprachbetrachtung, die das Verstehen der Offenbarung intendiert, nimmt folglich ebenfalls Ibn Sīnā zum Ausgangspunkt. Dies lässt sich deutlich an der avicennischen Theorie der Bezeichnung zeigen, die in der islamischen Hermeneutik in einem besonderen Maße für das Verstehen der Offenbarung und für die Entwicklung der Methoden, um Regeln aus der göttlichen Offenbarung abzuleiten, fruchtbar gemacht worden ist.

Dabei handelt es sich um eine Bezeichnungstheorie, die ab einem bestimmten Zeitpunkt einen festen Bestandteil der einführenden Kapitel post-avicennischer Logikkompendien, Schriften zu *uṣūl al-fiqh* oder zur arabischen Rhetorik (*ʿilm al-balāġa*) bildet. Welche Funktion dieser Klassifikation zuerst bei Ibn Sīnā und anschließend in rechtsmethodologischen Werken zukommt soll nachfolgend am Beispiel von Faḫr ad-Dīn ar-Rāzī skizziert werden. Zuerst soll der problemgeschichtliche Hintergrund dieser semantischen Einteilung kurz vorgestellt werden. Anschließend soll untersucht werden, wie ar-Rāzī diese Einteilung benutzt, um in seinem Werk eine kohärente und grundlegende Bezeichnungstheorie zu entwickeln, die gerade in seinem rechtsmethodologischen Werk von Bedeutung ist.

2 Sprache als Grundlage des logischen Denkens: Die Dreiteilung der Bezeichnung bei Ibn Sīnā

Während sich die Koranhermeneutik und Rechtstheorie mit der Sprache beschäftigt, um die göttliche Offenbarung in ihren Einzelheiten und in ihren Konsequenzen für das Alltagsleben verstehen zu können, sollte man mittels Sprachphilosophie und Logik in der sprachlichen Auseinandersetzung das richtige, also folgerichtige, Denken erlernen. – Dieses Studium war in der philosophischen Tradition jedweder Wissenschaft vorangestellt und wurde in der post-avicennischen islamischen Tradition ebenfalls ein wichtiger Bestandteil des Curriculums.[17]

Die systematische Einführung und ausführliche Ausarbeitung der zuvor erwähnten Klassifikation der Bezeichnung gehen auf Ibn Sīnās Einführungsschrift in die Logik, das *Madḫal* des *Kitāb aš-Šifāʾ*, zurück. Hier beschäftigt sich Ibn Sīnā

17 Siehe dazu Gerhard Endreß, »*Reading Avicenna in the Madrasa: Intellectual Genealogies and Chains of Transmission of Philosophy and the Sciences in the Islamic East*«, in: *Arabic Theology, Arabic Philosophy. From the Many to the One: Essays in Celebration of Richard M. Frank*, hrsg. von James E. Montgomery, Löwen 2006, S. 371–422.

mit der Frage, was es genau bedeutet, wenn wir davon sprechen, dass ein sprachlicher Ausdruck eine Bedeutung bezeichnet. Diese Diskussion ist in den größeren Rahmen einer Methode zur adäquaten Bezeichnung von Dingen eingebettet.[18] Denn eine ›falsche‹ Bezeichnung, so die Grundannahme, habe Konsequenzen für unseren Erkenntnisprozess und für unser Schlussfolgern: Wird die ontologische Beschaffenheit (also die *Washeit*, arab. *māhiyya*, lat. *quidditas*) einer Sache falsch bezeichnet, so ist es uns nicht möglich, überhaupt Wissen bzw. sicheres Wissen zu erlangen.

In diesem Zusammenhang und als Antwort auf die Frage nach der korrekten Art und Weise des Bezeichnens führt er eine primäre, sekundäre und extrinsische Weise der Bezeichnung ein. Unter der primären Bezeichnungsweise, die er ›Bezeichnung der Kongruenz‹ (*dalālat muṭābaqa*) nennt, ist die semantische Äquivalenz zwischen einem durch einen essentiellen sprachlichen Ausdruck ausgedrückten Konzept und der Quiddität der entsprechenden Sache gemeint. In anderen Worten: Der Bedeutungsumfang des Ausdrucks und die Definition der entsprechenden Sache sind miteinander deckungsgleich (so bezeichnet in der philosophischen Sprache Ibn Sīnās der Ausdruck ›Lebewesen‹ die Definition ›sinnesbegabter beseelter Körper‹ auf kongruente Weise).

Unter der sekundären Weise der Bezeichnung, die Ibn Sīnā ›Bezeichnungsweise der Inklusion‹ (*dalālat taḍammun*) nennt, versteht er eine partielle Bezeichnung, d. h. um im vorherigen Bild zu bleiben, ein essentieller Ausdruck bezeichnet die Washeit einer Sache nur teilweise, so wenn mit ›Lebewesen‹ nur ›Körper‹ oder nur ›sinnesbegabt‹ bezeichnet wird.

Zum einen will Ibn Sīnā mit diesen beiden Bezeichnungsweisen verdeutlichen, welche Bedeutung mit einem sprachlichen Ausdruck kongruent ist, dass also beispielsweise ›Lebewesen‹ mit ›sinnesbegabter beseelter Körper‹ kongruent ist; zum anderen soll dadurch ebenfalls geklärt werden, welche Bedeutung *nicht* in einem kongruenten Verhältnis zu ihrem zugrunde gelegten Ausdruck steht. ›Lebewesen‹ beinhaltet ›sinnesbegabt‹, während umgekehrt ›sinnesbegabt‹ nicht ›Körper‹ oder ›Lebewesen‹ auf eine solche Weise bezeichnet. ›Körper‹ oder ›Lebewesen‹ wird von ›sinnesbegabt‹ lediglich als Folge impliziert. Die Bezeichnungsweise der Implikation (*iltizām*) entspricht der extrinsischen Art der Bezeichnung, da sich, vereinfacht gesprochen, das, was bezeichnet wird, außerhalb der Definition befindet. Die kongruente Bedeutung zu ›sinnesbegabt‹ ist nämlich ›etwas, das das Vermögen der Sinnesbegabung hat‹ (*bi-ḥasabi l-muṭābaqatihu*

18 Abū ʿAlī al-Ḥusayn b. ʿAlī Ibn Sīnā, Abū ʿAlī al-Ḥusayn b. ʿAlī, *Kitāb aš-Šifāʾ*, *al-Manṭiq, al-Madḫal I.8*, ed. Ibrāhīm Madkūr und Ǧurǧ Qanawātī et al., Kairo 1952, S. 41, Z. 9 bis S. 46, letzte Zeile, ausführlicher zu diesem Kapitel siehe Kalbarczyk, *Sprachphilosophie in der islamischen Rechtstheorie*, S. 68–99.

wa-an-nahu šayʾun lahu quwwatu ḥissin), also das Vermögen zum Hören, etc. und nicht ›beseelter Körper‹.[19]

Die Einführung dieser semantischen Klassifikation steht in einem größeren Kontext der sogenannten Prädikabilien und ist zur Entkräftung einer bestimmten Argumentation im größeren Zusammenhang der exakten Bezeichnung und Erkenntnis von Dingen bestimmt.[20]

Durch diese setzt Ibn Sīnā Maßstäbe, die auch über die Logik und Sprachphilosophie hinaus Gültigkeit besitzen. So kann Ibn Sīnā nämlich darlegen, welche Bezeichnungsarten im wissenschaftlichen Diskurs und im wissenschaftlichen Schlussfolgern zulässig sind und welche nicht: »Wenn wir sagen: ›dieser und jener sprachliche Ausdruck bezeichnet dieses und jenes‹, dann meinen wir damit nur die [*Bezeichnungs-*]Weise der Kongruenz und der Inklusion, nicht aber die [*Bezeichnungs-*]Weise der Implikation. – Wie sollte es auch anders sein? Schließlich ist das, was auf dem Wege der Implikation bezeichnet wird, unbegrenzt (*ġayr maḥdūd*).«[21]

An dieser Stelle bleibt festzuhalten, dass sich diese Klassifikation zunächst als Antwort auf ein spezifisches Problem entwickelt hat. In einem nächsten Schritt – bereits innerhalb des avicennischen Werkes sowie fortgesetzt durch post-avicennische Denker, insbesondere ar-Rāzī – löst sie sich von dieser Problematik, um schließlich als allgemeine Bezeichnungstheorie, als Grundlage eines sprachtheoretisch-sprachphilosophischen Kanons zu fungieren, der die Grundlage für jede Definition, für alles in Sprache Verhandelte darstellt. Dort wird sie theoretisch fundiert und auf neue Problemfelder übertragen und entsprechend adaptiert.

3 Die Sprache der Offenbarung als hermeneutische Herausforderung: Die Dreiteilung der Bezeichnung bei Faḫr ad-Dīn ar-Rāzī

Eine dieser Adaptionen erfolgte in der islamischen Hermeneutik, in den *uṣūl al-fiqh*. So wurde die Sprachbetrachtung der einen Tradition für das Anliegen der anderen Tradition, nämlich das Verstehen und Umsetzen der göttlichen Offenbarung, fruchtbar gemacht.

---

19 Ibn Sīnā, *Kitāb aš-Šifāʾ, al-Manṭiq, al-Madḫal I.8*, S. 43, Z. 16 f.

20 Ausführlicher dazu siehe Ibn Sīnā, *Kitāb aš-Šifāʾ, al-Manṭiq, al-Madḫal I.8*, S. 41, Z. 9 bis S. 46, letzte Zeile; sowie Kalbarczyk, *Sprachphilosophie in der islamischen Rechtstheorie*, S. 68–99.

21 Abū ʿAlī al-Ḥusayn b. ʿAlī Ibn Sīnā, *al-Išārāt wa-t-Tanbīhāt*, ed. von Moǧtabā az-Zāriʿī, Qom 2008, S. 53, Z. 5–10; siehe zu diesem Werk und seiner Einordnung Kalbarczyk, *Sprachphilosophie in der islamischen Rechtstheorie*, S. 109–112.

Die Integration logischer Einführungen in die *uṣūl al-fiqh* ist auf rein struktureller Ebene wohl bereits bei al-Ġazālī (gest. 1111) festzustellen. Dieser stellte seinem rechtsmethodologischen Werk *al-Mustaṣfā fī ʿilm al-uṣūl* ein separates Logikkapitel voran, das er explizit nicht als Bestandteil des genuin rechtstheoretischen Teils angesehen haben wollte. Die sprachphilosophischen Teile des Logikkapitels werden bei ihm dementsprechend nicht mit den an späterer Stelle des Werkes behandelten sprachbezogenen Teilen und hermeneutischen Methoden der Rechtsmethodologie verbunden. Sie stehen unverbunden nebeneinander.[22] Ar-Rāzī nun vollzieht in seinem Werk *al-Maḥṣūl* die inhaltliche und methodische Synthetisierung dieser beiden sprachphilosophischen und sprachtheoretischen Traditionen: Sein Kapitel *Über die Einteilung der sprachlichen Ausdrücke* (*fī taqsīm al-alfāẓ*) basiert auf der oben dargestellten bezeichnungstheoretischen Klassifikation Ibn Sīnās; von ihr macht er unter Gebrauch der philosophischen *termini technici* alle anderen Klassifikationen und Erklärungen – seien sie sprachphilosophischer oder rechtshermeneutischer Natur – abhängig.

Ar-Rāzī hält die avicennische bezeichnungstheoretische Klassifikation für so grundlegend, dass er sie als Ausgangspunkt der Sprachbetrachtung nimmt und sie für allgemeingültig erklärt: War die Klassifikation bei Ibn Sīnā nur einer bestimmten Art der sprachlichen Ausdrücke – nämlich den universalen sprachlichen Ausdrücken – vorbehalten, ist es nun jeder ›(bezeichnende) sprachliche Ausdruck‹ (*lafẓ mufīd*), der mit dieser Klassifikation erklärt werden kann. Daher ist die kongruente Bezeichnungsweise nun allen, den einfachen und zusammengesetzten sowie den partikulären und den universalen, sprachlichen Ausdrücken eigen. Er dreht das Verhältnis um: Während sich bei Ibn Sīnā die einfachen sprachlichen Ausdrücke in universale sprachliche Ausdrücke gliederten, die sich wiederum in die drei Arten der Bezeichnung einteilten – es ging ihm ja um die korrekte Definition einer Sache –, beginnt ar-Rāzīs Unterteilung mit den drei Arten der Bezeichnung, die anschließend weiter unterteilt werden.[23] Es ist dieses Verständnis der Einteilung der Bezeichnung als allgemeine und grundlegende sprachliche Kategorie, das dazu führt, dass ar-Rāzī in seinem Kommentar zu Ibn Sīnās *Išārāt wa-t-Tanbīhāt* diese Dreiteilung als sprachliche Grundkategorie beschreibt, und sie damit als ebenso grundlegend erachtet wie die basale grammatiktheoretische Einteilung der sprachlichen Ausdrücke in Name (*ism*), Verb (*fiʿl*) und Partikel (*ḥarf*). Es handelt sich bei diesen Kategorien also um ein sprachtheoretisches Grundgerüst; eines das unabhängig von einer partikularen Sprache gemäß einer universalen Grammatik Anwendung finden kann

22 Vgl. dazu Ibn Sīnā, *al-Išārāt wa-t-Tanbīhāt*, S. 36–38.

23 Vgl. Ibn Sīnā, *al-Išārāt wa-t-Tanbīhāt*, S. 121 ff.

(und doch als Ausgangspunkt auf die arabische Sprache der Offenbarung bezogen bleibt). So heißt es in ar-Rāzīs Kommentar zu Ibn Sīnās *Išārāt:*

> Ich sage: Das bedeutet, dass die Untersuchung der Sprachen [a] auf dem Verstande beruhen kann (*qad yakūnu ʿaqliyyan*); so wie wenn wir sagen, dass die bezeichnenden sprachlichen Ausdrücke entweder Name (*ism*), Verb (*fiʿl*) oder Partikel (*ḥarf*) sind und ihre Bezeichnungen entweder durch Kongruenz (*muṭābaqa*), Inklusion (*taḍammun*) oder Implikation (*iltizām*) zustande kommen – das sind Beispiele für jene allgemeinen Untersuchungen (*abḥāṯ ʿāmma*) aller Sprachen.[24]

Diese Beschäftigung mit der Sprache auf einer allgemeinen Ebene – und nicht hinsichtlich einer spezifischen Sprache – ist, wir erinnern uns, die Motivation der Logik und Sprachphilosophie, geht es ihr doch darum, Regeln für das Denken aus dieser Beschäftigung abzuleiten.

In ar-Rāzīs rechtsmethodologischen Werk wird nun veranschaulicht, was es mit der Gegenüberstellung von Ausdruck und Bedeutung auf sich hat: Nach einer kurzen Einführung dieser Bezeichnungsklassifikation und der rezeptionsgeschichtlich bedeutsamen Frage, welche dieser drei Bezeichnungsarten verbaler oder rationaler Natur seien, beginnt er damit, die Bezeichnungsweisen, wie Ibn Sīnā sie gebrauchte, zu modifizieren. Zum Ausgangspunkt macht er dabei die Bezeichnungsweise der Kongruenz. In dieser modifizierten Form gibt er eine kleine Einführung in die Grundbegriffe der Logik.

Anschließend vollzieht ar-Rāzī eine erste interdisziplinäre strukturelle Übertragung: Zwar sei diese Struktur eigentlich für die Klassifizierung von Bezeichnungen der Washeit gedacht, doch sei sie auch »von großem Nutzen« für die Unterteilung von sprachlichen Ausdrücken selbst, d. h. die Lehrsätze der arabischen Grammatik lassen sich ebenfalls mit dieser Klassifikation darstellen.[25]

In einem weiteren Schritt überträgt ar-Rāzī in diese Bezeichnungsklassifikation verschiedene Einteilungen rund um das Thema Eindeutigkeit und Mehrdeutigkeit eines Wortes (z. B. Univozität, Äquivozität, Homonymie oder Polyonymie). Er bringt hier die Überlegungen der Logik in der aristotelischen Tradition (insbesondere der Kategorienschrift des *Organon*)[26] mit denen der Koranhermeneutik und Rechtstheorie zusammen. Auch wenn beide Disziplinen unterschiedliche Beweggründe für ihre Sprachbetrachtung haben, so hat die Sprache sie doch vor dieselben Herausforderungen gestellt – Ähnlichkeiten in

24 Ar-Rāzī, *Šarḥ al-Išārāt*, S. 22, Z. 8–12.

25 So unterteilt er den einfachen sprachlichen Ausdruck in *ism*, *fiʿl* und *ḥarf*, den Namen wiederum in universale und partikulare, ersteres in den Gattungsnamen und das Partizip (fällt hier unter ›abgeleitet vom Verb‹), wobei Gattungsnamen und Partizip, hinsichtlich ihrer Funktion als Nomen und Attribut den beiden Prädikabilien Genus und spezifischer Differenz entsprechen; der partikulare Name gliedert sich in den Eigennamen und das Pronomen, siehe Kalbarczyk, *Sprachphilosophie in der islamischen Rechtstheorie,* S. 166–170.

26 Vgl. Kalbarczyk, *Sprachphilosophie in der islamischen Rechtstheorie*, S. 171–178.

ihren Überlegungen sind daher in mancherlei Hinsicht feststellbar. Ar-Rāzī versucht diese Ähnlichkeiten miteinander in einer Art von hermeneutischem Werkzeugkasten, zu dem er die avicennische Klassifikation der Bezeichnung letztlich entwickelt hat, zusammenzubringen.

Als nächstes integriert ar-Rāzī diverse Arten der Bedeutungsübertragung sowie von Sprechakten in diesen Werkzeugkasten; zu der Synthese von Logik und Hermeneutik/Rechtstheorie gesellt sich hier die Tradition der arabischen Grammatik und der Rhetorik (*balāġa*).[27]

Besonders fruchtbar gestaltet sich in ar-Rāzīs Bezeichnungssystem die Implikation. Damit baut ar-Rāzī diejenige Bezeichnungsweise aus, die Ibn Sīnā – zumindest für den exakten wissenschaftlichen Sprachgebrauch – als problematisch verworfen hatte. Ar-Rāzī benutzt nämlich die Kategorie der Bezeichnung der Implikation, um darunter einige Konzepte der šafiʿītischen Hermeneutik zu vereinigen, die bis dato in den rechtshermeneutischen Schriften nicht mit sprachphilosophischen Traditionen in Beziehung gesetzt worden waren. Dazu gehörten jene Implikationsverhältnisse, bei denen beispielsweise eine bestimmte Form der Ellipse angenommen werden muss, um eine Aussage verstehen zu können oder gar, um die Glaubwürdigkeit des Sprechers aufrecht zu erhalten. Zur Illustration wird dafür gerne der folgende Ḥadīṯ verwendet: »Irrtum (*ḫataʾ*) und Vergessen (*nisyān*) wurden von meiner *umma* beseitigt«. Der Mālikit al-Qarāfī erklärt in seinem Kommentar des *Maḥṣūl:*

> [D]er Verstand zeigt einem an, dass sich dieses Beseitigen in der Wirklichkeit nicht ereignet hat; deshalb muss der Verstand notwendigerweise für-wahr-halten, dass etwas anderes, das unerwähnt bleibt, beseitigt worden ist. Er [ar-Rāzī] nahm dieses Beispiel als Implikation, weil das, was darin impliziert wird, ein einfacher [sprachlicher Ausdruck] ist.[28]

Die Richtigkeit des Satzes in seiner expliziten Form wird also bezweifelt. Um von einer Sinnhaftigkeit des Gemeinten auszugehen und die Glaubwürdigkeit des Sprechers zu bewahren, wird angenommen, dass nicht die Muslime selbst von ›Irrtum und Vergessen‹ befreit worden seien, sondern vielmehr von der Bestrafung für das Vergehen von ›Irrtum und Vergessen‹ abgesehen wird. ›Bestrafung‹ sei demnach das Wort, das als impliziert angenommen werden muss, um den Satz auf sinnvolle Weise zu verstehen. Diese Implikationsart fasst ar-Rāzī unter *iltizām*, Bezeichnung durch die Implikation eines einfachen sprachlichen Ausdrucks.

Ebenso fasst ar-Rāzī nun unter die Implikation zusammengesetzter sprachlicher Ausdrücke rechtliche Implikationsverhältnisse, die im weitesten Sinne als

27 Kalbarczyk, *Sprachphilosophie in der islamischen Rechtstheorie*, S. 178–185.

28 Al-Qarāfī, Šihāb ad-Dīn, *Nafāʾis al-uṣūl fī šarḥ al-Maḥṣūl*, ed. Muḥammad ʿAbd al-Qādir ʿAṭā 1, Beirut 2000, S. 305, Z. 11 f.

semantische Implikationen verstanden werden; sie werden, wie ar-Rāzī es ausdrückt, von denjenigen Rechtsgelehrten, die rationale Schlussverfahren ablehnen, als solche verstanden.

Es handelt sich hierbei vor allem um das, was als (rechtliche) Konsequenz einer Aussage impliziert sein kann: Dafür gibt ar-Rāzī das Beispiel an, dass Gegner von Analogieschlüssen auf der Grundlage von reiner Sprachkompetenz aus dem koranischen Verbot des Beschimpfens der Eltern auf das Verbot des Schlagens folgern. Aus den Worten der koranischen Offenbarung »Sage nicht Pfui zu ihnen und schilt sie nicht« (Koran 17:23) folgern sie, dass erst recht Schlimmeres als das Beschimpfen der Eltern verboten sein muss; hierbei handelt es sich um einfache Schlüsse wie *argumentum a minori ad maius* (*at-tanbīh bi-l-adnā ʿalā l-aʿlā*) oder *argumentum a maiore ad minus* (*at-tanbīh bi-l-aʿlā ʿalā l-adnā*), die von manchen Rechtsgelehrten als innersprachliche bzw. semantische Inferenzen angesehen werden. Manche Rechtsgelehrten der šāfiʿitischen Tradition nennen diese Form der Inferenz ›übereinstimmende Implikation‹ (*mafhūm al-muwāfaqa*), weil die implizierte rechtliche Beurteilung, nämlich das Verbot die Eltern zu schlagen, mit dem explizit ausgesprochenen rechtlichen Urteil, nämlich dem Verbot sie zu beschimpfen, in der Tendenz übereinstimmt, aber umfassender ist. Ar-Rāzī selbst würde hierbei auf der Grundlage des Verbotes der Schädigung einen Analogieschluss annehmen. Dennoch werden von ar-Rāzī sowohl die ›übereinstimmende Implikation‹ als auch der höchst umstrittene Umkehrschluss (*argumentum e contrario/mafhūm al-muḫālafa*) ebenfalls der Bezeichnung durch Implikation (*iltizām*) zugeordnet.[29]

Ar-Rāzī kommentiert seine Zuordnungen nicht, er deutet die Beispiele nur an und beurteilt nicht die rechtlich-hermeneutische Zulässigkeit dieser Konzepte. Dennoch schafft er durch die Zuordnung unter den Überbegriff ›Bezeichnung der Implikation‹ zumindest eine Übersicht an Implikationsverhältnissen; das Nebeneinander von aus zwei Traditionen stammenden Bezeichnungssystemen und hermeneutischen Klassifikationen hat er dadurch beseitigt.

Gerade weil ar-Rāzī dieser der Logik und Sprachphilosophie Ibn Sīnās entnommenen Klassifikation auch jene hermeneutischen Konzepte unterordnet, die er möglicherweise gar nicht als legitim erachtet, wie auch jene, die nach seinem Verständnis zwar legitim, aber des Argumenttypus nach keine Implikationen, sondern Analogieschlüsse sind, schafft er eine Synthese, die nicht nur von seiner eigenen Rechtsschule, sondern ebenfalls von Mālikiten und Ḥanafiten (und ebenso von šiʿītischen) Rechtsgelehrten breit rezipiert wird. In der Folge

29 Vgl. Kalbarczyk, *Sprachphilosophie in der islamischen Rechtstheorie*, S. 186–209; siehe zu den Implikationsverhältnissen der islamischen Rechtstheorie, Nora Kalbarczyk, »*The Development of the manṭūq/mafhūm-Dichotomy in Islamic Legal Hermeneutics*«, in: *Oriens* 46 (2018), S. 186–221.

werden zumindest die vorgeschlagenen bezeichnungstheoretischen Grundlagen als selbstverständlicher Teil des rechtstheoretischen Kanons erachtet. So selbstverständlich, dass in späteren rechtsmethodologischen Werken bestimmte hermeneutische Methoden, wie der Umkehrschluss (*mafhūm al-muḫālafa*), mit Verweis auf die Klassifikation als unzulässig abgelehnt werden. Beispielsweise schreibt der Ḥanafit Niẓām ad-Dīn al-Anṣārī al-Laknawī (gest. 1225/1810) im 18. Jahrhundert in seinem Kommentar zum *Musallam aṯ-ṯubūt* des ḥanafitischen Gelehrten Muḥib Allāh al-Bihārī (1119/1707):

> »[*Die Tatsache, dass der Umkehrschluss nicht gültig ist,*] wird viertens daraus gefolgert, dass, wenn der Umkehrschluss [*gültig*] wäre, er eines davon, nämlich die Kongruenz, die Inklusion und die Implikation, sein müsste. ›Sie [d. h. *die Bezeichnung durch den Umkehrschluss*] ist keine der drei Bezeichnungsweisen.‹«[30]

Ar-Rāzīs Vorschlag, die avicennische Klassifikation der Bezeichnung nicht nur als Grundlage einer allgemeinen Bezeichnungstheorie anzunehmen, sondern ihr auch den hermeneutischen Werkzeugkasten der Rechtsgelehrten anzuvertrauen, ist offenbar angenommen und die Klassifikation schließlich als selbstverständlich erachtet worden – so selbstverständlich, dass ihr innerhalb des rechtsmethodologischen Diskurses die Funktion zukommen kann, als Begründung für die Zulässigkeit des einzelnen hermeneutischen Werkzeugs zu fungieren.

4 Schlussgedanken

Die avicennische Bezeichnungstheorie erwies sich, so kann festgehalten werden, rezeptionsgeschichtlich nicht nur als besonders fruchtbar für die Disziplin der Logik, sondern auch für die der *uṣūl al-fiqh*. Ursprünglich als Lösungskonzept innerhalb eines bestimmten Problemfeldes in der Logik entstanden, löste sich diese Klassifikation in der frühen post-avicennischen Zeit aus diesem heraus und gelangte sowohl strukturell als auch inhaltlich auf eine allgemeingültige bezeichnungstheoretische Ebene, deshalb konnte sie nun auch in andere Disziplinen übertragen werden.

In den *uṣūl al-fiqh* diente sie seit Faḫr ad-Dīn ar-Rāzī als Hilfsmittel, um alle sprachbezogenen Aspekte, die zum hermeneutischen Repertoire der Rechtsmethodologie gehören, in einer großen Gesamtklassifikation zusammenzufassen,

30 Niẓām ad-Dīn al-Anṣārī al-Laknawī, *Fawātiḥ ar-raḥamūt bi-šarḥ Musallam aṯ-ṯubūt*, ed. von ʿAbdallah Maḥmūd Muḥammad ʿUmar 1, Beirut 2002, S. 454, Z. 9 f., zur Problematik siehe Kalbarczyk, *Sprachphilosophie in der islamischen Rechtstheorie*, S. 240 ff. sowie Nora Kalbarczyk, »*In the Footsteps of Ibn Sīnā? The Uṣūlī Debate on Argumentum e Contrario*«, in: *Philosophy and Jurisprudence in the Islamic World*, hrsg. von Peter Adamson, Berlin 2019, S. 53–65.

die aus einer philosophischen, einer grammatiktheoretischen und einer rechtstheoretischen Klassifikation besteht, und um damit eine Übersicht, ja gewissermaßen ein Curriculum der Hermeneutik zu schaffen. So stellt diese Dreiteilung zum einen ein Beispiel der interdisziplinären Verwobenheit dar. Zum anderen veranschaulicht sie, wie die Gelehrten bei der Analyse der Sprache der Offenbarung vorgingen und auf welche Weise sie sie einteilten, um sie in all ihren Einzelheiten sowie in ihren praktischen Konsequenzen für den Gläubigen zu verstehen.

Autor/innenverzeichnis

Eckholt, Margit, Prof. Dr. theol., Dr. h. c., Professorin für Dogmatik mit Fundamentaltheologie an der Universität Osnabrück; Leiterin des Stipendienwerks Lateinamerika-Deutschland e. V., Mitglied des Leitungsgremiums des Graduiertenkollegs *Religiöse Differenzen gestalten- Pluralismusbildung in Christentum und Islam.*

El Mallouki, Habib, Prof. Dr. phil., Professor für islamische Literatur und Arabistik am Institut für Islamische Theologie der Universität Osnabrück, Mitglied des Runden Tisches der Religionen in Osnabrück, Mitglied des Leitungsgremiums des Graduiertenkollegs *Religiöse Differenzen gestalten- Pluralismusbildung in Christentum und Islam* und Beauftragter der sprachlichen Begutachtung des Korantextes der großen Koranexegese (die Botschaft des Koran – Mohammad Asad).

Gruber, Margareta OSF, Prof. Dr. theol, Professorin für Neues Testament und Biblische Theologie, Dekanin der Katholisch-Theologischen Fakultät der Philosophisch-Theologischen Hochschule Vallendar mit Arbeitsschwerpunkt u. a. die Offenbarung des Johannes, biblische Hermeneutik und die Bibel im interreligiösen Kontext.

Güneş, Merdan, Prof. Dr. phil., Professor für Islamische Mystik, Philosophie und Glaubenslehre an der Universität Osnabrück, Mitglied im Graduiertenkolleg *Religiöse Differenzen gestalten. Pluralismusbildung in Christentum und Islam.*

Haggag, Mahmoud, Dr., seit Oktober 2017 Vertretungsprofessor für Islamisches Recht und Glaubenspraxis an der Universität Osnabrück; promovierte 2009 über *Islambild in deutschen Koranübersetzungen* und arbeitete als wissenschaftlicher Mitarbeiter am Seminar für Arabistik und Islamwissenschaft an der Universität Göttingen sowie als Assistent, Dozent und assoziierter Prof. an der Al-Azhar-Universität. inne

Hamdan, Omar, Prof. Dr., Professor für Koranwissenschaften am Zentrum für Islamische Theologie der Eberhard-Karls-Universität Tübingen. Seine Schwerpunkte sind u. a. Anlässe der Offenbarung, koranische Philologie und die Unnachahmlichkeit des Koran.

Kalbarczyk, Nora, Dr. phil., seit November 2017 Leiterin des Referats Naher und Mittlerer Osten beim KAAD, seit September 2019 stellvertretende Generalsekretärin des KAAD. Sie ist außerdem islamwissenschaftliche Referentin bei der Christlich-Islamischen Begegnungs- und Dokumentationsstelle (CIBEDO), der Fachstelle der Deutschen Bischofskonferenz für den christlich-islamischen Dialog.

Knapp, Andreas, Dr. theol., Priester und Dichter; lebt in der Gemeinschaft der Kleinen Brüder vom Evangelium in Leipzig.

Mohagheghi, Hamideh, Mitbegründerin des islamischen Frauennetzwerkes Huda, ehemalige Vorsitzende der Muslimischen Akademie in Deutschland, sowie Wissenschaftliche Mitarbeiterin für Koranwissenschaften der Islamischen Theologie an der Universität Paderborn. Nekroumi, Mohammed, Prof. Dr., Professor für Islamisch-Religiöse Studien mit textwissenschaftlichem Schwerpunkt und Normenlehre an der Philosophischen Fakultät mit Fachbereich Theologie an der Friedrich-Alexander Universität Erlangen-Nürnberg.

Rohner, Martin, Dr. phil., Lic. theol., Studienleiter für die Priesterbildung und Domzeremoniar im Bistum Osnabrück, Lehrbeauftragter für Religionsphilosophie am Institut für Katholische Theologie der Universität Osnabrück.

Şeker, Nimet, Dr., Vertretungsprofessorin für Kultur und Gesellschaft des Islam in Geschichte und Gegenwart am Institut für Studien der Kultur und Religion des Islam an der Goethe Universität Frankfurt am Main. Ihre Schwerpunkte sind die Vormoderne und zeitgenössische Exegese und Hermeneutik des Korans, Klassische Koranwissenschaften (*ʿulūm al-qurʾān, uṣūl at-tafsīr*) und die historische Kontextualisierung und historisch-kritische Methoden.

Specker, Tobias SJ, Jun.-Prof. Dr. theol., ist seit 2014 Juniorprofessor für Katholische Theologie im Angesicht des Islam in Sankt Georgen, seit 2016 Mitarbeit im wissenschaftlichen Beirat der Georges-Anawati-Stiftung und seit 2012 Berater der Unterkommission Interreligiöser Dialog der DBK.

Weber, Hermann, Dr., Generalsekretär des Katholischen Akademischen Ausländer-Dienstes (KAAD) in Bonn.

Werbick, Jürgen, Prof. Dr. theol., emeritierter Professor für Fundamentaltheologie an der Katholisch-Theologischen Fakultät der Universität Münster.

Winter, Stephan, Prof. Dr. theol., Professor für Liturgiewissenschaft an der Katholisch-theologischen Fakultät der Universität Tübingen, Mitglied der Arbeitsgemeinschaft Katholischer Liturgiewissenschaftler/innen im deutschen Sprachgebiet.

